완역 태극학보 5

太極學報

점필재연구소
대한제국기 번역총서

완역 태극학보 5

太極學報

손성준
신재식
유석환
이영준

보고사
BOGOSA

발간사

강명관 / 부산대 한문학과 교수

　우리 '대한제국기 잡지 번역팀'은 1년 전에 『조양보(朝陽報)』를 번역하여 발간했다. 이번에는 『태극학보(太極學報)』를 완역하여 발간한다. 대한제국기라고 말하는 20세기 초두의 잡지가 갖는 중요성은 『조양보』의 발간 때 이미 말한 바 있기에 여기서 다시 중언부언할 필요가 없을 것이다. 다만 『태극학보』는 여타의 잡지와는 뚜렷이 구별되는 점이 있다.

　알다시피 『태극학보』는 일본 유학생 단체인 태극학회의 기관지이다. 이 잡지는 1906년 8월 창간되어 1908년 12월 26호로 종간되었다. 불과 2년에 남짓한 짧은 기간에 그리 많지 않은 호수이지만, 이 잡지의 의미는 결코 작지 않다. 또한 당시 잡지란 것의 발행기간과 호수가 『태극학보』를 넘어서는 것도 그리 많지 않다.

　『태극학보』는 무엇보다 일본 유학생들이 발간한 잡지라는 점에 주목해야 할 것이다. 일본은 호오를 떠나 당시 한국이 경험할 수 있었던 거의 유일한 근대문명의 본거지였던 것이니, 이들 유학생들은 말하자면 근대지식 수용의 첨병이었던 셈이다. 당연한 말이겠지만 『태극학보』를 통해 우리는 20세기 초두에 일본을 직접 경험한 젊은 지식인들이 공급했던 다양한 근대지식의 양과 폭을 짐작할 수 있을 것이다. 앞으로 이 시기 다른 잡지와의 비교 연구를 통해 『태극학보』가 담고 있는 근대지식의 성격이 보다 명료하게 드러날 것을 기대한다.

이와 관련하여 하나 지적하고 싶은 것은 『태극학보』에 이름을 올린 유학생들의 이후 행로다. 『태극학보』가 발간되던 시기의 대한제국은 반식민지의 상태에 있었다. 이런 이유로 이 잡지에 실린 글의 행간에는 우국적 열정이 짙게 배여 있었다. 하지만 잡지가 종간되고 한국은 이내 일제의 식민지로 전락하고 말았다. 일본 경험이 있던 이들 신지식인들의 행로는 복잡할 수밖에 없었다. 이들은 일제강점기를 어떻게 살아냈던가? 나아가 해방 이후 이들과 그 후예들의 행로를 치밀하게 검토하는 것은 지금 한국사회를 이해하는 데도 크게 기여할 것으로 보인다.

『조양보』의 번역과 마찬가지로 『태극학보』의 번역 역시 난감한 부분이 한둘이 아니다. 주로 이 시기 번역 지식들에 대한 우리의 이해가 미치지 못한 데 기인한 것이다. 앞으로 연구로 매워나가야 할 것이다.

『태극학보』의 번역에는 여러 사람이 참여했다. 신지연, 이남면, 이태희, 최진호 등이 번역을 맡았고, 이강석·전지원은 편집과 원문 교열을 맡았다. 그 외 임상석, 손성준 등 여러분들이 책의 완성에 수고를 아끼지 않았다. 이 자리를 빌려 고맙다는 말을 전한다.

차례

태극학보 제23호

태극학보 제24호

태극학보 제25호

태극학보 제26호

일러두기

1. 번역은 현대어화를 원칙으로 하였다.

2. 한자는 꼭 필요하다고 판단되는 경우에 한 해 괄호로 병기하였다.

3. 단락 구분은 원본을 기준으로 하되, 문맥과 가독성을 위해 단락을 구분한 경우도 있다.

4. 중국의 인명과 지명은 그 시기가 근·현대인 경우는 중국어 발음에 따라 표기하고, 근· 현대 이전은 한국 한자음을 써서 표기하였다. 일본과 서양의 인명과 지명은 시기에 관계없이 해당 국가의 발음대로 표기하였다.

5. 원본에 한자로 표기된 서양 인물이 확실히 파악되지 않은 경우 한글 독음과 원문 한자를 병기하였다.

6. 본서의 원문은 순한문, 국한문, 순국문이 혼합되어 있다. 이를 구분하기 위해 순한문 기사는 圓, 순국문은 한 으로 기사 제목 옆에 표시해두었다. 표기되지 않은 기사는 국한문이다.

7. 원문 괄호는 '──'이고 다른 괄호는 번역 과정에서 추가했다.

광무 10년 9월 24일 | 메이지 39년 9월 24일 | 제3종 우편물 인가

광무 10년 8월 24일 창간
융희 2년 6월 24일 발행(매월 24일 1회)

태극학보

제22호

태극학회 발행

• 주의

△본 태극학보를 구독하고자 하시는 분은 본 발행소로 통지하여 주시되 거주지 성명과 통호를 상세히 기재하여 보내주시고 대금은 우편위체(郵便爲替)로 본회에 교부하여 주시기 바랍니다.

△본 태극학보를 구독하시는 여러 군자들 가운데 주소를 이전하신 분은 신속히 그 이전하신 주소를 본 사무소로 통지하여 주시기 바랍니다.

△본 태극학보는 뜻 있으신 인사들의 구독 편의를 위하여 출장소와 특약판매소를 다음과 같이 정합니다.

황성 중서(中署) 동궐(東闕) 파조교(罷朝橋) 건너편 주한영(朱翰榮) 책사 -중앙서관(中央書館) 내-

평안남도(平安南道) 삼화진(三和鎭) 남포항(南浦港) 축동(築垌) 김원섭(金元燮) 댁

평양(平壤) 관동(貫洞) 예수교서원(耶蘇敎書院)

평양(平壤) 법수교(法首橋) 대동서관(大同書觀)

평안북도(平安北道) 정주군(定州郡) 남문(南門) 내 홍성린(洪成鱗) 상점

북미 샌프란시스코 한인공립협회(韓人共立協會) 내 -김영일(金永一)
주소-

• 투서주의

1. 학술(學術), 문예(文藝), 사조(詞藻), 통계(統計) 등에 관한 온갖 투서는
   환영합니다.
1. 정치에 관한 기사(記事)는 일절 접수하지 않습니다.
1. 투서의 게재 여부는 편집인이 선정합니다.
1. 투서의 첨삭권은 편집인에게 있습니다.
1. 일차 투서는 반려하지 않습니다.
1. 투서는 완결함을 요합니다.
1. 투서는 세로 20행 가로 25자 원고지에 정서함을 요합니다.
1. 투서하시는 분은 거주지와 성명을 상세히 기재하여 보내주셔야 합
   니다.
1. 투서에 당선되신 분께는 본 태극학보의 해당호 한 부를 무상으로
   증정합니다.

• 특별광고

○ 내외도서 출판
○ 교과서류 발매
○ 신문잡지 취급
○ 학교용품 판매
  경성 중서(中署) 동궐(東闕) 파조교(罷朝橋) 건너편
  본점 -중앙서관(中央書館)- 주한영(朱翰榮)

평안북도(平安北道) 선천읍(宣川邑) 냇가
지점 -신민서회(新民書會)- 안준(安濬)

목차
태극학보 제22호

태극학보 제22호
융희 2년 6월 24일
메이지 41년 6월 24일 [발행]

| 논단 |

본보의 과거와 미래

본회가 광무 9년 9월 아무 일에 발기하고, 본보가 광무 10년 8월 모일에 창간되어 본호까지 무려 제22회에 이르니, 우리 대한제국 사회에서 월보라는 명사가 생겨난 이래로 이토록 오래 지속된 사례는 최초라 하겠다. 아아, 이 어찌 우연인가. 머나먼 해외 타향에 풍우가 처량한 천애의 세 섬에 눈서리가 거센 가운데 홀로 우뚝 선 지극히 미미한 일개 법인이다. 도중에 비참한 정경과 험난한 상황을 다소 겪으면서 무수히 꺾여도 좌절하지 않고 굴복하지 않는 용감한 담력과 정의로운 열혈이 점점이 응집하고 단결하면서 이처럼 훌륭한 결과를 얻은 효상(爻象)을 발현한 것이다. 회원 동포들의 고심과 지성은 이제 더 논할 바 없거니와, 내지의 일반 사회와 각 도·군·읍의 뜻 있는 신사들이 동쪽에 뜬 구름을 바라보고 이구동성으로 서로의 힘을 하나로 합하여 의지하고 인도하여 유치한 뇌수 속에 조국을 위하는 정신을 크게 일깨우고 크게 부르짖고 곤궁한 손가방을 가지고 학철부어(涸轍鮒魚)[1]에게 은혜의 물결을 주면서 이러한 상황에 도달한 것이다.

내지의 지지와 비호가 이와 같을 뿐 아니라 해외에 있는 샌프란시스코·하와이의 동포와 상하이·블라디보스토크의 동포들이 소리와 기

---

1 수레바퀴 자국에 괸 물에 있는 붕어라는 뜻으로 매우 위급한 처지에 있거나 몹시 고단하고 옹색한 사람을 말한다.

운을 서로 보내고 마음과 힘을 합한 까닭에 본보의 발행이 수천 여 부수에 도달한 것이다. 이로써 보건대 이처럼 아득히 머나먼 한 구석의 구구한 한 조각 외로운 정성이 지속적으로 이르러 파급되지 않음이 없지만 우리 대한 2천만 인구에 견주어 보면 본보를 열독하는 인사가 만분의 일에 불과하다. 이것이 어찌 본보를 발행한 본의라 하겠는가.

　다시 한 번 내지의 각 사회, 각 학교의 대표자와 뜻 있는 인사와 외국에 있는 동포에게 큰 소리로 삼가 고하노라. 당장 우리 대한에 남은 권리가 무엇이 있는가. 정치·법률도 우리의 소유가 아니고, 재정·군권도 우리의 소유가 아니고, 산림·천택도 우리의 소유가 아니고, 호적·경찰도 우리의 소유가 아니다. 아주 미미한 것조차 우리가 다른 이에게 빼앗긴 것이 아니라, 우리가 만사를 제대로 하지 못한 까닭에 하루아침에 다른 이의 손에 바친 것이다. 그러니 원망의 여지가 없다고 하겠다. 다만 2천만 민족의 정신이 있다고 하더라도, 일반 국민의 뇌수 속에 순전한 정신이 낱낱이 있다고 단언하기도 어렵다. 그렇다면 이 정신을 배양하고 고취할 방안을 연구해야 하니, 다케야마 히코구로(高山正芝)의 누묵(淚墨)과 마치니의 혈필(血筆)을 가지고 일반 동포를 회유하고 개도하는 방도밖에 더 없다. 이러한 까닭에 본회는 동포에게 동정을 표하고 소리와 기운을 연이어서 천리마 꼬리에 붙은 파리 신세가 되려는 것뿐이다. 본『태극학보』는 본호를 위시하여 열독하는 여러분께 한 곱절 더 권면하여 유의토록 하기 바란다. 하지만 문사가 허술하고 엉성한 나머지 감동시키는 능력이 너무 부족한 까닭에 이 점을 근심하고 탄식하면서 고심의 혈성 하나를 전적으로 쏟은 것이다. 다만 강단·학원의 경우 세계의 우월한 과학을 역술하거나 첨삭한 것으로 교과서의 한 사례로서 복비(複比)한다면 교육계에 적지 않은 도움이 될 것이다. 부디 우리 2천만 동포가 본회의 작은 정성을 가엾게 여기고 한층 더 애호하고 집집마다 책상에서 본보를 애독하는 지극정성을 실

천하여 후일에 활무대(活舞臺)에서 태극기의 특색을 드날리기를 기원
하고 축원한다.

결심의 능력 / 김지간(金志侃)

　우주는 광활하고 사회는 복잡한데 미미한 한 점의 영혼과 구구한 한
덩이의 육신으로 자유자재하게 이 세계를 처리하고자 하는 우리 인생
은 어떠한 정신과 어떠한 방침으로 우주 안에 우뚝 설 수 있으며, 사회
에서 용맹하게 나아가 큰 사업과 큰 경영을 시험해 볼 수 있는가. 이를
완전히 성취하고 양호한 결과를 얻는 것은 우리의 결심에 달려 있다고
단언한다. 비유하건대, 도보로 천 리를 걸어갈 때에 앞의 높은 산과
깊은 물을 넘고 건너는 곤란이 없는 바가 아니지만 결국 천 리나 아득히
먼 목적지에 도달하는 것은 길을 가는 사람의 결심에 달려 있는 것이다.
한 목숨을 초개와 같이 버리고 국민을 타일러 깨우칠 때에 칼에 찔리고
칼날에 다쳐 육체가 겪는 고초와 그 통증을 부르짖음이 어떠한 지경에
이르렀겠는가마는 결국 한 목숨을 버림으로 나라의 은혜를 갚는 목적
을 달성하는 것은 순국하는 사람의 결심에 달려 있는 것이다. 멸망하였
던 국권을 회복하고 노예가 되었던 굴레를 탈출할 때에 전쟁과 살육의
성풍혈우(腥風血雨)[2]가 얼마나 참담하겠냐마는 결국 인류의 가장 크고
가장 귀한 독립자유의 목적을 달성하는 것은 독립국민의 결심에 달려
있는 것이다. 선조의 묘소를 떠나며 친척을 버리고 생소한 이역만리에
서 혈혈단신으로 한창(寒窓)의 잔등(殘燈) 아래에 몸과 그림자가 서로
불쌍히 여기며 가을 달과 봄바람에 조국을 그리워하는 눈물을 흩뿌리

2　성풍혈우(腥風血雨) : 비린내 나는 바람과 피가 섞여 내리는 비라는 뜻으로, 참혹한
　　살육의 현장이나 전쟁터를 비유한다.

면서 분통과 치욕을 마음속에 꾹 눌러 참는 몇 년의 성상(星霜)에 어느
정도의 곤란이 없겠느냐마는 결국 일정한 목적의 학문을 성취하고 조
국으로 돌아와서 큰 활동을 시험해 보는 것은 유학생의 결심이 아닌가.
　그런즉 우리의 결심이 사업 성취에 이 같이 위대한 능력이 있는데
세상 사람이 이를 연구하지 아니하고 공연히 세태에다 정(情)을 내맡기
고 풍조에다 몸을 던져서 물속의 부평초와 바람 앞에 흔들거리는 풀처
럼 한 세상을 보내니, 나라에 무슨 유익함이 있으며 자신에게 무슨 소
득이 있겠는가. 이는 바로 생명이나 탐하여 금수와 함께 돌아갈 것이
니, 어찌 가련한 인생이 아니겠는가. 만일 생명이나 귀하다고 말하면,
금수도 생명이 있고 초목도 생명이 없는 것은 아니지만 죽이면 죽고
먹으면 먹는 것은 우리가 임의대로 하는 바가 아닌가. 이른바 인생이라
고 칭하면서 금수·초목의 생명과 동일한 경우를 당하는 것은 어떠한
민족을 이른 것인지. 곧 자국의 독립을 상실하고 자유가 없는 민족을
이른 것이다. 서구인이 말하기를 "세계에서 가장 애처로운 자는 독립을
상실한 국민이다. 인류에서 가장 참담한 자는 자유가 없는 민족이다."
라고 하니, 이와 같이 애처롭고 참담한 지위에 처한 인생은 어떠한 결
심을 취해야 하는가. 한마디로 말하자면, 독립을 회복하고 자유를 완전
하게 하는 것을 결심해야 할 것이다. 독립이 없고 자유가 없으면 생명
이 나의 생명이 아니고 재산이 나의 재산이 아니다. 그렇다면 독립은
나의 생명과 재산이고 자유는 나의 생명과 재산이니, 인생이 이 세상에
서 살아가지 않으면 그만이거니와 살아가면 생명과 재산은 절대적으로
있을 것이고, 생명과 재산이 있으면 독립과 자유는 절대적으로 있을
것이다. 그러므로 독립·자유와 생명·재산은 잠시라도 분리하지 못할
관계이니, 그렇다면 우리는 결심과 동시에 생명·재산으로 독립·자유
를 내기하고 독립·자유로 생명·재산을 내기해야 할 것이다.

법률 학생계의 관념 / 송남자(松南子)

대개 법률이란 세계의 시비를 주관하고 유지하며 피아의 권한을 획정해 일반 공중으로 하여금 문명대동(文明大同)의 경지로 함께 나아가게 하는 것으로 이보다 나은 것이 없다. 이러한 까닭에 동서고금의 인인군자가 심력을 여지없이 다 쏟아서 백성을 위하여 법률을 정함이 지극히 공정하고 지극히 분명하다. 또한 궤철(軌轍)을 계승해 만든 것이 시의(時宜)에 따라 변천하며 나라의 성격에 근거해 더하고 덜함은 또한 진실로 벗어나기 어려운 바이다. 그러므로 몽테스키외는 법리(法理)의 대가(大家)이지만 오히려 말하기를 "무릇 지혜를 구비한 자가 스스로 법률을 정한다."라고 하였고, 블룬칠리는 법정(法政)의 대가이지만 오히려 말하기를 "이상(理想)으로서 시세(時勢)에 적응하는 것이 곧 정치의 기체(機體)이다."라고 하였으니, 이 두 사람의 언론은 과거·현재·미래의 국가·사회에 한결 같이 적용되는 공리(公理)를 꿰뚫어 보았다고 하겠다.

아아! 우리 학생 동포 여러분. 장래 우리나라 문화의 주인도 우리 학생 동포이고, 법률계의 주인도 우리 학생 동포이며, 정치계의 주인도 우리 학생 동포이며, 농업·공업·상업 등 실업계의 주인도 우리 학생 동포이고, 우리나라가 장차 흥성하게 되는 것도 우리 학생 동포의 책임이며, 우리나라가 장차 쇠망하게 되는 것도 우리 학생 동포의 책임이다. 그렇다면 오늘날 우리 학생 동포의 지극히 중차대한 부담이 어떠한 지위에 처해 있는가. 전국 내 일반 사회의 희망만 이와 같을 뿐 아니라 우리 학생 동포가 스스로 지는 것도 또한 이와 같을 것이다.

바로 지금 우리 학생 동포로서 내외국에 나가서 배우는 학계의 현황을 개략적으로 살펴보면, 과학에 이른 자는 그 수효가 만여 명 정도여서 수년 전 정도에 비례하면 괄목상대라고 이를 만 하겠다. 그러나 일

반 학생 가운데에서 법률학과에 종사하는 자가 십상팔구(十常八九) 이
상이니 잘 모르겠지만 여러분의 주된 견해가 국가의 오늘날 비운(悲運)
이 법률이 아직 다만 분명하지 못하다는 한 조항으로 말미암았다고 여
겨서 그러한 것인가. 아니면 혹 갖가지 나라를 쇠퇴시키는 병의 근원이
여기에 그치지 않으나 시세에 적당한 급선무라고 여겨서 그러한 것인
가. 아아, 슬프도다! 또한 오히려 우리나라의 습관이 벼슬살이의 노예
됨을 달가워하는 구염(舊染)을 여전히 아직도 통렬하게 떨어내지 못하
였기에 종남산이 첩경임³을 이에 도모하여 판사와 검사에 군침을 흘리
는 것이 아닌가. 이와 같은 여러분의 팽창된 의혈로써 낮고 자잘한 명
리를 구구히 추향하는 것은 전혀 없는 걸로 알겠지만 현저한 경상(景狀)
을 가지고 구해 보면 이러한 사상이 아예 없다고 이르기도 어렵겠다.
　아아, 위대하신 우리 학생 동포여, 자비로우신 학생 동포여. 우리를
제도하실 구주이시며, 우리를 살아나게 하실 제선(帝禪)이시니, 어찌
그럴 수 있겠는가, 어찌 그럴 수 있겠는가. 목하에 종묘사직의 위태로
움과 생령의 곤란함이 한눈에 다 볼 수 없을 정도로 정신없이 분주하다.
이를 참담히 여겨 차마 보지 못하고 건져서 구하려는 열망은 마음속
화염에 타는듯하나 나아갈 노정은 나루나 강가를 의지할 수 없어서 일
반 학계의 높은 언덕을 한번 돌아다보니 종종 가장 큰 건물에 특별히
두드러지게 보이도록 크게 쓰인 글자가 '법률전문학교'였다. 아주 조금
이라도 뜻이 있는 청년이 당장 보기에 고협(鼓篋)⁴할 곳이 이것 외에
전혀 없는 듯했다. 그러므로 오늘날 학계 전부가 법률이라는 한 과에만

3　종남산이 첩경임 : 종남산(終南山)이 지름길이라는 뜻으로, 쉽게 벼슬하는 길을 이
　르는 말이다.
4　고협(鼓篋) : 북을 쳐서 학생들을 소집하고 책 상자[篋]에서 책을 꺼내 수학한다는
　말로, 입학하는 의식의 하나이다. 『예기(禮記)』「학기(學記)」에 "입학하여 북을 쳐
　울리고 상자에서 책을 꺼내는 것은 학업을 공손히 받기 위함이다."라고 한 데에서
　나온 말이다.

일괄적으로 돌아감은 결단코 여기서 말미암은 것이다.

아아, 국가의 정도가 유치하여 각종 교육이 병행해 발전하기는 참으로 기약하기 어려운 바이지만 바로 지금 국권이 타락하고 민족이 소멸할 경우에 맞닥뜨렸고 보면 단순한 법률로 중흥의 기초를 이루려고 꾀하기는 결단코 불가능할 것이다. 반드시 농업·공업·상업 등의 실업을 발달시켜 재산을 증식하며, 전기·화학 등의 실학을 연구하여 기계를 준비하며, 철학을 강론하고 해석하여 도덕을 양성하면 이제야 국부민강(國富民强)해져서 흔들리지 않는 독립의 기초를 마련하게 될 것이다. 몽테스키외의 지혜도 이 가운데에서 빚어낼 것이다. 시세와 국가의 특성으로 인하여 이쪽저쪽으로 절충하는 것은 굳이 미리 논할 필요가 없다. 서구인이 말하기를 "만국공법이 한 문의 대포만 못하다."라고 하였고, 또 말하기를 "공법은 권리가 동등한 나라여야만 시행된다."라고 하였으니, 바로 지금 빈약한 우리나라로서 법학사·변호사가 천백만 명이 있은들 실력의 양성이 결핍되면 국가에 무슨 유익함이 있겠는가. 이와 같이 입을 수고롭게 놀려 구차한 말로 자꾸 지껄이는 것이 실로 법률을 배우지 말라고 하는 것이 아니라 법률·정치·실업 및 제반 다른 각종 학과에 분야를 나누어 종사하여 다른 날에 하나로 합하여 흐르는 물과 하나로 묶인 화살 단과 같은 세력을 이루면 완전한 국가가 태산과 반석 위에 우뚝 서 있게 되는 것을 손꼽아 기다릴 수 있을 것이니, 오직 우리 학생 동포여, 깊이깊이 잘 생각할지어다.

우리 부로(父老)여 / 호연자(浩然子)

아아! 부로여. 우리 청년으로 하여금 오늘날 문명 시대에 태어나게 한 것도 부로가 계신 바로 기인한 것이고, 우리 청년으로 하여금 오늘날 활무대 위에서 연출하게 한 것도 부로가 주신 바로 기인한 것이다. 아아! 부로여. 환희가 무진하고 감은이 무량하지만 한편으로는 부로를 통렬히 논하고 깊이 원망한다. 이는 어째서인가. 대체로 인류는 매한가지라 능력이 동일하고 욕망이 동일하다. 다른 사람은 문명의 천지에서 자유의 복락을 무한히 받아 누리는데, 우리는 무슨 까닭에 오늘의 도탄을 당하는가. 이는 부로 여러분이 시세를 자세히 살피지 않고 국가를 위하여 장구한 계책을 세우지 않으며 바로 눈앞만 그저 엿보다가 오늘날의 상황을 초래한 잘못이 아닌가. 세계 만국이 종교계·학술계에 대해서는 모두 다 장점은 취하고 단점은 버려서 각기 국민의 수준에 상응하게 적용하였다. 그런데 우리의 부로는 3천 년 동안의 고루한 유교만 숭배하여 형식주의를 주장하고 완미를 취하지 않으며 개진(改進)을 헤아리지 않아서 청년자제의 청결한 정신에다 공맹을 인각(印刻)하여 자국사상을 부족하게 하니, 이는 부로 여러분이 완강하고 사리에 어두운 잘못이 아닌가. 예전에 갑과 을의 대포 소리가 세계를 요란히 뒤흔들었다. 그런데, 부로 여러분은 어떠한 대비도 없고 어떠한 경계와 각성도 없으며 어떠한 방어도 없어서 아득하고 한가로이 드러누워 외국인의 콧숨이나 그저 엿보다가 결국 외족(外族)의 발호를 자행토록 하니, 이는 부로 여러분이 무능하고 무심한 잘못이 아닌가.

원래부터 신성하고 예민한 우리 민족의 청년자제는 총준(聰俊)한 기개와 건전한 사상이 세계 다른 민족 이상으로 우월하지만 교육과 장려가 행해지지 않아서 결국 나약한 기질이 도랑을 이루었다. 혹 약간의 유의(留意)한 인사가 있더라도 명예를 그물질하고 낚시질하는 기구를 만들어서 심지어 하나의 학교이지만 일정한 이상과 공고한 목적을 세우지 않고 아침에 건립하였다가 저녁에 폐지하며 오늘 설치하였다가 내일 폐지하여 전국의 이른바 교육의 현재 형상이 평생 한결같은 모양에 그저 그칠 뿐이다. 이는 부로 여러분이 사사로운 명예와 사사로운 이익만 단지 도모하여 공리와 공덕의 마음에 완전히 어두운 잘못이 아닌가. 국가의 현재 형상은 어제가 그제만 못하고 오늘이 어제만 못해 비참한 광경과 위태로운 상태가 차마 보고 들을 수 없는 정도는 아니다. 그렇지만 부로는 몽상 속에라도 나라를 근심하는 기색이 전혀 없고 기괴망측한 벼슬살이의 열망만 뱃속에 가득 차 넘쳐 주름진 낯과 백발로 오늘 죽을지 내일 죽을지를 알지 못하면서도 참봉이나 주사 따위의 차함(借銜)[5]을 구해 얻기 위하여 탐관오리에게 많은 뇌물을 바친다. 그리고 이를 벌충하기 위해 지방 인민을 억압하여 일이 없는 것을 일이 있다고 지목해 백성의 재물을 강제로 빼앗아 관리와 백성이 불공대천의 원수를 서로 맺게 한다. 그 끼친 해독이 오늘날 우리 사회를 몹시도 비통한 곳으로 몰아가니, 이는 부로 여러분이 동포와 서로 다투며 싸우고 동포를 학대한 잘못이 아닌가. 종래로 청년자제의 나이가 10세에 이르면 늦게 결혼함을 근심하여 몹시도 연약한 체질로 혼례를 치르게 한다. 건강한 우리 청년들을 나약한 체질로 변화하게 하였으니, 이는 부로 여러분이 사리에 어둡고 무식한 잘못이 아닌가. 오래된 쌀·좁쌀은 서쪽 창틈에서 다 썩어버리고 쇄쇄(鎖鎖) 청동은 동쪽 곳집에서 다 녹슬어 삭는데 동족과 동포의 기갈은 아랑곳하지 않고 추위에 떨다 죽는 것을 돌아보지 않으며 사회에 공익이 되는 곳에는 비록 한 푼의 돈이라도 몸의 털을 곤두세우며 벌벌 떨고 실업계가 막심한 공황을 당하였는데도 금전의 융통을 기꺼워하지 않아서 경제계가 비참한 오늘날의 상황을 당하게 하였으니, 이는 부로 여러분이 어둡고 캄캄하며 용렬하고 어리석은 잘못이 아닌가. 근래 청년자제가 청신한 정신으로 새로운 학문에 지원하여 학교에 입학하는 것을 말하면, 완강하고 사리에 어둡고 고집스러운 명령으로 윽박지르며 을러대는 경우가 무수하고 채찍질하

---

5   차함(借銜): 실제로 근무하지 않고 벼슬의 이름만 가지는 일 혹은 그런 벼슬을 말한다.

며 꾸짖는 정도가 지나치게 되어 청년의 건전한 정신을 무저감옥에 금고한다. 이른바 근래에 스스로 '개화되었다'고 일컫는 자도 불과 수백 리쯤 되는 곳에 부자간의 이별을 차마 하지 못하고 재산을 지나치게 아껴서 그 아들의 유학함을 허락하지 않으니, 이는 부로 여러분이 구차하게 당장 편안한 것만을 취하여 아직 결정하지 못한 잘못이 아닌가. 천만 가지 일에 있어서 부로의 죄책이 아닌 게 없고, 부로의 그릇된 행실이 아닌 게 없다. 무슨 기대가 이와 같이 많으며 어떤 방책으로 장래를 만회하겠기에 태연자약하여 밤낮 풍류로 엽주와 호색을 일삼아서 우리 청년들로 하여금 방탕의 영향을 은밀히 받게 하고도 뉘우쳐 고쳐먹을 생각이 조금도 없으니, 이는 부로 여러분의 잘못이 아닌가.

아아, 부로여! 아는가 모르는가. 어찌하여 이러한 극심한 지경에 이르렀느냐. 생각이 여기에 이름에 피눈물이 눈언저리에 가득 넘쳐흐른다. 이에 부로의 저의(底意)에 대하여 악감정을 피하지 않고 기탄없는 바른 말 몇 마디를 내뱉어 논하노라. 아아, 부로여! 이미 지나간 것을 탓하지 말고 앞으로 올 것을 추구하되 때늦음을 한하지 말고 오늘이라도 술에 취해 꾸는 꿈에서 용맹하게 깨어나 비루한 관습을 타파하신다면 우리 청년이 활동할 좋은 기회와 운수를 열거니와 그렇지 않으면 청년인 우리는 활동을 할 수가 없을 것이니, 그 폐해가 어떠하며 그 재화(災禍)가 어떠하겠는가. 부로, 부로여! 부디 깊고 깊게 생각할지어다.

대분발의 민족이 있어야 대사업의 영웅이 있다 / 중수(中叟)

기상이 지극히 참담하면 때로 울고 정절(情節)이 조금 펴지면 때로 노래하며 어지러이 부르짖으며 미친 듯이 날뛰는 것을 일러 크게 분발하는 민족이라 하는가. "아니다. 결코 아니다."라고 한다. 호령이 행해

지면 때로 기뻐하고 지용(智勇)이 혹 궁하면 때로 분노해서 큰 소리로 꾸짖으며 진포(震暴)하는 것을 일러 큰 사업을 이루는 영웅이라 하는가. 또한 "아니다. 결코 아니다."라고 한다. 대체로 크게 분발하는 민족이라 하는 것은 그 노래함과 그 울음이 자기 한 몸에 대한 한때의 관계에서 말미암은 것이 절대 아니다. 내가 자유로울 수 있으면 노래하고 자유로울 수 없으면 울며 내가 독립할 수 있으면 노래하고 독립할 수 없으면 울며 내가 부강할 수 있으면 노래하고 부강할 수 없으면 울며 내가 문명할 수 있으면 노래하고 문명할 수 없으면 울어서 한 지아비와 한 지어미의 노래에 전국의 강산이 일제히 노래해 부르짖고 한 아이와 한 젖먹이의 울음에 전국의 무성한 수풀이 한소리로 곡읍(哭泣)하여 하나로 노래하는 생각이 있어야 그 나라가 흥기할 수 있다. 또 하나로 우는 생각이 있어야 그 나라가 느낄 수 있다. 죽음과 삶을 더불어 함께하고 기쁨과 근심을 더불어 함께하는 것이 크게 분발하는 민족이 아니겠는가.

　큰 사업을 이루는 영웅의 자격을 찾아보면, 임기응변하는 모략이 종종 일치하지 않지만 그 범위는 대체로 같다. 한번 기뻐하고 한번 성내는 것이 자기에게서 말미암지 않고 한번 죽고 한번 사는 것을 다반사로 보아서 큰 사업의 목적을 적극적으로 이룸에 한번 나아감에 맞설 자가 없다. 백번 꺾여도 굽히지 않아서 천산만악이 일시에 무너져 갈라지더라도 개의치 않고 무섭게 밀려오는 큰 파도와 물결이 다리 아래에 부르짖으며 울더라도 용모를 바꾸지 않으며 사나운 범이 날카로운 이빨과 발톱을 휘두르더라도 동요하지 않고 벽력이 정상에 내리쳐도 깜짝 놀라지 않으며 온 세상의 속된 의론이 떠들썩하여도 나의 주견이 예전 그대로이며 정파(政派)의 진압(鎭壓)이 분분하여도 나의 주견이 예전 그대로여서 오직 이 자선·자비한 한 마음으로 일정한 목적지에 용감하게 다다르는 자가 영웅, 바로 그러한 사람이라고 하겠다. 비록 이와 같은 영웅이 굴기하여 큰 사업을 경영하더라도 단순한 한두 영웅의 능력으로 비상한 큰 공을 이루기는 결단코 어렵다. 반드시 일반 민족이 크게 분발함을 더하여 한번 호령함에 천만 인이 이구동성으로 허락하고 한번 손을 듦에 천만 인이 똑같은 뜻을 드러내어서 죽음과 삶, 기쁨과 근심을 일치해 가결한 뒤에야 큰 영웅이 이 가운데에서 태어날 것이고 큰 사업이 또한 이 가운데에서 태어날 것이다. 그러므로 서구인이 말하기를 "세계는 영웅을 주조해내는 야공장(冶工場)이다."라고 하니, 이 말이 사실이다. 바로 지금 우리나라를 빙 둘러보건대, '크게 분발한 민족이 있다'라고 하겠는가. 설혹 몇몇 분발한 동족이 있더라도 어지러이 부르짖으며 미친 듯이 날뛰는 것에 거의 가깝지 않은가. 아아, 우리 민족 동포여! 당당신성(堂堂神聖)한 영묘(靈苗)로서 혈기가 여전히 있거든 토지·가옥을 전부 잃어 둥지를 틀고 살 곳이 없어도 분발할 줄 모르고, 산림천택을 다 빼앗겨서 경영해 지을 곳이 없어도 분발할 줄을 모른다. 너를 노예로 사용하여도 이를 달가워하며, 너를 소와 말로 삼아 재갈을 물리고 굴레를 씌워도 이에 순종하여 아주 조금이라도 분발하려는 마음이 없다. 인성이 있고서야 이것을 차마 할 수 있겠는가. 다만 시험 삼아 한번 생각해보라. 비록 젖내 나는 어린아이라도 자기 손으로 잡은 물건을 다른 사람에게 넘겨주기를 기꺼워하지 않는 것은 천성이 진실로 그러할뿐더러 설혹 강탈을 당하면 큰 소리로 목 놓아 울부짖어서 기어코 다시 찾거늘 아아, 우리 2천만 동포는 생명과 재산을 전부 다 빼앗겨도 한번이라도 울부짖지를 못하고 몹시도 비참하고 암울한 지옥에 전전(轉輾)하여 빠져드니 아아, 차마 말하지 못하고 차마 듣지 못할 것이다. 민족이 이와 같으니 큰 사업을 이룰 영웅이 어디로부터 나오겠는가. 맨 주먹으로 진(秦)나라를 깨뜨리던 항우도 휘하 자제 8천이 있었고, 바람과 비를 부르던 제갈량도 부하 정병 백만이 있었으며, 북미의 독립주(獨立主) 워싱턴도 무명의 워싱턴에게 단체의 힘을 의뢰하였다. 시험 삼아 한번 일본의 유신을 살펴보면, 요시다 옹(吉田翁)이 몸을 **빼** 앞장서서 나아가 한번 부르짖자 이토(伊藤)·오쿠마(大隈)·이노우에(井上)·고토(後藤)·이타가키(板桓) 등이 바람이 일어나고 물이 용솟음치듯이 나와서 오늘날의 효과에 이르렀다. 아아, 그때 당시에 8천 자제가 없었다면 항우가 애당초 강을 건너지 못하였을 것이고, 백만 정병이 없었다면 제갈량이 애당초 위나라에 항거하지 않았을 것이고, 워싱턴 부하로 무명의 워싱턴이 없었으면 북미의 독립을 기약할 수 없었을 것이고, 요시다 문하에 이토·오쿠마 등의 제자가 없으면 요시다의 명예가 매몰되었을 것이다. 그렇다면 영웅이 큰 영웅의 아름다운 칭호를 얻는 것도 전국 민족이 소리를 따라 일제히 응하는 데에 달려 있고, 사업이 큰 사업의 결과를 얻은 것도 전국 민족이 마음과 힘을 합하는 데에 달려 있다. 가령 오늘날 우리나라의 민족 수준으로는 수십 수백의 영웅이 한때에 배출되더라도 어떻게 해도 성공할 조짐이 없다. 나폴레옹과 넬슨이 세상에 보기 드문 명장이더라도 아이들을 몰아서 대오를 편성하면 틀림없이 패할 것이고, 마젤란과 콜럼버스가 항해의 대가지만 한 마디 갈대 잎 같은 배를 타고서 바람과 파도를 만나면 틀림없이 위태로울 것이다. 지금 우리나라의 일반 민족이 크게 분발하며 말하기를 "나의 신체와 피부를 덜어낼 수는 있을지언정 나의 자유는 잃을 수 없다."라고 하고, "나의 손발을 자를 수는 있을지언정 나의 독립은 빼앗을 수 없다."라고 하여 일정한 과녁을 주목하지 않으면 영웅이 착수할 길이 없을 것이다. 설령 또 착수하더라도 갑·을의 전철이 눈앞에 있을 것이다. 그렇다면 민족 동포가 하루아침 하루저녁이라도 다급하게 분발하여 나를 살리실 큰 영웅을 불러일으키고 나를 구제하실 참 영웅을 구해 보아야 할 것이다. 영웅이 모이는 곳은 명승지와 깊은 산이나 별다른 골목이 아니다. 영웅을 배태하는 문이 바로 학교이며 영웅을 제조하는 장이 바로 학교이다. 아아, 일반 동포여. 학교 교육을 확장하여 큰 사업을 할 영웅을 양성하며 사회 교육을 조직하여 크게 분발할 민족을 결합해야 할 것이다. 또한 내외국에 유학하는 동포여, 민족을 고취하여 분발심을 발생하게 할 자가 여러분이 아니며, 영웅을 끌어당겨 자기편으로 만들어서 사업을 경영할 자가 여러분이 아닌가. 옛날 독일의 재상 비스마르크가 프랑스를 이기고 개선하는 길에 소학교의 공에 대하여 먼저 절하였으니, 공을 잘 아는 자라고 이를 것이다. 오늘날 우리나라의 국권 만회와 민권 회복이 큰 영웅에게 달려 있다고 하지만 큰 영웅을 산출하는 문호는 학교라고 할 것이고, 학교를 확장하는 원인은 민족의 분발에 있다고 하겠으니, 아아, 동포여. 급급히 분발할지어다.

수구(守舊)가 도리어 취신(就新)보다 낫다 / 양치중(楊致中)

아아, 하늘은 높고 땅은 낮으니 음양이 나뉘고, 음양이 이미 나뉨에 한서가 서로 번갈아든다. 이로 말미암아 해외에서 겪은 풍상이 어느덧 4·5년이다. 그간 다소 고생스러운 처지는 남에게 있어 한때의 예삿일이니 논할 바 아니다. 천시(天時)가 변천함에 따라 인사(人事)가 또한 그러한 것은 비록 당연한 이치이다. 그런데 우리 유학생 여러분으로 논하자면 누구를 막론하고 이역에서 겨울의 갖옷과 여름의 갈포 옷만 누차 바꾸어 입을 뿐 실지의 사상은 전혀 그렇지 않은 지경이니, 어찌 어려운 때〔撼時〕에 대한 흥회가 없겠는가. 이에 한마디 무사(蕪辭)를 엮어서 삼가 우리 동포 여러분에게 고하는 바이다.

바다가 탁 트임에 섬이 나오니 동과 서가 나뉘고, 동과 서가 나뉨에 만국이 교통하고, 만국이 교통함에 온 세상이 변역한다. 온 세상이 변역함에 강약이 다르고 강약이 다름에 승패도 다르고 승패가 다름에 위급함이 따르고 위급함이 따름에 존망이 당도한다. 이때를 당하여 4천여 년 동안 예의와 문명의 나라인 우리 대한이 오늘날 야만의 부락으로 타락한 것은 누구를 원망하고 누구를 탓하겠는가. 무릇 우리 동포가 스스로 지은 재앙이다. 지금 우리 대한의 전체 국면은 수구(守舊)와 취신(就新)의 의견이 서로 분분한데 시비의 향배가 어찌해서 이렇게 극심한 지경에 이르렀는가. 그러나 나는 저 수구가 무방할 것이라고 생각한다. 수구는 예로부터 내려온 습속만 묵수하여 일취월장으로 진보하지 않지만 외국인에게 소개 되어서 자국에 해를 입히는 짓은 결코 하지 않으니 죽은 뒤라도 3천 리 강토에 의로운 귀신이 있음은 될 것이다. 또한 이른바 취신자들은 해외로 나가 약간의 학문과 대강의 언어 등의 고부를 대충 훑고 난 후, 문명의 지식을 밝히고 애국의 사상이 있는 것처럼 하면서 사회에 참여하거나 혹은 연단에 오른다. 이들이 세 치 혀로 고상한 언변과 웅장한 담론을 하며 미국 독립의 역사적 사실과 인도 망국의 역사적 상태를 또렷이 볼 수 있는 듯이 차례로 설명할 때에 그 말만 들으면 모두 세상을 구제할 영웅이요, 나라를 보존할 지사이다. 그 사람의 마음을 미루어 헤아려보면 다만 형식적 신사상이 있는 듯하지만 실지적으로 조금도 볼 만한 사상이 없으니, 이러한 겉가죽이나 껍데기로 어찌 독립의 희망을 갖겠는가. 참으로 애석하도다. 참으로 애석하도다.

본국에 거주하신 아무개 등은 수많은 자식과 조카를 외국으로 보내며 말하기를 "나의 아들은 지금까지 유학한 지가 4·5년인데 올해면 중학교 졸업을 마치고 대학교로 들어가는 걸."이라 하고, 혹자는 말하기를 "나의 조카는 내년이면 대학교 졸업을 마치는 걸."이라 하며 서로 즐거워한다. 이들은 회회낙락하며 유학생이 졸업하고 즐겁게 돌아오는 날 곧 천하가 태평한 봄이요 사방에 아무 일도 없을 것임을 의심 없이 확신한다. 저 부형들이 자식을 사랑하는 정이 지극해서 그 잘못을 모르는 것은 혹 그럴 법도 하겠지만 그 자질 된 사람으로서 아비를 기만하며 군주를 기만하는 것은 그 죄를 표현할 길이 없다. 죄를 산과 바다에 견주면 산이 더 가볍고 바다가 얕다고 하겠으니, 어찌 주의를 일깨우지 않겠는가. 이와 같이 이래저래 지나가다가는 이른바 '피개화(皮開化)'라는 누명을 벗어나지 못할 것이다. 천하를 위하는 사람이 된 듯이 자기의 가산을 모두 다 팔아다가 외국을 유람하는 데에 탕진하고서 한 장의 졸업장이나 얻으면 금의환향하는 것처럼 기분 좋게 귀국한다. 그리고 이르는 곳마다 졸업장을 소매 속에서 꺼내고 '나는 메이지대학 졸업생'이니 '나는 제국대학 졸업생'이니 하면서 저 불공대천할 원수에게 밤낮으로 아부하며 더러운 졸업장을 가지고 정해(政海)에서 사환(仕宦)을 낚아 올릴 냄새 좋은 미끼로 삼으니, 이 또한 매국노의 한 부류이다. 이렇게 부패한 졸업생으로는 독립은커녕 내일 흥할 나라도 오늘 부서질 것이니 한심하고 참담함에 입으로 말을 이룰 수가 없을 지경이다. 그러나 이미 지난 것은 탓하지 않겠거니와 앞으로 올 것은 바로잡지 않을 수 없다. 이후로는 혀끝의 애국성(愛國誠)은 던져 버리고 헌신적 마음으로 이행하면 오늘 눈 아래 부월(斧鉞)을 당면하더라도 머리를 보호하지 말고 계속 나아가고 나아가 뒷날 수구배의 멸시와 조소를 초치하지 말아야 할 것이다.

| 강단 |

세계문명사 제2편 : 동양의 문명 / 초해생(椒海生) 역술

인도

아리아 인종은 일명 인도·유럽 인종이라 한다. 이는 인도 및 유럽의 주요 민족을 포함하기에 이렇게 명명한 것이다. 유럽인으로는 그리스인·라틴인·튜톤인-독일인-·켈트인·슬라브인이 그 범위 내에 속하고, 아시아에는 인도 및 페르시아 인민이 그 범위 내에 속한다.

이상의 여러 나라 사람이 동일한 종족임을 발견하기 위해 언어학을 기준선으로 삼았으니 대체로 인도의 고어 산스크리트-범어-를 이상의 다른 여러 나라 고어와 비교하여 동일한 지방에 서식해 기거하였던 같은 종류인 것을 발견하게 되었다.

아리아 인종의 선조가 원 거주지에 대해서는 동서양 학자들이 주창하는 의론이 다르지만 대체로 서방 아시아 옥수스(Oxus)강 가의 박트리아 근방으로 원 거주지를 확정하니, 이는 유사 이전 시대이다. 인구의 번식과 외적의 침입·습격 등의 사정으로 인하여 인종의 이동을 개시한 것이다. 당시 한 갈래는 서방의 카스피 해 남안(南岸)으로부터 아르메니아와 소아시아 지역을 경유하여 그리스·라틴 민족이 되었다. 한 갈래는 동방의 힌두쿠시 산맥을 넘어서 인더스강을 건너서 펀자브로부터 인도반도에 남하하여 인도 아리아 민족이 되었다. 또 한 갈래는 박트리아로부터 사리피 산을 넘어서 남쪽으로 페르시아 민족이 되었다.-그 이동의 도중 역정은 여기서 설명하지 않는다.- 그러므로 유럽의 인문이 인도·페르시아 인문과 본래 동일한 상태인 것이다. 토지·기후의 영향과 외래 민족의 세력을 추출해 나열하여 그 문화의 근본적 정신을 간파할 때 우리는 이 세 가지에 대하여 아리아 인종의 인문적

특성을 찾아낼 것이니, 인문사상(人文史上)의 의미 있는 지점은 여기서
벗어나지 않는다.

지금으로부터 수십 년 전까지 서양 사람은 유럽 외에는 역사가 없다
고 자칭하였다. 그리스·로마시대부터 집필하기 시작하고 그 밖의 다
른 동양 각국이 전혀 관계가 없다고 자인하였다. 물론 엄청나게 잘못된
견해이거니와 오늘날에는 동양 아시아의 인문이 유럽의 고대 역사와
밀접한 관계가 있는 것을 깨달았다. 가령 그리스·로마의 기술과 니네
베의 기술을 가지고 그 연관을 정밀하고 상세히 궁구하고, 이집트의
상형문자와 아시리아의 설형문자를 가지고 양국의 역사적 관계에서 새
로운 방면을 개척한 바, 동양 여러 나라와 그리스·로마의 관계도 여러
가지로 고찰하고 탐구하였다. 그러므로 유럽 대륙 인문의 역사를 알고
자 하면 동양문화를 먼저 고찰하는 것이 옳을 것이다.

이제 연대에 의거하여 동양 각국의 인문을 관찰하건대, 이집트는 지
나 최고의 인문 기록보다 1천 년 이전에 이미 인문이 고급 수준에 도달
한 듯하고, 바빌론은 인도인이 이란 지방에서 유목을 일삼을 때에 이미
문화의 중점에 도달한 듯하다. 인도의 인문은 서기 기원전 1500년경에
인더스강 가를 따라서 나아가 범어가 완전한 문학의 언어가 되었다.
그러나 인도의 『베다』는 최고(最古)의 문학이 아니다. 이집트의 프리트
스가 분명 3천 년 전의 기록이니, 이로써 미루어 살펴보면, 이 나라의
상형문자의 창시가 가장 오래 되었다는 것을 알 수 있을 것이다. 갈디
아인의 선조는 신학과 법제가 있었으며, 지나 문학 중 가장 오래된 것
은 『금문상서(今文尚書)』·『주역(周易)』·『산해경(山海經)』으로 서기
기원전 1천 1·2백 년에 불과하다. 즉 기원전 2800년경에 이집트 세
왕조는 이미 농업·공예·미술·사회 제도의 큰 틀을 정비해 갖추고
있었고 기제의 스핑크스와 그 부근의 금자탑은 인류의 가장 큰 제작물
이다. 천문학은 가장 이른 시기에 발달했는데 이집트에서는 기원전

2782년, 바빌론은 2234년이나 지나는 1200년에 불과하다. 이로써 미루어 보면 가장 오래된 인문은 이집트가 우선이고 그 다음은 바빌론의 함 민족이고 다음은 인도·페르시아이고 그 다음이 지나이다. 그 방향을 관찰하면 서방에서 동방을 향해 나아갔다.

(상) 인도

북쪽에는 천하에서 가장 높은 산 히말라야산맥이 매우 높고 우뚝하게 만고의 설성(雪城)을 높이 쌓고 서북방에는 인더스강의 광원(廣原)이 아득하게 끝이 없고 동쪽에는 갠지스강이라는 큰 강이 한없이 드넓게 나뉘어 흘러서 한 줄기가 지류가 프리시이 천 리의 옥야를 관개한다. 일대(一帶)의 고원은 서방에서 동방을 향해 점점 달려가 정남방이 점점 협소해지고 최남단의 코모린곶 일각은 아득히 넓고 멀어 끝이 없는 인도양의 연파(煙波)를 연접하여 아시아 대륙 남부의 일대 쐐기 모양을 형성하니, 이것이 인도이다.

인도의 토지는 원래 비할 데 없이 비옥한데 인더스·갠지스 두 강의 연안에는 토양의 성질이 비옥하고 생산이 풍부하다. 코모린곶 남쪽으로 8도를 나가면 적도의 바로 밑이니, 남대양의 정기적인 바람이 정기적인 단비를 가져와서 하류(河流)로 토지에 필요한 물을 제공한다. 인민은 의식(衣食)을 경작하는 수고로움이 없고 세상에 태어난 이래로 편안하고 한가로우며 놀면서 즐기는 것을 일로 삼는다. 바다에는 진주가 많이 생산되고 땅에서는 황금이 산출되며 수목에는 과실과 방향(芳香)이 음료를 충족하게하고, 야자수의 울창한 그늘은 낮에 염천으로부터 가려주고 밤에는 비와 이슬을 피하게 하며 잎은 엮어서 옷을 만들고 열매는 따서 먹거리로 삼는다. 그러므로 저 뜨거운 태양 아래에 고단하여 드러누운 장신의 검은 얼굴의 사람이 저녁 무렵 서늘한 기운을 호흡하고 소마주를 한 잔 비운 뒤에 황홀하게 바로 곯아떨어지는 상황을 상상해 보면, 인도 인문의 특질이 어떠한가를 제대로 깨닫게 될 것이다. 이는 웅장하고 큰 산악·끝없이 드넓은 강과 하천·변환(變幻)하고 기괴한 자연 현상·괴려하고 특이한 자연의 산물이다. 몹시도 뜨겁고 더운 기후가 아리아 민족 인문에 명백한 특질을 새겨 넣었다.

인도는 예로부터 일정한 독립국가의 통치를 받지 않았다. 그러므로 결국에는 완전한 이종의 문화와 특성을 가지고 있는 민족의 전시장을 만들었다. 그러나 그 인문의 중심은 우리가 서술하고자 하는 인도 아리아 민족이다.

대체로 관찰할 때 인도에 두 인종이 있으니, 하나는 드라비다이고 하나는 아리아이다. 전자는 니시차다스 민족인데 남부 데칸을 주된 근거지로 삼고, 후자는 기원전 2천 년경에 인더스강의 근원인 펀자브 지역에 들어와서 서북에서 동남으로 나아가 인문의 진도를 개척하여 인더스·갠지스 양대 강의 중간 데칸고원 서북부를 점거하니, 이 민족이 인도 인민의 주되고 강한 세력을 장악한 자이다. 하층 민족에 이르러서는 드라비다족에 속한 자가 적지 않으니, 드라비다족은 언어·종교가 전부 아리아적 인민을 모방한 자이다. 시간이 지나고 세대가 변해 두 민족의 혼합이 점차 이루어지자 아리아 민족도 그 고향 옥수스강가를 버려두고서 펀자브 및 카빨 평원을 모국으로 삼았다. 대개 이 지방은 아리아 민족이 일종의 유목민족으로 서부 아시아에서 인도 반도에 이르러서 『베다경』에 나타나 있는 자연 종교를 흥기시킨 장소였는데, 점차 동쪽으로 나아가면서 아리아 민족이 경작을 알게 되고, 인문 발전의 기초를 완전히 건립하게 되었으니, 이것이 기원전 1500년경이었다.

역사담 제20회 : 크롬웰전 (전호 속) / 숭고생(崇古生)

만년(晩年)

군주 정체를 타파하여 공화 정체를 만들고 상원을 철폐하여 참의원으로 바꾸어 만들었으니 영국 정치계가 이에 큰 지휘관을 요구했다. 그 인물로 크롬웰 이외에 그 누구를 요구하겠는가. 이는 크롬웰이 바로 득의한 가을이었다. 그가 옛적 로마 영웅의 야심을 품고 있었다면 찬탈하려는 계획을 속히 취하였겠지만 그가 때때로 크게 말한 것처럼 파괴한 바를 건설하는 것으로 이상을 확정하여 한결같이 앞으로 나아갔다. 이때 유명한 대문장가 밀턴을 비서관으로 임명했는데 시가를 잘 지어서 공화 자유를 찬송하였다. 그러나 찰스 왕을 단두대 위에 한번 올리는 것으로 인해 국민의 반대를 벗어날 수 없었는데, 홀연 찰스 왕의 위서(僞書)가 세상에 한번 출현하자 국민이 앞을 다투어 정을 표했다. 이는 시인의 문필로도 풍조의 격렬한 바를 절대 막지 못했다. 일반 인민은 신정부를 예사롭지 않게 공격했고 왕정복고를 주장하는 소리가 국내에 널리 가득 찼다.

그 가운데서도 특히 신정부의 반대를 맨 먼저 주창한 자는 아일랜드에 있는 왕당의 일파이니, 아일랜드는 지경이 외지고 험하여 원정 군대의 입경이 매우 어려움으로 왕당이 도처에서 발호하고 자만하여 청교도에 속한 자는 남녀노소를 막론하고 모두 다 참혹하게 살해했으며 신정부의 경찰서와 경비대를 수효대로 습격해 부쉈다. 이러한 까닭에 아일랜드 한 지방이 눈 깜빡할 사이에 암살연극장으로 바뀌었다. 인민이 도탄에 처한 소리가 국회를 깜짝 놀라 들썩거리게 할뿐더러 용감무쌍한 루퍼트 친왕이 해군을 몰고 와서 그 형세가 세차게 일어나 걷잡을 수 없이 퍼졌으며 스코틀랜드의 왕당이 분발하여 일어났다. 스코틀랜드는 원래 왕당의 소굴이어서 장로파의 세력의 발호가 일정하지 않더니 아일랜드 왕당이 거병하였다는 소식을 한번 듣고 즉시 고 찰스 왕의 장남 웨일즈(Wales) 친왕을 추대해 옹립하여 황제로 삼고 크롬웰을 대역무도한 죄인으로 선언했다. 그리고 군사의 세력을 성대히 갖추고 잉글랜드를 침입해 왔다.

당시 크롬웰이 여러 주의 급보를 접수하고 친정(親征)을 기도하려던 차에 철기군이 재삼 재촉하므로 드디어 대군을 전부 발동하여 원정의 길에 올랐다. 이때 배후에 있는 반역자를 여전히 두려워하여 한 달 동안 프린스턴 성을 방황하다가 아일랜드 국경에 별안간 들어가서 9개월 뒤에 아일랜드의 반란을 소탕하였다. 그러나 그의 한평생 전기(傳記) 속에서 가장 어두운 오점을 보이게 되었으니 어째서인가. 그가 배후에 매우 가까이 다가온 스코틀랜드의 강적으로 인하여 일각이라도 조속히 아일랜드를 평정할 것을 결심하였기에 악마도 오히려 저주할 대학살을 수행했던 것이다. 이때 그의 반역자와 그 족척을 무수히 학살하고 시가를 파괴하며 가옥을 불태워 버린 까닭에, 그의 사후에도 크롬웰을 저주하는 소리가 아일랜드 도처에 그치지 않았다. 이러한 때를 맞아 스코틀랜드 왕당의 의병은 더욱더 창궐하여 눈 깜빡할 사이에 전 토지가 그 수중에 모두 돌아갔다. 이윽고 군사를 잉글랜드로 끌어들여서 런던을 침범해 핍박하고자 하거늘 크롬웰이 이 급보를 듣고 기(旗)와 북을 되돌려서 런던에 돌아올 적에 연도의 인민이 승전 장군을 환영하기 위하여 인산인해를 이루었다. 따일한[6]을 지날 적에 그 친한 벗 한 사람이 큰 소리로 부르짖으며 나와 "어질도다. 친한 벗이여! 그대를 보기 위하여 이와 같이 많은 이가 한데 모였습니다."라고 말하자 크롬웰이 냉소하며 "나를 단두대 위로 끌어 올리면 이보다 열 배는 많은 사람이 군집할 것이네."라고 말하였으니, 원래 그의 인정이 경박하다는 것을 알 만하다.

---

6 따일한: 미상이다.

당시 국회군 대도독(大都督) 페어팩스가 국왕군 정벌의 명을 한사코 사양하므로 크롬웰이 아일랜드로 좇아 돌아간 뒤 사흘 만에 재차 스코틀랜드를 향하게 되었다. 남쪽과 북쪽을 정벌하러 다니는 통에 심신이 쉴 틈은 조금도 없었으나 갈고 닦고 훈련한 철기군을 거느리고 최후의 대약진을 연출하고자 하였다.

당시 스코틀랜드의 유명한 맹장은 데이빗 레슬리이니 군세를 정비하고 차례로 잉글랜드를 쳐들어오다가 크롬웰이 출병하였다는 소식을 한번 듣고 던바(Dunbar)의 험고한 땅을 차지하여 국회군에게 저항하였다. 원래 던바는 벨헤이븐(Belhaven) 만에 연한 하나의 작은 도회지이다. 후면에는 스코틀랜드의 큰 산맥을 연접해 두르고 전면에는 아득히 넓고 멀어 끝이 없는 푸른 바다를 휘두르고 있어서 자연의 천험(天險)이 여간 심상한 곳이 아닐뿐더러 스코틀랜드의 내지로 불쑥 들어가자 하면 경유할 수밖에 없는 곳이다. 오르고 내림이 거의 백여 리에 가까운데 적장 데이빗 레슬리는 2만 3천의 정병을 거느리고 험한 입구를 차지하고서 맞서고자 하였다. 크롬웰은 1650년[7] 8월 말에 이곳에 상륙하여 즉시 수하의 병사를 거느리고 던바 근방으로 와 적군의 형세를 관찰하였지만 도저히 패멸시킬 방책이 없었다. 경무장한 군사들을 내몰아서 싸움을 걸거나 철기군을 가까이 이르게 하여 시위하였지만 한 번도 응전하지 않았다. 크롬웰 군은 먼 길을 오랫동안 달려왔고 군량도 다하니 점점 역질이 발생하고 군의 사기가 떨어졌다. 크롬웰은 몹시 우려하였지만 9월 2일에 이르러 아주 좋은 기회를 발견했다. 던바 평원을 가로질러 흐르는 한 진흙강가를 걸으며 적을 토벌할 방침을 몹시도 궁구하다가 한 계획을 환하게 깨닫고, 군령을 급히 내려서 다음날 전비를 성대하게 정제할 적에 이날 밤이 밝아지기 전에 그 하원(河原)

---

7   원문에는 '1850년'으로 오기되어 있다.

의 왼쪽 기슭에서 "만군(萬軍)의 주"라는 소리가 크게 울려 퍼지니 이는 크롬웰 군이요, 맞은편 기슭에서도 "만군의 주"라는 소리가 크게 일어 나니 이는 스코틀랜드 군이었다. 이에 처량한 화성(和聲)이 양쪽에서 일어나자 전화(戰火)가 서로 교차했다. 이 때에 크롬웰이 포병대를 먼 저 출동시켜 레슬리의 본대를 방어하고 용감무비한 철기군을 지휘하여 일거에 양익(兩翼)으로 좌우를 협공하고자 하였다. 하지만 전장이 불편 하여 완미한 성과를 거두지 못하자 천신만고로 겨우겨우 설비한 전략 이 물거품처럼 부질없이 사라지게 되었다. 그러나 용감한 철기는 일당 백의 예용을 다 기울여서 동쪽과 서쪽으로 충돌하니 저 레슬리 군이 산이 무너지듯 눈이 녹듯 붕괴되어 어찌해야 할 바를 알지 못하였다. 국회군은 용기가 한 곱절에서 다섯 곱절가량 증가하여 적의 뒤를 습격 해 살해하니 적병이 던바 평원을 버려두고 래머뮤어(Lammermuir)의 험한 고개를 향해 도주하였다. 이에 당일 날이 채 밝지 않았을 때에 크롬웰이 군세를 정돈하고 구약 「시편」 117편을 낭송하니 만군이 이구 동성으로 응하여 병사는 죽음을 각오한 굳은 마음만 가졌을 뿐이고 위 관은 살려는 기색이 없어서 한결같이 북을 치며 진군하니, 이 전투에서 적진의 사망자는 3천 명이요 포로는 1만 명이었다. 다시 한층 더 용감 하게 죽음을 두려워하지 않는 군사를 성대히 모집하여 3천 리 긴 여정 의 원정을 헤아리지 않고 한결같이 구축(驅逐)하여 수개월 뒤에 우스터 (Worcester) 성을 공격해 들어가서 새로 등극한 왕 찰스 2세를 대륙으로 쫓아냈고 그 1년 뒤에 스코틀랜드 땅은 전부 다 평정되었다.

아동교육설 / 연구생(硏究生)

무릇 사람은 애초에 태어날 때 지혜와 영민함을 갖춘다. 서너 살이 되어서 언어를 다소 이해하면 본 물건을 가리켜 명사와 명칭의 뜻을 부모에게 물어보는 것은 천연적으로 지식을 갈구하는 마음이 일어난 까닭이다. 이때 그 부모 된 자는 그 질문에 따라 자세히 알려주어야 한다. 물질과 물명(物名)을 깨우치도록 앞서 한 말을 계속 되풀이해주어야 천연의 지식을 갈구하는 마음이 점차 발전하여 두뇌로 들어오는 사안에 대해 질문할 양심이 흘러나올 것이다. 그렇지 않고 그 업무가 바쁘다거나 그 문답이 지루하다거나 해서 어린아이의 질문을 물리치거나 꾸짖는다면 부드러운 싹처럼 튀어 나오던 지식을 갈구하는 마음이 갑자기 위축되어 다시 질문할 생각이 저절로 사라질 것이다.

그러므로 그 이른 시기에 애당초 조기 교육의 길과 관련된 바가 어떠한가. 이러한 까닭에 서양에 어느 한 자모(慈母)의 큰아이는 연령이 4세이고 작은아이는 1세였다. 어느 하루는 자모가 일이 있어 외출하기에 큰아이에게 명하여 작은아이가 잠든 시간에 얼굴에 앉은 파리를 쫓게 하였다. 큰아이가 파리채를 잡고 상에 걸터앉아 작은아이가 편안히 누워서 잠이 드는 모습을 내려다보니 그 천연덕스런 호흡과 입·코·눈썹·눈의 찡그림과 움직임이 참으로 조물주의 생동감 있는 그림 솜씨라 이 신기한 이상에 감동하였다. 이어서 파리채를 놓아두고 그 자모가 염색하고 남긴 그릇을 찾아서는 작은아이의 곁에 웅크리고 엎드려서 종이 조각에 그 작은아이의 모습을 본떠 그렸다.

그 즈음에 그 자모가 밖에서 들어오자 큰아이가 이에 그 종이 조각과 염색 그릇을 숨기고는 혹시라도 탄로 나면 꾸지람을 들을까 매우 두려워하였다. 자모가 그 큰아이의 특이한 행동거지로 인하여 그 소행을 물어보니 입을 닫고 사실을 숨겼다. 하지만 거듭된 질문을 견디기 어려워 어쩔 수 없이 해당 종이 조각을 보이고는 의례 꾸지람이 있을 줄 알고 고개를 숙이며 처벌을 기다렸다. 그런데 그 자모는 본래 가정교육의 선량한 사상이 특별히 있었다. 그 종이 조각을 살펴보더니 "훌륭하다, 이 그림!

아이의 얼굴 모습과 흡사하다."고 칭찬하고는, 이어 큰아이의 등을 어루만지며 사랑의 의사를 한층 더하였다. 큰아이의 양심은 이로 말미암아 활기차고 왕성해졌다. 그 이후로 종이 조각을 구하면 그림 그리기를 일삼으니, 15세 전후에 서양 도학(圖學)의 대가가 되었다고 한다. 예전에 그 자모가 본 바가 법도에 맞지 않다고 꾸지람 한마디를 하였더라면 천량(天良)의 재능이 사라져 버려서 이처럼 좋은 결과를 얻지 못하였을 것이다. 그러므로 그 관련된 영향력을 천지로도 논할 수 없는 것이다.

대체로 아이들의 유희란 한결같지 않아서 덩어리진 흙과 자잘한 돌멩이를 층층이 쌓기도 하고, 나뭇가지나 쇳조각을 자르고 연마하기도 하고, 주살을 쏘고 헤엄치기도 하고, 세차게 내달려 경쟁하고 다투기도 한다. 이는 각자 그 성질이 선호하고 우수한 기능에 따라 자연스럽게 놀이에 맞추어 구하기 때문이다. 그 가정 내에서 선호하고 우수한 동작을 잘 이끌고 살려야 한다. 무리한 압박과 책망을 가하지 말고 구하는 이상을 열어 주면 완전한 인격을 도야하여 장래의 학교 교육에 큰 도움이 될 것이다.

그런데 우리나라는 원래 가정교육이 부족한 나머지 문모의 태교[8]와 맹모의 삼천교[9]를 구두로만 헛되이 읊조리고 자모 되는 자격에 대해서는 한결같이 무지몽매하다. 수유함에 있어 굶주림과 배부름 및 포대기 함에 있어 차고 습함이 일정하지 않은 까닭에 자연히 질병에 걸리는 원인이 됨을 이치상 면하기 어렵다. 지식을 갈구하는 마음이 일어날 연령이 되면 보이는 물품의 방향을 가리켜 물어도 걸핏하면 큰소리나 치며 꾸짖어서 벙어리마냥 입을 다물게 한다. 또 놀이거리를 가지고

---

8   문모의 태교 : '문모'는 주나라 왕계(王季)의 부인이자 문왕의 어머니인 태임(太任)이
    다. '잉태 중에 가르쳤다[胎教]'는 말은 잉태하면서부터 가르쳤다는 말로, 문왕을 임신
    하고서 나쁜 것을 보지 않고 음란한 것을 듣지 않고 오만한 말을 하지 않았다 한다.
9   맹모의 삼천교 : '맹모'는 맹자 어머니 장씨(仉氏)로 맹자의 교육을 위해 세 번이나
    이사를 다녔던 고사를 말한다.

굽혔다 폈다 나아갔다 물러났다하면 "집안을 더럽힌다"고 하고 "뜨락 난간을 무너뜨린다"고 하여 손발을 묶어 버리니, 이처럼 질곡을 당한 어린아이가 어찌 활동적 사상을 갖겠는가.

유아기의 역사가 이와 같으므로 7·8살이 되어서 서당에 입학하면, '하늘 천 따 지'니 '일월(日月)은 위명촉(爲明燭)'이니 '마상(馬上)에 봉한 식(逢寒食)'이니 등의 구어로 책상 앞에 묶인 듯 앉고 입술에 풀이 나도록 좌우로 머리를 흔들다가 뇌수가 황홀해져 온 종일 한 자도 기억하지 못하는 사태가 빈번하다. 이때 선생의 노기가 발발(勃勃)하고 고삽(苦澁)한 입술이 갱갱(硜硜)하여 머리부터 발끝까지 회초리 자국이 낭자하다. 가련하다! 이 연약한 기혈을 보양하는 방법이 있더라도 진정으로 청정하고 순수하며 완전하고 견고해지기는 진실로 일일이 확신하기 어렵다.

그런데 몹시 어두운 창호에서 날씨를 보지 못하고 괴롭게 앉아서 두려워하며 벌벌 떠는 지극히 연약한 몸과 살갗을 혹독하게 편달하고 꾸짖는다. 그들을 개나 양처럼 압박하여 정신을 달아나게 하니, 아아! 차마 말할 수도 없고 들을 수도 없을 정도다. 설혹 그 가운데 특별히 총명한 자가 있어도 7·8살에서 12살까지는 아동에게 있어 기억의 시대이니, 스승 된 자가 그 기억력을 잘 유념하여 늘 그 힘에 미치지 못하게 교수해야 기억력이 점차 자라게 된다. 하지만 이를 행하지 않고 그 총명함을 지나치게 장려하여 과도한 학과(學課)를 정도에 지나치게 교수하니, 그 역량을 비교적 지나치게 소진하여 뇌수의 막이 손상되기 십상이다. 이로 인하여 예전에 총명하던 아이가 점차 무능하고 몽매한 자로 변모하니, 이는 십분 주의할 일이다.

아아, 저 서양의 학교 교육계를 대략 살펴보면 교사 된 자는 소학교 생도를 교수할 때 비근하게 깨우치기 쉬운 사물로 우선 지시하여 그 실질과 실상을 분명히 이해시킨다. 그렇다고 고개를 끄덕여 인정한 뒤에 국문을 익히도록 한다. 입학하는 문로(門路)는 계급이 혼란되지 않아서 재미를 쉽게 얻을 뿐 아니라 학교에서 교수하는 시간이 늘 특별히 정해져 있다. 휴식하는 시간은 인허가 자유로워 싫증나지 않게 한다. 교사와 생도의 사이에서 자애의 정이 간절하여 두려워 겁내는 마음이 없고, 공경하고 신뢰하는 바람이 무겁다. 그리하여 그 마음을 열도록 유도할 방도가 여기서 생기는 것이다.

지금 우리나라의 교육계가 비록 이전에 비해 확장되었지만, 가정교육에서 자모의 자격이 준비되어 있어 아동의 지식을 갈구하는 마음을 계발할 조짐이 있고, 학교 교육에서 소학교 교사의 자격이 준비되어 있어 아동의 기억력을 발휘할 능력이 있는가. 이를 지극히 간절히 바란다. 그러므로 벗에게 들은 바를 기록하여 교육계에 뜻 있는 여러분에게 일람을 제공하고자 한다.

경쟁의 근본 / 포우생(抱宇生)

이 복잡한 세계의 상태를 관찰하니 실로 일반 생물의 경쟁 무대이다. 유사 이래로 인류가 해나가는 행동은 온갖 형태로 서로 격렬한 경쟁을 항상 시험하였으며, 다시 미래를 미루어 상상해 보더라도 인류가 소멸하기 전에는 어떠한 능력이 있더라도 이러한 경쟁의 파상 공세를 배제할 수가 없을 것이다. 대개 그 경쟁의 형식은 여러 가지 인데, 혹 전쟁에서 드러나고 혹 식민에서 나타나거나 혹 외교 정책에서 나타나고 혹 무역에서 나타나서 온갖 모양으로 그 형세를 따라서 나타나기 마련이다. 이른바 고금의 역사도 이러한 경쟁의 유적을 후세에 소개할 뿐이다. 그렇다면 이와 같은 유적을 지구 상에 계속 존재하게 한 원인이 어디에 있는가. 혹자는 말하기를 "인류는 원래 평화를 주장하고 이를 사랑하는 자이다." 라고 하지만 사실에 이르러서는 일일이나 일각이라도 그 격렬한 경쟁을 연출하지 않을 수가 없으니, 이는 과연 무엇 때문인가.

　한마디로 논정(論定)하건대, 그 근본적 원인은 생존에 있다고 하겠다. 무릇 생물이 그 생명을 지구 상에서 향유한 이상 생명의 영속을 꾀하며 이의 번식을 바라는 관심(關心)이 의도가 있든 없든 드러나 한 순간도 감출 수 없다. 만일 이 지구가 종교가들의 몽상처럼 일종의 천국 복락 세계가 되어서 기후가 동일하고 토지의 비옥도가 동일하여 어떠한 지방을 막론하고 의식과 주거의 곤란이 없으면 이러한 경쟁을 어느 누가 몽상하겠는가. 설혹 있더라도 이는 한때의 오락적인 경쟁에 지나지 않을 것이다. 그러나 그 사실인 완전히 이와 반대다. 기후가 각각 갖지 않고 산천의 형세가 각각 고르지 않으며 토양의 성질이 비옥도와 수리(水利)의 편리함이 또한 서로 똑같지 않다. 우리 인류는 이러한 고르지 못한 지상에 거처한다. 불행에 처한 자는 다른 사람의 행운을 빼앗고자 하며 다른 사람도 역시 그 탈취 당함을 피하기 위하여 힘쓰는 것이 자연스러운 형세이거니와 설혹 지상에 산물이 아무리 풍부하더라도 그 수량은 한계가 있고 인류는 그 수효가 나날이 증가하여 그 수효의 한계가 없다. 한계가 있는 물건으로 한계가 없는 물건의 수요에 맞게 공급을 해 줄 수가 없는 것은 사리와 형세상 진실로 그러하다. 그렇다면 비록 이 행복한 세계 아래에 생활하는 인류라도 종래에는 생활의 곤란을 점점 증가시켜간다. 그러므로 그 부족한 것을 보충하기 위하여 다른 지방의 이익을 엿보아 빼앗는 데에 이르게 되니, 이에 약한 자의 고기를 강한 자가 먹게 된다. 자기의 계통을 이어 나가며 종족을 번식시킬 매우 큰 욕망을 가진 것은 일반 동물의 천연의 성질이다. 그런데 아아, 동포 여러분! 우리의 멸망을 어느 누가 슬퍼할 것이며 우리의 번식을 어느 누가 기뻐할 것인가. 우리의 토지는 풍부하고 비옥한데 우리의 원수는 모조리 빼앗지 않고는 만족하지 않을 것이니, 정신 차리고 깨어 있을지어다, 가련한 우리 동포여! 분노할지어다, 가련한 우리 동포여! 여러분은 오늘의 상황을 맞아 누구를 기다리며 누구를 의지하는가. '한 사람이 정치를 잘못함에 천하가 혼란함'을 이에 책망하며 '한 사람이 한번 노함에 천하가 안정됨'[10]을 이에 기다리는가. 이 또한 책망하고 기다릴 바이지마는 국가의 치란이 시대에 따라 차이가 있다. 전제 군주 시대에는 한 사람이 정치를 잘못함에 천하가 혼란하며 한 사람이 한번 노함에 천하가 안정되었지만 지금은 민족주의가 크게 팽창한 시대이다. 민족주의적 시대에는 민족이 책무를 제대로 수행하지 못하면 나라가 망하고 민족이 한번 노하면 나라가 흥하게 되는 법이니, 시험 삼아 한번 보라. 저 미국의 오늘날이 무엇으로부터 말미암아서 나왔는가. 입이 있는 자들이 다 말하기를 "워싱턴으로부터 말미암아서 나왔다."라고 하지만 나는 "아니다."라고 외친다. 당시 영국 정부는 60여 년 전쟁을 거쳐 경제가 매우 곤란해진 상태였다. 이에 미주 식민지에 조세를 더하여 그 결손을 보충하려 했다. 미주 인민이 이를 절대적으로 반대한데가 종래의 오랫동안 품고 있는 원한이 여기서 더 치열해졌다. 이 반대를 실행할 때 워싱턴을 천거하고 등용해 그 성공을 거두었으니, 미국의 오늘날이 어찌 워싱턴으로부터 말미암아서 이루어졌겠는가. 그 국민의 분노를 따라 나오게 된 것이다. 아아, 동포 여러분! 여러분이 한번 분노하면 우리나라가 안정된다. 그렇지 않으면 설령 절세의 영웅이 연이어 나와도 영원한 패망을 면하지 못할 것이다. 분노할 지어다, 동포 여러분!

무릇 동물의 경쟁은 생명 유지를 원인으로 처음 일어나니, 근일 여행가와 오지의 탐험가가 전하는 소식을 듣자면, 저 야만인들이 서로 충돌하고 살벌(殺伐)하는 것이 모두 그 먹거리를 요구하기 위함 뿐 아니라 이 먹거리를 저축하기 위함이라고 한다. 이로써 추측하면 바로 지금 문명사회의

---

10 한……안정됨 : 『맹자(孟子)』 「양혜왕 하(梁惠王下)」에 "문왕은 한번 노하심으로써 천하의 백성을 편안하게 하셨던 것입니다.", "무왕 역시 한번 노하심으로써 천하의 백성을 편안하게 하셨던 것입니다."라고 한 말씀에서 유래한 것이다.

제반 문제는 저 야만인의 생활 문제에서 일변한 것에 지나지 않는다. 이와 같이 경쟁의 원인은 생명 유지에 있으니 생명을 유지하기 위하여 개인 간에 경쟁이 생기고 단체 간에 경쟁이 생기며 국가 간에 경쟁이 생기는 법이다. 만일 인류로부터 하등 동물까지 자기 하나의 목적만 구하면, 그 경쟁이 하나와 하나 사이에서 생길 뿐이고, 만일 낱낱의 경쟁만 있으면 인류 이하 제반 생물은 소멸을 면하지 못할 것이며 인류라도 가장 강하고 가장 센 자 이외에는 그 생명을 보존할 수가 없을 것이다.

여기서 생명 유지 이외에 동족 보호라고 하는 일종의 본성이 다시 있게 되니, 이는 진화론자의 상세한 설명을 기다리지 않더라도 우리의 일상적 경험을 미루어 알 수 있다. 저 야만인도 자기의 종족을 보호하기 위하여는 노고를 싫어하지 않으며 다른 지방으로 이주하더라도 자기 종족의 번영·증가를 계획해 도모하지 않는가. 저 사자도 먹을거리가 없으면 갓 태어난 새끼를 서로 빼앗아 잡아먹지만 먹을거리만 있으면 피아간에 갓 태어난 새끼를 서로 보전하여 지키기 마련이다. 야만인이나 금수도 또한 그러한데 더구나 문명사회에 처하여 승패를 결투하는 자가 자기의 행복을 계획해 도모하는 동시에 국가의 번영을 위하여 그 생명을 희생할 수 없을까.

지난번에 미국 태평양 연안에서 성행한 일본인 배척 문제와 같은 것도 그 원인은 한두 가지에 그치는 것이 아니나 중대한 원인은 종족 보호 경쟁에 불과하다. 그런즉 역사라고 하는 것은 일종의 수레바퀴와 같아서 생활 유지라는 한 바퀴와 종족 보호라는 한 바퀴를 항상 굴리는 것이니, 만일 이 두 바퀴를 주안으로 삼아 관찰하지 않으면 결코 역사의 참된 모습을 엿볼 수가 없을 것이다. 이 두 가지 본성으로 말미암아 드러난 세계 인류의 활동이 종래 두 가지 조류로 나뉘게 되고 각기 다른 방면을 향하여 내달아 세차게 흘렀다. 한 조류는 서쪽으로 흐르며 한 조류는 동쪽으로 흘러서 상호 충돌할 기회가 매우 드물었다가 19세기에 이르러서는 그 교제가 점차 빈번하더니 20세기 오늘날에 이르러서는 그 경쟁이 허다한 방면에서 더욱더 격렬해지고 있는데 러일전쟁[日露戰爭]과 같은 것이 그 의지를 표시한 것이다. 여기서 황화론[11]을 창도하는 자가 있으며 백화설[12]을 창도하는 자도 있다. 그렇다면 장래의 역사는 이른바 황인종과 백인종의 본능적 성격의 전쟁을 기록할 것이고 당장 위태롭고 절박한 세계의 문제는 인종 경쟁을 요점으로 삼을 것이다. 여기서 같은 인종을 서로 보호하고 서로 붙들어 주는 것과 다른 민족을 밀어낼 수 있거나 물리칠 수 있는 것이 우리의 안공(眼孔)에 보이는데, 아아, 동일한 황인종 가운데에도 백인종의 심성을 지니고 있는 자가 없는지. 이는 우리가 오랫동안 품고 있는 의문점이므로 이상 몇 마디를 번쇄하게 기술하여 여러분의 참고에 한 번 이바지하고자 한 것이다.

가정교육법 / 김수철(金壽哲) 역술

제3장 위생

제3절 위생 방법

2. 주거

주거는 한기와 열기 · 바람과 비 · 서리와 이슬 따위를 방어하기 위하여 준비하는 것이니, 비록 소극적인 목적에 지나지 않지만 또한 적극적으로 그 신체의 발육을 증진하며 정신 교육상에 편리하고 유익함을 주는 것이 상당히 많다. 그러므로 여기서 토지의 선택과 가옥 구조의 좋음과 나쁨 등을 가장 많이 연구할 필요가 생긴다.

---

11 황화론 : 황인종이 유럽에 미치는 해로움을 들어 황인종을 억압해야 한다는 이론으로, 청일 전쟁 때 독일 황제 빌헬름 2세가 주장하였다.

12 백화설 : 백색 인종이 세계에 날뛰어 유색 인종에게 재앙을 입힌다는 주장을 가리킨다.

(A) 토지의 선정

토지는 도덕과 아울러 위생에 해로움이 없고 또한 통행에 편리한 처소를 선택해야 할 것인니, 이는 정신 교육상으로 필요할 뿐 아니라 체육 방면으로도 중요한 부분이 되기 때문이다. 그런즉 위생상 토지의 성질·높낮이와 공기의 좋음과 나쁨 및 음용수의 좋고 나쁨에 관하여 정밀한 연구에 이르러야 할 것이다. 도덕상으로는 아동의 특질 및 습관에 미칠 영향을 고려하지 않을 수 없을 것이다. 만약 주거를 이미 확정한 경우에 있는 자라면 부득이함을 면하지 못할 것이지만 장래에 이를 경영하려는 자는 모름지기 이 토지 선택에 엄중한 주의를 가해야 할 것이다. 대개 가옥은 단시간에 용이하게 개조할 수 있지만 토지를 변경하는 것은 지극히 곤란한 일이니, 어찌 충분히 연구를 더하지 않겠는가.

이상 토지 선정의 이유를 서술했으니 보면 다시 한 걸음 더 나아가 실제 검증해 결정하는 방법을 다루고자 한다. 첫째로 서술할 만한 것은 바로 음용수의 성질이다. 음용수는 하루라도 없어서는 안 되는 영양 물품으로 만약 그 성질이 좋지 못하면 모든 종류의 병의 근원이 될 것이다. 그 다음으로 검증할 만한 것은 토지의 높낮이 및 건조함과 습함이니, 이를 알고자 하면 지하의 수면을 반드시 검사해야 할 것이니, 수면이 높으면 곧 저지대를 벗어나지 못할 것이다. 그러므로 이와 같은 토지는 응당 피해야 할 것이고, 또한 적당한 고지대가 없을 때에는 다른 곳으로부터 흙을 가지고 와서 그 토지를 높게 하여 습지의 해로움을 피하는 것이 옳다. 또 폐물이나 티끌과 먼지 따위가 매몰된 토지를 또한 피하지 않을 수가 없으니, 이러한 토지의 유기물에서 유독한 가스가 증발해 병의 근원을 만드는 것이 많다. 그러므로 이를 검사하기 위해서는 토지를 2·3척 정도에 한하여 파보는 것이 좋다. 더욱 상세한 점에 이르러서는 건축학자에게 의견을 물어보는 것이 아주 좋다.

(B) 가옥의 구조

가옥을 건축하기 위해서 먼저 그 재료를 선택해야 할 것이니, 지금 우리나라에서 사용하는 재료는 목재·석재·벽돌 따위가 있으나 석재는 그 값이 너무 비싸서 사용하기가 용이하지 않고, 벽돌은 또한 습기를 흡수할까 두려우니 무엇보다도 목재가 적당한 재료이다. 재료가 이미 정해지면 또한 그 양식을 확정하지 않을 수가 없을 것이니, 양식에는 1층짜리 가옥이 있으며 2층짜리가 있으며 3층짜리가 있으며 4층짜리가 있지만 통계상 위생에 적당한 것은 2층짜리가 바로 그것에 해당한다. 사망자를 비교해 보면 2층짜리가 가장 적고 2층 이상이 가장 많다. 그러므로 2층 이상에 주거하지 않는 것이 좋다. 또 가옥의 방향도 위생상 주의를 필요로 하지 않을 수가 없으니, 이는 남향이 가장 양호하지만 저잣거리의 점포와 같은 것은 이러한 규정을 강제로 적용시키기가 어렵다. 북면한 가옥이 가장 좋지 않다.

종래로 우리나라에서는 종이에 풀을 발라 붙인 창호를 사용하여 한기를 방어하였지만 이것이 예사롭지 않은 바깥 공기의 한랭함은 실내에 감기〔寒冒〕를 매개하게 된다. 그러므로 겨울철에는 유리로 만든 창호를 사용하여 한기의 침입을 방어하며 윗부분에는 회전창을 설치하여 환기하는 방법으로 삼는 것이 옳을 것이다.

3. 수면

신체를 노동하게 하면 피로가 생기고 정신을 사용하면 권태가 생기기 마련이니, 이미 이 피로와 권태를 느끼면 이를 회복하기 전에는 다시 신체의 운동과 정신의 활동을 영위할 수가 없다. 이것이 바로 휴식이 필요한 까닭이다. 또한 신체의 필요는 간단히 한때의 휴식으로 인하여 치료할 수 있지만 정신에 이르러서는 더욱 충분하고 큰 휴식을 필요하다. 대개 수면은 신경 중추의 피로를 치료하고 다시 활동할 준비를 수행하는 것이다. 그러므로 수면 중 가장 평정한 지위에서 충분한 휴식을 취하는 것이 옳으니, 나이가 어린 아동으로서 비교적 장시간의 수면을 탐하는 자는 생후 1년 사이에 16시간 내지 20시간의 수면을 하는 것이 좋을 것이다. 그러므로 이 시기를 맞아서 가장 깊고 쾌적한 수면을 영위하게 하는 데에 주의하지 않을 수가 없을 것이다.

4. 목욕

목욕은 피부 위생에서 가장 긴요한 것이니, 유아에게 특별히 다르다는 것을 확실히 알겠다. 아동의 왕성한 성장과 발육은 항상 다량의 때를 만들어 내고 지방질의 오물을 배설하므로 매일 목욕시켜 그 피부의 청결을 도모하지 않을 수가 없을 것이다. 목욕에는 냉수욕·온욕·해수욕 등이 있지만 유아에게는 온욕을 시키는 것이 가장 의당하니, 해수의 온욕이면 그 효험과 이익이 더욱더 크다.

온욕의 온도는 섭씨 38도 내지 45도의 범위를 취하는 것이 좋으니, 입욕하는 시간은 10분 내지 20분을 정하는 것이 좋고 장시간은 도리어 신체에 해를 끼친다. 그 횟수는 생후 1년간은 매일 1회씩 하되 점차 그 정도를 줄이더라도 매주 2회는 빠뜨리지 않는 것이 좋으며, 목욕 후에는 가장 주의하여 바깥 공기를 쐬지 않도록 건조한 의복으로 곧바로 감싸야 할 것이다.

제4절 위생의 원칙

1.

의복의 선택은 위생의 법칙을 따라야 한다. 의복의 목적은 신체 각 부분을 기르고 보호하여 외계로부터 침입하는 질병을 방어하는 데에 있다. 그러므로 계절에 따라서 선택하지 않을 수가 없다. 그러므로 겨울철에는 융포(絨布)·면포(綿布)를 사용하고 여름철에는 마포(麻布)

등을 사용하는 것이 일반적인 법칙이다.

2.

의복은 경제성을 요한다. 하지만 대개 의복은 소극적 위생의 일종이다. 신체 발육의 적극적 효용에 해당하지는 않는다. 그러므로 의복의 재료를 선택하는 데에는 오직 의복 본래의 목적에 들어맞을 만한 정도에 그치고, 화려한 것을 피하여 차라리 여기에 소용되는 재화를 가지고 자양품(滋養品)에 들이는 것이 옳다.

3.

주거는 청결성을 요한다. 가령 토지의 선정, 재료의 선택, 구조의 방법 등은 위생의 법칙에 들어맞더라도 가옥의 주위 및 그 내부의 청결 방법이 실행되지 못하면 아무리 하여도 무익한 데에서 끝날 것이다. 그러므로 항상 쇄소(灑掃)를 힘써 실행하여 병의 근원을 몰아내어 없애는 것이 긴요하다.

4.

수면 중 다른 상태에 주의할 필요가 있다. 수면이 휴식에 가장 좋은 방법이 된다는 것은 앞에서 서술한 바와 같거니와 활발한 아동이 잠들기 시작한 뒤에 왕왕 가위에 눌리거나 악몽에 시달려서 편안하게 잠을 잘 수가 없다. 이것이 격렬한 때에는 두려움을 초래하여 심장 박동과 호흡의 부조화를 발생시키고 흐르는 땀에 안색이 변하며 심지어 몹시 놀라서 큰 소리로 서럽게 운다. 이와 같은 때에는 가만히 아동을 일깨워 정신을 차리게 하고 즉시 껴안아 일으켜 안온한 상태를 회복하게 하는 것이 타당하다.

| 학원 |

철학 초보 / 학해주인(學海主人)

논거

(1) 공간·시간·물질·운동·세력

저 천문 현상을 쳐다보라. 태양 본체의 크기가 우리 지구의 150만 배가 되고 지구와의 거리가 대략 3억 8천 920만 리라고 하니, 그 거대한 크기와 그 아득한 거리를 상상해보면 우리의 사고력으로는 아무리 해도 생각이 미칠 수가 없지만 이는 우리 태양계의 일부뿐이다. 지금 태양계의 대략을 열거해 보면 지구와 같은 유성(遊星)이 200여 개이고 달과 같은 위성이 무릇 10여 개라고 한다. 유성 가운데에 가장 먼 것을 생각해 보면 태양에서 12억만 리 거리에 해왕성이 있으니, 그런즉 태양계의 주위가 12억만 리의 두 배, 즉 24억만 리가량이고 이에 태양 본체 크기인 직경 49억만 리를 더하면 73억만 리이니 태양계만으로도 73억만 리의 공간을 점유하였을 것이다. 이로써 관찰해 보자면 총 천체는 얼마나 원대한 공간을 점유하였을는지.

여러분! 저 천공에 바둑돌처럼 여기저기 무수히 흩어져 나열된 별자리〔星宿〕를 우러러보라. 그중에 항성-우리 육안으로 볼 수 있는 것-만도 그 수가 대략 6천 개라고 한다. 만일 관천기(觀天機)에 근거해 보게 되면 그 수가 몇 천만인지 모르겠다. 항성이라고 하는 것은 모두 우리 태양과 크기가 같은 것도 있고 태양보다 더욱 큰 것도 많을 뿐 아니라 수백 개의 유성과 수천 개의 위성을 지녔을 것이니, 그 직경을 말하면 적어도 수억 천만 리에 못지않은 둥글고 큰 공간을 점유하였을 터이다. 우리의 가장 가까운 지위에 있는 항성이 지구에서 192조억만 리에 떨어져 있는데 그 광선이 1초 사이에 18만 6천 리 씩을 나아가서 5만년 뒤에야 지구에 도달한다고 하니, 이 한 가지 일로 보더라도 우주의 거대함을 헤아릴 수가 있을 터이고.

다음은 시간이니, 이 역시 한계가 없고 끝이 없는 것이다. 우리가 통상 억만년 전의 일을 미루어 생각해 보면 아득하고 막연하여 끝닿는 곳이 없고 억만년 이후를 장차 바라더라도 역시 아득히 멀어 끝도 없으니, 아아, 시간의 한계와 끝이여! 우리는 아무리 하여도 상상할 수 없다. 그렇다면 공간과 시간의 관념은 무엇을 말미암아 생겨나는가. 이는 세력-바로 힘-의 저항으로 말미암아서 생겨나는 것이다. 무릇 우주 안의 무수한 물질이 모두 다 서로 응집하여 그 친화력으로 온갖 종류의 형태를 조직해 구성하였다. 그러나 우리 사람으로 하여금 물체의 존재 여부를 인지하게 하는 것은 단지 시력으로도 미칠 수가 없고 청력으로도 미칠 수가 없으니, 즉 물체의 감촉을 실제 경험한 뒤에야 비로소 그 존재를 인식할 것이니 어째서인가.

대체로 눈이 보는 것으로만 물체의 존재를 증명하기가 도저히 불가능한 사실이니, 그 예를 잠깐 서술하자면 유아나 야만인은 경험이 풍부하지 못함으로 인하여 거울 면에 비쳐 보이는 자기 얼굴과 수면에 비쳐 매달린 모습을 보면 혹은 나의 원수가 장난하는 것으로 오인하고 혹은 수신이 변화한 것으로써 스스로 인식하여 스스로 몹시 두려워하는 행동이 과다하지 않은가. 그러나 어느 정도 경험이 있고 실례를 섭렵한 자는 사견상 오해가 전혀 없을 것이다. 지금 눈앞 하나의 의자를 보고 우리의 손과 발로 대어보면 힘의 저항을 깨닫고 물체의 존재를 비로소 인식하겠거니와 저 거울 속에 비치는 모습은 눈에는 충분히 보이지만 감촉할 수도 없고 감히 저항도 하지 못한다. 그런즉 시간의 관념과 공간의 관념이 시력으로 인하여 처음으로 알게 되는 것이라고 말하겠다.

(2) 물질의 불멸

한 잔의 물도 햇볕에 쪼일 때에는 눈 깜빡할 사이에 다 말라버리고 한 자루의 밀초도 연소할 때에는 순식간에 다 타버리기 마련이니, 우리의 평범한 안목으로 이를 관찰하면 물과 밀초가 모두 다 사라져서 남은 것이 없는 듯하다. 그러나 사실은 다 말라버린 것도 아니고 소멸한 것도 아닌 즉 물은 태양열을 받아서 기체로 변해 떠나갔지만 물질은 여전히 존재하여 조금도 증감이 없다. 머잖아 춥고 싸늘한 날씨를 만나면 구름·비도 되고 서리·눈도 되어서 내와 샘이 이것을 근원으로 삼고 강과 바다가 이것을 연원으로 삼는다. 밀초는 수소·탄소로 조직·구성된 것이므로 공기 중의 산소를 만나면 결합하여 연기가 되고 불꽃이 되어서 공기 중으로 날아가 흩어지지만 역시 물질-수소·탄소-은 여전히 공기 중에 바로 지금 존재하니, 그렇다면 우주 안에 존재한 물질은 천지가 개벽한 처음부터 미래의 영원까지 조금도 증감이 없다. 뜻밖의 경우로 만일 새로 생겨나거나 소멸하는 것은 단지 여러 물질로 생성된 물체의 고체가 액체가 되고 액체가 고체가 되는 것일 뿐으로, 외관상으로 그 용량만 증감할 뿐이다.

(3) 운동의 단절과 연속

운동이란 한번 가득 차고 한번 불어나서 파란(波瀾)을 이루지만 결국에는 똑같은 모양의 상태를 이루지 않는다. 가령 달의 차고 기욺이 있고 바다에 밀물과 썰물이 있는 것처럼 돌을 물에 던져 넣으면 물에 물결이 일어난다. 『주역(周易)』에 이르기를 "자벌레가 몸을 굽히는 것은 장차 펴기 위함이다."[13]라고 한다. 우리도 걸어갈 때에는 발뒤꿈치를 굽히고

---

13 자벌레가……위함이다 : 이 말은 『주역』 「계사전 하(繫辭傳下)」에 "자벌레가 몸을 굽히는 것은 장차 펴기 위함이요, 의리를 정밀히 연구하여 신묘한 경지에 들어가는 것은 장차 쓰이기 위함이다."라고 한 데에 보인다.

펴지 않을 수가 없고, 새들도 날아서 움직일 때 날개를 저으며 선회하며, 헤엄치는 물고기도 지느러미와 꼬리를 신축한다. 유성도 자전과 공전의 운동을 하고, 시계도 오른쪽에서 왼쪽으로 왼쪽에서 오른쪽을 향하여 회전을 멈추지 않아 하루의 낮과 밤이 있으며, 한 해 동안 추위와 더위가 있고 농사의 흉작과 풍작이 있으며 날씨에 맑음과 흐림이 있고 초목의 번성과 쇠퇴가 있으니, 이것이 모두 다 운동의 큰 파란이다.

우리의 신체에도 이를 응용하면 건강과 병고가 있으며 열에 높낮이가 있고 소년부터 장년까지는 몸무게가 점차 증가하고 장년부터 노년까지 몸무게가 차례로 감소하되 자세히 조사해 보면 소년시대부터 장년시대까지 그 사이에도 몸무게의 증가와 감소가 있고 장년시대부터 노년시대까지도 역시 그러하다. 다시 한층 더 자세히 말하자면 하루 · 반시간 · 수분 · 수초의 사이라도 몸무게의 증감이 있으니, 이 분 · 초 사이의 증감은 운동의 작은 파란이고, 수개월 혹은 일 년 동안 조금씩 증감소하는 것은 운동의 큰 파란이다. 우리의 심력(心力)도 또한 그래서 자고 깨어나며 생각하고 멈추며 즐겁고 괴로워하며, 슬프고 기뻐해 조금 큰 파도를 항상 일으킬뿐더러 희로애고(喜怒哀苦)의 완급과 분멸이 있어 갑자기 기뻐하다가 갑자기 성내고 잠깐 즐거워하다가 잠깐 슬퍼하니 이 또한 작은 파란이 일어난 것이다.

사회도 역시 이 이치에서 벗어나지 않는다.

첫 번째는 우선 인구를 가지고 논하겠다. 대체로 인구가 번식하여 국부(國富)로 지탱할 수가 없을 때에는 의식(衣食)의 결핍으로 인하여 풍년에도 헐벗고 굶주리는 고통을 면하지 못하고 흉년에는 굶어 죽은 송장이 길에 나뒹굴뿐더러 혹은 다른 나라로 이주하는 것을 힘쓰거나 자살을 도모하거나 혹 질병에 뜻하지 않게 걸려서 인구가 감소할 것이요, 인구가 감소한 뒤 수십 백 년이 지나면 국부(國富)가 인구보다 잉여분이 있게됨으로써 인구가 다시 번식하게 될 것이다. 그런즉 한 번 증가하고 한 번 감소함에 제한이 없는 것이다.

두 번째는 물가를 가지고 논하겠다. 대체로 수요가 공급보다 증가하면 물가가 자연히 뛰어오르고 물가가 뛰어오르면 수요가 점점 감소하여 공급이 넉넉하기 때문에 물가가 자연히 떨어졌다가 수요가 다시 증가할 때에는 물가가 다시 뛰어오르게 된다. 그렇다면 물가의 높낮이는 저 유성의 운행과 같이 뛰어오름과 떨어짐이 돌고 돌아 그치지 않는 것이다.

세 번째는 치란·흥망·진보를 가지고 진술하겠다. 지나의 성인이 『주역』의 태괘(泰卦)를 정한 뒤에 다시 비괘(否卦)를 정하고[14] 사괘(師卦)를 정한 뒤에 다시 비괘(比卦)를 정하였다.[15] 이처럼 나라의 흥망성쇠가 없던 시대가 없어서 하(夏)나라가 멸망하자 은(殷)나라가 흥기하고 은나라가 멸망하자 주(周)나라가 흥기했으며 진(秦)나라, 한(漢)나라, 삼국(三國), 진(晉)나라, 남북조(南北朝), 수(隋)나라, 당(唐)나라, 송(宋)나라, 금(金)나라, 원(元)나라, 명(明)나라, 청(淸)나라가 상호 흥기하였다가 멸망하였다. 서양사를 잠깐 살펴보면 그리스의 문명이 극도에 달하자 멸망하여 로마가 흥기하고 로마가 멸망하자 게르만이 흥기하고 에스파니아가 흥기하자 영국에게 좌절되고 한때 유럽을 석권한 나폴레옹도

---

14 태괘(泰卦☰)를……정하며 : 정이(程頤)는 태괘(泰卦)에 대해서 "『서괘전(序卦傳)』에 '행하여 펴지고 태연함한 뒤에 편안하다. 그러므로 태괘로 받았다.'라고 하였다. 행함이 제자리를 얻으면 펴지고 태연하고 펴지고 태연하면 편안하니, 태괘가 이 때문에 이괘(履卦)의 다음이 된 것이다."라고 설명하였으며, 또한 비괘(否卦)에 대해서 "『서괘전』에 '태(泰)는 통함이니, 물건은 끝내 통할 수만은 없다. 그러므로 비괘로 받았다.'라고 하였다. 물건의 이치는 가고 오니, 통태(通泰)함이 극에 이르면 반드시 비색해지니, 비괘가 이 때문에 태괘의 다음이 된 것이다."라고 설명하였다.

15 사괘(師卦☷)를……정하였으니 : 정이(程頤)는 사괘(師卦)에 대해서 "『서괘전(序卦傳)』에 '쟁송은 반드시 여럿이 일어난다. 그러므로 사괘로 받았다.'라고 하였다. 군대가 일어남은 분쟁이 있기 때문이니, 이 때문에 송괘(訟卦)의 다음이 된 것이다."라고 설명하였고, 또 비괘(比卦)에 대해서 "『서괘전』에 '여러 사람은 반드시 친한 바가 있다. 그러므로 비괘로 받았다.'라고 하였다. 비(比)는 친애하고 도와주는 것이니, 사람의 무리는 반드시 서로 친애하고 도와준 뒤에 편안할 수 있다. 그러므로 이미 무리가 있으면 반드시 비친(比親)하는 바가 있는 것이니, 비괘가 이 때문에 사괘의 다음이 된 것이다."라고 설명하였다.

웰링턴에게 패배를 당하였으니, 이는 치란이 서로 번갈아든 것이다.

정치 · 풍속 등의 진보 여부로 말해 보면, 압제가 극심해서 자유 정치가 나타나고 자유 정치가 매우 방일해 지면 압제가 다시 이르기 마련이니, 저 스튜어트 왕조의 압제가 찰스 1세에 이르러 극심해지자 불세출의 영웅 크롬웰이 이를 공화 정치로 바꾸어 만들었지만 불과 2·3세(世)만에 폐정이 또 출현하여 제2의 혁명이 다시 일어나 멀리 미국의 독립을 고취하고 프랑스의 혁명을 빚어내다. 그렇다면 이러한 종류의 주장과 학설들을 하나하나 거론할만한 겨를이 없지만 모두 운동의 단절과 연속을 표출하는 큰 파란이라고 하겠다.

동물 생식법 / 포우생(抱宇生)

바로 지금 세계에 생활을 기탁한 일반 생물은 그 종류의 여하를 막론하고 자연히 생겨난 것은 없다. 각기 자신과 흡사한 것에서 점차 진화한 것이다. 그러므로 생물이라 명명된 것은 반드시 그 계통을 계속 이어가고 종류를 번식하기 위하여 일정한 법칙에 따라 생식한다. 이를 생식법이라 한다.

이 생식법을 두 가지로 나누면 다음과 같다. 첫 번째는 유성생식법이다. 이 유성생식법은 생식 중에 가장 진보한 것으로 고등 동물 뿐만 아니라 하등 동물이라도 대개 이 방법으로 생식하는 경우가 많다. 이 유성생식법에 따라 번식하는 동물은 그 몸에 특별한 기관이 있어 그 가운데에 생식원소를 저장한다. 이 기관을 생식 기관이라 한다. 생식 기관 내에 함축된 생식원소도 웅성과 자성의 분별이 있어서 웅성 원소를 저장한 기관을 웅성 생식 기관이라고 하며 자성 원소를 저장한 기관을 자성 생식 기관이라 한다. 웅성 원소와 자성 원소가 하나로 합한 연후에 하나의 알〔卵〕을 빚어내고 이 알이 점차 장성하여 얼마간의 변화를 거친 뒤에 하나의 새로운 개체를 이루게 된다. 이와 같은 법을 따라서 번식하는 것을 자웅생식법이라 한다.

이러한 방법 외에 웅성 생식법이 있다. 이 방법은 하나의 동물이 웅원소와 자원소를 아울러 지닌 것이다. 이를 자웅동체라고 칭하며 이 웅자동체의 갑·을 양자가 하나로 합할 때에는 갑의 웅원소는 을의 자원소가 흡수하며 을의 웅원소는 갑의 자원소가 흡수하여 각자 하나의 난세포를 빚어낸다. 이와 같이 갑을 자웅동체가 한때 하나로 합할 때에는 갑을이 각자 하나의 알을 포잉(胞孕)하게 되니 곧 거머리·지렁이·달팽이 따위가 여기에 해당한다.

첫째는 무성생식법이다. 이 방법은 수컷도 아니고 암컷도 아닌 동물이 자기의 계통을 이어갈 수 있는 방법을 이른 것이다. 이 무성생식방법은 다시 두 가지로 나뉜다.

첫째는 분체법이다. 이 방법은 하나의 동물이 자신의 몸을 두 개 혹은 세 개 이상 분할하여 그 번식의 목적을 달성하는 것이니, 바로 아메바 같은 것이다.

둘째는 발아법이다. 이 방법은 무성생식방법이 점차 진보한 것으로 동물 몸체의 일부에서 일종의 맹아를 발생시키고 이 맹아가 장성한 뒤에 하나의 완전한 동물이 되는 것이다. 이 발아법을 두 가지로 나누어 보자면 다음과 같다. 첫 번째는 분리 발아법이다. 이 방법을 따라서 번식하는 것은 대개 하등 동물 중에 그 사례가 적지 않다. 강장동물문-체내가 텅 비어 있는 것이니, 갈라서 살펴보면 대나무 통과 흡사한 동물의 일반을 칭함-에 속한 것 중 이 방법으로 번식하는 것이 가장 많으니, 곧 히드라가 그 예로서 적당하다. 히드라는 그 몸길이가 2·3푼 내지 3·4푼에 불과하며 그 색은 녹색 혹은 다갈색을 띠고 몸의 모습이 갖가지로 변화하되 모두 원주형을 띤다. 못과 늪 등 담수에 서식하되 물풀의 잎과 줄기에 그 한 끝을 부착하고 다른 한 끝은 끝머리 중앙에 입이 있으며 입의 주위에는 몇 개의 가늘고 긴 촉수가 둥글게 돌려나서 이 촉수로 적을 공격하고 음식물을 포획하여 중앙의 입으로 끌어들이고 다시 내부의 식도에 넣어 차례로 소화한 뒤에 그 자양분을 흡수하여 생활하다가 성숙기에 이르면 생식작용을 시작하여 몸의 일부가 먼저 돌출하여 점차 장성함에 맹아 하나가 드러난다. 이 맹아의 형체는 본체와 동일하므로 다시 본체에서 떨어져 분리하여 독립적 생활을 영위하게 된다.

둘째는 단체발아법이다. 즉 하나의 몸이 점차 맹아를 틔워 내어서 그 수가 얼마에 이르더라도 상호 분리하지 않고 동일한 혈관 안에서 그 생활을 영위하는 단체적 동물이니 곧 산호충류가 바로 여기에 해당한다. 이상 진술한 바를 아래에 도표로 제시한다.

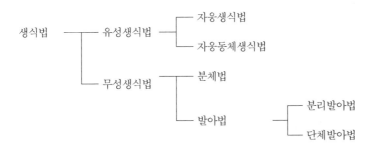

과실나무 전정법 (전호 속) / 김지간(金志侃)

겨울철 가지치기 방법 (속)

직립한 가지와 줄기를 가로로 절단할 때에는 그 절단한 면을 수평면으로 자르지 말고 좀 빗면으로 잘라서 빗물이 정체되지 않도록 해야 할 것이다. 평면으로 자르면 가지와 줄기는 그 수심부(髓心部)에서부터 부패하게 된다. 대체로 가지와 줄기의 자른 입구는 될 수 있는 대로 그 면적을 작게 해야 할 것이다. 만일 면적이 넓으면 그 절단한 입구가 쉽사리 아물지 않는다. 겨울철 가지치기는 여름철 가지치기인 순자르기[摘梢]와 잎따주기[摘葉]를 행한 뒤에 과실나무를 왜생(矮生)으로 키울 목적으로 한다.-왜생으로 키운다는 것은 바로 나무 전체의 모양을 왜소하게 만드는 것이다.-원래 과실나무는 어느 지역을 막론하고 병해와 충해의 침습을 벗어나지 못하기에 그 해를 예방하고 구제할 때 약액(藥液)의 살포나 독기(毒氣)의 훈연법을 실행하는데 과실나무가 길고 크면 도저히 이 방법을 사용하지 못하므로 과실나무를 짧고 작게 가지치기하는 것이다.

수세(樹勢)의 억압

환상 박피법(環狀剝皮法)

대개 식물의 뿌리로부터 가지와 줄기로 올라가는 영양액은 줄기의 중심에 있는 관다발-나무의 속-을 통과하고 잎에 도달해 동화액(同化液)이 되어 다시 뿌리로 흘러 내려가 식물체를 양성하한다. 그런데 잎에서 동화액이 되어 뿌리로 흘러 내려갈 때에는 줄기의 중심을 통과하지 않고 줄기의 외피부(外皮部)를 통과한다. 그러므로 만일 지상부(地上部)의 줄기 껍질을 환상(環狀)으로 박피하면 위와 아래의 교통이 차단되는 경우 뿌리로부터 올라가는 영양액은 전과 다름 없이 줄기의 중심을 통과하여 잎까지 올라가지만 잎으로부터 동화액이 되어서 흘러 내려오는 영양액은 박피한 부분까지 와 그곳에 정체된다. 그 박피한 부분 이상의 뿌리와 줄기는 그 정체한 영양액이 많으므로 일시에 비대해지는 경향이 있지만 뿌리의 부분은 완전히 새로운 발전을 멈추고 현상을 유지하기가 어려워서 올라가는 영양약의 양도 줄어들기 마련이다. 그러므로 이것을 이용하여 수세를 억압하는데 이 박피법을 응용하는 것이다.

　박피를 행할 때에 한갓 폭원을 넓게 하지 말아야 한다. 수세의 강함을 관측하여 박피를 적당하게 행하면 수세를 억압한 뒤에 상부의 수피(樹皮) 가운데에서부터 점점 새로 생겨 발전하는 형성층은 하부와 다시 연결되어 이전의 건전체(健全體)로 회복된다. 만일 폭원이 너무 넓고 크면 하부와 연결되기 전에 뿌리가 영양과 수분의 부족으로 말라 죽게 된다.

　환상 박피는 과실나무의 가지와 주가 되는 줄기가 서로 연접한 부분에 행하여 과실나무의 가지에 맺힌 과실을 풍성하게 하는 데에 응용된다. 그 이유는 그 가지 위에 동화된 영양액이 이 박피 부분에 정체되고 가지에 저축되어 과실로 흘러가므로 과실이 살지게 되고 맛이 매우 좋게 되는 것이다.

　대목〔砧木〕의 변경-대목은 접목하는 데에 근본이 되는 나무〔根木〕이다.-

　대목에 수목(穗木)을-수목은 접목할 나뭇가지〔枝木〕이다.-접붙이는 이유는 접목의 동종과 이종을 막론하고 전부 수세를 약하게 하기 위해서이다. 두 나무의 접합부의 관다발 조직은 원만하게 연결되지 않고 접합부에 장해(障害)를 주어서 영양액 유통에 제한되므로 과실은 동화 물질이 풍부해져 생장이 매우 뛰어나고 품질이 개량된다.

　또는 동종으로 접붙이는 것보다 이종으로 접목하는 것이 한층 더 발육을 약하게 하므로 맺힌 과실이 매우 양호하게 된다. 비유하건대 배를 올발(榲桲) 대목에 접붙이며 밀감을 탱자나무〔枳殼〕에 접붙일 때 그 과실나무가 왜소하게 되고 맺힌 과실이 양호하게 된다.

　이종으로 접붙여서 왜소성(矮小性)이 되는 종류

　배의 접지(椄枝)는 올발 대목과 모과 대목에 접붙임

　사과의 접지는 장미(薔薇) 대목에 접붙임

복숭아의 접지는 자두 대목에 접붙임

감귤의 접지는 탱자 대목에 접붙임

비파의 접지는 올발 대목에 접붙임

뿌리 다듬기[剪根]

식물의 땅속의 부분과 지상 부분의 관계

뿌리와 간지(幹枝)의 관계는 매우 밀접하여 양자의 세력은 항상 균평하다. 그러므로 토지가 비옥하여 뿌리의 발육이 성하면 지간의 발육도 성하고 토지가 척박하여 뿌리의 발육이 좋지 못하면 지간의 발육도 또한 좋지 못하다. 그러므로 땅속의 뿌리 부분에 배수가 좋지 않던지 병해충의 기생이 있어서 뿌리의 생육을 해할 때에는 지상 부분의 지간이 곧 그 영향을 받아서 예사롭지 않게 쇠한 모습을 드러내 보이기 마련이다. 그러므로 수세가 강성하여 과실의 맺힘이 너무 늦거나 혹은 과실이 떨어질 때에는 전근법(剪根法)을 행하여 수세를 쇠약하게 하는 것이다.

뿌리 다듬기는 겨울철 가지치기할 때에 행하는데 그 방법은 나무의 대소와 세력의 여하를 짐작하여 강한 것은 넓게 하고 약한 것은 좁게 하되 주된 줄기의 주위에 직경으로 1척 내지 3척의 도랑을 환상으로 폭 1척가량을 파서 그곳에 드러난 뿌리를 절단하고 그대로 수삼 일 동안 공기에 드러내어 쏘이게 한 뒤에 전과 같이 흙을 덮어 두면 수세를 억압하는 효과가 있게 된다.

다시 심기[更植]

환상으로 도랑을 파서 뿌리를 절단하려면 곁뿌리만 노출하고 원뿌리는 전과 다름 없이 땅속에 있어 땅의 하층에 깊이 들어가 물과 습기를 흡수해야 한다. 또는 토질이 가볍고 거칠고 지형이 경사진 곳에는 지하수의 수면이 낮으므로 공기가 지하에 깊이 점점 스며들어서 지하층에는 식물의 양분이 풍부하지만 곁뿌리만 잘라 내어도 세력을 줄이지 못하는 까닭에 이와 같은 경우에는 과실나무를 다시 심는 것이다. 다시 심기는 완전히 과수원 땅을 변환하는 것이 아니고 다만 과수를 파내어 이웃해서 서로 연접한 것을 교환하여 다시 심는 것이다. 어떻게든 세력이 강한 수목이라도 그 상태를 일신토록 한다.

사식(斜植)

사식은 과실나무의 주된 줄기를 비스듬히 기울어지게 심는 것으로 통상 45도의 빗각으로 하는 것이다.-45도는 나무가 반쯤 가로로 빗기게 하는 것이다.-

원래 식물이 뿌리에서부터 영양액이 올라가는 이유는 농도를 다르게 한 두 액체의 삼투 작용에 기초한 것이다. 지구의 인력에 반항하여 낮은 곳의 뿌리로부터 높은 곳의 잎에까지 도달하지만 그 영양액이 잎에 도달하여 동화액이 된 뒤에는 오로지 지구의 인력에 순응하여 아래로 내려간다. 그러므로 직립한 지간은 그 세력이 강하고 발육이 성하지만 비스듬히 기울어진 지간은 세력이 약하고 쇠하기 마련이다. 이와 같은 자연적 원리를 이용하여 인공으로 사식법을 행하여 수세를 약하게 하는 것이다. (미완)

위생 문답 / 김영재(金英哉)

문 : 우리의 수재(首宰)인 뇌의 위생법은 어떠한가.

답 : 뇌는 신체의 수부(首府)이다. 온갖 명령이 여기로부터 나오게 되니, 그 건전함의 여부가 직접적으로 신체 각 부위에 크고 많은 영향을 미친다. 그러므로 엄중한 두개골이 덮여 있고 또 그 위에

수많은 모발로 보호하였으며

뇌는 그 재질이 두부 모양과 같이 유연(柔軟)한데 대뇌·소뇌 두 종류로 구별한다. 연수(延髓)부터 아래쪽 방향은 척수(脊髓)에 직통하여 수많은 회전(回轉)과 구학(溝壑)을 가지고 있으니, 이 구학이 깊으면 깊을수록 지식이 발달한 것인데 동물 중에는 인류가 제일이고, 그 다음은 원숭이이다.

뇌의 위생법은 특별하게 매우 어려운 일이 아니다. 그 방법을 말하자면 대체로 신체 각 부분은 어느 부분을 막론하고 사용하면 사용할수록 발달하고 사용하지 않으면 사용하지 않을수록 점차 감퇴하고 쇠약해지는 것처럼 뇌도 사용하는 것이 제일가는 위생이지만 때때로 적당한 휴식을 필요로 한다. 만일 사용과 휴식에 상당히 훌륭하고 좋은 규율이 없으면 아무런 쓸 데가 없을 것이다. 그런즉 쉽게 말을 하면 아침부터 저녁까지 본 바의 사무를 엄정하게 시간으로 계산해 가령 세 번 식사를 정하여 먹은 뒤에 직무에 종사하거나 과업(課業)을 수행하는 데에 전심하거나 운동 내지 수면 등까지 일일이 시간을 획정하는 것이 뇌 위생의 첫 번째 문(第一門)이다. 이를 힘써 행하는 데에는 갖가지의 세칙이 있으니 이에 그 대략을 열거하겠다.

첫 번째는 자기의 분수에 걸맞는 일과 행위이다. 이를 실행하려면 자기가 즐기고 좋아하는 바의 직업을 잘 선택하는 것이 옳을 것이다. 어째서인가. 다름이 아니라 누구를 막론하고 자기가 하기 원하는 직업은 부지불식간에 취미를 나가게 한 것이어서 별다른 노고를 쌓지 않아도 상당히 진전을 이루게 된다. 그런데 이상하도다. 세상에 이른바 의학가(醫學家)는 그 자제의 성질이 녹록한가의 여부는 조금도 개의치 않고 의업(醫業)을 억지로 이어 가게 하는 경우도 있고, 법률을 억지로 권하는 부로도 있으나 이는 그르침과 혼미함이 너무 심한 일이다. 그 결과는 뇌만 고통스럽고 번뇌할 뿐이고 아무런 효과가 없을 것이다. 그런즉 청년들이 자기가 즐기고 좋아하는 것을 정립할 때는 연령과 경우에 조응하여 그 부형이나 혹은 교육자와 충분히 확론을 건립한 뒤에 확정한 것이 필요하다고 할 것이다.

일반적으로 신경질(神經質)을 가진 사람은 조금만 사려한다. 이들은 감정이 격출하는 직업을 영위할 수 없다. 학자·의사 등은 생각 밖의 것이다. 그러므로 이러한 사람은 옥외의 직업에 종사하는 것이 타당할 것이다. 신체가 허약한 사람은 공장 및 일터 내의 노동이 극렬하거나 생활이 불규칙적인 직업은 온당하지 않다. 그러므로 이러한 사람은 한편으로 의사의 의견을 확인하고 참고하는 것이 타당할 듯하다.

뇌의 위생은 심려가 큰 병통이자 근심거리이니, 희로애락 사이에서 정신이 격절(激切)하게 감동하지 않게 주의해야 할 것이고, 또는 허영심을 배척해야 할 것이다. 허영심은 원래 신분과 서로 어울리지 않는 곳에서 일어난다. 이를 이루어 내지 못하면 불평을 쌓창하고 원한이 거듭 나와 틀림없이 신경이 쇠약해지게 된다. 신체를 너무 수고롭게 하는 것도 불가하니, 대개 신체나 뇌를 피로하게 할 경우에는 이에 상응하는 휴양을 제공하되 하룻낮의 휴양에는 하룻밤의 수면, 한 주일의 노역이면 하루의 휴게, 1년의 면려이면 1개월 동안의 보양이 알맞을 것이며, 더욱 심신에 피로가 잡다한 직업에 종사하는 경우는 특별한 주의가 필요할 것이다. 그런즉 뇌의 휴양은 수면이 필요한 양약(良藥)일 것이다. 그러나 세상에서 오해한 자는 프리드리히 대왕과 나폴레옹이 하루 다섯 시간 자고 대영웅의 사업을 성취할 수 있었다고 해 통상 다섯 시간의 수면에 만족한다고 한다. 그러나 이는 특별한 사항이

고 오해가 너무 심한 경우이거니와 우리는 하루 여덟 시간의 수
면이 가장 적합하다. 만일 이 이상으로 수면하는 경우가 있으면
수면의 정도가 과다하여 도리어 해가 됨을 면하지 못할 것이다.
수면의 경우 편한 잠에 주의해야 할 것이다. 우리의 습관이 좋으
면 하루 여섯 시간으로도 충분할 것이니 요점은 편한 잠이 제일
가는 수면일 터이다. 수면 이외에는 옥외 산책이나 혹은 실내 체
조가 적당할 것이고, 패사(稗史)·소설(小說)·연극장을 관람하
는 것은 종동 도리어 해로울 것이다. 여름철에 전지휴양(轉地休
養)이 필요할 것이다.

속담에, "건전한 정신은 강장한 신체에 머물러 있는다."라고 한
것처럼 강건한 정신과 강고한 의지는 철석같은 체격(體格)을 요
구한다. 그러므로 운동에 크게 힘쓰고 식사에 조심하여 신체를
강장하게 하고 냉수욕을 부지런히 행하여 신경계통의 양생을 연
속하며, 음식물에는 연초-궐련초도 포함-·주류·당초〔고추〕·
후추 및 기타 매운 맛을 가지고 있는 음식물과 차·커피 따위는
일체 마시지 말아야 한다.

그 밖의 또 다른 것은 뇌를 타격하거나 동시에 두 개 이상의 사건
을 생각하고 헤아리지 말 것이며 매우 딱딱한 베개류-가령 목침
류-는 일체 사용하지 말아야 한다. 이상은 뇌 위생법의 대강이니,
필요건(必要件)도 또한 적지 않으니 독자 여러분은 문맥이 어떠한
지 접속이 어떠한지 돌아보지 말고, 상응하는 강장법(强壯法)을
강구해야 할 것이다.

화학 초보 / 박정의(朴廷義)

염소 Cl 35.5

염소는 천연의 단일체〔單體〕로는 달리 존재하지 않고 나트륨과 화합하여 염화나트륨, 즉 먹는 소금이 되어서 다량으로 존재하는 황색 기체이다. 특별한 종류의 냄새가 나고, 한 되의 물에 두 되가 용해되며 그 중량은 공기의 두 배 반이다.

이 기체는 특별히 수소와 화합하기가 용이하기 때문에 수소와 염소를 혼합하여 햇빛을 만나게 하면 곧 폭발하여 염화 수소를 만들어 내게 된다.

염소 제조법

(1) 이산화 망가니즈(MnO2)와 먹는 소금을 혼합하고 여기에 황산을 주입하면 반응하여 황산망가니즈 및 산성 황산소다를 얻게 된다.

(2) 이산화 망가니즈에 염산을 주입하면 역시 염소와 염화 망가니즈를 얻게 된다.

염소는 다섯 가지 염색물을 매우 쉽게 제거하기 때문에 양지(洋紙)를 제조하는 데에 사용된다.

염소·수소 화합물(ClH)

염화수소는 염소·수소가 직접 화합한 무색의 기체인데 냄새와 신맛을 지니고 한 되의 물에 500되가 용해되는데 그 용액을 염산이라 칭하는 것이다.

염산 가운데에 철·주석·아연 등의 금속을 투입하면 용해되어 수소와 금속 염화물의 용액을 만들어 내게 된다.

염화수소는 먹는 소금에 황산을 가하여 가열하면 만들어 얻게 되는

데 탄산소다를 제조할 때에 부산물이 되는 것인즉 달리 제조할 필요가 없다고 하겠다.

염소와 산소의 화합물은 가장 위험한데 별로 쓸 곳도 없기 때문에 만들지 않는 것이다.

플루오린·브롬·아이오딘

이 세 원소 및 이러한 화합물은 염소 및 그 화합물과 흡사하다.

플루오린[弗素] F 19

플루오린은 녹황색의 기체인데 그 천연 화합물 플루오린화 칼슘, 즉 형석(螢石)-FCa-은 야금 공업과 플루오린화 수소 제조에 소용되는 것이다. 플루오린화 수소 형석 분말에 황산을 가하여 백금 혹은 납 기구 〔鉛器〕 - 유리 기구〔硝子器〕는 불가 - 에 두고 가열하면 얻게 되는데, 그 성질은 자극성의 냄새가 나고 물에 용해되기가 매우 쉽다. 그 용액은 자기(磁器)같은 - 균산염(硅酸鹽)을 함유한 - 물질을 침식하기 때문에 유리 등에 문자 및 도화를 쓰는 데에 긴요하게 사용되는 것이다.

브롬[臭素] Br 80·아이오딘[沃素] I 127

브롬 및 아이오딘의 화합물은 바닷물 가운데에 소량으로 뒤섞여 있기 때문에 해초(海草)를 태워서 그 재의 액을 가열하면 얻게 되고 그 화합물은 제약(製藥)에 사용하게 된다.

유황 S 32

유황은 천연으로 존재한 황색 단일체인데 화산 지방에서 다수 산출되고 그 화합물은 황화 동〔硫化銅〕·납·철 따위의 광석으로 나온다.

유황을 공기 중에서 연소하면 황색 불꽃을 발하여 아황산을 만들어 내고 또 유황을 가열하면 섭씨 110도에 황색 액체가 되며 440도에 이르면 비등하여 황색 기체가 된다.

그 특수한 성질은 금속과 쉽사리 화합하며 물에는 용해되지 않으나 황화탄소에 용해되는 것이다.

유황의 가장 중요한 용도는 황산 및 화약을 제조하는 데에 있다.

유황·수소 화합물 H2S

황화 수소는 냄새가 나고-부패한 계란의 악취-무색의 기체인데 화산에서 분출하는 기체 가운데에 뒤섞여 있으며 혹은 광천 안에 용해되어 있다.

황화수소는 황화 철 혹은 황화동에 황산 혹은 염산을 더해 넣어서 얻게 되며, 이것을 분탁(分柝)하는 데에 사용하다.

유황·산소 화합물

(1) 이산화유황 -아황산-은 구리를 황산 안에서 가열하면 발생하는 냄새가 나고-유황을 연소할 때에 생기는 냄새-무색의 기체이다. 한 되의 물에 50되가 용해되며 이 기체도 염소와 같이 물질의 잡색을 제거할 수 있기 때문에 여름철에 사용하는 밀짚모자 제조에 매우 중요한 것이다.

(2) 삼산화유황 - 무수 황산 - 은 고체인데 물을 만나면 화합하여 황산을 만들어 내는데 황산 공장에서 특별히 제조하는 법이 있다.

유황·탄소 화합물 S2C

황화탄소는 악취를 띠는 무색의 액체인데 상온에 휘발하면 섭씨 47도에 비등하여 심한 가연성을 띠기 때문에 여기에 점화하면 청색 화염을 내고 연소된다. 그때에 이산화탄소와 아황산을 만들어 내게 된다.

황화탄소는 인(燐)·유황·기름 따위를 용해하는 특성이 있고 또 매우 독하기 때문에 이것을 연소하여 그 악취로써 해충을 소멸시킨다.

유황과 목탄을 혼합하여 가열하면 기체가 발생하는데 이것을 냉각시키면 액체인 황화탄소를 얻게 되는 것이다.

| 문예 |

• 광고

　본 태극학보 대금 수납의 편의를 위하여 경성(京城)과 평안북도(平安北道)에 위탁수금소를 설치하였으니 경성에서 본 태극학보를 구독하시는 분은 대금을 경성 북서(北署) 원동(苑洞) 이갑(李甲) 씨 댁에 거처하는 김기옥(金基玉) 씨에게 보내주시고 평안북도에서 구독하시는 분은 평안북도 정주(定州) 남문(南門) 내 홍성린(洪成鱗) 씨에게 보내주시기 바랍니다.

태극학회 알림

유학생의 귀국을 전송하다 漢 / 송남자(松南子)

　무릇 위대한 인물과 통달한 선비의 행동은 한 번 발을 듦에 천하의 법도가 될 만한 것이 있으며 한 번 손을 듦에 천하의 법칙이 될 만한 것이 있다. 이 때문에 옛적에 소진(蘇秦)이 출세하면 열국(列國)이 합쳐지고 은거하면 열국이 흩어졌으며, 사안석(謝安石)이 출세하면 창생(蒼生)이 편안하고 은거하면 창생이 위태로워졌다. 이 두 사람의 출세와 은거·떠남과 머무름이 능히 열국의 창생으로 하여금 흩어지고 모이게 하며 편안하고 위태롭게 하였으니, 힘이 구정(九鼎)을 들어 올릴 수 있고 기운이 바다를 다 들이킬 수 있어서 이러한 대업을 이룬 것이 아니라 그 웅변과 모략이 능히 시세와 더불어 부앙(俯仰)하고 인심에 따라 굴신(屈伸)한 까닭에 당대의 대업을 이룰 수 있었다.

　지금 여러분은 동영(東瀛)[16]에 유학한 지 벌써 여러 해가 지났다. 풍기(風氣)가 예전과 지금이 특별히 다름에 대해서는 강구한지 이미 오래

되어 굳이 췌언할 필요는 없지만, 장차 배운 재주를 가지고 조국으로 돌아가는 날에 실제로 어떻게 시행해야 하겠는가. 그 계획이 장차 아무 타로(太郎) · 아무 지로(次郎)의 무릎 아래 굽히고 쌀 한 되나 한 말의 남은 음식을 구걸하는 것이라면 깊게 궁구할 만하지 못하다. 만일 내가 배운 바로 나의 2천만 동포를 깨우치고, 나의 3천 리 강토를 고취시키고 문명 부강하고 자유 독립토록 하자면 반드시 먼저 그 내지 인민의 수준과 풍토의 성질을 자세히 살펴야 한다. 각각 그 좋아하는 바에 따라 열어주고 인도해 심력(心力)을 결합시키고 학문을 권장한다면 차례로 향응(響應)하여 전국을 풍미(風靡)하는 것은 형세상 진실로 그러할 것이다. 만약 "우리 동포가 부패하고 완고하다."고 하여 배척한다면, 내지 동포들 역시 장차 "저 외국에 유학한 자는 모두 환심장(換心腸)하니, 동족에 끼어 줄 수 없다."고 할 것이다. 피차 간에 진실로 이와 같다면 여러분이 설령 천인을 능가하는 재주와 비바람을 부르는 술법이 있더라도 시행할 수 없어서 배움이 장차 무용지물이 됨은 이치상 반드시 초래될 결과이다.

여러분의 드넓은 식견으로 필시 이와 같지 않으리라는 것은 이미 점쳐 아는 바이다. 삼도(三島)[17]에 외따로 있으며 간고(艱苦)를 실컷 맛보고서 나의 조국을 노래 불러 읊조리고, 단신으로 만리길 객지에서 기구함과 험난함을 무릅쓰고 섭렵하여 우리 동족을 애석히 여기니, 여러분의 뜨거운 피는 이미 이 같을 것이다.

이제 귀국하는 날 그 생각이 있을 것이다. 그 각 학과를 졸업한 여러분이 그 마음으로 "나는 법률에 이미 익숙하니, 우리 동포로 하여금 천부의 자유가 있음을 일깨워서 나의 자유도 잃지 않고 남의 자유도 뺏지 않아서 국가 사회의 문명 범위 내에 그 안녕과 복락을 누리게 하고야

---

16 동영(東瀛) : 동쪽의 큰 바다라는 뜻으로 일본을 가리킨다.
17 삼도(三島) : 일본을 가리킨다.

말리라."고 하고, 또 "나는 농과학에 이미 익숙하니, 농정(農政)과 농회(農會)에 대해 설법(設法)하고 조직하여 기어코 민산(民産)을 발전시키고, 만일 우리 동포가 아둔하여 깨닫거나 못하거나 대세에 쏠려 연합하지 못한다면 다시 알려주고 거듭 타일러 실효를 거두고 말리라."고 한다. 그 밖의 다른 공상(工商)의 온갖 학과를 졸업한 여러분이 이와 같이 한다면 부강의 계획과 도모를 쉽사리 이룰 수 있어서 일반 동포들이 일본 유학생을 위해 노래하고 춤추며 환영할 것이다. 이에 한 소리로 서로 호응하여 크게 단합한다면 어떠한 일이라도 다 처리할 수 있으니 그 배운 목적을 달성할 것이다. 아아, 여러분이여 떠날지어다. 또한 그 양친을 만나뵐 목적으로 고향에 돌아간 여러분은 백발로 고당에 계시는 부모님의 기대를 즐겁게 해줄 수 있고 젊은 나이에 그윽한 규문에서 지내는 연약한 아내의 끊어지는 창자를 기쁘게 위로할 수 있을 것이다. 인정상 흡족하고 기쁜 일로써 그 무엇이 이보다 낫겠는가.

　그러나 만약 여러분의 이번 떠남이 단지 구차하게 여기서 그친다면 가만히 여러분을 위해 취하지 않겠노라. 이 황급한 시대를 맞아서 하루 동안 의무를 수행하면 하루의 복록을 누리고 이틀 동안 의무를 수행하면 이틀의 복록을 누리니, 모름지기 돌아가 양친을 뵙는 날에 상위(上闈)를 배알하고 기색을 살피고 안뜰을 향하여 안색을 부드럽게 한다면 효자(孝慈)의 도가 지극할 것이다. 밖으로 나가서 뜻 있는 장로와 청년 동포들을 일일이 방문하여 학술적 견문과 시국의 가감에 대한 심사를 전부 털어내어 간절히 전달하고 자상히 설명하여 점차 나아가 사회계와 교육계로 끌어 들인다면 아아, 우리 총명하고 영특한 동포들이 틀림없이 알면서 하지 않을 리가 없을 것이다.

　가만히 돌아보건대, 우리 천여 명 유학생들이 다 각도(各道) 열군(列郡)의 사람일 것이다. 장차 도에서 군에서 시작하여 각자 타일러 깨우친다면 파도나 조수 같은 전파가 부고(桴鼓)[18]처럼 빠를 것이다. 그러므로 여러분은 그 노고를 사양하지 말지어다. 아아, 이번 여러분의 떠남에 대해서 외면으로 살펴보면 비록 심상한 일처럼 보이지만 그 크나큰 영향 관계가 이와 같다. 아아, 여러분 떠날지어다.

농학사(農學士) 김진초(金鎭初) 씨의 환국을 전송하다

/ 김원극(金源極)

옛사람이 "빈천과 걱정은 너를 옥처럼 갈고 연마하여 완성시키시려는 것이다."[19]라고 하였으니, 바로 김진초 씨를 두고 이른 것이다. 김진초 씨가 장차 떠나가려고 함에 달리 증여할 바가 없고 글을 가지고 노자 삼아 주는 바이니, 청컨대 김진초 씨의 다소간의 역사를 먼저 서술해 보겠다.

김진초 씨는 평남(平南) 숙천(肅川) 사람이다. 기개와 도량이 활달하여 거리낌이 없고 지조와 절개가 순수하고 탁월하여 학술에 뜻이 있었으므로 광무 6년 가을-씨의 나이 23세-에 일본에 건너와 광무 9년 겨울 보통과를 수료하고 학비를 계속 대기 어려워 귀국하였다가 광무 10년 봄에 일본에 다시 건너와서 동년 가을 9월 도쿄 제국대학 농과에 입학하여 수업(修業)하였다. 당시 김진초 씨의 가세가 몹시도 가난하여 의지할 바가 없었으므로 중간에 학비를 스스로 부담하기 어려워서 한 달에 아홉 번 밥을 먹는 경우가 빈번하였지만 그 강장한 큰 뜻과 비상한 열정이 처음부터 끝까지 태연하여 기어코 백 자나 되는 높은 장대 위에

---

18 부고(桴鼓) : 북채로 북을 치듯 서로 신속하게 응하는 것을 가리킨다.
19 빈천과……것이다 : 이는 횡거(橫渠) 장재(張載)의 「서명(西銘)」에 보이는 말로, 본래 『시경(詩經)』 「민로(民勞)」에 "왕이 너를 옥으로 만들고자 한다."라고 한 말을 원용한 것이다.

올라서서 한 걸음을 내딛음에 지극한 성력(誠力)으로 학문의 목적을 달성하여 올해 6월에 졸업하였다. 또한 내지·외지 동포를 경성(警醒)하기 위하여 본 태극학회의 창립회원으로 서무(庶務)를 관리하고 중간에 허다한 풍파와 무수한 곤란을 무릅쓰고 섭렵하여 향상하는 데에 마음을 전일하게 함으로 본회의 오늘날 성황을 이루게 되었다. 유쾌하도다 김진초 씨의 의무여!

우리나라 청년 동포가 모두 다 김진초 씨와 같은 열망으로 취학하면 어느 누가 유학을 할 수 없겠는가. 다만 가실(家室)을 즐기며 옷을 따뜻이 입고 음식을 배부르게 먹고자 해서 일생 행동이 창 아래의 각충(殼蟲)에 불과하다. 우리 당당한 신성 제국의 민족이 오늘날 사납고 포학한 범과 이리가 다투는 먹을 고기로 선택된 변란의 국면을 망연히 깨닫지 못하니, 이는 김진초 씨에게 죄인이 됨을 면하기가 어렵다고 하겠다.

아아, 김진초씨는 목하 본국의 급선무가 한두 가지가 아니지만 "부유하게 된 뒤에야 비로소 선하다."[20]라는 선대의 교훈을 준수하며 부국강병의 시무를 특별히 깨달아서 농학을 우선 강수(講修)한 것이다. 또한 생각건대, 우리나라가 원래 실업상 가장 주력한 것이 유일하게 농사뿐이다. 그러므로 우리 동포에게 익숙한 실업을 장려하고 발전시키기 위하여 별항(別項)의 간고를 실컷 맛보았도다.

아아, 우리 내지 동포의 실업계를 개략적으로 살펴보면 농업가가 십상팔구(十常八九) 이상이 될 것이다. 이와 같은 전문적인 농향(農鄕)이지만 농학의 연구가 모두 부족하다. 모든 이 일을 준준무무(蠢蠢貿貿)한 하등 사회의 손에 맡겼다. 토양을 보고 파종 시기를 골라 씨를 뿌리지 않고, 척박함을 비옥함으로 바꾸는 비료를 강구하지 않으며 단지 토지를 넓게 만들어 농사지으면 곡식을 많이 얻을 줄로만 알고 있다. 생각

---

20 부유하게……선하다 : 이는 『서경(書經)』「주서(周書) 홍범(洪範)」에 보는 말이다.

하지 않음이 얼마나 심한가. 대체로 한 농부의 힘이 한계가 있는 법인
데 넓게 만들어서 농사를 짓는 실효가 작은 개간을 부지런한 공에 대적
하기 어려울 뿐만 아니라 한 농부가 경작하는 바를 두서너 사람이 힘써
지으면 공익의 비교가 어떠하겠는가. 또한 혹 궁한 농가는 자본이 넉넉
지 못하여 외인의 채관(債款)을 쓰다가 전토와 가옥을 전부 넘겨주는
폐해가 빈번하게 발생한다. 그러므로 이와 같은 것을 그치지 않으면
지단(地段)의 다함을 보게 될 것이다. 어찌 통탄하지 않겠는가. 또한
원예와 목축의 경우 기술을 시행하는 방법이 적절하면 한계가 없는 재
원(財源)을 획득할 수 있을 터인데, 이전부터 우리나라는 이것을 부업
으로 멸시하였으니 참으로 애달프고 참으로 딱하도다.

  지금에 김진초 씨가 환국하는 날에 우선 모든 농가의 오래된 잘못을
개혁하고 새로운 사업을 발달시켜서 장차 농업상 이미 부유해지고 이
미 인구가 많아진[21] 집안과 나라를 만들 것이다. 그러나 김진초 씨는
거실을 만드는 공사(工師)와 같으므로 그 큰 목재와 작은 목재를 능히
구하고 능히 깎을 책임은 내지의 일반 동포에게 있는 걸로 알고 있다.
반드시 농회를 조직하고 주금(株金)을 한데 모아서 내국·외국의 아주
훌륭한 곡식·과일·목축의 종자를 사들이고 시험장을 특별히 설치하
여 국민에게 모범을 널리 보이며 비료를 정선해 기름진 땅과 메마른
땅을 두루 일정하게 한다. 이러한 제반 실력은 단순히 한두 사람에게
자뢰할 수 있는 바가 아니다. 자본가·실업가·노동가가 상호 결합하
여 회사를 확장한 뒤에야 가히 김진초 씨가 배운 바를 드러내 펼쳐 전국
이 부유하고 인구가 많아지는 것을 도모할 수 있을 것이다. 그런즉 우

---

21 이미……많아진 : 이는 『논어』 「자로(子路)」에 "공자께서 위나라로 가셨는데, 염유
    가 수레를 몰았다. 공자께서 '많구나.' 하셨다. 염유가 '이미 많다면, 무엇을 더 하시겠
    습니까?'라고 여쭈자, 공자께서 '부유하게 해 주겠다.' 하셨다. '이미 부유하다면 무엇
    을 더하시겠습니까?'라고 여쭈니, '가르치겠다.' 하셨다."라고 한 데에서 나온 말이다.

리 일반 동포가 김진초 씨를 위하여 환영하며 김진초 씨를 위하여 노래하고 춤추는 것도 김진초 씨가 바란 것이 아니다. 다만 김진초 씨는 실업상 마음을 열고 권고하는 바를 순순히 따르는 것을 갈망할 것이다. 동포여 들을지어다. 그러하지 않으면 김진초 씨가 동포들에게 한 말의 피로 사(謝)할지언정 결코 공적(公賊)의 노안비슬(奴顔卑膝)을 하지 않을 것이니, 동포여, 이 점을 깊이 생각할지어다.

다시 김진초 씨를 향하여 한마디 췌언으로 번독하게 해드린다. 우리 동포의 충애 사상과 영민한 혜두(慧竇)는 세계 만국에서 우월한 지위를 본디 차지하였다. 빗장을 걸어 잠근 기나긴 밤에 오랫동안 잠겨있던 어두운 꿈이 홀연히 깨어나기는 만무하다. 혹은 목탁으로 경계시키며 혹은 큰 종으로 두드려서 한번 경계함에 한번 깨어나고 두 번 두드림에 두 번 깨어나면 하늘의 한가운데 정오의 태양이 청구 산하를 두루 비출 시간이 절로 있을 것이다. 김진초 씨의 굳게 참고 견디어 흔들리지 않는 힘으로 이러한 말을 어찌 기다리겠는가마는 서로 아끼는 우의에 서로 권면하는 도를 또한 그만 둘 수가 없도다. 아아, 김진초 씨여, 떠나갈지어다.

이날 온 마음에 감흥이 일어나다 / 모란산인(牡丹山人)

이날은 무슨 날인가. 바로 융희 2년 6월 21일이다. 본회 회원들이 본보 주필 김원극(金源極) 씨의 환영회를 설행했는데, 임시 회관을 간다구(神田區) 준텐중학교(順天中學校) 안으로 정하였더라. 이날 오전 7시경에 가랑비가 부슬부슬 내리고 약한 바람이 솔솔 불어서 참으로 장부의 의사를 도왔다. 내가 이날 김원극 씨를 대동하여 해당 회관에 갈 때 전차를 탑승하고 한 시간을 소비하여 목적지에 도착하니, 시간이 이미 오전 9시였다. 인도자를 따라서 장내에 들어가니, 회석이 바르게 정돈되고 예식이 이미 갖추어졌으므로 회장이 개회를 청하고 김원극 씨를 상좌에 청하여 맞이하였다. 회장 김낙영(金洛泳) 씨가 개회 취지를 설명하니 만장(滿場)이 기쁨으로 용동(聳動)했다. 회장이 나를 인도하여 김원극 씨의 내력을 일반 회원에게 소개·설명하라고 하므로 나 또한 김원극 씨와 서로 안 지가 오래되지 않았지만 김원극 씨가 여기에 건너온 이후로 잠잘 때 같은 방에서 자고 밥 먹을 때 같은 상에서 먹은 것이 열흘이 이미 넘었으므로 그간 지우(知遇)를 서로 느끼는 바가 어찌 없겠는가. 이전에 마치니가 가리발디와 더불어 처음 만났을 적에 서로 나눈 대화가 하룻저녁에 불과하였으나 소년 이태리의 반도 풍운이 이로부터 기대되었는데 하물며 나는 김원극 씨와 더불어 함께 머무른 것이 이에 비해 날짜가 10배가 넘는다. 어찌 서로 만난 것이 오래지 않다고 김원극 씨의 내력에 대한 진술을 마다하겠는가. 소리를 내어 대답하고 연단에 올라서 김원극 씨가 내지에 있을 때에 교육에 대한 열성과 사회에 관한 주의로 삼십 여 년을 활동하여 실효를 계속 거두던 나머지에 이번에는 일본 유학생계를 시찰하고 본 회보 편집 사무를 돕기 위해 이역 만리의 험난함을 무릅쓰고 발섭한 의무를 하나하나 널리 밝히니, 회장에 가득 모인 사람들이 무한한 영광에 대해 극구 감사하였다.

회장이 김홍량(金鴻亮) 씨를 인도하여 축사를 진술하게 하자 김홍량 씨가 김원극 씨에 대하여 본회가 갈망하던 정의와 흔쾌히 악수한 감회를 우선 설명하고, 본회의 현재 상황과 미래를 이어 진술하여 상호 담부(擔負)의 의무를 절하며 축원하니, 회장에 가득 모인 사람들이 일치하여 동감하였다. 이에 회장이 김원극 씨에게 고명한 연설을 청하자 일반 회원이 눈을 비비고 손을 이마에 대어서 아주 캄캄한 밤의 불빛과 큰 가뭄의 번개 소리와 같이 갈망했다.

김원극 씨가 몸을 일으켜 연단에 올라서 활발하고 활기찬 기상으로 긴소리로 크게 고하기를 "본원이 함경남도의 한 모퉁이에 있어서 본회 여러 동포분의 윤택한 얼굴과 덕스러운 음성은 일찍이 받든 적이 없었으나 여러 동포분을 위하여 상상해 앙망한 지는 이미 오래되었다. 지금 좋은 풍광을 빌려서 지초·난초와 함께 같은 방에 있게 된 기쁨을 만났으니, 내 마음이 돌이 아니므로 어찌 영화롭게 느끼지 않겠는가. 아아, 여러분이여. 여러분의 정경을 미루어 헤아려봄에 한편으로는 비참하고 한편으로는 장쾌하도다. 만에 하나 국제 사회가 태평하였더라면 실가의 화락함을 이에 달가워하여 안녕과 복지를 향유하였을 것인데 아아, 국운이 어려움이 많아서 종사의 슬픈 운명이 오늘날 망극한 지경에 이르렀음을 보고 양손과 맨주먹으로 하늘을 떠받칠 의용이 분발하여 만리 해외에 풍우가 처량하고 상설이 늠름함을 인내하여 오늘날 이와 같은 지두에 이르렀으니, 몹시도 슬퍼할 만하고 몹시도 축하할 만하도다. 그러나 오늘 못난 본원으로 인하여 이와 같은 성회를 열고 기쁨과 예를 다하니, 구구한 본원은 무한한 영광을 얻었으나 본회 전체에 대하여는 명예를 더럽히고 손상하는 것이 적지 않도다. 아아, 여러분이여. 내가 개인적으로 감사하다는 말씀만 진술하는 것이 옳지 않고 보면 부득불 여러분을 위하여 한마디 말로 권면하고자 하노라.

바로 지금 우리나라의 현재 상황이 갈팡질팡 몹시도 위급하다는 것은 여러분이 모두 아는 바이거니와 구 대한을 파괴할 수단도 여러분들이고, 신 대한을 조직할 수단도 여러분들이다. 여러분은 오늘부터 각별히 심력을 더하여 우리 일반 동포를 타일러 깨우치고 고무하고 격발시켜 문명으로 함께 나아가게 하는 것이 옳다. 그렇지 않으면 철학·정치학 등 각종 박학에 도달하더라도 실제로 베풀 곳이 없을 것이다. 기어이 내외 동포를 결합하여 본회가 다른 날에 국가적인 학회가 되기를 계획하고 도모하여 태극기를 20세기의 새로운 무대 위에 현양하기를 십분 옹축하노라."라고 하였다. 말이 끝남에 회장에 가득 모인 사람들이 박수갈채하며 환성이 긴 시간 동안 이어졌다. 이윤주(李潤柱) 씨가 답사를 진술한 뒤에 회장이 폐회를 설명하고 다과례(茶果禮)를 행하였다.

오호쾌재라, 오늘이 무슨 날인가. 우리 태극학회가 다시 창성하는 날이요 우리 『태극학보』의 지금까지 없었던 기념일이다. 내가 이에 특별히 흥감이 유연(油然)하여 이에 한마디를 말미에 진술하노니, 사랑하는 우리 내외 여러 회원 분은 들어주시기를 바란다.

본회가 하나의 작고 보잘것없는 외도(外島)에 객으로 와서 창립된 지 어언 네 개의 성상을 거침에 우리 내외의 뜻이 있는 동포의 찬성에 많이 의지하여 오늘날 이러한 지경에 이르게 되었다. 그러나 종적이 아직도 외로운 그림자가 됨을 면하지 못하였는데 참으로 다행스럽게도 근년 이래로 여러 동포분이 한결같은 마음으로 분발하시어 용의(龍義) · 영유(永柔) · 성천(成川) · 동래(東萊) 등 각 군에 지회가 갖가지로 발기할 뿐만 아니라 본보의 구독이 날로 더욱 확장되고 말과 기색이 날로 더욱 두루 통하여 본회의 희망이 조금씩 나타나더니, 올봄에 이르러서는 내외의 여러 회원분이 한층 더 노력하여 2천 여 원으로 의연금이 증가하였고 회무의 발전이 더욱 진일보하여 오늘 본보 주필인 사람이 또한 오게 되었으니, 오늘부터 시작하여 본 회보를 갑절 확장하고 여러 회원 분으로 하여금 다년간의 고된 바람을 멀리서 위로받도록 하고자 하노라.

아아, 우리 동포가 기왕 사랑해 돌아봐 주심은 이미 더 논할 것이 없거니와 또한 오늘부터 내지 · 외지의 일반 동포가 더욱 애호해서 더욱 완미한 결과를 이에 보게 되기를 옹축해 마지않노라.

이어(俚語) / 16세 달관인(達觀人) 박내균(朴徠均)

옛적에 한 부잣집 늙은 주인이 있었는데 쌓아 둔 곡식은 산과 같고 쌓아 둔 금은 곳간에 하나 가득이었다. 또 목축을 크게 하여 소와 말의 마리 수는 그 수가 매우 많거니와 그 곡식과 금전을 도적에게나 혹 훔쳐 먹는 쥐에게 잃을까 염려하여 험한 개와 간사한 고양이를 많이 기르게 되었다. 그러나 늙은 주인이 기를 줄만 알고 가르치는 방법을 몰라 그 개와 고양이가 도리어 주인집을 모해할 흉계를 만들어 내어서 하루는 고양이가 주인집의 어린 닭을 잡아먹고자 하나 주인의 눈에 걸리면 죄를 입을까 두려워하여 산 넘어 수풀 속에 가서 살쾡이를 꾀어 어린 닭이 있는 곳을 자세히 가르쳐 주며 말하기를 "얼마를 잡아 오든지 서로 나누어 먹자."라고 언약하고 그날 밤에 과연 살쾡이를 유인하여 그 닭을 모두 다 잡아다가 나누어 먹었다. 개란 놈은 주인집에서 쌓아 둔 훌륭한 찬(饌)들에 대해 침 흘려 먹고자 하지만 또한 주인집의 눈을 두려워하여 밤이면 이웃집의 간특한 사냥개를 꾀어 부추겨서 훌륭한 찬(饌)들을 수시로 도둑질하여 먹었다. 이와 같기 때문에 자연히 주인집의 목축과 곡식이 흩어져서 차차 재산이 궁핍함에 이르며, 또 도적과 쥐가 임의대로 횡행하여 결국에는 한 알의 곡식과 한 조각의 금을 평안하게 보장하기가 어려워 그 집안이 멸망의 우환을 당했다고 하니, 한심한 일이라고 하겠다. 접때에 만약 부잣집 늙은 주인에게 지식이 있었으면 개와 고양이가 다 사람의 말을 알아듣기에 어렸을 적부터 가르쳐 가로되, "고양아, 너는 쥐를 잡아 내 집의 쥐 무리를 없게 하는 것이 네 직책이니 잘 주의하여라."라고 하고, "개야, 너는 내 집의 도적을 잘 지켜서 밤이면 다른 사람을 향해 짖는 것이 네 직책이니 잘 주의하여라."라고 수시로 가르치면서 먹을 것도 잘 주고 사랑하는 뜻을 각별하게 하였더라면 제가 비록 미물이라도 주인의 뜻을 감사히 여길 뿐더러 가르친 말을 어릴 적부터 들은 까닭에 결국 주인집을 모해할 리가 만무하였을 것인데, 부잣집 늙은 주인이 그렇게 하지 못하고 다만 개가 있으면 도적을 지키고 고양이가 있으면 쥐를 잡는 줄로 알았다가 이러한 낭패를 당하였다. 그 주인집이 망하는 날에 그 고양이와 개도 따라서 굶주려 죽음을 면하기가 어려웠으니, 이는 주인도 스스로 만든 재앙이고 고양이와 개도 또한 제 손으로 눈을 찌른 격이라고 하겠다. 슬프다. 이 말을 들으니 눈물이 줄줄 흐르는구나. 우리 3천 리 강토와 2천만 인민을 위하여 경고할 만하다고 하겠다.

　기자는 다음과 같이 말한다. "장하도다, 군의 나이가 이제 겨우 16세인데 언사가 어쩌면 이다지도 심오하단 말인가. 이 내용은 만고에 나라를 그르친 자의 일람거리가 될 만하다."

| 사조 |

우에노공원(上野公園)을 거닐다 漢 / 송남 춘몽인(松南春夢人)

푸른 잎 우거진 나무 꽃다운 그늘에 길은 네 갈래	綠樹芳陰路四分
하늘에 임한 높은 누대는 어원(御園)²²이라고 하네	臨天高榭御園云
고금의 산물을 실어 날라 바다를 이루었고	古今産物輸成海
내외의 노니는 사람은 구름같이 모여들었도다	內外遊人集似雲
다카모리가 남긴 대의 빗돌에는 느꺼운 바가 있고	隆盛遺臺碑有感
도쿠가와의 그림 같은 성루에서는 북소리 들려오는구나	
	德川畫壘鼓相聞
기이한 경관 다 보지 못함은 병든 몸 때문이니	奇觀未了因扶病
돌아가는 길에 전차는 황혼 빛을 띠었다오	歸路電車帶日曛

동물원을 관람하다 漢 / 송남 춘몽인

인개와 우모²³는 그 이름을 기억하기 어려울 정도니	鱗介羽毛難記名
각양각색에다 소리도 제각각이네	形形色色又聲聲
대지와 원유라고 입으로만 늘 외었더니	臺池苑囿口常誦
오늘에야 직접 보고서 그 실정을 알았다오	今日親觀知實情

---

22 어원(御園) : 어원(御苑), 금원(禁苑)과 같은 말인바, 특히 일본에서는 황족이나 신
사의 영지로서 과실 야채 등을 진상하는 땅을 가리킨다.

23 인개와 우모 : 비늘이 있는 물고기, 껍질이 있는 갑각류와 패류, 깃털이 있는 조류,
털이 있는 길짐승을 통칭하는 말이다.

그때 감흥이 일어나다 [漢] / 중수(中叟)

바닷가 누각에선 밤낮으로 나그네 마음 청아한데 　　海樓日夜客心淸
나무숲은 하늘을 가려 비는 소리만 보내오네 　　　　林樹蔽天雨送聲
십년의 경영에 칼 하나 남았으니 　　　　　　　　十載經營餘一釰
시호(豺虎)를 통쾌하게 베어 뭇사람 마음에 보답해야지

　　　　　　　　　　　　　　　　　　快劗豺虎謝輿情

또 [漢] / 장림만오(長林晚悟)

여름비 잠깐 걷히매 밤 또한 청신하니 　　　　　　夏雨乍收夜亦淸
지당 곳곳에 개구리 소리 요란쿠나 　　　　　　　池塘處處亂蛙聲
밤새도록 문답함은 시사 때문이니 　　　　　　　終宵問答因時事
풍운을 깨끗이 쓸어버림이 바로 나의 뜻이라오 　　淨掃風雲是我情

시노바즈연못(不忍池)에 임하다 [漢] / 쌍성초부(雙城樵夫)

수많은 연꽃 송이 백 자나 되는 다리에 　　　　　萬朶芙蓉百尺橋
연파는 움직이지 않아 들은 아스라이 멀구나 　　　烟波不動野迢迢
도쿄의 남녀들은 바람을 맞아 느끼는 바가 있는데 東都士女臨風感
두견의 외로운 넋은 누가 다시 부를꼬 　　　　　杜宇孤魂誰更招

태극학회를 축하하다 [漢] / 석상은인(石上隱人)

바다 동쪽²⁴에 한 법인이 설립되었으니 　　　　　有一法人立海東

청구에서 만 리나 되지만 기는 서로 통한다오	靑丘萬里氣相通
하늘은 고국에 잇닿아 은혜로운 비를 입었고	天連故國蒙恩雨
땅은 먼 물가에 끊겨 매서운 바람을 견디었네	地絶遐濱耐烈風
세 집만 남았어도 초나라 노랫소리 전후로 이어지고²⁵	
	三戶楚謠前後繼
십년 동안 월왕 구천의 와신상담은 예나 지금이나 똑같다네	
	十年越膽古今同
황하가 띠와 같이 작아지고 태산이 숫돌과 같이 갈리더라도	
변치 않기로 맹약을 쓴 날에	山河帶礪書盟日
태극기를 우주 안에서 높이 드날리노라	太極旗高宇宙中

又 漢 / 영명거사(永明居士)

멀리 떠난 나그네 발자취 동쪽을 향하니	遠離羈跡向於東
태극이라는 높은 이름만 오로지 세상에 통한다오	太極高名專世通
빛은 만 리 떨어진 청구의 돋는 해에서 생겨나고	光生萬里靑邱旭
뿌리는 세 구(區)의 현해탄 바람에 의탁하였네	根托三區玄海風
다년간 보도와 기록은 그 충심이 관통한 바이고	報記多年忠所貫
온 나라가 환영함은 그 의리가 서로 똑같구나	歡迎全國義相同
하늘을 떠받칠 호걸들 일제히 소리치며 일어나니	擎天豪傑齊聲起
국권이 여기에 있음을 그 누가 알리오	誰識國權在此中

---

24 바다 동쪽 : 원문의 '해동(海東)'은 일본을 가리킨다.

25 세……이어지고 : 전국 시대 말년에 초 회왕(楚懷王)이 진(秦)나라에 들어갔다가
끝내 돌아오지 못하자 초나라 사람들이 진나라를 원망한 것과 관련하여, 초 남공(楚
南公)이 "초나라에 비록 세 집만 남아 있어도, 진나라를 멸망시키는 것은 분명히 초
나라 사람들일 것이다."라고 말했던 고사를 원용한 것이다.

김진초-농학 졸업생-를 전별하다 漢 / 두남일인(斗南一人)

편편히 멀리 가는 말은 연진을 밟으니	翩翩征馬踏烟塵
이날 강호는 경물이 새롭구나	是日江湖雲物新
몇 잔 술 들기를 권하고 다시 말을 부치노니	勸進數觴重寄語
헌신하여 우리 온 나라 사람들을 구해 주기를	獻身贖我一邦人

또 漢 / 모란산인(牧丹山人)

바다 동쪽에서 4년 동안 몹시도 풍진을 겪었더니	海東四載苦經塵
이 사람 배운 학과는 이미 새로움에 나아갔다오	之子學科已就新
예로부터 우리 대한은 농산의 땅이니	自古我韓農産地
실제로 시행하면 나라 안 사람들을 부유케 할 수 있으리	實施可富國中人

모란산인의 생일을 위로하는 시 漢 / 송남춘몽인(松南春夢人)

부모님 수고하신 은혜 이때에 느꺼우니	父母勞恩感此時
그대를 위하여 육아 시²⁶를 기록해 드리노라	爲君記贈蓼莪詩
벗님네 후한 선물 참으로 감사하니	故人厚饋誠多謝
하늘 가 저 멀리 이별함도 잊어버렸다오	忘却天涯遠別離

---

26 육아 시 : 「육아(蓼莪)」는 『시경』 「소아」의 편명으로, 주된 내용은 부모님을 제대로 봉양하지 못한 자식의 슬퍼하는 마음을 읊은 것인바, 부모님이 자신을 낳고 기르느라 수고하고 애쓰신 것을 노래하였다.

| 잡록 |

○ **청년학원 교사의 이전** : 도쿄에 있는 대한기독청년학원(大韓基督青年學院)은 원래 간다구(神田區) 동 회관 내에 설치했었는데 근일에 새로 온 학생이 다수에 달하여 교사가 협소한 까닭에 유학생 감독부(留學生監督部) 내로 이접하였다고 한다. 현재 학생 수효가 근 백여명이라고 한다.

○ **유학생 졸업** : 유학생 최석하(崔錫夏), 전영작(全永爵), 이동초(李東初), 홍성연(洪聖淵), 이희철(李熙轍), 양대경(梁大卿), 이선경(李善暻), 이종대(李鍾大) 제씨는 메이지 대학 법과를 졸업하고 최녕식(崔寧軾) 씨는 와세다 대학 정치과를 졸업하며 류기영(柳淇英) 씨는 교토 호세이 대학(京都法政大學) 법과를 졸업하고 남기윤(南基允), 서성학(徐成學), 최해필(崔海弼), 권태우(權泰佑), 한호석(韓浩錫) 제씨는 일본 경시청 연습소(日本警視廳練習所) 경무과(警務課)를 졸업하였다고 한다.

○ **열심(熱心)에 감하(感賀)하다** : 경상남도 진주군 김갑순(金甲淳) 씨는 신학문과 구학문에 널리 통달한 문학가로 특별한 애국심이 있으므로 본보가 창간된 이래로 각 호를 구독할 뿐만 아니라 부근의 동지에게 다수 구독할 것을 권하며 한편으로 개진(開進)해 조금씩 희망이 있게 되었다. 본회에 대하여 표시하는 동정이 지극히 감사하니, 이러한 지사는 국민의 선도자라고 이를 만하겠다.

• **회사요록**

○ 경상남도 동래부 유지인사 김봉찬(金鳳贊), 강우규(姜禹奎) 씨 등이 본회 지회를 발기 청원하였기 때문에 이달 12일 임원회에서 인허하기로 가결한 뒤에 21일 임시 총회에 승인하여 인허하였다.

○ 이달 21일에 본보 주필 김원극(金源極) 씨 환영회를 본 회관에 열었다.

○ 평안북도 용의(龍義) 지회 회장 백진규(白鎭珪) 씨의 보고에 근거해 보면, 동 지회에서 지난달 중순에 평안북도 각 학교 연합 대운동회를 거행하였다.

○ 올해 여름철에 본회에서 각 지회를 시찰하며 본보 대금과 찬성금을 수합 정리할 목적으로 특별위원을 내지에 파견하게 하였는데, 본회장 김낙영(金洛泳) 씨가 선발되어 오는 7월 20일경에 출발해 부임한다고 한다.

○ 평안남도 성천군 지회에서는 지식 교환상에 실효를 기대하고 거두기 위하여 동 군내에 신문 잡지 공중 종람소(新聞雜誌公衆縱覽所)를 설치할 예정이라고 한다.

• **회원소식**

○ 회원 장순봉(蔣舜鳳) 씨는 유학할 목적으로 이달 중순에 도쿄에 건너왔다.

○ 회원 윤우준(尹禹濬) 씨는 몇 해 전에 건너왔다가 그간 환국하였는데, 지난달 말에 유학할 목적으로 도쿄에 건너왔다.

○ 회원 김덕윤(金德潤), 박병선(朴炳瑄) 양씨는 여름 방학에 어버이를 뵐 목적으로 이달 18일에 출발해 귀국하였다.

○ 회원 김진초(金鎭初) 씨는 도쿄 제국대학(東京帝國大學) 농과를 졸업하였다.

○ 회원 정용원(鄭庸瑗), 이대형(李大衡) 양씨는 일본 경시청 연습소(日本警視廳練習所)에서 경찰과(警察課)를 졸업하였다.

○ 회원 김진봉(金鎭鳳) 씨는 어버이를 뵐 목적으로 이달 20일에 길을 떠나 귀국하였다.

○ 회원 이학형(李學瀅) 씨는 전월부터 뇌병으로 다바타 뇌병원(田端腦

病院)에서 치료 중이라고 한다.

○ 회원 최석근(崔錫根) 씨는 일본 경시청 연습소에 입학하였다.

○ 회원 이승현(李承鉉) 씨는 본래 학자가 넉넉하지 못하였기 때문에 비상한 곤란을 다 겪더니 전월부터 폐병이 발생하여 아무아무 유지인사의 보조(補助)로 도쿄 유시마 의원(湯島醫院)에 입원해 치료하였는데 도저히 속효를 기약하지 못하여 병든 몸을 겨우 지탱해 환국하였다.

○ 회원 임경엽(林景燁) 씨는 몇 년 전에 건너와서 넉넉하지 못한 학자로 비상한 간난을 다 겪더니 아무아무 유지 제씨가 아끼고 보호하며 함께 거처하여 삼년 동안을 기약하고 사진술을 깊이 연구해 익히더니 지난달에 학업을 마치고 이달 중순에 귀국하였다.

• 신입회원

장덕윤(張德允), 이용환(李瑢煥), 김영수(金永燧) 제씨는 이번 본회에 입회하였다.

• 영유군지회(永柔郡支會) 신입회원

이병도(李炳道), 김영주(金永柱), 김내용(金迺鏞), 이치훈(李致薰), 김공모(金公模), 김도묵(金道默), 이치상(李致相), 김낙풍(金洛豊), 차제원(車濟遠), 김낙겸(金洛謙), 한원익(韓元益), 이정빈(李正彬)
제씨는 영유 지회에 입회하였다.

• 태극학보 의연금 출연자 명단

장춘재(張春梓) 씨 1원

• 성천군지회(成川郡支會) 임원록

회 장	박상준(朴相駿)
부회장	정기용(鄭基用)
총무원	박상목(朴相穆)
평의원	김찬성(金贊聲) 박정항(朴珽恒) 박재숙(朴在淑) 박정홍(朴珽洪) 이승하(李承夏) 마응삼(馬應三) 김영순(金永珣) 김인우(金麟祐)
사무원	한정술(韓正述)
회계원	박정항(朴珽恒)
서기원	박정희(朴正熙)
사찰원	전석희(全錫禧)

• 회원록

박상준(朴相駿) 정기용(鄭基用) 박상목(朴相穆) 전찬성(全贊聲)
박정희(朴正熙) 박재능(朴在能) 박재선(朴在善) 박상유(朴相裕)
김관종(金觀鍾) 한정술(韓正述) 박재숙(朴在淑) 박정홍(朴珽洪)
박범수(朴範洙) 박상규(朴相奎) 박중희(朴重熙) 박용희(朴用熙)
전석희(全錫禧) 박재항(朴在恒) 김순용(金舜鏞) 박정항(朴珽恒)
박면희(朴冕熙) 이승하(李承夏) 마응삼(馬應三) 김인우(金麟祐)
김영순(金永珣) 정동근(鄭東根) 박병일(朴炳日) 박승희(朴昇熙)
김현길(金賢吉) 박상욱(朴相郁) 한상엽(韓相燁)

• 동래부지회 임원록

회 장	강우규(姜禹奎)
부회장	김지하(金智河)

총무원 김봉갑(金鳳甲)

평의원 정수일(鄭壽馹) 정상하(鄭相夏) 김교민(金敎玟)

　　　　엄정두(嚴廷斗) 서윤홍(徐潤洪)

회계원 김봉찬(金鳳贊)

사무원 김기찬(金冀燦) 김상련(金祥璉) 최희봉(崔禧鳳)

사찰원 백용해(白龍海) 이상선(李相璿) 서성표(徐性杓)

• **회원록**

강우규(姜禹奎) 김지순(金智淳) 김봉갑(金鳳甲) 정수일(鄭壽馹)

정상하(鄭相夏) 김교민(金敎玟) 엄정두(嚴廷斗) 서윤홍(徐潤洪)

김봉찬(金鳳贊) 김기찬(金冀燦) 김상련(金祥璉) 최희봉(崔禧鳳)

백룡해(白龍海) 이상선(李相璿) 서성표(徐性杓) 김진화(金鎭華)

박문영(朴文榮) 송영신(宋永信) 김갑천(金甲千) 김태식(金泰植)

권영택(權英澤) 박지수(朴芝秀) 이정우(李政雨) 송성국(宋誠國)

이상수(李相秀) 박찬호(朴贊鎬) 백은영(白恩永) 이상영(李相泳)

최남복(崔南福) 권용준(權容俊) 이룡우(李龍雨) 김진표(金辰杓)

광무 10년 8월 24일 창간
융희 2년 6월 20일 인쇄
융희 2년 6월 24일 발행
메이지 41년 6월 20일 인쇄
메이지 41년 6월 24일 발행

• 대금과 우편료 모두 신화(新貨) 12전

-일본 도쿄시 시바구(芝區) 시로카네산코쵸(白金三光町) 273번지-
편집 겸 발행인   김낙영(金洛泳)

-일본 도쿄시 시바구 시로카네산코쵸 273번지-
인 쇄 인   김지간(金志侃)

-일본 도쿄시 시바구 시로카네산코쵸 273번지-
발 행 소   태극학회 사무소

-일본 도쿄시 우시고메구(牛込區) 벤텐쵸(辨天町) 26번지-
인 쇄 소   명문사(明文舍)

태극학보 제22호	
광무 10년 9월 24일	제3종 우편물 인가
메이지 39년 9월 24일	
융희 2년 6월 20일	발행 - 매월 1회 발행 -
메이지 41년 6월 24일	

광무 10년 9월 24일 | 메이지 39년 9월 24일 | 제3종 우편물 인가

광무 10년 8월 24일 창간
융희 2년 7월 24일 발행(매월 24일 1회)

태극학보

제23호

태극학회 발행

• 주의

△본 태극학보를 구독하고자 하시는 분은 본 발행소로 통지하여 주시되 거주지 성명과 통호를 상세히 기재하여 보내주시고 대금은 우편위체(郵便爲替)로 본회에 교부하여 주시기 바랍니다.

△본 태극학보를 구독하시는 여러 군자들 가운데 주소를 이전하신 분은 신속히 그 이전하신 주소를 본 사무소로 통지하여 주시기 바랍니다.

△본 태극학보는 뜻 있으신 인사들의 구독 편의를 위하여 출장소와 특약판매소를 다음과 같이 정합니다.

황성 중서(中署) 동궐(東闕) 파조교(罷朝橋) 건너편 주한영(朱翰榮) 책사 -중앙서관(中央書館) 내-

평안남도(平安南道) 삼화진(三和鎭) 남포항(南浦港) 축동(築垌) 김원섭(金元燮) 댁

평양(平壤) 관동(貫洞) 예수교서원(耶蘇敎書院)

평양(平壤) 법수교(法首橋) 대동서관(大同書觀)

평안북도(平安北道) 정주군(定州郡) 남문(南門) 내 홍성린(洪成鱗) 상점

북미 샌프란시스코 한인공립협회(韓人共立協會) 내 -김영일(金永一)
주소-
평성(平城) 종로(鐘路) 태극서관(太極書館)
남안주(南安州) 평성(平城) 내 안릉서관(安陵書館)

• 특별공지

본 태극학보 활판소에 불행한 사고가 있어서 한 달 가량 지체되었으니
구독하시는 여러분께서 삼가 헤아려 주시기 바랍니다.

• 투서주의

1. 학술(學術), 문예(文藝), 사조(詞藻), 통계(統計) 등에 관한 온갖 투서는
   환영합니다.
1. 정치에 관한 기사(記事)는 일절 접수하지 않습니다.
1. 투서의 게재 여부는 편집인이 선정합니다.
1. 투서의 첨삭권은 편집인에게 있습니다.
1. 일차 투서는 반려하지 않습니다.
1. 투서는 완결함을 요합니다.
1. 투서는 세로 20행 가로 25자 원고지에 정서함을 요합니다.
1. 투서하시는 분은 거주지와 성명을 상세히 기재하여 보내주셔야 합
   니다.
1. 투서에 당선되신 분께는 본 태극학보의 해당호 한 부를 무상으로
   증정합니다.

목차
태극학보 제23호 목차

이쓰미 가혜에(逸見嘉兵衛)에게 주다
등야(燈夜)에 요시와라(吉原)를 거닐다
국문 풍월(風月) 3수
모란산인 김수철의 환국을 전송하다
7월 22일 신바시역(新橋驛)에서 학생들을 전별할 때 감흥이 일어나다

• 문예
아사쿠사공원(淺草公園) 유람기   춘몽(春夢)
동서 기후 차이에 대한 관감(觀感)   관해객
노이불사(老而不死)   김찬영(金瓚永)
항설(巷說)   이장자(耳長子)
본회의 지회 시찰원 김낙영(金洛泳) 군을 전송하다   김원극(金源極)
가조(歌調)   아양자(峨洋子)

• 잡조
축사
함경남도 영흥군(永興郡) 지사 고응호(高膺瑚) 등 지회청원서
서북학회(西北學會) 공함(公函)
회신
전 한북흥학회(漢北興學會) 의연인 성명
청년회의 열심
졸업생 축하회
면학 열심
회사요록
회원소식

태극학보 제23호
융희 2년 7월 24일
메이지 41년 7월 24일 [발행]

| 논단 |

이희직(李熙直)의 의무(義務)를 경하하다 / 일기자(一記者)

우리나라 기호(畿湖) 지역의 문학이 옛적에 일컬어지기를 '낙민(洛閩)[1]과 서로 대등하다'고 하였다. 굉유(宏儒)·달사(達士)와 명신(名臣)·현량(賢良)이 많고도 성하게 계속해 나와서 500년 문명의 풍화(風化)를 고취하며 3천 리 예의의 미풍을 창도한 연원이 바로 기호 지역이다. 그러나 말류의 폐단을 구제하지 못했기에 같이 유학을 하는 가문이라도 문호로서 각각 위계를 나누고 같은 선비의 족속이라도 당파가 각기 달랐다. 이쪽 의론이 한번 행함에 저쪽은 패망을 면하지 못하고 저쪽 의론이 한번 행함에 이쪽은 박멸을 면하지 못하여 푸닥거리들이 전후로 일어난다 해도 그저 같은 부류 사이의 일이다. 사색(四色) 당파가 아니라면 비록 주공의 덕망과 공명의 재주가 있어도 사람으로 쳐주지 않을 뿐 아니라, 그 멸시와 천대가 노예나 우마와 같았으니, 일반 동포의 비참한 역사는 기호 지역의 여러 군자가 역시 만들어 내었다고 하겠다.

아아, 세계가 예전 같지 않고 국가가 다난하여 문호를 다투던 과거는 자연히 얼음이 녹고 기왓장이 깨지듯 자취도 없이 사라지게 되었다. 어떤 사환가는 얼마 안 되는 찌꺼기를 얻고자 구걸하면서 아무 타로(太郎), 아무 지로(次郎)[2]에게 노비의 굽실거리는 얼굴과 무릎을 하며 자족

---

1 낙민(洛閩) : 정주학(程朱學)을 일컫는다. 정호(程顥)와 정이(程頤)는 낙양(洛陽) 사람이고, 주희(朱熹)는 복건성, 곧 민중(閩中) 사람이므로 이와 같이 말한 것이다.

하며 수치를 알지 못하고, 어떤 산림(山林) 가문은 위정척사의 공담을
함부로 부르짖으며 좀 먹은 서적과 쉬 슬은 붓글씨를 구구하게 묵수하
여 시대의 변화를 살피지 않는다. 아아! 기호 강산이 그 진면목을 이미
잃었다고 하겠다. 가령 아무 타로 아무 지로가 처지를 바꾸어서 우리나
라에 태어났으면 여러분의 사환에 대해서 반드시 스스로 만족하지는
않았을 것이고, 아무 선정 아무 선생이 처지를 바꾸어서 오늘날에 출현
하셨으면 여러분의 학술에 대해서 반드시 묵수하지는 않았을 것이다.

이를 개탄해 마지않아서 서쪽으로 고국을 바라보고서 얼굴을 가리고
울며 장탄식하고 있었는데, 근일 『황성신문』을 접해 읽어보니 제2면에
대서특필하기를 "이희직(李熙直)³ 씨의 의연에 감하하다."라고 하였는
바, 그 글의 내용을 발췌해 보면, 이희직 씨는 충남 제천에 거주하는
전 의관(議官)으로 특별히 대대로 전해 내려온 답고(畓庫) 200마지기를
가지고 기호·서북 두 학회에 나누어 소속시켜 이로써 교육하는 데에
필요한 비용을 보조하게 하였다고 한다. 아아, 이 소식이 어떠한 소식
인가. 구주 예수의 하늘에서 내려온 복음이 바로 이것이 아니며, 제석
천과 여래의 널리 구제하는 도리가 바로 이것이 아닌가. 이 문제가 어
떠한 문제인가. 영국에서 가렴을 한 나머지에 와트 타일러가 재생하였
으며, 로마에서 전제(專制)가 극에 달하자 마르틴 루터가 부활하였다.
이를 듣고 이를 보는 날에 일본 전국의 유학생 일동이 조국을 향하여
우러러 보며 백번 절하고 또 기호 강산을 향하여 엎드려 절하며 만세
삼창하며 역혈(瀝血)의 한마디를 함부로 개진하는 바이다.

---

2 아무 타로(太郞), 아무 지로(次郞) : 타로는 큰아들, 지로는 작은아들로 일본인들에
   게 흔한 이름이다. 대대로 벼슬하던 이름난 가문에서도 일제에 아첨하여 관직을 유
   지하려 했던 당시의 시대상을 보여주고 있다.
3 이희직(李熙直) : 본문처럼 1908년에 기호흥학회에 전답을 기증하였으며 황성신문
   기사를 따르면 제천에서 건축업을 경영했다 한다. 1920년에 제천청년회를 조직하고
   회장이 되었으며 1940년 사망했다 한다.

무릇 우리나라 기전(畿甸)의 안팎과 강호 남중(南中)에 유명한 소봉(素封)[4]·대가(大家)와 무수한 황금의 저택이 곳곳마다 땅에 가득 들어찼으나 국가 사회에 대한 관념이 전혀 없고 천연(天演)[5] 도태(陶汰)의 사상에 대해 완전히 어두울 뿐만 아니라 옷을 따뜻이 입고 음식을 배부르게 먹음에 스스로 안일하여 공익상의 사업을 예외로 간주해 배척하면서도 화류 놀음에 비용을 탕진하여 하루아침에 주머니 비우는 것을 아까워하지 않는다. 관찰사와 군수의 운동장에는 청동(靑銅)이 냄새가 날 지경이고 승려의 재(齋)와 무당의 굿 등 괴이한 방술을 행할 적에는 황금이 어지러이 날아다닐지언정 당당한 국민 자격을 배양하는 교육비에 대하여는 어떠한 시행·조치가 들리는 바 없이 적막하다. 그런데 아아, 인걸(人傑)은 지령(地靈)이요 문학(文學)은 천성(天性)인 것이다. 기호 지역 산수의 드높고 흥건한 정신과 기령(氣靈)이 국가의 비운을 보고 느껴서 이희직 씨를 배태하여 안아 보낸 것이라고 하겠다. 무릇 재산이라는 것은 생활의 요소이다. 덕이 없어도 높아지며 세(勢)가 없어도 뜨거워져서 위태로운 것을 편안하게 만들 수 있고 죽은 것을 살게 할 수 있는 것이 오직 재산일 뿐이라고 할 것인데, 이희직 씨는 이렇지 여기지 않고 전해 내려온 청전(靑氈)[6]을 국가와 사회에 하루아침에 다 가져다 바치니 구구한 육안으로 보면 요량할 수 없는 바라고 하겠다.

아아, 오늘날이 어떠한 날인가. 국가가 패배하는 날에는 민족의 멸망이 그 즉시 들이닥치고 국가가 부강하는 날에는 민족의 복락이 자생하게 되는 것이다. 바로 지금 국세(國勢)가 파열되고 갱생의 여지가 없어

---

4 소봉(素封) : 벼슬살이를 하지 않는 사람이 전원(田園)에서 수확하는 이익이 많아 제후에 봉해진 것이나 다름없이 풍족한 생활을 누리는 것으로, 『사기(史記)』「화식열전(貨殖列傳)」에 나오는 말이다.

5 천연(天演) : 청나라의 엄복(嚴復)이 진화(evolution)을 번역한 말로 천연 도태는 진화와 적자생존에 가깝다.

6 청전(靑氈) : 선대(先代)로부터 전해진 귀한 유물을 가리킨다.

일반 동족이 일만 길의 지옥에 포복하여 굴러들어 가는 비참한 지경을 눈 뜨고는 차마 볼 수 없어서 한 국자의 물을 장작이 가득 실린 수레에 붙은 불에다 뿌렸으니[7], 정력(精力)이 이른바 하늘의 해를 돌릴 수가 있고 지성(至誠)이 미친 바에 금석(金石)을 꿰뚫을 수가 있다. 오직 위대하신 상제(上帝)께서는 지극히 공정하고 지극히 어지시니, 이와 같은 열성의 인민이 있는 나라로 하여금 흥륭(興隆)하게 할 기회를 반드시 내려 주시리라는 것은 미리 점쳐보아 알 수 있겠다. 그러나 국가는 한두 사람의 능력으로 성립한 것이 아니다. 무릇 다른 일반 국민이 그 마음과 힘을 모두 하나로 모아서 이구동성으로 한번 부르짖은 뒤에야 무너지는 큰 집을 지탱할 수가 있고 구정(九鼎)을 들어 올릴 수가 있을 것인데, 전국의 허다한 재산가들은 도대체 무엇을 관망하며 무엇을 사유하는가. 본래 모두 국민이란 요소를 가지고 천부(天賦)의 이상(理想)은 다름이 없겠거늘 국가의 흥망을 뜻밖의 것으로 간주하고 동포의 고락을 치지도외하여 물이 새는 배 안에 똑같이 있으면서도 안색이 태연자약하여 자기 주머니만 묶고 있으니, 인성이 있으면 어찌 이와 같음을 용납하겠는가.

아아, 몹시도 슬프도다. 재산가 제위 동포라고 양지(良知)와 양능(良能)이 원래 부족한 것이 아니니, 어찌 이와 같겠는가. 다만 산업의 경영으로 시국의 변천과 국제의 참혹하고 지독함이 오늘날 망극한 경우에 도달한 것을 진실하게 피부로 느끼지 못하고 전날 봉건 시대의 사상에 붙잡혀 정체되었으므로 이러한 지극함에 이른 것이고, 알고서도 행하지 않은 사실은 결단코 아닐 것이다. 지금으로부터 제위 동포가 이희직 씨의 의무(義務)를 끊임없이 계속해 이어간다면 국가가 문명을 향해 나

---

7 한…뿌렸으니 : 원문은 "一勺의 水롤 車薪에 投"로 『맹자』「고자(告子)」에 나오는 말이다. 물이 불을 끌 수 있듯이 인이 불인을 이기지만 세상에 불인이 넘치므로 처음에 인을 실천하는 일은 수레에 타오르는 불에 한 국자의 물을 붓는 것과 같다고 한다.

아가는 것은 날을 손꼽아 기약할 수 있을 것이니, 비록 만 리 떨어진 해외에 고단한 당랑(螳螂)의 팔이라도 함께 같은 소리로 분발하여 부르 짖을 것이니 죽음도 마다않겠다. 그러므로 이에 이 씨를 위하여 감사함 을 표하고 국가의 전도를 위하여 축원하고 재산가 제위 동포를 위하여 충고를 한번 드리는 바이니, 오직 우리 일반 동포여, 부디 이 말을 들어 주실지어다.

우리 함경남도 신사 동포를 위해
가만히 대성통곡하다 / 송남자(松南子)

동포에게 지극한 경사가 있으면 노래하고 지극한 슬픔이 있으면 통 곡하는 것은 인정이 있는 바에 진실로 면할 수가 없는 것이라고 하겠다. 아아, 애통하도다. 우리 북한(北韓)[8] 동포여. 정신이 있는가. 오장육부 가 있는가. 이목구비가 완전하더라도 정신이 없으면 죽은 사람이라 할 것이고, 머리와 지체(肢體)가 완전하더라도 오장육부가 부패하면 고깃 덩어리 송장이라고 할 것이니, 죽은 사람과 고깃덩어리 송장을 보고서 울음소리가 나오지 않을 정도로 울며 눈물을 떨구지 않을 자 그 누가 있겠으며, 큰 소리로 곡하며 깜짝 놀라 거꾸러지지 않을 자 그 누가 있겠는가. 오늘날이 어떠한 날인가. 폐관하고 쇄국하던 구(舊) 세계가 갑자기 변하여 호환하고 교통하는 새 시대가 되었으며, 우월하면 승리 하고 열등하면 패배하는 새 무대를 일으켰다고 하겠다. 이러한 새 시대 새 무대에 처하여 옛날의 몽상을 아직도 말하고, 시국의 정황이 어떠한 가에 대해서는 애당초 강구하지 않으니, 정신이 없는 사람이 우리 북한

---

8 북한(北韓) : 문맥상 이글에서는 함경도 지역을 이른다. 저자 김원극의 고향도 이곳 이다.

동포가 아니며 오장육부가 부패한 사람이 우리 북한 동포가 아닌가.

아아, 동포여. 여러분 평상시의 안목이라면 육대주와 오대양에는 말할 필요도 없을 것이나 본국 내 3천 리 강역을 한번 고개를 들어서 보아라. 풍경이 다르지 않다는 탄식이 절로 없을 수가 없을 것이고, 사회계의 활동과 교육계의 용진(勇進)이 어떠한 지경에 이르렀는가. 가장 가까운 관서(關西)의 일로(一路)를 한 번 보라. 기성(箕城) 평양 부근 안팎에 소학교 설립이 수백여 곳이고 해당 부(府) 각 촌(村)에 이르러서는 그 수효를 기록해 헤아리기가 어려울 뿐만이 아니라 해당 도(道) 각 군(郡)에 소학교 설립이 각각 수삼 백 곳에 밑돌지 않는다. 심지어 올봄 연합 대운동회에 집합한 수효가 만여 명에 달하였고 대오에 조리가 있어 어지럽지 아니함과 기상에 생기 있고 힘참이 보는 이로 하여금 얼굴빛이 달라지게 하고 듣는 이로 하여금 깜짝 놀라 쳐다보게 하였다.

아아, 동일한 국토이고 동일한 종족인데 오늘날 우열의 특색이 무슨 까닭으로 이러한 지경에 이르렀는가. 전국의 중앙인 한성(漢城)을 거슬러 바라보라. 도처의 높은 누대와 층집은 모두 다 아무 중학교 아무 전문학교이고, 동쪽 집 아이와 서쪽 집 아이가 모두 다 소학교와 중학교의 생도이고, 심지어는 노동자와 물장사의 야학당과 장로(長老) 사회[9]의 강연소(講研所)가 바둑판에 놓인 바둑돌과 하늘의 별과 같이 여기저기 무수히 흩어져 늘어서서 성에 한가득한 사람의 바다가 번드치어 독서의 산림이 되었으니, 아아, 또한 장하도다!

이어서 삼남(三南) 지역에 이르러서는 지난날 구차하고 나태한 누습이 이미 결성되었고 완고한 습벽(習癖)이 이미 고질이 되었으나 근일 풍조가 극렬한 것을 감각하여 차례로 운동할 뿐만 아니라 서울과 외국에서 공부한 생도가 다수를 차지하였으며 황해도 한 성(省)은 관서 지

---

9 장로(長老) 사회 : 장로가 기독교의 장로를 의미하는지 나이와 덕이 있는 일반인을 이르는지 정확한 의미를 알 수 없다.

역의 상태와 같이 활발한 지위에는 도달하지 못하였으나 서울과 외국에 유학한 학생들을 헤아려 보면 선두를 다툴 것이다. 강원도 한 성(省)은 본래 순전한 태곳적 강산이므로 세계의 풍운에 대하여 귀를 막아듣기 어려운 가운데에 작년 이래로 토병(土兵)의 창칼과 일병(日兵)의 포성에 인민이 혼백을 이미 잃었기에 그 정경이 지극한 비참함에 이르렀다. 근일 신문 지면에 왕왕 학교 발기(發起)의 취지서(趣旨書)가 게재되어 간포되니 사흘 동안의 열풍(烈風)에 어디인들 이르지 못하겠는가.

가만히 전국 교육계의 확장이 이처럼 발전하는 것을 보고서 경하하고 즐거워함을 그칠 수 없었다. 본 기자(記者)가 올봄에 본국 경성으로부터 일본 도쿄에 건너와서 나라 안팎의 유학생계를 시찰하니, 학생 여러분의 실제 수준이 장래 국가의 기초를 회복하며 인민의 권리를 부식(扶植)하게 할 만 하였다. 만 리 해외에서 다년간 풍상(風霜)의 험난함을 무릅쓰고 하늘 끝의 홀몸으로 아무도 없이 지내는 밤에 쓸쓸한 등잔불을 짝 삼아 잠자던 인내력이 뇌수에 열매를 맺어서 마치니의 사업과 루소의 학설을 고취해 창도할 자가 이 가운데에 다 있으므로 이들이 모두 다 본국의 어느 지역 사람인가. 열에 항상 다섯이나 여섯 정도로 평안남북도이고, 호서·해서·경기·영남의 인사가 뒤섞여 있다. 그런데 어찌하여 함남 한 구역은 한국 전체에서 빠졌는가. 옥외의 풍조가 이와 같이 진동하는데 무릉도원 속에 봄잠이 한창 달콤하여 아침 해가 석 길이나 높이 뜨도록 신마고륜(神馬尻輪)[10]을 몰래 따르며 우물 밑바닥에서 하늘을 보고 대롱 구멍으로 무늬를 엿보듯이 전체를 보지 못해 대양의 누대 상에 신선한 풍기 속으로 나가서 노니는 자가 아예 한 사람도 없다. 이렇게 계속되면 장래에 국력이 다시 살아나고 민권이 되돌아

---

10 신마고륜(神馬尻輪) : 엉덩이가 변해서 바퀴가 되고 정신이 변해 말이 되어도 이 변화를 잘 적응하겠다는 말이 『장자(莊子)』 「대종사(大宗師)」에 나온다. 여기서는 옛적의 사고방식에 치우쳤다는 문맥으로 보인다.

오는 날이라도 정부 사회의 노예 자격이나 되는 것을 달가워할 것이요, 독립 자유의 활동 능력이 전혀 없어서 이와 같이 당당한 풍패(豊沛) 고도(故都)[11]의 신성한 민족으로 전이(轉移)가 무상한 하나의 야만 부락이 됨을 면하기가 어려울 것이다.

참으로 슬픈 이들이 우리 함남 동포이며, 참으로 가여운 이들이 우리 함남 동포로다. 더구나 오늘날은 나를 지혜롭게 여기고 다른 사람을 어리석게 여기는 시대이다. 그러니 어느 누구라서 동포 여러분의 흑암하여 길이 없는 비참한 정경을 보고 진실한 마음과 진실한 힘을 가지고 큰 목소리로 부르짖어 인도할 자가 있겠는가. 본 기자 역시 함남 사람이다. 일부 동포에게 밀접한 관계가 있으므로 언덕에 올라 나루를 바라다봄에 차마 얼굴을 가리고 울지 못하고서 한바탕 큰 곡소리를 이에 발하노라.

아아, 동포여. 정신을 환기할지어다. 오장육부를 수습할지어다. 문인과 학자들이여! 부패한 성명(性命)을 따지는 헛된 담론과 문장 꾸미는 지엽적 재주는 모두 다 태평한 시대에 소일(消日)할 거리에 불과할 것이 아닌가. 피비린내 나는 바람·장맛비처럼 튀기는 피와 총포의 연기·비 오듯 하는 탄알 아래에 능히 이것을 사용할 데가 있는가. 상공업·물리학·화학·전기학·음향학·광학 등 제반 학문에 종사하여 실력을 양성할지어다. 자본가들이여! 전답이 온 들에 두루 펼쳐져 있고 금과 은이 궤짝에 가득 차 있은들 국가가 전패한 날에 부귀를 홀로 누릴 능력이 있을까. 자기의 의식을 공급해 봉양하는 것 이외의 재산은 학교 설립의 보조와 유학생들의 여비로 지출하는 데에 아끼지 말지어다. 늙

---

11 풍패(豊沛) 고도(故都) : '풍패'는 본디 한나라 고조(高祖) 유방(劉邦)의 고향이자 처음 군사를 일으킨 곳인 하남성 패현(沛縣)의 풍읍(豊邑)을 가리킨다. 여기서 유래해 왕조의 창업자들이 조상의 고향을 '풍패'라고 하였는데 이성계(李成桂)의 고향인 함흥이 함경도에 있기에 위처럼 썼다.

었으나 죽지 못해 살아가는 완고한 이들이여! 자기의 평생을 이미 그르쳤으면 청년의 장래 전도(前途)까지 저지하지 말지어다. 『정감록(鄭堪錄)』이니, 남조선(南朝鮮)[12]이니, 바람과 비를 불러일으키는 진인(眞人)이니, 포혈(砲穴)에 맑은 물이 솟아나고 기선(汽船)이 바다에서 좌초되는 도술이니 등등 각종 괴상망측한 비어(鄙語)와 이언(俚言)으로 어지럽게 지저귀고 미친 듯이 부르짖어서 영특한 자제의 신선한 뇌수를 뒤섞어 어수선하게 하니 망국의 원인은 여러분이 그 죄를 피하지 못할 것이다. 전선과 기선의 항로가 육대주와 오대양을 비단처럼 촘촘히 짜서 에둘러 쌌거늘 남조선이 공중에 떠 있겠으며, 수중에도 작동되는 포가 있거늘 포혈에 맑은 물이 솟아난들 무슨 상관이 있겠으며, 철갑으로 산악 같이 장치한 거함이 있어서 맹렬한 바람과 험한 암초가 오히려 동요시키거나 손괴할 수가 없거늘 여기에다 무슨 술법을 행할까. 부득불 학술이 함께 나아가고 실력이 똑같은 뒤에야 가히 다투어 보존하게 될 것은 부녀자와 어린아이도 생각할 수 있는 바이거늘 어렴풋하고 아득하며 무지몽매하여 이러한 극심한 지경에 이르렀다.

  아아, 이미 지나간 일은 탓할 수 없지만 앞으로의 일은 고칠 수 있어야 할 것이다. 뜻이 있는 청년 동포들아, 혜안을 갖추고 사상이 가득한 이는 우리 청년 동포가 그 아닌가. 온 마음을 다하고 온 힘을 다 쏟아서 학교를 유지하는 데에 종사할지어다. 경성을 향하거나 해외로 유학할 이가 또한 우리 청년 동포가 그 아닌가. 우리 북한 사회로 하여금 문명의 세계로 훌쩍 뛰어오르게 할 자도 우리 청년 동포이며 국력과 민권을 만회할 자도 역시 우리 청년 동포라고 하겠다. 동포 동포여! 들을지어다. 비통함이 격동한 바에 언어는 조리가 없으나 괴로운 눈물과 뜨거운 피는

---

12 남조선(南朝鮮) : 지복(至福)의 낙원(樂園)이 한반도 남쪽 어디쯤에 있을 것이라고 믿는 일종의 민간 신앙으로, 현실의 고통에서 벗어나고자 하는 백성들의 바람이 투영된 것이다.

바다 위에 뜬 구름에 닿아 쏟아지는지라. 아아! 동포여, 들을지어다!

사습(士習)의 부패 / 관해객(觀海客)

무릇 선비(士)라는 것은 나라의 원기(元氣)이므로 국가의 편안함과 위태로움 및 생령의 안락과 근심을 자기의 소임으로 삼는다. 한 지아비라도 제 살 곳을 얻지 못하면 이는 나의 죄라고 하며[13] 시세에 있어서 변하고 변하지 않는 것과 학술에 있어서 덜고 더할 바를 실제로 궁구하여 온갖 어려움이 앞에 있더라도 곧 말하기를 "이는 내가 가서 대적할 수 있다."라고 한 뒤에야 선비라고 이를 만할 것이다. 그런데 근일 우리나라 사림(士林)의 풍경을 대강 살펴보니 가장 한심하다고 할 만하다. 국가와 백성이 지극히 위태롭고 위축되어 망극한 지경에 이르러도 마치 진(秦)나라 사람의 살찌고 수척함을 월(越)나라 사람이 보는 듯이 무관심하게 상관하지 않으며 시세가 어떻게 변천하는가와 학술이 어떻게 발전하는가에 대해서 애당초 강구하지 않고 강호의 물고기와 새·산림의 큰 사슴과 사슴들을 짝하여 세상과 더불어 서로 잊어버리며 사람과 더불어 스스로 관계를 끊는다. 뿐만 아니라 평소 강학한 것이 심(心)·성(性)이나 시(詩)·부(賦)에 불과하니 전쟁이 끊이지 않는 시대를 만나서 무슨 방법이 있겠는가.

소위 선비라는 자의 식견과 경륜이 이처럼 고루하고 몰지각한 상태에 이르렀으니 마땅히 매우 급하게 분발하여 세계가 활동하는 상태와 인류가 진화하는 정황을 빠뜨림 없이 통찰하여 지피지기의 큰 승리를 미리 계산하여 공익상의 사업을 하루라도 조속히 행함을 도모해야 할

---

13 한⋯⋯하며 : 은나라의 전설적 재상 이윤(伊尹)이 탕(湯) 임금에게 올린 조언으로 『서경(書經)』「설명(說命)」에 나온다.

것이다. 그런데 며칠 전에 경성에서 전하는 이야기를 들어 보면, 이른
바 궁벽한 시골의 벼슬 없는 선비라 칭하는 부류로 천 리 길에 책 상자
를 지고 올라온 자가 백여 명이었다. 어떤 사람이 그 장대하고 훤칠한
행동과 순수하고 질박한 자질을 보고 국가와 사회의 일에 유익할 의견
을 발하고 일반 동족으로 하여금 문명으로 함께 나아가게 할 의무 사상
이 있는가 싶어서 삼가 옷깃을 여미고 더욱더 공경하여 그 상경한 목적
을 물었다. 그러자 말하기를 "성균관 사업(司業)[14] 응시생이다."라고 하
였다.

아아! 몹시도 슬프다. 이 무리의 목적이 여기에 불과하도다. 옛적에
당(唐)나라 양성(陽城)[15]이 국자사업(國子司業)이 되어서 교수(敎授)한 실
효가 오늘날까지 꽃다운 이름을 길이 전하니, 여러분이 이 사업을 이어
서 하고자 하는 것인가. 여러분의 학술이 당나라 양성에게 그 지위를
넘겨주지 않을 것은 예상한 바이지만 양성으로 하여금 오늘날에 다시
태어나게 하면 어떨까. 시세에 마땅한 의무에 온 힘을 다 쏟고 세상이
변화하는 기미에 적응하여 국내의 자제를 교수할 것이니, 여러분이 구
구한 헛된 직함을 도모해 얻기 위하여 단지 장안의 대중에게 쌀값 인상
의 피해가 미치게 하는 것과는 다를 것이다. 여러분은 시험 삼아 한번
생각해 보라. 사업이라는 명칭을 좋은 벼슬자리로 알아서 그러한 것인
가. 대체로 관직이라는 것은 상당하는 임무가 있는 것인데 지금 어떤
직무도 없는 인지(印紙) 한 조각을 사냥해 얻기 위하여 마음속에 열성을
가득 채우고 동분서주하니, 도원(桃源)의 봄꿈이 이전하여 한단몽(邯鄲
夢)이 되었다고 하겠다. 선비여, 선비여. 이와 같이 부패하였는가.

10년 전이라면 이 직함을 가지고 향촌으로 내려가서 혹 말하기를
"문과(文科)와 동등하다."라고 하고 혹 말하기를 "남대(南臺)[16]와 일체이

---

14 사업(司業) : 성균관의 교관 역할을 하는 벼슬이다.
15 양성(陽城) : 양성은 국자감의 사업으로 업적을 세워 학생들의 신망을 얻었다고 한다.

다."라고 빙자해 일컬어 뭇사람이 앉은 가운데 의기가 태연자약하여 맨 앞자리 서열을 혹 점령할 수 있었을 것이다. 오늘날로 말하자면 백성의 안목이 차츰 밝아지고 사조가 점차 변하여 아무리 여항의 어리석은 사내라도 행정과 사법의 관리를 외려 크게 보지 않거든 구구하게 직분도 없고 책무도 없는 거짓 직함을 숭배할 리가 만무하다고 하겠다. 시국과 인심의 일변이 이러한 지경에 이르렀는데 여러분이 유독 살필 수가 없는 것인가. 만종록과 경사(京師)의 집을 사양한 자[17]는 추(鄒)나라의 맹자가 바로 그 사람이고, 공화정의 대통령으로 다시 초야의 농부가 된 자는 미국의 워싱턴이 바로 그 사람이고, 관작을 적지 않고 '퇴도만은(退陶晚隱)'[18]이라 스스로 운운한 자는 본조의 이문순(李文純)이 바로 그 사람이다. 이 세 군자의 학술과 도덕이 고금을 울리고 진동하며 우주를 가로로 꿰뚫어서 그 공이 국가에 입혀지고 그 은택이 생령에게 베풀어진 것은 여러분도 함께 아는 바이거니와 시세에 마땅한 실질을 실천한 의무로 이 경지에 이른 것이고 어찌 세속에서 칭하는 영광과 치욕에 개의할 리 있겠는가. 사기(士氣)의 부패가 이에 지극하게 되었으니, 국민의 수준을 알만하다고 하겠다.

아아! 슬프도다. 이미 지나간 일은 말하지 않는다고 해도 앞으로의 일을 고칠 수 있어야 할 것이다. 바로 지금 세계의 모든 나라가 각종 과학(科學)을 발명(發明)하여 법률 대학을 졸업하면 법률 학사라고 하여서 그 배운 바를 응용함에 민법 · 형법 · 상법과 일반 소송에 판결이 흐르는 물과 같아서 국가의 안녕과 질서를 유지하게 한다. 공업 대학을

---

16 남대(南臺) : 조선 후기에 학문과 덕이 뛰어나 이조(吏曹)에서 사헌부 대관(臺官)으로 천거한 사람이다. 주로 초야에서 학문을 닦던 산림(山林) 가운데 천거하였다.

17 만종록과……자 : 맹자가 제나라 왕이 제공하겠다는 만종록과 수도의 집을 사양하고 떠났다는 말이 『맹자』「공손추(公孫丑)」하에 나온다.

18 '퇴도만은(退陶晚隱)' : 이황이 스스로를 이른 말로 퇴도는 고향의 산천인 퇴계(退溪)와 도산(陶山)이며 만은은 노년에 사용한 호이다.

졸업하면 공업 학사라고 하여서 그 배운 바를 응용함에 기차와 기계와 각종 제조에 운용이 귀신과 같아서 인민의 생활 계획을 안정되게 하며 농(農)·상(商)·전광(電光) 학교를 졸업한 자가 그 응용함에 이르러서 이와 같지 아니함이 없다. 이 때문에 선비를 이름으로 삼은 자가 낱낱이 실학(實學)이 있어서 적합한 천직이 절로 있다. 그러니 어찌 우리나라의 이른바 선비란 자가 오래된 책과 붓글씨의 타말(唾沫)[19]이나 거칠게 이해하여 헛되이 쓸모없음과 같겠는가. 이 때문에 그 나라가 부강하고 그 백성이 문명하여 오늘날 웅장한 대륙에서 범처럼 노려보고 기운차게 활약하는 것이라고 하겠다.

여러분도 또한 이 형세를 깊이 살펴서 각종 과학을 오늘부터 계속 연구하고 성찰한다면 평소의 우월한 학문에서 그 깨닫는 능력이 절반의 노력으로 갑절의 성과를 얻을 수 있다고 할 만하겠다. 이에 일반 민족을 고무하여 각과의 학교를 수풀처럼 수립하고 바다처럼 넓게 하면 영웅호걸이 바람이 일어나듯 물이 솟아나듯 하리니, 국가의 부강함과 인민의 문명함이 그 즉시 이르게 될 것이다. 이러한 때에 여러분이 자유독립의 누대에 주인옹(主人翁)이 되어서 무한한 큰 영광을 만고에 발현할 것이니, 어찌 구구한 허명뿐인 성균관 사업(司業)에 그치겠는가. 나도 역시 사림의 일원이므로 여러분이 보잘 것 없는 일에 분주함에 개연하여 이처럼 큰 소리를 내었다. 또 전국 사림이 여기에 오염되면 국권을 만회할 가망이 영영 막히므로 이에 한마디 말을 우러러 펴는 바이다. 아아! 성균관 사업에 응시한 이들이여.

---

19 타말(唾沫) : 침거품 등 종이에 남은 흔적을 의미하는데 문서의 자취와 유래를 연구하는 한학 전반을 비판하고 있다.

성질의 개량 / 중수(中叟)

아아, 우리 2천만 동포 민족이여. 4천 년의 전해온 역사를 시험 삼아 한번 보라. 네 할아버지와 네 아버지도 다른 사람의 노예이며 내 할아버지와 내 아버지도 다른 사람의 노예이며 정치계·법조계도 다른 사람의 노예이며 학술계도 다른 사람의 노예이다. 천백 가지 사물과 행위에서 한 가닥의 주관(主觀)도 끊어져 전혀 없고 다른 사람을 바로 숭배하는 노예가 기꺼이 되었다가 오늘날 물이 새는 배에 참혹함을 묻는 비운을 만나게 되었다.

아아! 이미 지나간 일은 말하지 말고 장래의 일을 고칠 수 있어야 할 것인데, 오늘날 정치계·법조계를 관찰해 보건대 수구파는 도화선을 한편에 숨기고서 갖가지로 인심을 동요시켜 말하기를 "요임금·순임금과 문왕·무왕의 정사를 이에 본보기로 삼을 만하다."라고 하며, "대대의 여러 임금께서 정하신 법도를 바꿀 수가 없다."라고 하기도 한다. 요임금·순임금과 문왕·무왕 및 대대의 여러 임금께서는 신성하신 인군으로 그 다스린 법과 정사의 모범이 진선진미하다고 이를 만하지만 한 시대의 보급에나 적당하지 만세에 늘 통행할 리는 만무하다. 이 때문에 시대에 따라 덜어내고 더하는 것은 하·은·주 삼대가 면하기 어려웠던 것인데 교주고슬(膠柱鼓瑟)의 소견을 보여도 이를 넘어서지 못한다. 바로 옛사람의 노예가 된 습관이 정치계·법조계에 여전히 남은 것인데 개진파(開進派)의 애국 혈성과 행정·사법상의 연구가 목하의 정문일침이 된다. 국가가 유신하는 것도 여기에 있으며 인민이 진화하는 것도 여기에 있다고 하겠으나 간혹 서구의 풍조에 심취하며 외국 사조에 정신이 경도되어서 내국의 정세·형편과 정도를 살피지 않고 만 리의 먼 길을 한 걸음에 훌쩍 뛰어 도달하고자 하니, 아라비아[20]

---

20 아라비아: 원문은 "亞剌飛"로 아라비아의 음차로 추정된다. 이집트 등 아랍 권역이

의 전철이 어찌 두려워할 만하지 않겠는가. 이는 외인의 노예가 된 사상이 정치계·법조계에 새롭게 들어온 것이라고 하겠다.

한 번 나아가 학술계를 살펴보니, 장하도다, 청년 동포이며, 위대하도다, 청년 동포로다. 그 활발하고 용진하는 사상과 혜민하고 영특한 정신이 능히 강산을 호흡하며 우주를 농락하여 타고 온 배를 가라앉히고 밥솥을 깨버리고서 한주먹으로 강한 진(秦)나라를 격파하던 항우(項羽)의 예기가 종종 나타나고 누더기로 걸식을 해도 저술로 법을 비판하던 루소의 학설도 자주 보인다. 쇠퇴한 국가로 하여금 중흥할 가망을 조금 드러나게 하며 부패한 민족으로 하여금 소성(蘇醒)할 장래의 조짐도 슬며시 나타나게 하지만 100가지 중 1·2가지 결점을 부득불 한 번 충고하겠다.

아아, 우리나라 인사가 지나의 옛 역사를 숭배하던 누습이 갑자기 변하여 서양의 새 역사로 한 번 옮겨가 모전(慕羶)²¹하는 악습이 오늘날에 가장 극에 달하였다고 하겠다. 나폴레옹은 서양의 당대에 견줄 만한 바가 없는 명장으로 그의 용감한 담력과 전략이 흠모할 만한 바이지만 우리 동양의 칭기즈 칸의 여열(餘烈)이 빚어낸 자이고, 워싱턴은 공화 정치의 수창자로 그 훌륭하고 뛰어난 공훈과 업적이 존경해 감복할 만한 바이지만 맹자께서 이르시지 않았던가. "좌우 신하들이 모두 그를 훌륭하다 말해도 등용하지 마시고, 여러 대부들이 모두 훌륭하다 말해도 등용하지 마시고, 나라 사람들이 모두 훌륭하다 말한 뒤에야 그 인물됨을 자세히 살펴보고, 실제로 그가 훌륭한지 확인한 뒤에 등용하셔야 합니다."²²

독립을 상실한 원인을 서구 문명을 급격히 받아들인 것이라 평가한 것으로 보인다.

21 모전(慕羶) : 개미가 누린내 나는 양고기에 모여드는 것처럼 제왕 같은 대상에게 사람들이 다투어 모여드는 양상을 이른다. 『장자(莊子)』 「서무귀(徐無鬼)」에 나온다.

22 좌우……합니다 : 이 말은 『맹자(孟子)』 「양혜왕 하(梁惠王下)」에 보이는바, 맹자가 제 선왕(齊宣王)에게 한 말이다.

당시는 전제 정치 시대라서 군주들이 채용하지 않으므로 공화 정치
가 행해지지는 못하였으나 공화 정치의 사상은 맹자로부터 비롯한 것
이고, 와트(James Watt)와 스티븐스(John Stevens)는 공업의 대가로되
이순신 씨의 거북선 제도가 후세에도 발휘되었으면 경중을 다툴 만하
였을 것이고 슈타인[23]은 교육의 대가로되 월왕 구천이 20년 동안 와신
상담(臥薪嘗膽)하면서 백성을 기르고 교육해 나라를 부강하게 만든 방
법보다 우월하지 않다. 이러한 사례들을 보자면 그 인재의 우열은 동양
과 서양의 분별이 없는 것이다. 그러나 저 서양의 열강은 전인의 사업
이 정밀한데도 더욱 정밀함을 추구하며 공교로운데도 더욱 공교로움을
만들어 내어서 무릇 여러 사업에 일정한 학술을 확정하여 후인이 연구
할 문로를 미리 마련하였다. 그러므로 오늘날 일본의 부강함도 이 문로
를 따라 배워서 동양의 우이(牛耳)를 잡은[24] 것이며, 이에 자국을 숭배
하는 특성으로 한 덩어리 야마토(大和) 혼(魂)을 만들어 냈다.

오늘날 우리나라 학생 가운데에 새롭고 기이한 것을 좋아하고 숭상
하는 한 가지 폐단의 근원이 생겨나 사탄과 요마를 동무로 삼기에 이르
렀기에 걸핏하면, "서양 철학을 스승으로 삼을 만하다."라고 한다. 아
아! 저 나폴레옹·워싱턴 등이 한때의 영웅으로 그 국세와 민정에 조응
하여 패업을 이루어 내었으나 이러한 사업이 일일이 우리나라에 적당
할 리도 결코 없을 터이고 보면 장점을 취하고 단점을 버려서 차례로
연구하면 자유독립의 사상이 건전하여 매우 견고하게 될 것이다. 그러
나 반대로 서양 사람이 한 번 침을 뱉더라도 이에 달가워하며 한 번

---

23 슈타인 : 1757-1831. 슈타인(Heinrich Friedrich Karl vom und zum Stein)은
   프로이센의 수상으로 나폴레옹 전쟁에 진 프로이센의 개혁을 주도하여 독일 통일과
   보불전쟁 승리의 기초를 닦았다고 평가된다.
24 우이(牛耳)를 잡았으나 : 동맹의 주도권을 잡거나 또는 단체 따위에서 지배적 위치
   에 있음을 뜻한다. 춘추 전국 시대에 제후들이 맹약을 맺을 때에 맹주가 소의 귀를
   쥐고 베어 그 피를 마시고 서약한 고사에서 비롯한 것이다.

찡그리더라도 이를 본받아, "우리나라의 언어와 문자는 도무지 아무런 맛도 없다."라거나, "동양의 법정·학술은 도무지 야만적이다."라고 한다. 아아! 시종 이와 같으면 외인의 노예는 반드시 면하지 못하고야 말게 될 것이니, 이것에 대하여 통곡하지 않을 자 그 누가 있겠는가.

아아! 우리 2천만 민족의 4천 년 노예 문권(文券)을 반환해 말소하고 자유독립의 누대에서 지위를 점령하게 할 자가 누구인가. 첫 번째로도 우리 청년 학생이라고 하겠으며, 두 번째로도 우리 청년 학생이라고 하겠다. 법률·정치의 학문을 닦는 동포여, 우리의 자유 각성으로 말미암아 증빙하고 우리나라의 시세와 민정을 참조하여 살피면서 법정학의 노예가 되지 말아야 할 것이다. 역사학을 연구하는 동포여, 요순과 공맹을 특별한 인품으로 생각하지 말고 서양의 여러 철인을 특별한 인품으로 인식하지 말 것이고 우리도 이목의 총명함이 모두 갖추어져 있으니 성현이 될 수 있고, 영웅을 기약할 수 있다고 하여서 역사학의 노예가 되지 말아야 할 것이다. 종교를 존숭해 신앙하는 동포여, 영생의 복음에만 미혹하지 말고 천부 자유의 이상을 확충하여 종교의 노예가 되지 말아야 할 것이다. 외국의 언어와 문자를 강습하는 동포여, 자국의 문자와 언어를 귀중히 여기고 외인의 뛰어난 학술을 수입할 계획으로 이에 힘써서 외국의 노예가 되지 말아야 할 것이다. 귀한 것은 나의 자유이며 나의 독립이다. 우리 학생 동포가 이 자유권과 이 독립권을 찾아내 환수하지 못하면 그 누가 다시 하겠는가.

아아! 동포 여러분, 오늘 이후로 노예의 성질을 영원히 통렬하게 떨쳐내야만 한다. 그렇지 않으면 멸망의 우환이 따라서 이르게 될 것이다. 과거에는 옛사람의 노예가 된 일단(一端)으로도 국제 관계가 이러한 지경에 이르렀거든 오늘날에 이르러서는 외인의 노예라는 한 가지 단서를 더해 늘려서 이 노예 저 노예가 상호 충돌하는 경우를 면하기가 어려울 것이니, 나라가 어찌 보존할 방략이 있겠는가. 우리 학생 동포여, 충분히 주의해야 할 것이다.

정계에 투신하는 청년 / 모란산인(牧丹山人)

아아, 우리 청년 동포여. 오늘날 시들고 스러져 진작하지 못하는 정치계의 경상(景狀)을 보고 팔뚝을 걷어붙이며 손을 대고자 하는 자가 몇 사람인가. 서로 사랑하고 서로 신뢰하는 처지에 한마디를 감히 고하겠다. 공자께서 이르시지 않았던가. "자신을 닦는 방법을 알게 되면 사람을 다스리는 방법을 알게 되고, 사람을 다스리는 방법을 알게 되면 천하와 국가를 다스리는 방법을 알게 되는 것입니다."[25] 여러분이 이를 익힌 지가 이미 오래되었으므로 어쩌면 능히 자아수신(自我修身)의 도(道)에 극진히 도달하였을까. 종래로 우리나라에 정당(政黨)의 실패가 전후로 끊임없이 이어졌으니 그 수신의 도에 미진해서 그런 것인가. 청컨대 그 소이연을 말해 보겠다.

지난번 갑신정변에서는 한두 명의 지사가 개혁의 의론을 주창하여 4천 년 동안 쇄국한 우리나라로 하여금 하루아침에 유신하게 하고자 함을 기약하였으니, 그 용진한 사상과 활발한 수단에 평가할 만한 점이 있었다. 그러나 다만 시세가 어떠한가와 민족의 정도를 충분히 깨달아 살피지 못하고 번쩍하는 짧은 순간에 걸음을 내딛다가 차질을 면하기가 어려웠으니, 이는 급격함의 실패라 할 수 있다. 이어서 을미개혁에서는 몇몇 영웅이 독립문을 창설하고 자유의 길을 열어 놓아서 일반 구 면목을 씻고 닦아 냈으니, 극렬한 풍조라고 이를 만할 것이다. 그러나 그저 발호하는 외국인에게 의뢰하면서 자국의 실력을 배양하지 않

---

25 자신을……것입니다 : 이 말은『중용장구(中庸章句)』제20장「애공문정(哀公問政)」에 보인다.

다가 결국에는 북쪽 이웃에게 빈틈을 주어서 해외로 일제히 분찬(奔竄)하니, 아아 참으로 슬프고 안타깝도다. 앞의 수레도 뒤의 수레도 일체(一體)로 귀결이 동일하였다.[26] 어떤 나라이기에 운수가 이리 다난한지 보호선언이 뜻밖에 일어났는데 3·4년 안에 정권을 장악할 이를 묻자면 어느 가문의 영웅일까. 중론이 분란하고 국시가 미정인데 정치인들은 창귀(倀鬼)라는 지목을 달게 받으며 노예의 부끄럽고 욕됨을 스스로 초래하였도다.

아아! 이것이 어찌 본심이겠는가. 우리의 혜안이 부족하여 당초 목적을 힘써 행하지 못하고 점점 변하여 오늘날 타매(唾罵)를 받게 된 것이다. 그러기에 위에서 언급한 여러 정파(政派)들의 조국을 사랑하는 사상이 오늘의 청년에게 미치지 못하는 것이 아니고 동족을 사랑하는 사상이 오늘의 청년에게 미치지 못하는 것이 아니다. 그러나 다만 계란을 가지고 새벽이 오기를 구하며[27] 표주박을 타고 바다를 건너고자 하다가 천하 후세의 비웃음거리가 되었으니, 영웅이 비록 있더라도 때를 살피고 형세를 타지 못하면 백전백패하는 것은 원래 정해진 이치이다. 지금에 여러분이 정치·법률을 졸업한 학사도 있을 터이고 공화 개혁을 시행·조치할 방략도 강구하였을 것이다. 돌진하여 용감히 날아서 이 국면을 타파하고 구상을 서서히 도모할 생각이 가득해도 상당한 준비가 없으면 상당한 실효를 보지 못하리니, 이와 같은 여러분의 부풀어 오른 의혈로 어떠한 방법을 시험해 보고자 하는가. 만약 파괴와 건설의 양자에 주의한다면 첫 번째로는 정신적·물질적인 것에 나아가 자기가 먼저 닦은 학문으로 혹 언론과 저술을 통하여 일반 국민에게 제시하고,

---

26 북쪽…동일하였다. : 을미사변 이후 추진된 을미개혁은 러시아의 보호를 받으려는 고종의 아관파천으로 중단되고 이를 이끌던 김홍집 등은 처형되고 유길준 등은 일본으로 망명한다. 갑신정변과 을미개혁이 모두 실패한 것을 동일한 귀결이라 하였다.

27 계란을……구하며 : 『장자』「제물론(齊物論)」에서 "그대는 너무 일찍 판단하고 있으니, 계란을 보고 새벽을 알리는 닭의 울음소리를 요구하는 격이다"라는 말이 나온다.

공익사업을 계속해 진작하여 나를 신앙하게 하며 나를 경복(敬服)하게 한다. 이처럼 생취하고 교육하면 몇 십 년 내로 한번 호령하고 한번 손을 듦에 바람이 따르듯 메아리가 울리듯 할 것이니, 이에 크게 비약하는 것을 마음먹은 대로 성취할 것이다. 워싱턴의 사업도 여러분이 다시 할 수가 있을 것이고 요시다 옹(吉田翁)[28]의 위대한 공훈도 여러분이 다시 도모할 수 있을 것이다.

그렇지 않고 오늘날 암매(暗昧)한 민지(民智)와 유치한 국보(國步)에 단순히 몇몇 청년 여러분으로만은 정신적 문명을 도모하여도 사나운 범이 어지러이 울어 대는 마당에 한 손으로 맞서서 겨루지 못할 것이고 물질적 문명을 도모하여도 용솟음치는 조수가 어지러이 솟아오르는 즈음에 홀몸으로 구제하기가 어려울 것이다. 결국에는 스스로 보호할 계책이 까마득하여 창귀(倀鬼)가 되지 않으면 노예가 되는 것을 자원할 것인바, 참으로 두려워할 만하고 참으로 경계할 만한 것이라고 하겠다. 옛적에 미국의 해밀턴은 18세에 독립 전쟁의 선언서의 초안을 잡았고 글래드스턴은 23세에 사회 표면에 드러났으니, 오늘날 여러분의 성숙한 연령으로 가히 갑을을 다툴 수 있을 것이다. 그리고 여러분이 우리 정치계에 대하여 어떤 궁구가 분명 있으리니 우리는 눈을 닦고 보면서 기다리노라.

---

28 요시다 옹(吉田翁) : 메이지 유신에 큰 영향을 준 요시다 쇼인(吉田松陰, 1830-1859)을 이른다.

| 강단 |

역사담 제21회 : 크롬웰전 (전호 속) / 초매(椒海)

그 다음 해에 크롬웰이 런던에 돌아갔을 때, 시민은 극진하고 성대히 환영하였다. 참의원은 아일랜드에 특사를 파견하여 공훈을 멀리서 치하하며 의장, 시장, 경찰관 등의 수레가 연이어져 환호의 소리가 런던 시 가운데 드높이 올라갈 뿐 아니라, 참의원은 그 공로를 높이고 보답하기 위해 4천 파운드의 연금을 증액하고 햄튼 궁전을 그 관저로 삼았다. 이에 크롬웰에게 영광의 시대가 도래하였다. 크롬웰이 신명(身命)을 아끼지 않고 한 방향으로 전진하여 혁명의 대사업을 끝내 이루었으니, 이상이 닫는 곳이면 무슨 일이든 이루지 못하겠는가. 그러므로 군주정체가 완전히 뒤집혀 공화정체로 변하였다. 그러나 영국 국민이 내려오던 폐해에 오래 빠져 어떠한 힘도 전혀 없음에 파괴주의를 실행하였던 크롬웰이 어찌 건설주의가 없었겠는가. 세상 사람들이 크롬웰이 오만하고 무정하다고 다 함께 부르짖었으나 그가 힘없던 국회를 해산하고 40여 명의 대의원을 쫓아낸 것이 무슨 죄가 되겠는가. 그러므로 1653년에 새 국회를 소집할 때 국회가 호국경의 거대한 칭호를 그에게 봉헌하였으며, 건설적인 정치에는 다소의 저항이 있었으나 아일랜드 지방도 반란의 소리가 들리지 않았고, 순조롭게 삼국동맹을 완성하여 오랜 시간 도탄에 빠졌던 영국 국민이 대평화의 세월을 얻게 되었다

크롬웰이 대성공을 성취한 후에 평온한 고향을 그리워했건만 관리 사회의 많은 일에 바라던 바를 이루지 못하고 사방에 기이한 음모가 출몰하여 한시라도 평안을 얻지 못하였다. 그러던 1658년 9월 3일 말 위에서 낙사(落死)[29]하게 되어 영국 혁명 사업이 도중에 멈추게 되었다.

---

29 낙사(落死) : 크롬웰은 독감으로 죽었다. 그리고 영국이 참가한 삼국동맹도 그가

오호라! 그의 일생이여. 누가 슬퍼하지 않겠는가. 그러나 영국 인민은 지금까지 그의 성대함에 무궁히 감사할 것이다.

저자는 말한다. 아, 크롬웰이여. 군은 헌팅턴 모퉁이에서 외로이 일어났지만 어떻게 이와 같은 대사업을 성취하였으며 영국 인민이 현재 자유의 왕을 만들게 하였는가. 기이한 계책과 기이한 술책이 출몰하여 덧없는 제2의 파라오 찰스를 참수대 위에 올렸으니, 군은 제2의 모세의 이상을 능히 성취하지 않았는가. 오호라, 내가 군을 송축하고 군을 추모하는 바이거니와, 지금 제3의 파라오가 기괴망측한 수단으로 무죄한 한반도국에 무수한 창생(蒼生)을 학대하고 신성한 자유를 억압하고 빼앗아 사경(死境)이 멀지 않았으니, 오호라, 군이여!

동아(東亞) 천지에는 군과 같은 대영웅이 없는가. 내가 들어 보니, 영국 산천이 지극히 아름답고 맑아서 영웅이 배출된다 한다. 과연 그럴지 아닐지는 모르겠지만, 군이 혁명가에 정치가에 군략가에 전무후무한 최대의 이상을 가져, 전부터 동서양 혁명의 대파란의 원동력이 되었다. 장하고 놀랍도다. 그러나 내가 군을 추모함에 군의 사업을 흠모하고 부러워함이 아니요, 다만 군이 사회의 죄악을 박멸하고 인민의 자유와 복락을 완전히 돌아오게 하기 위하여 백 번을 패배해도 좌절하지 않고 천 번을 부러져도 휘어지지 않아서 하늘을 찌르는 이상과 땅을 녹이는 열성으로 심신을 희생하여 바치고자 함은 내가 하늘을 채울 동정을 표하여 군을 감히 본받고자 한다.

아아! 크롬웰이여. 그대의 신앙과 그대의 선행으로 하나님의 영생의 면류관을 받아쓰고, 광명한 극락원에서 무궁한 복락을 향수하려니와, 대저 영국 강산이 군을 태어나게 함은 시세의 도움으로 인함이다. 오호라, 시세, 시세여! 저 반도 강산도 정령(精靈)의 기세와 높고 험한 시세

죽은 다음인 1668년에 맺어졌다.

가 군이 세상에 나오던 당년과 마찬가지로 비슷한 처지를 당하였으니, 어찌 한 명의 크롬웰만 헌팅턴 성에서만 출생하랴. 그러므로 내가 그대를 추모하고 축하하는 동시에 저 반도 강산을 향하여 세계 강산 중에 최대의 광영을 예기(預期)하노라.

20세 내외 청년의 교육 범위 / 쌍성초부(雙城樵夫)

무릇 사람이 7·8세부터 15·6세까지는 신체와 사상이 불완전한 시기이다. 그 개방적 수양을 위하여 특별히 자유를 허락하는 것이거니와 및 17·8세부터 23·4세까지는 신체와 사상이 날로 더욱 발전하고 날로 건전해져 보는 바와 듣는 바의 감촉을 바르게 본받는 시기이다. 이러한 때에 즈음하여 교육 범위 내에 조밀하게 구속하지 않으면 마치 우리에서 뛰쳐나간 돼지[30]가 되기 쉬울 것이다.

이 때문에 학교 내에서 일반 지휘를 용맹하게 살피고 행하여 교사가 된 자는 교과(敎科)의 수수(授受)와 품행의 바름과 바르지 않음을 한층 주목하며 교감(校監) 제원(諸員)은 근태의 행동과 진퇴의 여하를 특별히 주의해 사찰하며 교장은 규칙을 한결같이 준수하여 조금의 위반이라도 용서를 허락하지 않아야 한다. 이러한 뒤에야 해당 학도의 일체 언행과 출처가 이를 모범으로 삼게 된다. 그래서 "애국이 목적이다."라고 하면 그 목적에 죽기를 각오하고 용감하게 나아갈 터이고, "농·공·상업이 목적이다."라고 하면 그 목적에 죽기를 각오하고 용감하게 나아갈 터이고, "전(電)·기(汽)·화학이 목적이다."라고 하면 그 목적

---

30 우리에서……돼지 : 원문은 "笠에 出한 放豚"으로 맹자는 묵자(墨子)나 양주(楊朱) 같은 이단을 추구하는 사람들을 우리에서 뛰쳐나간 돼지에 비유하였다. 『맹자』 「진심(盡心)」 하에 나온다.

에 죽기를 각오하고 용감하게 나아갈 것이다. 이와 같이 일정한 방향이 한결같고 학력(學力)이 순결한 청년으로 실제 이행하는 날에야 태산을 움직일 수 있고 바다를 가를 수 있다.

　장래 국가 사회에 착수해 한결같이 나아가면 무슨 어려움이 있겠는가마는 그렇지만은 않다. 만약 개방하여 제멋대로 하도록 내버려 둔다면 안공(眼孔)은 함부로 높아지고 혜두(慧竇)는 어지러이 막혀서 의자에 거만히 앉아 칠판을 흘겨보며 저런 학설은 훌륭하다고 하기에 부족하다고 하면서 홀연 하루아침에 세상천지를 뒤흔드는 유별난 술법이 어디 있는지 찾게 된다. 이러면 학교의 과목(課目)에 정성이 차츰 소원해지고 장삼이사를 종종 만나서 바람을 잡고 비를 붙잡자며 강개한 공담(空談)을 날마다 일삼게 된다. 그러므로 이에 사탄과 요마가 허점을 틈타 침입해서 말하기를 "오늘날 만국이 통용하는 언어에는 영어가 가장 좋다."라고 하면 오늘에 영어를 배운다. "영문(英文)이 가장 좋다."라고 하면 또 영문을 배운다. 또 어떤 사람이 말하기를 "일문·일어가 가장 좋다."라고 하면 다음날에 일문·일어를 배운다. 또 어떤 사람이 말하기를 "한문이 가장 좋다."라고 하면 또 다음날에 한문을 배운다. 또 어떤 사람이 말하기를 "실업이 가장 좋다."라고 하면 또 다음날에 실업을 배운다. 또 어떤 사람이 말하기를 "정치·법률이 가장 좋다."라고 하면 또 다음날에 정치·법률을 배운다. 그리하여 배움이 천백 과(科)에 달하고 지속됨이 억만 일이 지나도 끝내 소득이 빈껍데기나 허울에 지나지 않게 될 것이다. 교육이 이와 같으면 애당초 없는 것만 못하다.

　이 뿐이 아니라 일정한 지향이 없으면 술집을 지날 때에는 술이 내가 욕망하는 바가 될 것이요, 화루(花樓)를 지날 때에는 꽃이 내가 욕망하는 바가 될 것이다. 전전해 변화하여 학교 범위 밖으로 나갈 뿐만 아니라 국가 법률 밖으로 위반하는 경우에 이를 것이다. 이와 같은 청년을 나라 안에 두루 가득 차도록 양성하면 그 나라가 도대체 어떠한 지위에 떨어져 있을까 하면 여러분이 곧 대답하기를 "그 나라가 멸망해 남음이 없다."라고 할 것이다.

그렇다면 오늘날 우리나라 주위 사방을 빙 둘러 돌아다보라. 청년 학계가 능히 우리나라로 하여금 융성하게 할 지위에 도달하였다고 확실히 인정하기가 어렵다고 하겠다. 갑오경장 이후로 경향(京鄕)의 학교가 샛별처럼 나타났으나 학교 관리의 법이 이곳저곳에서 이치와 도리에 맞지 않아서 원숭이가 사람 흉내 내는 꼴을 아직 면하지 못하였으니, 실학(實學)이 어느 곳으로부터 나오겠는가. 혹 수학(修學)하는 청년을 대하여 보면 뜻과 생각이 종종 들뜨고 조급하여 자국의 언어・문자에서 정밀함과 거침을 애초에 모르기에 취하고 버릴 줄도 모르면서 걸핏하면 어른에게 손가락질하면서 "신학문이 가장 좋다."고 한다. 신학문이 가장 좋다는 것은 입이 있는 자라면 누구나 다 하는 말이고 귀가 있는 자라면 누구나 다 들은 말이다. 그런데 신학이 가장 좋은 원인에 대해서는 그에게 상세하게 말해 줄 것을 청하면 또한 죽을 머금은 듯 우물거리므로 분명하지 않음에 사람으로 하여금 도리어 미혹하게 만든다. 신학문의 진리를 그가 또 이해할 수 없으면 구학문이 버릴 만한지 취할 만한지를 확실히 알 수 있을까.

저들은 신학문과 구학문의 참된 면모를 아직 제대로 살피지 못하고 그저 풍성학려(風聲鶴唳)의 얼개화 따위가 된 부류이니 애석하고 가련한 바이다. 또 혹 어떠한 청년을 보면 자국 교육 수준에서도 가장 아래 등급에 있는데 유학이 위대하다는 풍문만 듣고 쉽사리 해외로 나가서 외인의 일언반구라도 자국 향리의 인사와 다르다고 들으면 바른 도리에 들어맞는지 여부도 따지지 않고 "이는 문명 신사의 높은 말씀이다."라고 한다. 야만인의 습관과 금수의 행동이 중간에 혹 뒤섞여도 숭배하고 흠모한 나머지 오히려 미치지 못할까 두려워한다. 이는 다른 것이 없다. 이른 교육과 준비된 확고한 관점이 없기 때문이다. 또한 혹 함부로 부르짖는 담화를 들어 보면 "동양 강산에서는 배울 수 있을 만한 것이 없고 서양에 유학한 뒤에야 참된 이치를 얻을 수 있다."라고 한다.

아아! 이러한 사람의 부류가 능히 동양 교육계에는 우등을 점유한 자인가. 그렇다면 과언은 아니겠지마는 오늘날 동양의 시국을 살펴보더라도 일본의 실업(實業)·공업의 발달과 무비(武備)·충용(忠勇)의 건전함은 백인종도 깜짝 놀라 우러르는 바이다. 우리의 정도로는 이를 실지로 본받고자 해도 십 수 년 경영으로는 성공하기가 어려울 것인데 가벼운 생각이 무엇으로 이러한 지경에 이르렀는가. 만약 지구상을 두루 유람해야 한다는 논리라면 참으로 광대한 기절(氣節)이라고 인정하겠거니와 만약 "동양에 배울 곳이 없다."라고 한다면 결단코 함부로 지껄이는 말이라고 하겠다. 대체로 사람의 뇌수가 만 가지 이치를 포함하였지만 복잡하게 소비해 사용하면 전일한 정신을 얻기가 어려울 것이다. 이러한 까닭에 보통 지식을 교수한 뒤에야 각 학과에 문호를 나누어 전공으로 삼아서 지극히 정밀하고도 위대한 실효를 거두었다. 때문에 와트는 화륜(火輪)의 연구로 평생의 전력(專力)함을 다하여 후세에 공익을 전파하였고 모스는 전기의 발명에서 세대를 이은 실험과 각성을 거쳐서 만국의 교통을 처음으로 열었다. 정신을 오로지 하여 기울이는 바에 지극히 어려운 일이 없거늘 어찌하여 청년 여러분이 고상한 공언만 숭상하고 활용할 실학은 그 말에 미치지 못하는가.

이는 청년 여러분의 잘못이 아니라 청년의 모범 시대를 당하여 학교교육의 범위가 불완전하므로 이러한 지경에 이른 것이니, 가장 주의해야 할 바인 것이다. 내가 이 점을 근심하여 전호의 아동 교육설을 대략기록하고 청년 교육 시대의 범위를 또 기록하여 일반 학계에 소개가되도록 하고자 하는 것이다. 국내 각 학교의 대표 여러분이여!

스스로 교육해야 한다 / 포우생(抱宇生)

우리가 이 세상에 당해서 교육을 받을 기관과 그 편리의 대소(大小)·후박(厚薄)이 각각 서로 그 형세를 따라 차이가 있기 마련이다. 혹은 중학과(中學科)를 수료할 수가 없는 자가 있는가 하면 대학을 곧장 거치고 다시 구미 여러 나라 학계에 가서 그 이상(理想)의 학술을 완성하는 자도 있다. 우리가 가장 불행한 자라고 이를 바는 소학교의 교육도 충분하게 받지 못하여 일반 평등 교육의 지위를 차지하지 못한 자와 고등 교육에 특별히 가장 적합한 천부의 재능을 지니고 있음에도 신분상 여의하지 못한 경우를 당하여 원래 바라는 성공을 이루지 못하는 자라고 하겠다. 그러나 다른 관점에서 보자면, 우리가 일생을 지나면서 학문을 닦아 얻을 기회가 얼마쯤은 있지만 거의 대부분 자기가 근면하지 못하고 주의하지 못해서 잃어버린다.

대개 교육의 근저는 자기에게 있으니, 스스로 교육하는 것이 곧 교육의 본색이다. 예로부터 지금까지 스스로 교육하지 않고 그 효과를 거둔 자는 없다. 교육의 기관과 교육의 편의를 누리지 못하고 위인·걸사가 배출되며 교육의 기관과 교육의 편의를 누리고서도 못난 지아비와 범용한 부류의 사람이 없을 수가 없으니, 시험 삼아 한번 보라. 본조의 이이(李珥)는 외척의 문하에서 생장하여 몸을 부지할 밑천을 마련할 방도가 없었지만 결국에는 청구(靑邱)의 대유(大儒)가 되었다. 한신(韓信)은 회음(淮陰)의 필부로 빨래하던 여인에게 걸식하고 가랑이 아래에서 모욕을 받았지만 군사 전략 대가의 광영을 얻었다. 지나의 차윤(車胤)은 반딧불로 촛불을 대신하는 생활로도 당시 일대 학술가의 화려한 명성을 얻었다. 일본 소슈(總州)의 어촌에 떠돌며 우거하던 오규 소라이〔物徂徠〕도 수중에 다만 『대학언해』 한 권이 있을 뿐이었지만 도쿠가와가(德川家) 300년 치세에 있어서 제일가는 문호의 지위를 얻었다. 순욱

(荀昱)[31]은 그 할아버지 순숙(荀淑)의 교육을 받았지만 반역(叛逆)이라는 오명을 면하지 못하였다. 유다는 예수의 성도이지만 예수를 적인(敵人)에게 팔아넘겼다. 이처럼 교육의 필요가 단지 그 수동적 교육에만 있지 않다는 것은 이로 보아 쉽게 증명됨을 알 수 있다. 만일 다른 사람이 보인 모범에 의지해 자기의 교육을 원만하고 정미하게 할 수 있다면 공자의 제자 3천 문도는 거의 대부분 3천 명의 공자가 될 것이며, 예수의 제자는 거의 대부분 예수가 될 것이며, 석가의 제자도 또한 모두 석가가 된다고 할 것이다. 그러나 실상은 이와 어긋난다.

우리는 교육의 기관과 교육의 편의가 모두 결핍된 청년을 향하여 깊고 두터운 동정으로 그 앞길에 더없는 영광과 특별한 성공이 놓여지기를 축원해 마지않는다. 그리고 여러분의 진로에 대하여 조용히 생각해 보면 허다한 좋은 기회가 항상 춤추며 기다릴 것이므로, 여러분은 스스로 깨닫고 나아가야만 하니, 일생 오기 힘든 기회가 여러분을 울면서 전송하게 하지 말지어다. 세 사람이 길을 가면 그중에 반드시 나의 스승이 있다[32]고 하였으니, 우리는 학습의 과정을 주관적으로 계획할 수만은 없다. 느끼고 닿는 제반 사물에 대하여 지식을 증가시키고 품성을 수양시킬 수 있는 것이 있으면 이를 수확함에 조금이라도 주저하고 의심할 수 없다. 이 세계는 일반 진리를 포괄한 일종의 대학교이다. 우리의 심성이 부패하여 자포자기하는 데에 방일하면 그만이거니와, 진리를 탐방하고자 귀를 기울여보면 비록 앉은 자리의 회화에도 일종의 강의록을 발견할 수 있다. 그리고 한번 주목해 보면 비록 매일 아침 슬쩍 보고 넘기는 신문이라도 얼마간의 교훈을 얻을 수 있으니 한 거동 사이

---

31 순욱(荀昱) : ?-169. 한나라 순숙(荀淑)의 조카는 순욱(荀昱)이며 손자는 순욱(荀彧)이다. 조카는 간신에 맞서다 주살되고 팔준(八俊)으로 이름이 높았다. 조조를 보좌해 결과적으로 한나라의 멸망을 앞당긴 이가 순욱(荀彧)이므로 본문의 "昱"은 음이 같은 "彧"의 착오로 추정된다.

32 세……있다 : 원문은 "三人行必有我師"로 『논어』 「술이(述而)」에 나온다.

가 다 내 스승이다. 학자(學資)의 부족을 지나치게 한하지 말며, 외국으로 나가 유학할 수 없음을 지나치게 슬퍼하지 말고, 중도에 학업을 그만두는 불행이 오더라도 스스로 괴로워 말라. 스스로 반복하여 깨닫고 진중하게 근신하면서 연구하는 정신을 발휘하고 자유로운 성정을 길러 나가 전심전력을 기울여 우리의 본원적 직무에 종사하되, 목적지에 이를 때까지 멈추지 않겠다는 결의를 확립하라.

대개 학문은 전문적 학문에만 한계를 정할 수가 없는 것이니, 학문의 본의는 사람이 사람 되는 도를 제대로 이해해 얻어서 이를 실행하는 데에 벗어나지 않는 것이다. 법률·경제·의학·문학 등 제반 전문적 학문도 필경에는 인생의 사업에 대하여 그 한 부분에 바탕이 되고 돕는 것에 불과하다. 전문적 학문 밖에서 학문이 없다고 일컫는 자와 학교 이외에는 학문을 닦아 얻을 수가 없다고 하는 자는 학문의 진의와 수학(受學)의 방법이 어떠한가를 이해하지 못하는 자라고 이를 수가 있을 것이다. 인류의 일반교양에 대하여 거두어 얻을 기회가 학교 이외에 많이 있는 것은 굳이 논할 필요가 없겠다. 그래서 오늘날처럼 과학의 풍조가 크게 치열한 시대에 있는 우리는 자기의 결심과 근면만 가지고 있으면 충분한 전문의 과학을 어떠한 정도까지는 닦아 얻기가 매우 쉽다고 하겠다.

위와 같이 논하는 것이 학교의 교육을 일호라도 비난하는 것이 아니라 오로지 교육 환경에서 불운한 아동에게 대하여 논한 것이다. 그러나 교육 환경에서 운이 좋은 아동이라 하더라도 이 의론을 무시할 수 없을 뿐만 아니라 이를 따르지 않으면 결코 완전한 결과를 얻을 수 없다고 하겠다. 우리가 풍시(諷示)와 유사(喩辭)·훈계 등에 대하여는 타인을 좇아서 얻을 바 있지만 그 융화·실천에 대해서는 스스로 교육함이 없으면 할 수가 없을 것이다. 대체로 연구하는 정신은 항상 심지를 장쾌하고 청신하게 하며 스스로 수양하는 성정은 사람의 감정을 건전·화평하게 한다. 연로한 자가 이를 지니면 죽음에 이르도록 그 심지가 늙

지 않을 것이며 소년이나 장성한 자가 이를 지니면 그 기지가 날로 새롭
고 또 날로 새로워져 진보의 한계가 없을 것이니, 인생의 쾌락이 여기
서 더할 자가 어디에 있는가. 공자께서 말씀하기를 "배우고 때로 익히
면 또한 기쁘지 아니한가."라고 하였으며, 소크라테스가 말하기를 "스
스로 원만함에 힘쓰는 자가 가장 어진 자이며, 그 임무를 자각하여 원
만함에 나아가는 자는 가장 복스러운 자이다."라고 하였으니[33], 동·서
양 철인의 견해가 그 거리가 서로 멀지 않다고 하겠다. 아아, 후대에
학문에 뜻을 둔 자가 어찌 심득할 곳이 없겠는가.

가정교육법 / 김수철(金壽哲) 역술

제2편 정신 교육

총론

제1절 정신 교육의 의의

정신의 교육과 신체의 성장은 항상 병행할 수가 없는 것이니 어째서
인가. 대개 아동이 갓 태어났을 때에는 신체의 각 기관은 자못 구비하
였으나 정신 작용의 발달은 심하게 미약하여 흡사 무의식의 상태에 있
는 것과 같다. 그러나 무(無)로부터 유(有)는 생겨나지 않는다는 대원칙
에 의하면 반드시 정신 작용에 나아가서도 돌연히 외계로부터 부여되
는 것이 아니지만 또한 그 우리가 인식하는 범위 내에 그 근거가 존재한
것은 또한 명확하다고 하겠다. 아동 심리학은 항상 이와 같은 연구를
설명하여 이로써 정신 교육의 기초를 정하며 그 방법을 보이는 것이니,
우리가 이에 논하는 정신 교육은 곧 가정 교육에 적당한 것이다. 그러
므로 아동 심리학을 주로 삼아 이미 설명하여 얻은 재료에 근거하면

---

33 공자께서…하였으니 : 공자의 "배우고…아니한가."는 『논어』의 첫 구절인데 소크라
테스의 말로 제시된 것의 출처는 미상이다.

가장 효과가 있을 것이라고 믿는다.

　최근 편의를 위하여 정신 교육을 나누어 지육(知育)·덕육(德育)·정육(情育) 세 가지로 정하지만 이것이 원래 과학적 분류에 해당하지 않고 보면 실제 교육을 시행하는 위에 나아가서는 혹 이 분과(分科)에 구애되지 않는 것이 또한 타당하다고 하겠다. 가령 개별적으로 교육의 방법을 채택하고자 하는데 도저히 행할 수 없으면, 세 가지를 동시에 행하게 하거나 두 가지를 병행하게 하거나 하는 경우도 있을 것이다. 하지만 이는 실제 소임을 담당한 이가 충분한 고려를 통하여 짐작을 가하지 않을 수 없을 것이다.

제2절 정신 교육의 필요

　지식이 명철하고 감정이 융화되며 의지가 강고한 인물을 양성하는 것은 정신 교육의 임무이다. 대개 사람의 가치는 정신 발달의 정도로서 정하며 강장한 신체는 건전한 정신으로서 그 진가가 더욱 표현되기 마련이다. 이상에서 서술해 온 것과 같이 유아의 정신세계는 연약하여 막 태어난 아이의 동작은 무릇 본능 작용 또는 반사 작용이기 때문에 아직 의지적 행동에 나가지 못한다. 그러므로 이를 만약 똑같은 상태대로 방임해 둔다면 정신 교육은 물론이고 마침내 의지할 곳 없이 가련한 처지로 마치게 된다. 원래 외계의 사물로부터 오는 자극은 자연스런 교육을 시행할 수 없으니, 그 세력이 복잡하여 순서가 없고 그 결과가 지나치게 참혹한 것은 인위적인 보조가 없다면 도저히 안전하고 유익한 진보를 볼 수 없을 것이다.

　무릇 사람은 현우·선악의 분별이 있으며 빈부·귀천의 구별이 있어서 각각 그 운명이 다양한 것은 실로 정신 교육의 좋음과 나쁨에 따라서 정해지게 되니, 이에 대하여는 촌음도 주의를 게을리 하지 않아야 할 것이다. 하물며 유아의 교육을 자연의 경과에 방임하면 장래에 비참한 지경에 빠져서 다시는 구제할 수 없는 지경에 이르니, 더 말해 무엇 하겠는가. 그러므로 부모 된 자는 신체 교육에 주의하는 동시에 이처럼 가련한 유아를 양육·교도하여 장래 독립적 생활을 영위하게 할 기초를 풍부하게 해주어야만 한다.

제3절 정신 교육에 대한 잘못된 견해

오늘날 우리나라 내에 일반 가정이 아직껏 가정교육을 인식하지 못하는 가정이 많거니와 이를 깨우친 가정도 관찰해보자면 정신교육에 대해서는 크게 잘못된 견해를 가지고 있다. 가장 통탄할 바는 유아에게 지식을 부여하는 것으로써 정신 교육의 전부가 되는 줄로 여기는 것이다. 가정만 이러한 것이 아니라 소학교 역시 이러한 경우가 적지 않다. 곧 각종 학과만 교수하면 자신의 업무가 끝나는 것이라 여겨서 학교 이외의 행위를 전혀 염두에 두지 않고 심지어 방과(放課) 시간 중에도 완전히 돌아보지 않는 사례도 있다. 그러니 아아, 아직껏 소학 교육의 목적을 깨달아 알아내지 못한 부류가 참으로 많다고 하겠다. 이미 이와 같은 잘못된 견해에 빠졌다면 정신교육은 그저 학교에서만 시행하는 것이지 가정에서 할 수 없는 것으로 여기는 상황이 된다.

시험 삼아서 아동의 유희하는 모양을 보라. 저들이 수목의 잎을 따서 가지며 그 과실을 먹는 것은 식물학을 배우고자 하는 것이고, 또 벌을 죽이며 매미를 포획하는 것은 동물학에 종사하고자 하는 것이고, 뱀을 포획하여 가죽을 벗기는 것은 해부학을 연구하고자 하는 것이다. 그리고 하천에 노닐며 산에 오르는 것은 지리학을 연구하고자 하는 것이고, 일월성신이 어떠한가를 묻는 것은 천문학을 연구하고자 하는 것이다. 이와 같이 아동이 행하는 바는 다 학문이 아닌 것이 없다. 그러므로 지식의 습득이 학교에서만 이루어지는 사업으로 생각하면 잘못된 견해이다. 이 잘못된 견해가 항상 부모의 뇌리를 몰아가 아동의 물음을 무시하

고 그 질의 사항에 답을 하지 않아 아동을 실망하게 함이 일반적 악습이
다. 이것이 어찌 아동 정신의 발달을 저해하는 것이 적다고 이르겠는가.

제4절 정신 교육의 요건

첫째, 정신 교육은 신체 발달에 응하여 행해야 할 것이니

이미 논한 바와 같이 정신 교육은 문자로만 가르치는 것이 아니고,
고상한 감정을 양성한다는 뜻만도 아니며, 또 아동으로 하여금 엄격한
규율로 생활하게 하자는 것만도 아니다. 정신 교육은 완전히 연약하여
발육 중인 유아의 신체에 영향을 미치지 않는 정도로 지식의 범위를
확장하고 원만한 감정을 기르며 도덕적 행위를 지도하는 것이다. 그러
므로 생리학에 의하여 신체 발달의 이치를 알고 심리학의 도움을 빌려
서 심상(心象) 발달의 상태를 환히 알아서 양자가 서로 기다려 서로 충
돌을 초래하지 않는 교육을 베푸는 것이 매우 긴요하다.

둘째, 정신 교육은 흥미가 있게 할 것이니

헤르바르트 파는 흥미를 환기하는 것으로써 교수의 목적을 삼으니,
그 뜻이 대개 흥미는 의지를 자극·흥분하게 하며 스스로 노력하는 생
각이 일어나게 하고자 하는 데에 있는 것이다. 그러므로 주로 소학교
시기에 교수하기에 적합하지만 또한 가정 교육에서도 이를 의거하지
않을 수가 없을 것이다. 아울러서 가정 시기의 아동은 소학교 시기에
비해 유치하여 변화를 특별히 좋아하기 마련이니, 대개 동일한 행위가
권태감을 일으키기 쉬운 것은 흥미가 적기 때문이다. 진실로 지육(知
育)에 관한 사실은 특별히 흥미를 환기시키는 데에 족한 재료를 공급하
는 것이 가장 필요하다. 그 밖의 다른 정육·덕육에 이르러서도 아동으
로 하여금 유쾌한 가운데 도덕적 행위에 익숙하게 하며 미정(美情)[34]·
애정(愛情) 등을 환기하게 하는 데에 충분히 노력해야 할 것이다.

---

34 미정(美情) : 아름다움을 느끼는 감정. 심미(審美)의 감정으로 추정된다.

| 학원 |

물리학의 재미난 이야기 / 포우생(抱宇生)

뉴턴의 설 - Newton -

여러분도 아는 바이거니와 은행나무가 초가을을 만나면 살구와 같이 동그랗고 큰 열매를 맺어서 자연히 떨어지기 마련이다. 어떠한 이치로 인하여 떨어지느냐 하면 우리가 통상 답하기를 부패함으로 인하여 떨어진다고 하겠지만, 흔들지 않고 당기지 않는데도 이와 같이 자연히 떨어지는 것이 어찌 이상한 것이 아니겠는가. 반드시 그 이유가 있을 것이다.

이에 대해서는 일종의 재미있는 설이 있으니, 지금으로부터 140년 전 즉 서기 1668년 여름에 뉴턴이 수학(修學)하던 대학교에 일종의 역병이 유행하여 어쩔 수 없이 학교를 쉬게 되었다. 그래서 뉴턴 씨가 자기 고향 마을에 돌아가 스스로 학문을 닦던 가운데에 하루는 더운 기운이 너무 심하여 실내에서 공부하기가 난감하였기 때문에 청량한 나무 그늘 속에 휴식하고자 하여 탐방하던 차에 하나의 큰 사과나무 아래에 이르러서 모자를 벗고 바람을 쐬었는데, 발갛게 잘 익은 사과 하나가 면전에 떨어졌다. 만일 보통 사람과 같았으면 이를 심상하게 간과하고 주워 먹었을 뿐이지만, 뉴턴 씨는 결코 심상한 사람이 아니었다. 이 사과가 사람이 흔들거나 당기지 않았는데 자연히 아래로 떨어진 것은 반드시 무형의 작용이 있어서 이를 아래로 떨어지게 한다고 생각하였다. 그리고 온갖 이치를 연구해 실험하여 결국에는 이 우주 내에 일종의 '인력(引力)'이라고 하는 힘이 있어서 물체와 물체 사이에 항상 작동하므로 어떠한 물체라도 서로 끌어당겨 합하려는 힘이 있는 것을 알아냈다. 이것이 뉴턴이 만유인력을 발견한 근원적 요인인 것이다.

이 만유인력에 의하면 사과가 아래로 떨어지는 이유를 충분히 추측할 수 있을 것이니, 지구와 사과 사이에 상호 끌어당겨 합하는 인력이 있기 때문에 사람이 흔들거나 당기지 않더라도 자연히 떨어지게 되는 것이다. 이와 같은 인력이 있다고 한다면 저 허다한 사과가 피아를 막론하고 전부 다 아래로 떨어질 것이다. 그러나 사과와 지구 사이에 인력이 약하여 사과가 성숙하기 전에는 아래로 떨어지게 할 수가 없기 때문에 사과가 성숙하여 그 가지의 부착력이 약해지기를 기다려서 아래로 떨어지게 하는 것이다. 이와 같이 어떠한 물체를 막론하고 상호 끌어당겨 합하는 힘이 있다고 한다면 가령 궤짝 위에 있는 두 개의 공이라도 상호 회전하여 서로 합하지 않을 수가 없을 것이다. 그러나 실제로는 이와 달라 그 지위가 전혀 변하지 않음은 왜인가. 바로 이 두 공 사이에도 서로 끌어당겨 합하는 힘이 있어서다. 그러나 공과 공의 인력이 땅과 공의 인력보다는 약하기 때문에 공과 공이 회전하여 합할 수가 없는 것이다.

이 인력은 우주 안에 길게 뻗쳐 널리 가득 차서 이것으로 작동되지 않는 물건이 없다. 달이 지구의 주위를 날마다 회전하여 밤마다 저 밝게 빛나는 면을 지구에 마주해 비추는 것도 전부 달과 지구 사이에 작동하는 인력이 원인이 되고 지구가 365일 동안에 태양의 주위를 한번 회전하여 낮과 밤의 변천이 있는 것도 또한 지구와 태양 사이에 인력이 있음이 원인이 된다.

이 지구상에 존재하는 물체는 그 형질이 어떠한지를 막론하고 반드시 그 중량이 있는 것은 이 인력이 있는 까닭이다. 물체와 물체 사이에 그 인력이 강하면 그 물체의 중량이 무거우며 그 인력이 약하면 그 중량이 가벼우며 또한 물체가 크면 중량이 무거우며 물체가 작으면 중량이 가볍기 마련이니, 인력과 물체 사이에는 일정한 정비례의 관계가 있기 때문에 그 인력을 곧 중력이라고 하는 것이다.

  그렇다면 만일 이 인력의 작동이 그치게 되면 여러분은 우주에서 물체가 어떠한 상태를 드러낼 줄로 추측하는가. 내가 여러분을 대신하여 먼저 답하거니와 대단히 재미있는 문제가 일어나게 되니, 만일 인력의 작동이 갑자기 멈출 것 같으면 지구에 있는 물체는 거의 대부분 중량이 없게 된다. 아무리 삼척의 약한 여자라도 산과 같은 돌과 철을 쉽사리 움직여 옮길 수 있으며, 여러분이 주거하는 큰 집과 높은 누대라도 생활상 편이한 처소에다 임의로 움직여 옮길 수 있다. 그래서 편리함이 막대해진다. 하지만 한편으로 거대한 위험처가 있으니 곧 밤중에 여러분이 잠자며 거처할 때에 비록 미풍이 불어와도 여러분이 거주하는 집은 바람의 형세를 좇아 바다 가운데에 던져지게 된다. 또 어떠한 물건을 공중에 던져 올리면 일정한 처소에 도달한 이후로는 더 위로 올라가지도 더 아래로 떨어지지도 않게 된다. 그래서 우리의 신체를 한번 도약시켜서 땅을 떠나게 하면 다시 아래로 떨어질 수가 없어서 공중 생활을 길이 보내게 될 것이니, 위험함이 또한 이보다 더 심한 것이 없다고 하겠다. 다시 한 번 더 상상해보면 지구의 회전이 멈춰서 낮과 밤의 구분이 그 평균을 잃게 될 것이니, 지구의 각 반쪽 면은 영원한 낮과 영원한 밤의 별세계가 될 것이며 춘하추동의 차례가 없을 것이다. 우리 한국 강산이 춘삼월 호시절에 꽃 피고 새 울 때를 당하여 이 인력이 갑자기 멈추면 장장 뛰어난 광경을 한번 보게 되지만, 극한과 엄동의 시절에 멈추면 동사의 참혹한 상황을 면하기 어려워질 것이다. 그러기에 우주의 자연적 조직은 이상하고 기묘하여 우리의 느낌을 환기한다. 아아! 인력이 한번 멈추면 우주 내 만물이 이와 같이 복잡하고 똑같지 않을 것인데, 인간 사회의 대세가 일변하면 혹 어떠하겠는가. (미완)

화학 강의 / 김홍량(金鴻亮)

석탄 가스-와사(瓦斯)-

유리제 혹은 금속제의 담뱃대 통의 굴곡이 있는 모습과 같은 레토르트라고 하는 기구에 톱밥 형상 혹은 고운 가루 형상의 석탄을 기구 용량(容量)의 절반 분량쯤 담아서 두 개의 입구가 있는 수용 기구의 한 끝에 연결한다. 그리고 이 수용 기구를 냉수를 담은 그릇 위에 두어서 차갑게 한 뒤에 레돌트를 뜨겁게 하여서 석탄의 증기를 발생하게 한다. 그러면 이 증기가 수용 기구를 통과하다가 그 기구의 냉기로 인하여 증기의 일부는 물과 같은 액체가 되어서 수용 기구 안에 잔류하고 일부는 수용 기구 한쪽의 입구를 좇아서 가스라고 하는 기체가 되어 분출하게 된다. 이 가스에 불을 붙이면 불꽃을 드날려 연소하며 레돌트 기구 안에는 본탄(本炭) 혹 해탄(骸炭)이 잔류하게 되는데, 이는 원래 석탄이 그 두 가지 성질을 함유하고 있었기 때문이다.

이와 같이 석탄으로 제조한 가스를 곧 석탄 가스하고 칭하는데, 이 가스는 갖가지의 기체를 함유한다. 곧 수소와 메탄이 그 중요한 것이며 소량의 에틸렌과 벤젤과 산화 탄소와 무수 탄산과 질소와 황화 수소와 암모니아 등도 함유하였다. 그러므로 석탄 가스가 연소할 때에는 수소와 메탄 및 산화 탄소는 열을 내며 에틸렌과 아세틸렌과 및 벨제는 빛을 내게 된다. 이상 여섯 종류의 기체는 석탄 가스의 매우 중요한 성분이지만 그 밖의 다른 것은 쓸모가 없는 물질이고 제거하는 일정한 방법이 있으나 여기서는 생략하겠다.

불꽃의 성분

가연성 물질 - 연소가 가능한 물질 - 에 불을 붙일 때에 불꽃을 발하는 것은 석탄이 석탄 가스로 변하여 불꽃을 발하는 이치와 동일하다.

그 물질이 이미 기체가 되었던지 그렇지 않으면 고체 혹 액체이더라도 연소열(燃燒熱)로 인하여 기체가 되지 않을 수가 없다. 이제 납촉에 불을 붙이고자 하여 그 심지에 불을 가까이 대면 그 열로 인하여 심지에 부착하였던 밀랍은 용해되어 곧바로 기체가 되기 때문에 연소를 시작한다. 이와 같이 시작한 불꽃의 열기로 인하여 아랫면에 밀랍이 또한 점차 용해되어 액체가 되고, 이 액체가 다시 열기의 작용으로 인하여 심지를 따라서 올라와서 기화하고 차례로 연소하여 불꽃을 내게 된다. 이 불꽃에 바람을 불어 보내면 즉시 소멸되는 것은 바람이 불꽃에 닿아서 그 온도를 저하시켜서 발화점 이하로 만들기 때문이다.

통상 램프에도 동일한 변화가 일어나는데 다만 이때에는 연소 물질을 용해할 필요가 없기 때문에 석유가 직접적으로 심지를 따라 올라와서 기화한 뒤에 연소하여 불꽃을 내게 되는 것이다. 이 램프의 꼭지쇠의 하부에는 수많은 가는 구멍이 있어서 공기가 흘러들게 하며 석유의 증기는 이 흘러든 공기 가운데에 함유된 산소를 빨아들여 연소한다. 그 주위에 남아 있는 공기는 열을 받아 팽창하여 중량이 가벼워지기 때문에 램프 외면을 통하여 올라 나옴과 동시에 꼭지쇠 가에 수많은 가는 구멍으로는 새로운 공기가 흘러들어서 연소를 치열하게 한다. 그러므로 램프를 사용하면 공기의 유통이 양호하여 석유는 유연(油煙)을 토하지 않고 완전히 연소하게 된다.

불꽃의 구조

양초의 불꽃을 자세히 검사해보면 세 가지 부분으로 조성됨을 보게 될 것이다.

제1부 곧 심지의 주위에는 어둡고 캄캄한 부분이 있으니, 이 부분은 곧 납의 기화한 것이 공기에 접촉하지 않았기 때문에 여전히 연소하지 않은 부분이다.

　제2부 곧 제1부의 주위에 있는 원추형의 부분인데 그 광휘가 가장 강하니 이 부분은 공기의 공급이 여전히 충분하지 못하여 탄소의 일부가 미립자가 되어서 갈라져 나오니, 이 탄소의 미립자가 작열하므로 광명을 발한다.

　제3부 곧 제2부의 외부에는 공기의 공급이 충분하기 때문에 탄소는 완전히 연소하여 이산화탄소가 되기 때문에 열기는 가장 강하고 광휘는 점점 약해져 거의 알아보기 어려운 상태가 된다.

　이제 철망 한 조각을 촛불의 중앙에 집어넣으면 원래 금속은 열을 전도하기가 쉬운 물체이기 때문에 촛불의 열을 신속히 전도해 가서 철망의 윗면의 불꽃은 열의 온도가 줄어서 발화점 이하에 도달하기 때문에 연소할 수가 없고, 다만 철망 아랫면의 불꽃만 여전히 연소하게 되는 것이다. 이 철망이 불꽃에 닿았던 부분을 검사해 살펴보건대, 불꽃의 중앙 부분에 접촉하였던 철망의 부분은 그 색이 어둡고 캄캄하며 이 어둡고 캄캄한 부분의 주위에는 광휘가 있는 바퀴처럼 둥근 모양의 부분을 형상해 만들며 그 외부 곧 제3부에는 열기가 가장 강함으로 인하여 철망이 강렬한 열의 도수로 빨갛게 달구어지게 된다. 또는 흰 종이 한 조각을 신속하게 촛불 가운데에 눌러 내렸다가

불꽃의 구조

　다시 신속히 꺼내면 기름 그을음이 중심에 붙지 않고 그 외부에 원형을 만드는 것을 보게 될 것이다. 램프의 불꽃의 구조도 또한 양초와 동일하지만 그만큼 분명하게 나타나지 않는다.

불꽃의 빛

불꽃의 빛을 강하게 하려면 그 가운데에 작열하는 고체의 존재를 필

요로 하니, 납촉과 램프 등의 불꽃 속에는 탄소라고 하는 고체의 미립자가 빨갛게 달구어져서 있기 때문에 강한 빛을 발하게 된다. 이는 앞절인 '불꽃의 구조'에서 기술한 바와 같거니와 불꽃의 빛이 아무리 약해도 백금 같은 고체를 집어넣어 빨갛게 달구어지게 하면 불꽃은 그 빛을 갑자기 증가하게 된다. 또는 근년에 나도리움과 셀[35]이라는 희귀한 원소의 산화물로 제조한 원통 형상의 그물로써 석탄 가스와 같이 광휘가 가장 약한 불꽃에 덮어서 문득 전기등 빛보다 더 밝은 흰색 빛을 얻게 된다. 그러므로 이 등을 발명한 사람의 이름을 취하여 아우어등이라 부르는 것이다.

안전등(安全燈)

가연 물체가 연소할 때에는 그 발화점이 상당한 열을 필요로 하는 것은 철망을 촛불 속에 집어넣는 실험에서 알아본 바이거니와 이 이치를 응용하여 영국의 화학자 데이비(Humphry Davy)는 철망으로 등불을 싸서 안전등을 제조하였다. 이 안전등을 석탄갱 안에서 사용할 때에는 메탄이라는 기체와 공기의 혼합물이 등불에 접근하더라도 단지 등 안에서 경미한 폭발성을 발하여 사람의 경계를 야기할 뿐이고 그 불꽃이 철망을 통과하여 겉면에 나가지 못하므로 거대한 폭발을 일으킬 위험이 없다.

메탄-소기(沼氣)-CH4

메탄은 무색무취의 기체인데 식물질이 늪이나 못 안에서 부패할 때에 발생하기 때문에 봉(棒)을 사용하여 그 진흙을 휘저어 섞으면 메탄은 기체이기 때문에 가벼워서 수면 위로 떠오르게 되니, 이 메탄을 물을 담은 유리 원통 가운데에 모아서 취한다. 이 기체는 광휘가 없는

---

35 나도리움과 셀 : 이 두 가지는 란타늄(lanthanum)과 지르코늄으로 추정된다. 오스트리아의 화학자 아우어가 발명한 아우어등은 양자의 합성하여 만들어졌다.

청색의 불꽃을 드날려 연소시키며 이 기체와 공기가 혼합한 기체에 불을 가까이 대면 극렬한 폭발을 발생시키기 때문에 석탄갱 안에서 등불의 부주의로 인하여 왕왕 폭발이 일어났다. 그런데 최근에 안전등이 발명되면서 그 위험이 사라졌다.

물리학 강의 / 김현식(金鉉軾)

활차(滑車)[도르래]

활차라고 하는 것은 차륜(車輪)이 자유롭게 회전하는 차(車)인데, 용도는 사용하는 힘의 방향을 바꾸거나 혹은 작은 힘으로 무거운 물체를 끌어올리기 위하여 사용하는 것이다. 활차에는 동활차(動滑車)[움직도르래]와 정활차(定滑車)[고정 도르래]의 두 종류가 있고, 또 이 두 종류를 합성한 활차도 있다.

삽도 갑(甲)

甲 圖

삽도 갑(甲)은 정활차인데 주위에 홈이 있는 차륜이 대(臺)에 매달린 수평축(水平軸) - 수평은 비스듬히 기울어짐이 없는 것을 이른 것이고, 축은 차륜의 중심을 관통한 봉이다. - 으로 관통해 걸어서 잇고, 또 차륜에 끈을 걸어서 그 한 끝에 물체를 매달고 다른 끝에 힘을 가하여 이를 끌어올리므로 다만 사용하는 힘의 방향을 바꾸는 데에 사용하는 것이다. 이 원리를 응용하여 우물물을 길어 내면 끌어내리는 힘으로 끌어올리는 힘을 대신하는 편리함이 있게 된다.

삽도 을(乙)

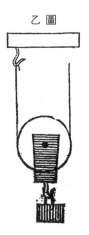

乙 圖

삽도 을(乙)은 동활차인데 여기에 매달린 물체와 같이 오르고 내린다. 이제 이 활차를 빙 둘러 에워싼 두 줄의 끈을 평행이 되는 것으로 보면 위로 끌어올리는 두 힘과 물체를 아래로 끄는 힘은 상호 평행이기 때문에 활차의 중량이 없는 것으로 생각하면 두 줄의 끈과 물체의 중량이 이루는 세 평행력이 조합(釣合)[36]하기 위해서는 두 줄의 끈이 물체를 위로 끌어올리는 합력(合力)은 이 물체의 중량과 같지 않을 수가 없을 것이다. 그러므로 이제 끈의 한 끝을 한 냥쭝 되는 힘으로 끌어올리면 두 냥쭝 되는 물체와 조합(釣合)함을 얻게 될 것이다. 그렇다면 물체의 운동은 어떤 물체가 정지하였을 때에 물체와 물체 사이에 마찰력[37]이 없는 것으로 생각하면 한 편에 매우 작은 힘을 가하더라도 운동을 시작한다. 그러므로 이제 공기와 물체 사이에는 마찰력이 거의 없다고 하더라도 무방하기 때문에 이 원리에 의하여 한 냥쭝으로 끄는 한 끝에 조금 큰 힘을 쓰면 두 냥쭝 되는 물체를 끌어올릴 수가 있을 것이다.

삽도 병(丙)

스무 냥쭝

삽도 병(丙)은 동활차와 정활차로 합성된 것인데, 오른쪽의 활차는 정활차이고 왼쪽의 활차는 동활차이다. 전과 똑같은 원리로써 가령 끈

---

36 조합(釣合) : 균형, 조화, 평형을 뜻하는 일본어로 발음은 쯔리아이(つりあい)이다. 원문에 "갑·을 양자의 힘이 상호 반대 방면으로 어떤 물체를 끌 때에 그 물체가 동일한 위치에서 움직이지 않음이라"는 주석이 달려있다.

37 마찰력 : 원문에 "갑 물체의 요철과 을 물체의 요철이 서로 맞추어져 있던 것이 서로 분리되어 나오는 데에 필요로 하는 힘이라"는 주석이 달려 있다.

의 한 끝을 열 냥쭝 되는 중력(重力)으로 당기
면 동활차에 매달린 스무 냥쭝과 조합(釣合)
함을 얻게 될 것이다. 그러므로 끈의 한 끝에
열 냥쭝 보다는 조금 큰 열한 냥쭝 되는 힘으
로 끌면 스무 냥쭝 되는 물체를 끌어올릴 수
있을 것이다. 그러나 이 동활차를 사용하면
힘의 사용에는 유익하지만 시간에 있어서는
손해이다.

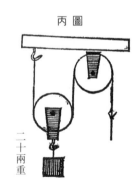

丙 圖

二十兩重

삽도 정(丁)

넉 냥쭝

삽도 정(丁)도 동활차와 정활차로 합성된 것인데, 이
활차에 대하여 갑·을·병·정 네 줄의 끈이 상호 평행
한다 하고, 또 갑·을·병·정 네 줄이 동활차에 힘을
쓰는 넉 냥쭝과 조합(釣合)하였다고 하면, 네 줄의 끈이
각각 동일한 힘으로 힘을 쓰기 때문에 이 넉 냥쭝을 네
줄에 나누면 각각 한 냥쭝씩 될 것이다. 그렇다면 이
네 줄 가운데에 한 줄을 끌어올리면 넉 냥쭝 되는 물체
를 끌어올릴 것이다. 그러므로 이제 한 냥쭝으로 힘을
쓰는 정(丁) 줄을 끌어올리기 위하여 무(戊) 줄에 한 냥
쭝보다는 조금 큰 힘으로 힘을 쓰면 전체 넉 냥쭝 되는
물체를 끌어올릴 수 있을 것이다. 이제 이상에 있는 정

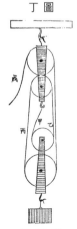

丁 圖

戊

丙 甲 乙

重兩四

도와 같이 구조를 이루되 그 동활차와 정활차의 수를 각각 세 개씩 하면
노끈의 한 끝에 힘을 쓰는 것이 한 냥쭝 된 때에는 여섯 냥쭝 되는 물체
와 조합(釣合)함을 얻게 된다. 이러한 까닭에 한 냥쭝보다는 조금 큰
힘을 노끈의 한 끝에 가하면 여섯 냥쭝 되는 물체를 끌어올림을 얻게

될 것이다. 그러므로 두 쪽에 활차를 더하면 더할수록 작은 힘으로 무거운 물체를 쉽사리 끌어올릴 것이다.

또 동활차 세 개와 정활차 하나를 사용하여 병도의 활차와 같이 구조를 만들면 앞의 원리와 같이 노끈의 한 끝에 힘을 쓰는 한 냥쭝의 힘은 여덟 냥쭝의 물체와 조합(釣合)함을 얻게 될 것이다. 이제 또 동활차의 수를 하나 더하여 구조를 만들면 조합(釣合)하는 물체는 열여섯 냥쭝이 되고 또 하나를 더하여 구조를 만들면 조합(釣合)하는 물체는 서른둘 냥쭝이 될 것이다. 그러므로 동활차의 수를 더하면 더할수록 작은 힘으로 무거운 물체를 끌어올릴 수가 있을 것이다.

아르키메데스(ARCHIMEDES) 씨의 설 / 죽정(竹庭)

현재의 시대는 인지(人智)가 진보되어 어떠한 물건을 막론하고 거의 대부분 인공으로 제조할 수 있는 일종의 중보(重寶)[38] 세계가 되었다. 생사는 누에의 고치가 없으면 만들 수 없다고 하였지만 근일에는 글라스-Glass. 유리-를 가늘게 늘여서 견포(絹布)를 제조할 수 있으며, 식물의 사근(絲筋)-생사와 같은 가느다란 근(筋)-을 자아서 약을 도포하면 충분히 생사의 견포를 능가하며, 인조금으로 가락지 등 장식물을 제조하더라도 그 광택이 천연적 황금에 뒤지지 않는다. 이와 같이 학문은 세계를 아끼고 중시함과 동시에 교활한 부류의 사람들은 이것을 이용하여 속임과 거짓의 행동을 하지 않은 날이 없거니와 이러한 따위의 속임과 거짓도 학리(學理)를 통해 예방할 수 있을 것이다. 여기에 인조 금가락지가 있더라도 그 무게를 측량하면 순금의 가락지와 동일한 부피에 대하여 인조

---

38 중보(重寶) : 사전적 의미는 귀중한 보물이나 이글의 문맥에서는 비단과 인조 비단 그리고 황금과 인조 황금 등의 관계처럼 보물이 중첩되었다는 의미이다.

금가락지의 중량이 가볍기 때문에 그 진가(眞假)를 측정한다. 가령 여러분이 20근 순금에 대한 증명서를 받기 위해 금장(金匠)에게 맡겼다가 증명서를 받고 금을 받아 올 때 어떠한 방책을 사용하여 그 속임과 거짓의 여부를 인지할까? 생각건대, 대단히 곤란할 것이다.

이와 같은 일이 지금으로부터 2천 백 수십 년 전에 있었는데, 유명한 이학자(理學者) 아르키메데스라고 하는 사람이 이를 알아내는 법을 발명하였다. 그 내력을 간략하게 기술해 보자면 다음과 같다.

아르키메데스의 친구인 시라쿠사 국왕 히에로가 하루는 한 덩이 황금을 금장에게 주어 금관을 만들어 오라고 하였는데 얼마 되지 않아 이것을 만들어 왔다. 왕이 그 금장의 사기가 있을까 의심하여 이를 알아내고자 하였으나 적당한 방법을 얻지 못하여 어쩔 수 없이 이 금관을 그의 벗 아르키메데스 씨에게 맡겨 주었다. 아르키메데스 씨가 당시 대 이학자라고 하더라도 이것의 진위를 변증함에 대해서는 별다른 방법이 역시 없어서 대단히 고심하던 중에 하루는 목욕탕에 가서 목욕통에 몸을 넣자 탕의 물이 이로 인하여 흘러넘쳤다. 이에 문득 한 깨달음이 일어났다. 그는 다음과 같이 생각하였다.

> "금관에 열등한 성질의 잡물이 있어서 그 부피가 증가하였으면 내가 목욕통에 들어가자 탕의 물이 흘러넘치게 되는 것과 동일한 원리로 이 금관과 이와 동일한 중량의 황금을 각각 물을 가득히 담은 용기에 집어넣으면 용기 안의 물이 흘러서 넘치게 될 것이다. 그 흘러넘친 물의 중량을 각각 측량하여 양자의 중량이 동일할 때에는 속임과 거짓이 없을 것이지만 양자의 중량이 똑같지 않아서 금관을 집어넣을 때에 흘러넘치게 된 물의 중량이 크면 그 속임과 거짓이 틀림없을 것이다."

생각이 여기에 이르자 기쁨과 통쾌함을 이기지 못하여 저도 모르게 춤을 추었다. 목욕통에서 나는 듯이 나와서는 의복을 걸칠 겨를 없이 알몸으로 달려갔다. 그리고 히에로 왕에게 그간 겪은 바를 일일이 고해 알리니 충분히 만족스러운 답안이라 왕으로부터 큰 포상을 받았다. 이 원리를 응용하면 저 순금 증명서 등의 진위도 충분히 알아낼 수 있을 것이다.

아르키메데스 씨는 지금으로부터 1192년[39] 전에 유럽-구라파(歐羅 巴)- 남방 지중해 가운데에 위치한 시칠리아 섬의 일부가 되는 시라쿠사 시에서 태어났는데, 본래 비범한 천재였다. 그가 젊은 나이에 아프리카 남단에 당시 학문의 중심지가 되는 알렉산드리아 부(府)에 수업(修業)할 목적으로 가서 갖가지의 학리를 연구하며 수많은 발명을 시험해 얻었는데 그중 한두 가지 예를 아래에 진술한다.

앞에서 기술한 금관의 사항으로 인하여 물속에 넣은 물체의 중량은 물체가 물속에 들어갈 때에 흘러넘치게 된 물의 중량을 덜어낸 것과 동일한 것을 발견해 증명한 것이다. 이것이 고체의 비중을 측량하는 아르키메데스 씨의 유명한 법칙인데 가령 19근의 황금을 물속에 넣으면 그 중량은 1근이 감하여 18근이 되니, 이 줄어들게 된 1근은 곧 19근의 황금과 동일한 부피의 물의 중량과 똑같기 때문에 황금의 중량이 물의 중량의 19배가 되는 것을 알 수 있을 것이다. 그러므로 황금의 비중을 19라고 하는 것이다.

아르키메데스 씨에게 또 한 가지 기이한 일이 있었으니, 시라쿠사 시가 로마의 공격을 받았을 때에 히에로 왕을 위하여 일종의 전쟁 도구를 발명하였는데 이것으로써 햇빛을 반조(返照)하여 적의 함선을 불태워 격파하였는바, 이것이 곧 반사경의 발명이다. 또한 아르키메데스 씨가 공간(槓杆)[40]의 비상한 유용성을 알아내고 항상 말하기를 "목침 하

---

39 1192년 : 아르키메데스는 대략 기원전 287년경에 태어났고, 본보가 발행되던 해는 융희 2년(1908)이므로 원문의 1천은 2천의 오류인 듯하다.

40 공간(槓杆) : 사전에는 지렛대로 되어 있다. 원문에 "형상이 곱자와 같은데 좌우 끝

나를 나에게 주라. 그러하면 내가 충분히 지구를 운전할 것이다."라고 하였다. 이 말이여, 실로 이치에 딱 들어맞도다. 여러분도 일상에서 목도하는 바의 명증(明證)이 있거니와 긴 봉의 한 끝을 거대한 돌 아래에 끼워 넣고 봉 아래의 돌 근처에 목침 하나를 지탱하도록 받쳐 둔 뒤에 다른 끝을 아래로 눌러서 내리면 맨손으로는 도저히 움직일 수가 없는 것이라도 쉽사리 운반해 옮기게 되니 공간의 효력을 여기서 알 수 있다.

만약 봉의 길이가 대단히 길어서 그 한쪽 끝을 지구의 한쪽에 지탱해 대어 놓고 그 아래 지구와 가장 가까운 곳에다 목침 하나를 지탱해 받쳐 둔 뒤에 다른 한쪽 끝을 아래로 눌러 내릴 수가 있으면 지구는 물론하고 지구의 천백 배라도 능히 운전할 수 있을 것이다.

이 밖에도 아르키메데스 씨가 히에로 왕을 위하여 나선(螺旋)이라고 하는 기계를 발명하여 왕의 거대한 군함의 아래쪽 바닥에 남아서 괴어 있는 물을 길어 올려서 배출하는 데에 사용하였는데, 오늘날에도 늪과 못 등의 물을 길어 올려 쓰는 데에 대하여 이것을 사용하는 경우가 많이 있다. 그 제조법은 다음의 그림과 같은 것인데, 곱자로 9척쯤 되는 통 속에 나사를 들여 끼우되 통의 안면과 나사의 골이 밀접하게 서로 부착하여 아주 작은 틈이라도 없게 하되 자루를 회전할 때에 쉽사리 나사가 회전하게 한 것이다. 이 나선 기계를 물속에 비스듬하게 세우고 그 자루를 회전하면 나사는 오르고 내림이 없고 다만 본래 자리에서 회전할 뿐이지만 물은 하방(下方)으로 나사의 홈을 따라서 올라가게 되는 것이다.

이 서로 같은 일종의 권형(權衡)이 되는 물건이라"는 주석이 달려있다.

계란 저장법 / 관물객(觀物客)

계란은 매우 오랫동안 공기 중에 방치하면 나중에는 부패하게 되니, 원래 물질이 부패하는 이유는 공기 중에 존재한 박테리아-세균-의 작용 때문이다. 이 박테리아는 온도와 수분과 양분의 세 가지를 얻으면 어느 때라도 번식하여 그 부패 작용을 마음껏 부리게 되니, 여름철에 물질이 부패하기 쉬운 것은 그 온도가 높기 때문이다. 그러나 고산과 대양의 공기를 제외하고 도처에 박테리아가 없는 공기는 여태껏 있지 않았으니, 공기가 유통하는 한 어느 곳이든지 물질이 부패하는 것을 면하지 못할 것이다. 계란은 그 껍질과 및 피막(皮膜)에 무수한 작은 구멍이 있어서 쉽사리 공기가 침입하기 때문에 박테리아가 이로

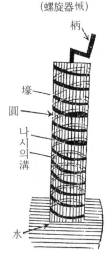

(螺旋器帳)

柄

壕

圓

나사의溝

水

나선 양수기 기계
자루, 나사골, 원통,
나사의 홈, 물

인하여 계란 안에 침입하여 부패 작용을 마음껏 부리게 된다. 이 때문에 계란을 아주 오랫동안 저장하고자 하면 그 껍질의 작은 구멍을 막아서 바깥 공기의 침입을 막으며, 계란 내 습기의 증발을 막아서 그 내용물이 건조되는 것을 억제하는 데에 달려 있는 것이다. 그 방법은 갖가지로 있지만 주요한 것을 들면 다음과 같다.

(1) 석회수를 새로이 만들어서 큰 병에 가득히 담아두고 그 안에 계란을 넣어 담가두면 영구히 저장할 수 있게 되고

(2) 현재 가장 널리 행하는 방법은 얼마 안 되는 적은 분량의 주석산(酒石酸)과 소금을 첨가한 석회유(石灰乳) 안에 계란을 담가 이로써 바싹 말리는 것이다.

(3) 계란 껍질의 바깥면에 '바라후힝'[41] 혹은 아라비아 고무 혹은 돼지비

계를 발라서 목탄 가운데에 저장하는 것이니, 밀랍을 기름에 용해하여 바르면 다시 좋은 결과를 얻게 된다.

(4) 계란을 수초자(水硝子) – 규산수 소다 – 에 담가도 또한 효과가 있다.

(5) 계란을 방부제 '사리질' 산액(酸液)에 담가도 괜찮다.

(6) 단기간 계란을 저장하려면 공기의 유통이 아주 좋은 서늘한 곳을 선택하여 쌀겨, 자른 짚단, 밤 등에 계란을 저장해도 괜찮다. 또 바람과 공기가 잘 통하는 서늘한 곳에서 목판에다 필요한 만큼 둥근 구멍을 뚫어 목판에 다리를 붙이고 구멍마다 계란의 큰 한쪽 끝을 아랫면으로 하여 이로써 그대로 놓아두어도 괜찮다.

(7) 실험가의 주장에 따르면 계란의 뾰족한 끝을 아래로 하여 먹는 소금 가운데에 한 알 한 알씩 서로 닿지 않게 묻어 두면 팔구 개월 동안은 부패에 대한 우려가 없다고 한다.

(8) 계란을 베로 만든 주머니에 넣어 일분의 시간 동안만 탕 물에 담그면 아주 오랫동안 저장할 수 있게 되니, 이는 계란의 단백질 부분이 열 때문에 주위의 바깥쪽에 응고하여 이로써 막상(膜狀)이 되어 외부 공기의 침입을 막기 때문이다.

---

41 바라후힝: 미상이다.

| 사조 |

김갑순(金甲淳)의 후의에 사례하다 漢 / 송남(松南) 김원극(金源極)

영남의 하늘에 기운 모여서 위대한 인물이 배출되니	偉人鍾出嶺南天
믿고 사랑해 뜻을 함께 한 지가 지금까지 여러 해네	信愛同情今有年
휘하의 의로운 깃발은 그 높음을 짝할 바 없고	麾下義旗高莫伴
흉중의 학해(學海)는 탁 트여 가 없어라	胸中學海闊無邊
마침내 목탁(木鐸)으로 크게 소리를 울려서	遂將木鐸大鳴響
도원의 깊이 빠진 잠을 경계시켜 깨우는도다	警破桃源深鎖眠
천 리 멀리서 서로 그리워하나 만나보지 못하니	千里相思相不見
구슬픈 노래에 칼과 채찍은 석양의 연(燕) 땅이라오	悲歌劍策夕陽燕

又 漢 / 모란산인(牧丹山人) 김수철(金壽哲)

문명의 풍화(風化) 있는 대한의 하늘에	文明風化大韓天
활발한 정신 지닌 한 소년일세	活潑精神一少年
홀로 기천(杞天) 가에 의지해 깊이 근심하고[42]	深憂獨倚杞天畔
갈대 수변을 따라 거슬러 올라 저 멀리 생각하는구나	
	遠想溯從葭水邊
신령한 무소뿔이 서로 비추매 교분을 맺고[43]	靈犀相照結交契
백안(帛雁)[44]이 때로 와 취해 든 잠을 일깨우네	帛雁時來警醉眠

---

42 홀로……근심하고 : 중국 기(杞) 지역에 살던 어떤 사람이 하늘이 무너지고 땅이
   꺼질 것을 걱정하여 침식을 잊었다는 '기우(杞憂)'의 고사를 원용한 것인바, 여기서
   는 나라의 존망을 걱정하는 것을 말한다.

43 신령한……맺고 : 원문의 '영서(靈犀)'는 영묘(靈妙)한 무소뿔을 말한다. 무소뿔은
   한가운데에 구멍이 뚫려 있어 양방이 서로 관통하는 것에서, 두 사람의 의사(意思)
   가 서로 투합됨을 비유할 때 쓴다.

칠십 개의 여러 성을 다른 사람의 손에 기탁하니　七十諸城他手寄
제나라 사람이 언제 연나라에 복수할까⁴⁵　　齊人何日報酬燕

술회 漢 / 관해객(觀海客)

바다 건너서 서른 날 동안 한 새장 안에 갇혀 있으니
　　　　　　　　　　　　　　　　　渡海三旬絆一籠
이곳 말과 이곳 풍속에 대해 다르고 같음을 확인하였네
　　　　　　　　　　　　　　　　　方音土俗驗殊同
이 몸이 형만(荊蠻)의 모습 된 것 부끄러우니　此身愧作荊蠻態
어느 날에나 화하(華夏)의 풍도를 만회할까　何日挽回華夏風
그런데도 기이한 볼거리 능히 그치지 않으니　然且奇觀能不已
어찌하여 꼭 국한된 소견으로 마치 그대로 마쳐버리겠는가
　　　　　　　　　　　　　　　　　何須局見若將終
서쪽으로 바라다보며 우리 유문의 벗님들께 고하노니
　　　　　　　　　　　　　　　　　西望告我儒門友
고금을 참작하는 것이 바로 집중(執中)⁴⁶이라오　參古酌今是執中

이역의 감회 漢 / 석상일민(石上逸民)

건곤을 부앙함에 겁회⁴⁷를 쓸어버리니　俯仰乾坤掃劫灰

44　백안(帛雁) : 비단에 쓴 글을 기러기 발에 매어 소식을 전하였음을 이르는 바, 기러기가 편지를 전한다는 소무(蘇武)의 고사를 원용한 것이다.
45　칠십……갚을까 : 전국 시대 연(燕)나라의 장수 악의(樂毅)가 한(韓)・위(魏)・조(趙)・연(燕)의 연합군을 거느리고 제(齊)나라를 쳐서 70여 성을 빼앗았던 일을 가리킨다.
46　집중(執中) : "진실로 중도를 지키라"는 정도의 의미인 윤집궐중(允執厥中)의 줄임말로 『서경』 「대우모(大禹謨)」에 나오는 말이다.

검가(劍歌)를 부르며 걸어서 망향대에 오르네 　　劍歌步上望鄉臺

영해에 뜬 구름 일이 많아 산 모습 어둡고 　　　瀛雲多事山容暗

남만의 젓대 소리 무심하여 밤 경치 재촉하네 　　蠻笛無心夜景催

『춘추』의 책을 짓지 못한 것이 참으로 한스러우니 可恨春秋書不作

다만 박복의 이치[48]가 장차 오려는 것을 볼 뿐이라오 第看剝復理將來

영웅의 충의는 온몸 가득 찬 혈성이니 　　　　英雄忠義滿腔血

변화의 물결에 꽃이 가득 피었네 　　　　　　變化椎花處處開

생각나는 대로 읊다[漫吟] 漢 / 패성초부(沛城樵夫)

우스워라 부상(扶桑)[49]에 의지해 망망연하니 　　笑倚扶桑望望然

육대주의 장관이 눈앞에 원만하구나 　　　　　六洲壯觀眼前圓

교룡의 소굴에 풍우가 많고 　　　　　　　　蛟龍巢窟多風雨

땅강아지 개미의 도성에 불 연기 불어나네 　　螻蟻都城漲火烟

천지는 의도한 바 있어 시국을 만들고 　　　　天地有心時局造

영웅은 일삼는 바 없어 바닷가 누각에 잠드노라 英雄無事海樓眠

지기와 서로 만나는 것 그다지 쉽지 않은 일이니 相逢知己非容易

홀로 백아(伯牙)의 금(琴)[50]을 껴안고

하염없이 눈물만 줄줄 흘린다오 　　　　　　獨抱牙琴泣涕漣

---

47 겁회 : 겁화(劫火)의 재라는 뜻으로, 재앙을 뜻하는 불교 용어이다. 하나의 세계가
   끝날 즈음에 겁화가 일어나서 온 세상을 다 불태운다고 한다.

48 박복의 이치 : 박(剝)과 복(復)은 괘(卦) 이름이다. 박은 음이 성하여 양이 쇠한 괘이
   고, 복은 음이 극에 이르러 양이 돌아온 괘로, 쇠란(衰亂)이 극에 이르면 치평(治平)
   으로 돌아오듯이 성쇠(盛衰)와 소장(消長)이 반복하는 것을 비유하는 말로 쓰인다.

49 부상 : 동쪽 끝의 신목(神木)으로 해가 뜰 때 이 나무를 지난다고 한다.

50 백아(伯牙)의 금(琴) : 진(晉)나라 때 백아(伯牙)와 종자기(鍾子期)는 서로 뜻을
   알아서 아주 절친하였는데, 종자기는 백아가 타는 금(琴) 소리만을 듣고도 그의 뜻을
   잘 알아냈다는 지음(知音)의 고사를 원용한 것이다.

본회의 지회 시찰원

김낙영(金洛泳)을 전송하다 漢 / 신천생(信天生)

아름다운 수레 서쪽 향해 고국으로 뛰어넘어 갈 적에 　　　　　　　　　華駕西超鄕國春

하늘을 떠받치는 의용 지닌 연소한 사람이 　　　　　擎天義勇少年人
승평의 옛 빗장 일천 가호를 풀고 　　　　　　　　昇平舊鑰千家解
독립의 그림 깃발 팔역(八域)을 순회하네 　　　　　獨立畵旗八域巡
뭇사람 경각시키는 강연담은 능히 혈성을 쏟아붓고 警衆演談能注血
시대에 부합한 학설은 쾌하게 정신을 일깨우네 　合時學說快醒神
그대 가는 이번 길에 다소의 계획을 알겠노니 　知君此路籌多少
원컨대 동양의 순망치한(脣亡齒寒)을 막아주시오. 願使東洋保齒脣

시바구공원(芝區公園)을 거닐다 漢 / 중수(中叟)

선문에 막 들어가매 티끌 없이 담박한데 　禪門初入淡無塵
사방에는 푸른 수풀 물색이 새로워라 　　四顧靑林物色新
두건과 신발 천천히 아름다운 지경으로 올라가니 徐徐巾屨登佳境
무수한 사람들 분주히 오가누나 　　　　穰往熙來無數人

이쯔미 가헤에(逸見嘉兵衛)에게 주다 漢 / 송남춘몽(松南春夢)

부끄럽구나 나의 좁은 식견
우물 안 개구리와 같으니 　　　　　　　愧吾局見井蛙同
십년 동안 경영하여 이제 동쪽으로 건너왔네 十載經營今渡東
큰 바다는 운무 가에서 푸른 물결 일렁거리고 大海翻蒼雲霧畔

뭇 산은 나무 수풀 가운데에서 푸른 빛 짙구나	群山濃碧樹林中
문명한 나라의 운수는 미루어 점칠 수가 있고	文明國步可推占
미덥고 후한 이웃의 정의는 서로 느껴 통하였네	信厚隣情相感通
머나먼 이역에서 지내는 나그네 후사(厚賜)를 입으니	異域遲蹤蒙厚賜
그대를 위하여 백아의 거문고를 연주하고 싶어라	爲君欲奏伯牙桐

등야(燈夜)에 요시와라(吉原)를 거닐다 [漢] / 두남일인(斗南一人)

연기 낀 꽃 빗속 버들 성 안에 온통 가득하니	花烟柳雨滿中城
굽이굽이 청루(靑樓)에서 손님 부르는 소리 들리네	曲曲靑樓喚客聲
가는 이 옷을 억지로 잡아당겨 갈 수가 없으니	强挽征衫行不得
인간 세상의 별다른 풍정이 있음을 비로소 알았다오	始知人世別風情

국문 풍월(風月) 3수 (한)

나는 가네 / 모란산인(牧丹山人)

나는 가네 정 좋아
하기 방학 틈을 타
고국산천 돌아가
우리부모 보겠다
여러분 잘 있으오
자나 깨나 내 나라
쉴 때라 놀지 말고
힘들 써 준비하자

화운함 / 석상일민(石上逸民)

잘 잘 가게 어하하
고향 갈 길 정 좋다
오늘 이별 잠시간
중추 되면 또 본다
부모 위로한 연후
동포 권고 잘 하라
국권회복 하는 날
독립가 불러보자

또 -화운함- / 장도(림)주인(長棹(林)主人)

귀국하는 너 좋아
순식간에 차를 타
오늘밤 손 나누니
이별이 서운하다
만 리 해외 애쓴 일
부모께 말하여라
또 다시 기쁘게 만나
독립준비 해 보자

모란산인(牧丹山人) 김수철(金壽哲)의
환국을 전송하다 漢 / 송남(松南) 김원극(金源極)

이날 교문(橋門)[51]에서 벗님을 전송하니   是日橋門送故人

---

51 교문(橋門) : 태학(太學)의 문을 이르는 말이다. 여기서는 유학하고 있는 대학의
    문을 가리키는 것으로 추정된다.

기적 소리 한번 울림에 바다는 드넓어 가 없어라 　汽笛一轉海無津

청년회는 소식 듣고 기쁘게 맞이하겠고 　　　歡迎消息青年會

백발의 어버이께선 그 마음 즐겁고도 기쁘시겠지 　怡悅私情白髮親

생각건대 고향은 옛 모습 아닐 테니 　　　　言念鄉山非舊相

근래 학계에 새로워지는 백성은 몇이나 되는가 　邇來學界幾新民

알겠노라 그대가 내왕함에 도모해 처리한 바가 많으니

　　　　　　　　　　　　　　　　　知君來往多經紀

동포에게 경고하여 크게 정신을 일깨우시길 　警告同胞大醒神

7월 22일 신바시역(新橋驛)에서
학생들을 전별할 때 감흥이 일어나다 漢 / 두산일민(頭山逸民)

사십 명 청년이 한 덩이를 이루니 　　　　　四十青年成一團

신바시의 조도(祖道)[52] 시행에 해운이 다하네 　新橋祖道海雲闌

등 켜진 성에 꽃은 흐드러져 밝기가 그림과 같고 　燈城花爛明如畵

찻길에 우레가 치니 탄환처럼 달려가네 　　　車路雷轟走似丸

여기에 이르러 천하가 크다는 것을 점쳐 알겠으니 　到此占知天下大

종전에 우물 속에서 하늘 보던 좁은 소견 스스로 부끄러워라

　　　　　　　　　　　　　　　　　從前自愧井中觀

여러분이 이별에 임하여 함께 삼창하니 　　諸君臨別同三唱

우리 대한 만만년토록 이어지기를 　　　　萬萬斯年我大韓

52　조도(祖道) : 처음에는 먼 길을 떠날 적에 행운을 빌기 위하여 길의 신에게 비는
　　일이었는데 후대에는 전별연을 가리키게 되었다.

| 문예 |

• 광고

본 태극학보 대금 수납의 편의를 위하여 경성(京城)과 평안북도(平安北道)에 위탁수금소를 설치하였으니 경성에서 본 태극학보를 구독하시는 분은 대금을 경성 북서(北署) 원동(苑洞) 이갑(李甲) 씨 댁에 거처하는 김기옥(金基玉) 씨에게 보내주시고 평안북도에서 구독하시는 분은 평안북도 정주(定州) 남문(南門) 내 홍성린(洪成鱗) 씨에게 보내주시기 바랍니다.

태극학회 알림

아사쿠사공원(淺草公園) 유람기 / 송남춘몽(松南春夢)

이날은 융희 2년 7월 9일이다. 장맛비가 상쾌하게 개고 바람과 볕이 조금 좋은데, 같이 머무는 학우는 시험으로 인하여 다 학교에 갔으므로 홀로 앉아 무료하였다. 때마침 벗 김지간(金志侃) 씨가 찾아와 문을 두드리고 나에게 인사하고 말하였다. "그대와 더불어 한번 유람하기를 원한 지가 이미 오래되었으나 일기(日氣)가 고르지 않아서 지금까지 미쳐 그러할 겨를이 없어서 경경(耿耿)히 크게 탄식하고 있었다. 오늘은 천기가 화창하여 행락하기에 참으로 적합하니, 어찌 가서 관람하지 않겠는가." 돌아보건대 내가 애초에 객정(客情)을 기탁한바 항상 저어함이 많아서 비록 여러 날을 계속하여 유람할 생각이 있었다. 그러나 말소리와 장소 모두 함께 생소한 것이어서 행동을 자유롭게 할 수가 없고 집안 마당에 장시간 매몰되어 있었으니, 유학을 나선 본심이 이를 위해서일까. 다행히 김지간 씨가 내가 이러한 줄 알고 함께 가기를 왕림해 요청하니, 내가 감히 따르지 않겠는가.

드디어 벌떡 일어나 신을 신고 수백 걸음 밖으로 나가서 전차에 탑승하고 긴자 도오리(銀座通)와 신바시 바(新橋場)[53]를 지나 가는데, 김지간 씨가 다 상세하고 분명하게 가리켜 보여서 초행인 사람으로 하여금 분명하고 명백하게 알 수 있게 하며, 배려해주는 애정에 진실로 감동하였다. 간지 한 시간 남짓에 전차에서 내려서 아사쿠사 공원 안에 들어가니, 전당은 하늘에 임할 정도로 높고 뜰 난간은 평평하게 탁 트였는데 이를 물어보니 말하기를 "관음사(觀音寺)이다."라고 하였다. 인산인해 속에서 서로 어깨를 부딪치면서 들어가니, 그 연통(棟桶)의 제도는 우리나라 궁실과 상당히 유사하고 너비와 길이를 비교하면 사방 백여 보가 충분히 된다. 그 궁실 제도의 지극히 굉장하여 화국(和國)[54]의 제일가는 명찰(名刹)이라고 일컬을 만하겠더라.

차츰 나아가서 절 뒤에 들어가니 분수관(噴水管)이라고 하는 것이 있었다. 둥그런 못과 돌난간에 수십 가닥 물줄기가 큰 고래가 물을 내뿜는 것과 같아서 청량함이 옷을 엄습하며, 그 관 위에 서 있는 석인(石人)이 불상과 곧 똑같다. 그 곁에 신마(神馬)를 목축하는 장소가 있으니 그 귀신을 섬기고 괴이함을 숭상하는 악습은 우리에 비해 더욱 심하였다. 또 몇 걸음을 걸어서 들어가니 협률사(協律社)라고 하는 것이 있었는데, 종과 북, 관악기 등 여러 악기가 듣는 이를 어지럽게 하고 집채와 처마, 발 등이 보는 이를 두렵게 하였다. 이에 표를 사서 그곳에 들어가자, 보고 듣는 이가 빙 에둘러 쌌으나 그 앉는 계단이 차차로 비늘처럼 즐비해 높아져서 많은 수의 남녀가 서로 가까이 있으면서 저촉하지 않으니, 규모와 관습의 발달을 여기서 확인할 수 있을 것이다. 그 유희를 살펴본즉 배우·창기가 전후로 뒤섞여 나와서 기기괴괴한 온갖 연극은

---

53 긴자…바(新橋場) : 긴자와 신바시는 도쿄 중심의 지명이다.
54 화국(和國) : 일본을 부르는 다른 이름으로 일본어 발음은 와고쿠이다.

일일이 설명하기 어려울 정도다.

몇 시간이 지나서 그곳을 빠져나와 또 한 곳에 도달하니 큰 글씨로 '수중세계'라고 적혀 있었다. 드디어 그 가운데에 들어가니 석함경파(石檻鏡波)[55]에 색색의 어류와 갑각류가 그 본성에 따라 함양되고 있었다. 김지간 씨가 가리켜 말하기를 "이 물이 새로운 것은 들어오고 오래된 것은 나가기 때문에 산소를 통하게 할 수가 있어서 이 동물들이 능히 생활한다."라고 하며, 아름다운 지경으로 점점 들어가서 보니 말하기를 "낙수의 거북[56]이 남긴 종자라는 것이 있다."라고 하였다. 아아, 몹시도 슬프도다! 네가 어찌하여 여기에 이르렀느냐. 이와 같이 지극히 신령스러운 동물로 사람의 우리에 갇히게 되었으니, 그 또한 상서롭지 못함이 마땅하도다. 네가 그 진짜 거북이인가, 알 수 없도다. 그 나머지에 강치와 물범이라 하여 구별해 놓았는데 묘사하기 어렵다.

드디어 문밖으로 나가 활동사진관(活動寫眞館)에 들어가니 몹시도 많은 사람 무리 속에 등촉은 깜박이고 금고(金鼓)는 길어졌다 짧아졌다 하는데 한 벽지(壁紙)의 폭이 수십 수백으로 종잡을 수 없이 빠르게 변화하였다. 그러면서 형형색색의 인류가 잠깐씩 나왔다 들어가면서 때로는 노래하며 울기도 하고 때로는 춤을 추기도 하니, 이것은 바로 고금 천하에서 미처 고안하지 못한 사실이라 하겠다. 김지간 씨가 가리키며 말하기를 "이는 전기가 구사하는 것이다."라고 한다.

나가서 한 높은 누각을 보니 이는 러일전쟁기념각〔日露戰爭紀念閣〕이었다. 해군 대장 도고 헤이하치로〔東鄕平八郎, 1848-1934〕와 육군 대장 오야마 이와오〔大山巖, 1842-1916〕의 위대한 업적이 사람의 이목을 밝게 비쳐서 빛나더라. 또 한 곳에 이르니 곧 예로부터 전해져 내려온

---

55 석함경파(石檻鏡波) : 돌난간에 거울 같은 물결이라고 수족관을 묘사하였다.
56 낙수의 거북 : 하나라 우(禹)임금 때에 하남성 낙수(洛水)에서 천하를 다스리는 큰 원칙인 홍범구주(洪範九疇)를 매고 신령스런 거북이 나왔다고 한다.

일본의 풍속을 설명해 말하는 관이었다. 그 남녀가 다투는 모형과 의복, 음식, 거처의 도구는 옛날식임이 분명한데 관찰해보면 대단히 질박하고 암매(暗昧)하더라. 어느덧 날이 저물었으므로 능히 다 보지 못하고 아직 다하지 못한 풍광을 다른 날에 보기로 기한을 미루었다. 김지간 씨와 함께 돌아오며 개연히 다음과 같이 담론하였다.

"이는 맹자가 말한 삼대의 성대한 때에 누대와 연못 그리고 음악의 즐거움을 백성과 함께 나누는 일[57]이라고 하겠다. 종래로 우리나라가 입으로 그 글을 외었지만 실행한 자가 있었는가. 대개 이 나라가 이와 같은 공원을 설립함은 인민에게 사관(寺觀)의 청정함을 보여서 그 종교의 주지(主旨)를 드러내고 인민에게 음률의 화협함을 들려주어 덧없이 방일한 심지를 징계하려 함이다. 그리고 인민에게 어류의 즐거움을 보여주어 그 동물의 성질을 해석해주는 것이요, 인민에게 활동사진의 수법을 보여주어 교묘하고 재빠른 기술을 계발해주는 것이요, 인민에게 충성을 표창하는 뜻을 보여주어 그 용감한 사상을 장려해주는 것이요, 인민에게 고금의 세속을 보여주어 진행의 정도를 살펴 알게 해주는 것이다. 이상 무수한 볼거리가 한 가지도 심상한 유희가 결코 없고 모두 다 국민을 진화시키는 도구이다. 아아, 우리 동포여! 이를 거울로 삼는다면 혹 흥기하지 않을까."

이어 김지간 씨를 작별하고 돌아왔다. 이상과 같이 대략 기술한 것은, 국내의 동포가 앉아서 유람할 수 있도록 돕고자 한 것이다.

---

57 삼대의……일 : 이와 관련된 내용은 『맹자(孟子)』「양혜왕 상(梁惠王上)」 2장과 「양혜왕 하(梁惠王下)」 1장에 자세히 보인다.

동서 기후 차이에 대한 관감(觀感) / 관해객

산과 들은 아득히 멀고 바람과 비는 쓸쓸한데 바닷가의 작은 객관(客館)에 홀로 앉은 외로운 나그네의 생각이 유유(悠悠)하다. 대저 천지가 광막하고 음양이 순환하여 사철의 갈마듦과 해 달 별의 내리비춤만이 이 세상 모든 곳[58]에 오직 균등할 듯하다. 태양 광선이 비추는 경사도와 쬐이는 원근에 따라서 추움과 따뜻함이 고르지 못한 것은 원래 정해진 이치이다. 그러나 동일한 위선(緯線)과 동일한 경도(經度) 안에 바람 · 천둥 · 우박과 추위 · 더위 · 마름 · 젖음이 서로 현격하게 다른 것은 평소 생각하지 못한 사실이다.

내가 지난달 초인 음력 5월 초하룻날 본국 한성에 와서 노닐 때 일기가 몹시 더워서 홑옷이 흐르는 땀을 이겨내지 못하며, 비의 은택이 아주 적어서 농가가 오래 가물어 이를 근심하였다. 뿐만 아니라 큰 길거리와 작은 골목에 '내 마음 더위를 꺼린다'는 가요가 도처에서 시끄러웠다. 며칠이 지나 일본 도쿄에 유람할 목적으로 경부(京釜) 1번 열차를 탑승하고 음력 5월 5일에 부산항에 도착하였다. 석양이 이미 서쪽으로 기울고 바다 위에 뜬 구름이 가리면서 올라가 해안에 임하여 한번 바라봄에 흐르는 땀이 상쾌히 거두어졌다. 이어서 큰 함선을 타고 해양에 두둥실 떠가서 주위 사방을 쳐다보니, 고래 같은 파도와 신기루가 아득히 넓고 멀어 그 끝이 없었다.

다음날 아침에 시모노세키항에 도착하여 산과 들을 주시하니, 지세의 배치는 우리나라 땅과 다름이 없으나 삼림이 잘 재배되고 가도가 청결해 금수강산으로 변모되었다. 열차 시간이 가까워지도록 한참동안 배회하니, 때는 이미 오전 9시였다. 나그네의 옷깃이 여전히 차갑고

---

58 이……곳 : 원문의 '솔보(率普)'는 보천솔토(普天率土)의 줄임말로, 온 세상이라는 뜻이다. 『시경』 「북산(北山)」에 나온다.

서늘함을 금하지 못할 정도였다. 이어서 도쿄 직행 열차를 탑승하고
만 하루하고 또 한나절을 달려갔다. 도중에 거치며 접촉해 느낀 바는
허다하지만 대략 농사의 상황은 우리 영남·호남 지역의 모양과 흡사
하고 산과 벌판의 윤곽은 우리 경기 지역의 형태가 종종 있다. 그러나
먹구름이 뒤섞이고 풍색(風色)이 서늘하게 뒤흔들어 '여름날이 두려워
할 만하다'라는 생각이 절대로 없고, 겹옷이 도리어 몸에 걸치기 적당할
것이다.

이어서 도쿄 시바구의 여관에 머물게 된 이래로 구름과 비가 여러
날을 계속할뿐더러 하루는 우박이 갑작스럽게 쏟아지는데, 큰 것은 등
자(橙子)만 하고 작은 것은 계란만 하였다. 현장의 광경은 돌이 부서져
어지러이 내리는 것 같아서 사람, 짐승과 조류의 살상이 무수하고 지붕
기와와 창유리가 거의 대부분 파손되었다. 이는 본국 생활 30여 년 동
안 한 번도 듣도 보도 못한 괴변이었다. 하물며 여기에 머무른 지 30일
동안 비가 내리지 않는 날이 없어 해를 볼 수 있는 때가 겨우 몇 순간뿐
이니, 진실로 이는 무슨 까닭인가. 또한 최근에 한기가 심상치 않아서
의복을 겹쳐 입고 융단을 깔아도 온 몸 가득히 돋는 소름을 이기지 못하
여 화로를 껴안고 불꽃을 입으로 불며 이불을 뒤집어쓰고도 절로 벌벌
떨리니, 이는 또 무슨 까닭인가.

우리나라 땅의 기후를 생각건대, 장하(長夏) 동안 내리는 비의 은택
이 적당하고 부족한 경우가 드물다. 우선 장맛비가 끊임없이 내리는
시절이 아니면 반드시 이러한 이치가 없을 것이고, 설령 또 음우(陰雨)
가 내리는 날이 절로 공기의 서늘함을 받아서 굳이 훈풍을 맞이할 필요
가 없지만 화로를 껴안고 이불을 뒤집어 쓴 지경에 이를 리 만무하다.
이에 대한 생각을 그칠 수 없어 오래 유학한 동포에게 질문하니, 다음
과 같이 답하였다.

"이곳의 기후는 올해만 특별한 것이 아니라 언제나 이와 같다. 한겨울의 경우 우리나라보다 덜 춥다."

"아아, 그렇구나."

살펴보니 도쿄의 지대가 우리나라 땅에 비해 조금 남쪽에 있어서 한겨울에 이르면 태양이 조금 가깝기 때문에 반드시 심한 추위를 면할 것이다. 그리고 긴 여름에는 태양 광선의 쪼임이 우리나라와 대체로 같으나 이 열도가 태평양 연안에 떠 있어서 수증기가 응집해 오르고 내림에 원래 일정한 법도가 없고 해상의 풍연(風煙)이 또한 일정한 때가 없이 발작하여 이처럼 심한 장마와 추위가 오는 것이 확실하다.

대개 무성한 수림과 곡식·과일의 성장에 모두 재배하는 방도가 있으므로 동양의 최고를 차지하였는데, 우리나라처럼 천연에 맡겨버렸다면 애당초 언급할 가치도 없다. 이뿐 아니라 인민의 생활상에 만약 위생 교육이 없으면 이러한 기후로는 진실로 건강함을 유지하기 어려울 것이므로 위생학을 특별히 발명한 것이다. 당장의 생각은 여기서 잠시 그치고 다음에 다시 해명하겠다.

노이불사(老而不死) / 16세 숙성인(十六歲夙成人) 김찬영(金瓚永)

참으로 애달프고 참으로 가엾다, 저 노인 보소. 상투가 빳빳하고 용모가 비쩍 마른 저 백발의 생애가 과거 시대나 몽상하지 현재와 미래를 고개를 내저으며 전혀 모르고 그저 쓸데없는 욕심만 가득하다. 그리하여 인민 사회에 큰 해를 미칠 뿐 아니라 그 자손의 앞날마저 크게 그르치니 그야말로 늙어서도 죽지 않는 도적[59]이 되었다. 참으로 애달프고

---

59 늙어서도……도적 : 원문이 이글의 제목인 "노이불사(老而不死)"로, 공자께서 불손

참으로 가엾다.

　하루는 그 노인 댁에서 나이 어린 자제가 엎드려 청하였다.

아들 : "요사이 신학문 학교가 매우 좋다고 합니다."

아버지 : 묵묵히 앉아 있다가 담뱃대를 두드리면서 "이놈, 무엇이야? 고약한 이적(夷狄)의 학문을 배우는 놈의 말을 네가 들었구나. 서당이나 빨리 가거라."

아들 : "아버님, 그렇지 않습니다. 오늘날 화륜선(火輪船)이니 화륜차(火輪車)니 하는 빼어난 물건이 다 신학문에서 나왔다고 합니다."

아버지 : "이놈, 네 말이 미욱하다. 그 화륜선이나 화륜차가 신인(神人)의 조화로 제조한 것이지 신학문에서 나왔겠느냐. 미욱한 자식."

아들 : "그렇지 않아요. 물리학과 전기공학을 잘하면 되는 거예요."

아버지 : "예끼 이놈. 듣기 싫다. 정작 그것을 만들면 무엇하니. 『통감(通鑑)』이나 읽어 무식이나 면하고, 내가 물려준 가옥과 전답이나 잘 지키거라."

아들 : "지금 만국이 강함을 다투는 시대에 기계가 발달하지 못하면 물려준 가옥과 전답을 누릴 수 없겠사옵니다."

아버지 : "이놈, 지각없는 놈아. 나라의 흥망이 천운에 달려 있거든 신인(神人)이 한번 출현하면 화륜선·화륜차도 못 가게 할 수 있고 자연히 태평해질 날이 있으니, 어찌하여 가옥과 전답을 보전해 지키지 못하겠어?"

아들 : "그렇지 않습니다. 설혹 영웅이 출현하더라도 신학문을 부득불 연구해야 적의 사정과 나의 사정을 자세히 알게 될 터이고, 예로부터 지금까지 이치 밖의 술법으로 이치 안의 기계를 저지해 막은

한 제자에게 "늙어서 죽지도 않으니 바로 도적이다"라고 비난했다고 한다. 『논어(論語)』 「헌문(憲問)」에 나온다.

경우가 있으며, 어찌 실력이 없이 자연히 태평하게 될 리가 있습니까. 아버님, 학비를 얼마간 대주시면 문명한 신학문의 세계에 유학해 보겠습니다."

아버지 : 크게 화를 내서 말하기를 "이놈, 귀한 금전을 나의 평생과 너의 자손 후대에 물려주어 전하여 편안히 앉아서 입고 먹기를 계획해 도모하고자 하거늘 네가 무용한 잡비로 쓰려 하느냐?"

아들 : "학문은 무형적 재산이니 잘 배우면 유형적 재산보다 뛰어난 것이거늘, 어찌 무용한 잡비라 하겠습니까?"

아버지 : "신학문을 안 배운 우리 조상과 나도 세상에 부러운 것 없이 살아 있다. 이놈, 사람의 집이 망하려고 하니까 별놈이 났구나."

아들 : "우리 조상님이 사시던 시절과 아버님의 소년 시절에는 부득불 그렇게 하셨겠지만 오늘날과 같이 변천한 시대를 당하여 옛것만 그대로 지키고서 변화하지 않으면 국가와 민족은 고사하고 자기 집안과 자기 한 몸을 보전하지 못하겠습니다!"

아버지 : "국가니 민족이니 나는 모른다. 나나 잘 입고 잘 먹으면 제일이지. 이말 저말 하지 말고 갓과 망건을 갖추어 쓰고 서당으로 나가거라."

아들 : "아버님, 암만 그리하셔도 저는 공익상의 관심을 저버릴 수 없사오니, 오늘부터 단발하고 신학문 학교로 가겠습니다."

아버지 : "예끼! 이놈, 불효의 자식놈 났구나. '신체와 모발과 피부는 부모에게 받았으니, 감히 훼상하지 않는 것이 효도의 지극함이다.'[60] 라고 하였는데 네가 이놈 단발을 해? 고얀 놈!"

아들 : "인생이라는 것이 때에 따라 변통이 있는 것이올시다. 옛사람이

---

60 신체의……지극함이다 : 신체발부를 보존하는 것이 효도의 시작이고 입신출세하여 부모를 현양하는 것이 마지막이라고『효경(孝經)』「개종명의장(開宗明義章)」에 나온다.

이르기를 '만일 사직에 이로움이 있다면 내 털과 살도 아끼지 않겠다.'⁶¹
라고 하였으니, 소자가 오늘날 단발하고 국가사(國家事)에 헌신하고
자 하는 것이 실제로는 충과 효를 둘 다 온전히 하고자 하는 것입니다."

아버지 : "이놈, 단발 안 하고는 국가사를 못 한다더냐?"

아들 : "그렇지 않습니다. 단발을 하면 위생에도 유익하고 행동에 있어
서도 편리함을 따르게 되어서 건강하고 활발할 뿐만 아니라 일개
상투가 무슨 충효상에 관계가 있습니까. 예로부터 우리나라 두발
의 역사를 살펴보면, 단군 시대에는 산발하였다가 기자(箕子)의 때
를 당하여 편리함과 남들의 이목 때문에 편발(編髮)을 하였고 망건
과 칠립(漆笠)은 명(明)나라 제도를 모방한 것인데, 만일 옛 제도를
바꾸지 않는 것이 도리라고 한다면 아버님도 상투를 풀어 산발하시
는 것이 타당할 것입니다. 어찌 한때의 습관을 바꾸지 않아서 단발
을 비난하시는 겁니까."

아버지 : 큰 목소리로 노기를 일으켜 말하기를 "이놈, 보기 싫다. 근래
에 서당에 가 글공부는 안 하고 시키지 않는 말공부만 하였구나."
이러니 저러니 하고 그 아들을 쫓아내어 다시 말도 못하게 압박
하였다고 하네……

기자(記者)가 다음과 같이 말하노라.

"아아, 저 늙어서도 죽지 않는 도적이여. 자기의 평생을 이미 그르치
고 수전노가 된 것이 이미 몹시도 가슴이 아픈데, 신선한 이상(理想)이
발현하여 국가의 미래 영웅이 될 자제까지 그릇된 길로 이끌어 천 길
갱참(坑塹)에 몰아넣고자 하니, 슬프도다. 이 도적이여."

---

61 만일……않겠다 : 송(宋)나라 선인황후(宣仁皇后)가 한 말로『속자치통감(續資治通
鑑)』에 나온다.

항설(巷說) / 이장자(耳長子)

　신바시(新橋) 달 밝은 밤에 해운(海雲)이 담담히 걷히고 등화(燈花)가 휘황찬란한데 때는 마침 12시였다. 기적 소리가 잠시 그치고 인가의 연기가 다소 드물었다. 이에 이장자가 풍정(風情)을 이기지 못하여 흔쾌히 옷깃을 바루고 길거리를 거닐었다. 당시 어느 근방에서 풍채가 영특한 두 청년이 서로 담론하는 풍격과 지취가 우주를 뒤흔들고 시세를 농락하니 진정 듣는 이로 하여금 깜짝 놀라서 감동을 주체하기 어렵게 하겠더라.

　그들이 여러 말을 주고받는 즈음에 성명을 잠시 기록하자면 한명은 아무 태랑(太郎)이고 다른 한명은 아무 차랑(次郎)[62]이다.

(태랑)　: 아, 차랑. 그간 본지 오래요.

(차랑)　: 아, 그렇소. 그간 그래 평안하시었소.

(태랑)　: 나는 관계치 않소. 그간 어디 갔다 오신 일이 있습니까.

(차랑)　: 별로 멀리 갔다 온 일은 없소.

(태랑)　: 아, 피서할 목적으로 닛코 등지에 가셨댔죠.

(차랑)　: 아니오. 서쪽 이웃인 지나와 한국에 다녀왔소이다.

(태랑)　: 아, 그래 무슨 다른 기이한 볼거리가 있더이까.

(차랑)　: 장관이던 걸. 지나에는 혁명당이니 상업권환수안이니 3만 리 대륙에 풍조(風潮)가 진동하던 걸.

(태랑)　: 그래. 혁명당의 세력이 대단히 굉장하고 위대하다더니, 지금 곧 어떤 모양이던가요.

(차랑)　: 벌써 박멸을 당하였을 뿐만 아니라 4억이나 되는 몽매하고

62　태랑이고……차랑 : 태랑은 큰아들이고 차랑은 작은아들로 일본어 발음은 타로와 지로이다. 이글에서는 한국어 발음을 그대로 두었다.

열등한 인민을 실력이 생기도록 교육하지 않고 설혹 혁명을 한다고
해도, 열강이 엿보다가 국민이 스스로 서로 공격하는 시기를 이용
하여 분열의 학욕(壑慾)[63]이 틈타 일어나면 손일선(孫逸仙)[64] 한 명
이 어찌하겠는가. 공연히 시세를 모르고 떠들지요.

(태랑) : 아, 그렇지 않네. 지나는 혁명을 해야 할 걸. 만주당(滿洲黨)이
니 한당(漢黨)이니 하면서 세력을 서로 다투어 소장(蕭墻)의 안[65]에
서만 화패(禍敗)를 스스로 만드니, 국면을 타파하지 않고는 정신이
날 날이 없을 걸.

(차랑) : 하기는 그러하지마는 인민의 지식 정도와 실력 양성이 있은
뒤의 일이지. 오늘날 갑자기 굴기할 일은 아니에요.

(태랑) : 그럴 듯도 하오. 그러면 상업권환수안은 어떻게 되었느냐. 그
것은 열강 여러 국가가 공식에 가식(假飾)으로 환납할 듯하지만 아
아, 저 사납고 포학한 범과 이리와 같은 성질로 입속에 머금고 있었
던 물건을 부득이 도로 토해내더라도 불평하는 울부짖음으로 빙
에둘러 싸서 엿볼 것이니, 이 또한 실책이던 걸.

(차랑) : 그렇지요. 이권이니 환수니 이미 이는 넘겨주었던 것이니, 아
직 그대로 두고 내용으로 실력을 수양하여 형세와 기운이 충만하기
를 기다린 뒤에 가히 제의할 만한 일이지. 오늘날에 지극히 급박한
문제는 아닌 걸.

(태랑) : 한국 형편은 어떠하던가요.

(차랑) : 더 말이 아니거든요. 사회니 학교니 떠들기는 무던히 떠들
던 걸.

---

63 학욕(壑慾) : 학(壑)은 구덩이로 욕심은 구덩이를 메워버리듯 애를 써 막아야 한다
는 말이 주자의 『주자어류(朱子語類)』에 나온다.
64 손일선(孫逸仙) : 중국의 혁명가 손문(孫文 1866-1925)으로, 일선은 그의 호이다.
65 소장(蕭墻)의 안 : 자기 담장 안에서 일어나는 변을 말하는바, 외부가 아니라 내부에
서 비롯된 우환을 이른다. 『논어(論語)』 「계씨(季氏)」에 나온다.

(태랑) : 사회나 학교나 차차 성립되면 실효가 할 것이지 무슨 말이 아닐 것이 있다고 하는고.

(차랑) : 아, 그런 것이 아니오. 지나는 인민의 지식 수준이 저속하고 비루하지만 생활계의 실력이 열국에 그 지위를 넘겨 줄 바가 없고 보면 교육이라는 한 방면에 착수하는 것이 우선입니다. 그런데 한국은 원래 실업이 부진하므로 생활계의 곤란이 바로 지금 시급합니다. 하지만 이른바 이 나라의 뜻 있는 선비라 하는 자들이 실력을 연구하지 않고 교육이라 하고 단체라고 하여 겉으로만 배우는 걸 어찌합니까.

(태랑) : 이 사이에 들으니 실업장려회 · 공업전습소 · 농림학교라는 것이 차례로 발흥한다고 하더니, 실효가 또한 없는지요.

(차랑) : 농공 학교가 어렵사리 겨우 설립된 것도 한두 곳이 있지만 이른바 청년 학도라는 자들도 공중의 별을 딸 생각과 외손으로 바람을 잡을 뜻이 틈타 일어나서 무슨 법률이니 정치니 타령만 하고 밤낮 다니던 걸.

(태랑) : 하, 즉금 같으면 인민이 꿈속 세계로세. 정녕 그러할진대 다른 사람이 모욕함을 어떻게 면하겠다고.

(차랑) : 두말 마오. 여전히 지금까지도 지방 소동이니 무엇이니 하는 것이 오로지 봉건 시대의 사상이지 오늘날이 실력 세계인 줄 완전히 몰라요.

(태랑) : 허허, 그러면 그 인민들이 기차 · 기선이나 전선 · 전화는 어떻게 발명된 것인 줄로 아느냐.

(차랑) : 허허, 우습지. 혹 어떤 인민은 요술이라고도 하고 혹 어떤 인민은 귀신의 조화라고도 하면서 아무 날이라도 거 다 못쓰는 날이 있다고 횡설수설하는 걸.

(태랑) : 과연 상고 시대의 유치한 인물들이로군. 그런 기계적 발명이

아직까지도 학문상의 실력으로 나온 것인 줄을 모르니 교육이 교육
될 수 있나요.

(차랑) : 그중에 제일 망할 놈들은 재산가·문벌가인데 공익적 사업에
나 사회적 주의(注意)에 몽상이 이르지 못하고 천운 타령만 하고
누웠으니, 배가 떨어져 절로 입으로 들어갈까.

(태랑) : 아, 참 가련한 일이로세. 말을 다하자면 동녘이 벌써 훤하게
밝아올 터이니[66] 오늘밤에 다시 만나서 이야기를 끝내자고 피차간
에 작별을 알리더라. 마침 닭의 울음소리가 그 주위 사방 곳곳에서
들려오더라.

기자(記者)가 다음과 같이 말하였다.

"아아, 우리 2천만 동포가 이와 같은 비평을 받지 않을 수 없도다.
이에 들은 바를 번역하여 일반 동포에게 소개하오니, 이를 보고서 느낄
지어다."

본회의 지회 시찰원 김낙영 군을 전송하다 / 송남자 김원극

불녕(不侫)이 여기에 건너온 뒤로 김낙영 씨와 알게 되어 밀접한 교
분이 있었다. 그가 늘 하는 말을 들어 보면 학문의 목적에 도달하기
전에는 목숨을 걸고 맹세코 고국으로 돌아가지 않기로 스스로 말하였
는데 때마침 내지 동포가 지회를 설립하고서 다시 청원하였다. 대체로
본회가 지회를 인허하기 위해서는 그 유지할 자격이 적합한지 여부를

---

66 동녘이⋯⋯터이니 : 원문은 "東方이 旣白홀"로 소식(蘇軾)의 「전적벽부(前赤壁賦)」
    말미에 나오는 구절을 가져왔다.

시찰할 뿐만 아니라 또한 그 사회단체의 결성 방식과 범위 내 행동이 어떠한지 직접 설명하는 것은 그만둘 수 없는 의무이다. 그러므로 본회에서 특별히 김낙영 씨를 선발해 파견하여 내지의 각 지회를 시찰하게 하였으니, 대개 일반 회원 가운데에 김낙영 씨를 투표로 선발해 위임한 것이 어찌 공연한 뜻이겠는가. 또한 김낙영 씨가 이와 같은 의무에 대하여 한사코 거절하기가 또한 어려우므로 오늘날 이 여정을 떠나게 된 것이다. 그렇다면 김낙영 씨의 이번 여정이 전국 민족 사회에 대하여 큰 영향과 큰 관계가 있는 줄로 인지하겠으니 어째서인가.

종래로 우리나라의 각 사회단체가 출몰함이 일정하지 않고 늘 변화하였으나 시세의 이용과 민지(民智)의 수준을 따지지 않았다. 그래서 무뢰배를 오합(烏合)하여 미친 듯이 날뛰고 어지러이 부르짖다가 횡류(橫流)하는 물결이 한번 이르면 이매(魑魅)가 자취를 감추는 것과 같아서 자취가 끊어져 버렸다. 또한 혹 명맥이나 겨우 구차히 이어가는 사회단체들이 있다고 하지만 자국의 정신이 절멸하며 공중이 타매(唾罵)함을 달게 받고도 편안하게 여겨서 조금도 부끄러워할 줄을 알지 못하니 없느니만 못하므로 버려야 할 것이다. 근일 서북・기호 등 학회가 성립한 뒤로 교육의 성황이 곳곳에서 발현되므로 보급될 풍조를 훗날에 볼 수 있겠다.

지금 김낙영 씨는 다년간 세계의 풍운에서 문명한 새 공기를 흡수하고 여러 과(科)의 학술을 다소 연구하였을 뿐더러 많은 사람들로 구성된 단체의 실력과 민족 진화의 단계를 눈으로 직접 보고 마음으로 깊이 깨달은 지 이미 오래되었다. 그러므로 이제 이번 도래하는 날에 각 지회의 정황을 우선 시찰하고 올바르고 당당한 언론과 새롭고 밝은 학안(學案)으로 아주 부드럽고 친절하게 가르쳐야 한다. 그러면 완악한 꿈속에서 깨어나게 될 새벽을 기약할 수 있을 것이고 명도(冥途)에서 지남(指南)이 될 수 있을 것이다. 생각건대, 우리 일반 동포가 부단히 나아가 향상할 마음이 애초에 없지는 않지만 믿을만한 길잡이가 없어서 동서와 좌우를 정하지 못하고 헤맨 나머지 큰 종소리 한 번에 밤에 벌레들이 불꽃에 날아듦과 같다. 이러한 때에 인정과 사물의 상태를 엿보아 살펴서 절충해 정신을 차리도록 깨우침은 김낙영 씨의 민첩하고 활발한 수단에 오로지 달려 있다고 하겠다. 그러나 오색의 단청이 아무리 아름다워도 맹인이 보면 아름답다고 하기에 부족하고, 육률의 성음이 아무리 조화로워도 귀머거리가 들으면 조화롭다고 하기에 부족하다.

아! 우리 동포 가운데에 일종의 완고한 부류는 여름철 벌레나 우물 안 개구리[67] 같은 식견을 가지고 진미를 이해하려 한다. 그래서 꽃과 달처럼 아름다운 시구가 나귀나 개의 울음만 못하다고 여기는 자들도 없지 않으니 메추라기가 붕새를 비웃음[68]과 같다. 또한 이에 대하여 진심어린 충고가 더욱 간절해야 하니, 그가 비록 목석과 같다고 하더라도 어찌 끝내 돌아보아 깨닫지 않을 수가 있겠는가.

이로써 차례로 보급하면 어찌 다만 지회 시찰에 그칠 뿐이겠는가. 거치는 도로로 전국의 강산을 일주하리니 도처에서 경고하고 깨우치면서 우리 2천만 동포가 사모하여 모여 들게 한다면, 태극회의 광채가 3천리 청구에 드날릴 터이다. 국민 단체의 실력과 국권 회복의 기초가 여기에 달렸도다. 아아! 김낙영 씨여 떠나갈지어다.

가조(歌調) / 아양자(莪洋子)

흥(興)타령 한마디하여 보자.

---

67 여름……개구리 : 여름 벌레는 얼음을 알지 못하고 우물 안 개구리는 바다를 알지 못한다는 말이 『장자』「추수(秋水)」에 나온다.
68 메추라기가…비웃음 : 두어 길 밖에 날수 없는 메추라기가 구만 리를 오른다는 붕새의 뜻을 모르고 비웃는다는 말이 『장자』「소요유(逍遙遊)」에 나온다.

우리나라 근래에 가항(街巷) 사이에 흥타령이 많이 전파되고 있다. 그러나 이와 같이 명사(名詞)가 좋은[69] 노랫가락으로 매우 어리석은 남녀들이 음란한 분위기의 소리로 바꾸어서 상간(桑間)·복상(濮上)[70]의 습속이 전염되게 하니, 아아, 비통하도다. 동서고금을 막론하고 여항의 심상한 가요를 듣고 그 나라 수준의 높고 낮음을 확인한다. 오늘날 우리나라의 여항 가요를 들음에 아양자가 수금(手琴) 연주를 멈추고 개연히 눈물을 떨군 지가 오래되었더니 지금에 몇 수를 개정하여 일반 남녀 동포가 볼 수 있도록 하고자 하는 것이다. 혹 편견으로 고집하는 동포가 속되고 자질구레한 면이 있다고 비난할 듯하지만 이것은 결단코 민족이 진화하는 길과 큰 관련이 있는 풍화(風化)이기에 아래에 기재하는 바이다.

- 옛 가락〔舊調〕: 간다 간다 흥 나는 간다 흥

이러한 위의 한 소절에 무슨 의미가 있는가. 무릇 한 가곡이라도 이미 입을 크게 벌리고 나서 아무런 의미도 없는 데다 입술과 혀를 어찌 사용할까. 이를 개정하여 말하기를

- 새 가락〔新調〕: 간다 간다 흥 어디로 가나 흥 자유권 찾아서 독립문 가네 흥

이것이 같은 노래이지만 얼마나 듣기 상쾌하오.

- 옛 가락 : 전약 을 먹고서- 썩 나으니 흥 게[71] 묻은 손으로 날 오란다 흥

이 소리를 들으면 가히 귀를 가릴 것이다. 개정하여 말하기를

---

69 명사(名詞)가 좋은 : 정확한 의미는 미상이다. 유명하다 내지 제목과 구성이 좋다는 의미가 포함된 것으로 추정된다.

70 상간(桑間)·복상(濮上) : 하남성(河南省)의 복수(濮水)에 있는 지명이다. 남녀의 밀회 장소로 이용되어 애정을 주제로 한 노래가 여기서 많이 나왔다고 한다. 『시경』에 포함된 정(鄭)나라와 위(衛)나라의 노래들이 이 지방의 것이다.

71 전약을…게 : 전약은 전약(煎藥)으로 추정되며 게는 겨로 보인다.

- 새 가락 : 전약을 먹고서- 썩 나으니 홍 야학교 동무가 날 오라네 홍 공부에 힘써서- 국민 자격 되어 보세 홍

- 옛 가락 : 간다 하면 아주 갈까 홍- 명년 춘삼월 되면 되돌아온다 홍-

이를 개정하여 말하기를

- 새 가락 : 돌아오네 돌아오네 홍- 한국 강산에 봄이 돌아오네 홍-

(미완)

| 잡조 |

축사 / 함남(咸南) 영흥군(永興郡) 홍명학교 생도(洪明學校生徒) 이명섭(李命燮)

눈을 부릅뜨고 천하를 가늠하고 가만히 국세(國勢)를 살펴보니 탄식하는 바는 교육의 퇴행이고 한스러운 바는 정치의 폐습이다. 그런데 왕복하는 우편집배원이 와서 전하는 한 책자를 홀연 접하여 펴서 훑어보니, 겉면에 큰 글씨로 특별히 써서 『태극학보』라고 하였는바, 흔연히 그 발기(發起)한 자를 물어보니 일본 도쿄에 있으면서 와신상담하는 제씨(諸氏)라고 하였다. 이에 눈을 비비고서 자세히 읽어보니 흩뿌리는 눈물과 응어리진 피로 국가의 앞길을 축원하며 분발하는 열성으로 온 나라의 원기(元氣)를 불러일으키며 공정한 말과 올곧은 기술로 여러 사람의 가부를 결단함이다. 그래서 저물녘 북소리와 새벽녘 종소리로 코를 골며 잠을 자는 국민을 일깨우니, 내가 두 발을 구르며 두 손을 들고서 재삼 절하여 말하였다. "독립 중의 독립과 발달 중의 발달이 이 학보를 버리고서 무엇으로 이루겠는가." 이에 한 달에 2천만 부를 발행하여 2천만 이목에 항상 『태극학보』가 떠나지 않기를 크게 축원하는 바이다.

○ **함남(咸南) 영흥군(永興郡) 지사(志士) 고응호(高膺瑚) 등 지회 청원서**

지난달에 귀회 주필 김원극(金源極) 씨의 소개로 인하여 귀 학보 21호를 받아 열람하옵고 귀회에 뜻을 함께함을 표하기 위하여 본군 동지 몇 사람이 지회 발기차(發起次) 김원극 씨에게 사서(私書)를 직접 보내드렸더니 귀회의 애고(愛顧)를 특별히 받아서 규칙 50부를 수합하였다. 이 규칙 제1장 제2조와 세칙 제1조를 대하니 책상을 치며 가슴속으로 탄식하기를 스스로 그만 둘 수 없었으므로 이달 24일에 임시회를 조직하옵고 입회 회원명록을 이에 붙여 보내드립니다. 청원하오니 살피시고 위의 함남 영흥군 지회를 인준해 주시기를 천만 공경히 요청합니다.

○ **서북학회 공함**

삼가 말씀드립니다. 한북(漢北)·서우(西友)가 학회와 학교를 통합한 사정은 교육의 목적이 똑같고 정의가 융통한 것으로 이미 분명히 아실 터이다. 학회의 이름은 서북학회라 하고 학교명은 서북협성학교(西北協成學校)라 칭하옵고 합동한 이후로 회원과 학생이 나날이 새로워지고 있으니, 오늘날의 문화가 개진하게 되는 것이 얼마나 영광스러우며 얼마나 다행입니까. 이에 증정하는 금화(金貨) 50원 46전은 이전 한북흥학회(漢北興學會) 시절 회원 제씨가 특별히 귀회 여러분이 열심히 진취함을 생각하여 협력해 거둔 것입니다. 이제야 비로소 태환(兌換)하오니 수납하시어 만일에 대비하는 비용으로 하시고 서로 면려하여 막힘없이 전진하시기를 밤낮으로 크게 축원하옵니다. 더욱 본회 장래 발전의 관건은 실로 해외의 유지(有志) 동포께서 맡아주셔야 하지 않겠습니까. 부디 천만 이 점에 유념하십시오. 삼가 아뢰오.

○ **회신**

삼가 회답합니다. 한북(漢北)·서북(西北) 두 학회가 한 가지로 협동하여 성취함은 실로 단체력의 점진적 확장으로 인하여 거둔 결과입니다. 밤낮으로 서쪽을 바라다보며 숭배하던 가운데에 보내주신 편지를 삼가 받들어 읽어 보니, 회원과 학도가 날로 더욱 새로운 데로 나아가는 것을 함께 기뻐해 마지않습니다. 말씀하신 저희 학회는 다른 나라에 고립되어 있으니 몇 명 청년에게 약간의 직분이 있다고 하더라도 유치한 수준을 벗어나기 어렵습니다. 본국 부로(父老)께서 돕고 이끌어주심을 바로 믿고 따라서 금일까지 이어지게 되었습니다. 또한 뜻 있는 여러분이 의연금 50원 46전을 이와 같이 은혜롭게 부쳐주시니, 학철부어

(涸轍鮒魚)에게 한 말 물을 부어준다 해도 이보다 좋겠습니까. 벅차오르는 감격을 가슴에 새기고 여기 답장을 올리며 영수증도 함께 드립니다. 밝게 살피시기를 바라옵니다.

• 전 한북흥학회(漢北興學會) 의연 인원 성명

오상규(吳相奎) 10원	이종호(李鍾浩) 10원	최윤형(崔潤亨) 5원
전이병(錢以炳) 4원	박승엽(朴承燁) 3원	태명식(太明軾) 2원
윤호열(尹鎬烈) 2원	현승규(玄昇奎) 2원	장봉주(張鳳周) 1원
김유직(金裕稷) 1원	이태하(李泰河) 1원	이응수(李應洙) 1원
이관백(李觀白) 1원	김 택(金 澤) 1원	한진용(韓震用) 1원
윤익선(尹益善) 1원	이홍재(李興載) 1원	채규표(蔡圭彪) 1원
김인수(金麟洙) 50전	조중정(趙重鼎) 50전	
주영섭(朱永燮) 50전	한일면(韓溢冕) 30전	
김기병(金基炳) 20전	박준섭(朴駿燮) 20전	
김병준(金秉峻) 15전	김정화(金正化) 10전	

도합 금 50원 45전이다.

| 잡록 |

○ **청년회의 열심** : 평양군(平壤郡) 지사(志士) 김제현(金濟鉉) 씨 등이 청년회를 발기하고 회원 가운데에 유학 자격에 적합한 김유선(金有善) 씨를 도쿄에 파견해 유학하게 하고 학비는 일반회원 가운데에서 다달이 의연한다고 하니, 이와 같은 열심은 우리나라 최초의 사례다.

○ **졸업생 축하회** : 이달 14일 유학생 감독부(留學生監督部) 안에서 졸업생 축하회를 열고 몇 시간 연토(演討)한 뒤에 일제히 촬영하였다고 한다.

○ **면학 열심** : 황해도(黃海道) 안악군(安岳郡) 유지 신사(有志紳士) 등이 면학회를 발기하고 군내 사범 자격 300여 명을 교수한다고 한다.

• **회사요록**

○ 전라북도 진안군(鎭安郡) 문명학교(文明學校)에 본보 1부를 보내드렸더니 찬성금 2원을 기부하였기에 성의에 대하여 매우 고맙게 여기는 바이다.

○ 이달 12일에 농학사(農學士) 김진초(金鎭初) 씨 송별회를 본 회관 안에 열고 일제히 촬영하였다.

• **회원소식**

○ 회원 이덕교(李德敎) 씨는 학비가 부족하므로 이달 3일에 중도 귀국하였다.

○ 회원 이윤주(李潤柱)·김연우(金淵祐) 두 분은 이달 초에 부모님을 뵐 목적으로 귀국하였다.

○ 회원 이희철(李熹喆), 곽용주(郭龍周), 한익섭(韓益燮), 최윤덕(崔允德),

이시복(李始馥), 선우확(鮮于攫), 이동숙(李東肅), 김창섭(金昌燮), 노성학(盧聖鶴), 변봉현(邊鳳現), 김연목(金淵穆), 김연옥(金淵玉), 김지건(金志健), 김수철(金壽哲), 최시준(崔時俊), 이규철(李奎澈), 조장호(趙章鎬), 박제봉(朴濟鳳), 신성호(申成鎬), 노문찬(盧文燦), 류성탁(柳盛鐸), 김현재(金鉉載), 조운룡(趙雲龍) 등은 여름 방학에 부모님을 뵐 목적으로 귀국하였다.

○ 본회 회장 김낙영(金洛泳) 씨는 지회를 시찰할 목적으로 이달 22일에 길을 떠났다.

○ 김영수(金永燧)·최석근(崔錫根) 두 사람은 부모님을 뵐 목적으로 귀국하였다.

○ 본보 휴간

본보는 내달 1개월간 연례에 따라 휴간하오니 구독자 여러분이 밝게 헤아려 살펴주기 바랍니다.

광무 10년 8월 24일 창간
융희 2년 7월 20일 인쇄
융희 2년 7월 25일 발행*
메이지 41년 7월 20일 인쇄
메이지 41년 7월 24일 발행

•대금과 우편료 모두 신화(新貨) 12전

-일본 도쿄시 시바구(芝區) 시로카네산코쵸(白金三光町) 273번지-
편집 겸 발행인   김낙영(金洛泳)

-일본 도쿄시 시바구 시로카네산코쵸 273번지-
인 쇄 인   김지간(金志侃)

-일본 도쿄시 시바구 시로카네산코쵸 273번지-
발 행 소   태극학회 사무소

-일본 도쿄시 우시고메구(牛込區) 벤텐쵸(辨天町) 26번지-
인 쇄 소   명문사(明文舍)

태극학보 제23호	
광무 10년 9월 24일	제3종 우편물 인가
메이지 39년 9월 24일	
융희 2년 7월 20일	발행 - 매월 1회 발행 -
메이지 41년 7월 24일	

* 원문에는 융희 2년 6월 20일 인쇄, 융희 2년 6월 24일 발행으로 잘못 표기되어 있다.

광무 10년 8월 24일 창간
융희 2년 2월 24일 발행(매월 24일 1회)

태극학보

제24호

매월 1회 발행

• 주의

△본 태극학보를 구독하고자 하시는 분은 본 발행소로 통지하여 주시되 거주지 성명과 통호를 상세히 기재하여 보내주시고 대금은 우편위체(郵便爲替)로 본회에 교부하여 주시기 바랍니다.

△본 태극학보를 구독하시는 여러 군자들 가운데 주소를 이전하신 분은 신속히 그 이전하신 주소를 본 사무소로 통지하여 주시기 바랍니다.

△본 태극학보는 뜻 있으신 인사들의 구독 편의를 위하여 출장지점을 다음과 같이 정합니다.

황성 중서(中署) 동궐(東闕) 파조교(罷朝橋) 건너편 주한영(朱翰榮) 책사 -중앙서관(中央書館) 내-

평안남도(平安南道) 삼화진(三和鎭) 남포항(南浦港) 축동(築垌) 김원섭(金元燮) 댁

평성(平城) 종로(鍾路) 태극서관(太極書舘)

평양(平壤) 관동(貫洞) 예수교서원(耶蘇教書院)

남안주(南安州) 평성(平城) 내 안릉서관(安陵書舘)

평양(平壤) 법수교(法首橋) 대동서관(大同書觀)

평안북도(平安北道) 정주군(定州郡) 남문(南門) 내 홍성린(洪成鱗) 상점

북미 샌프란시스코 한인공립협회(韓人共立協會) 내 -김영일(金永一) 주소-

• 투서주의

1. 학술(學術), 문예(文藝), 사조(詞藻), 통계(統計) 등에 관한 온갖 투서 는 환영합니다.

1. 정치에 관한 기사(記事)는 일절 접수하지 않습니다.

1. 투서의 게재 여부는 편집인이 선정합니다.

1. 투서의 첨삭권은 편집인에게 있습니다.

1. 일차 투서는 반려하지 않습니다.

1. 투서는 완결함을 요합니다.

1. 투서는 세로 20행 가로 25자 원고지에 정서함을 요합니다.

1. 투서하시는 분은 거주지와 성명을 상세히 기재하여 보내주셔야 합 니다.

1. 투서에 당선되신 분께는 본 태극학보의 해당호 한 부를 무상으로 증정합니다.

• 특별광고

○ 내외도서 출판

○ 교과서류 발매

○ 신문잡지 취급

○ 학교용품 판매

경성 중서(中署) 동궐(東闕) 파조교(罷朝橋) 건너편

본점 -중앙서관(中央書館)- 주한영(朱翰榮)

평안북도(平安北道) 선천읍(宣川邑) 냇가

지점 -신민서회(新民書會)- 안준(安濬)

목차
태극학보 제24호

• 사조

대황제폐하 즉위기념일 축하시

또

비 내리는 밤에 모기 소리를 듣다

삼나무를 읊다

창 아래 대나무 한 쌍

장마가 갠 뒤 달을 보다

메이지학원 휴학식 강연회에서

뇌우(雷雨)를 읊다

안준(安濬) 군을 송별하다

최시건(崔時健) 군을 곡하다

대낮에 나무 그늘에서 매미 소리를 듣다

• 가조(歌調)

육자배기

담총(談叢)

• 기서(寄書)

생각난 바 있다　　　　　　　　　　문내욱(文乃郁)

• 잡록

만수성절(萬壽聖節) 경축

유학생의 도래

상하이학교

최씨(崔氏)의 위업

내지 인사들의 환영과 송별

영흥학교의 유신(維新)

유학생의 영면

여학생의 도래

유학생의 환도(環渡)

회원소식

회사요록

태극학보 제24호
융희 2년 9월 24일
메이지 41년 9월 24일 [발행]

| 논단 |

대황제폐하의 즉위기념일을 송축하다 漢 / 일기자(一記者)

삼가 생각건대, 국록(國錄)이 무궁하고 천명이 새로워[1] 용이 날아오르는 날이 다시 돌아오니 몹시도 기뻐서 춤이라도 추고 싶은 정성[2]은 어느 누구 할 것 없이 똑같습니다. 신들은 이러한 때에 성덕의 밝으신 광휘를 우러러 뵈옵지 못하고, 아득한 강호 일만 리 밖에 이리저리 떠돌아다니며 영락해 있으니, 북두(北斗)에 의지하여 저 멀리 바라봄에 간절히 생각하며 그리움이 벌써 깊어졌고, 만세를 소리 높여 부르면서[3] 재배함에 축원이 더없이 간절합니다.

널리 생각건대, 우리 대황제 폐하께서는 조종조(祖宗朝)의 신무(神武)하신 서업(緒業)을 계승하시고 중엽에 회복한 운(運)에 순응하시어 건단(乾斷)[4]을 크게 내리심에 백 가지 법도가 바르게 잡혔습니다.[5] 사방

---

1 천명이 새로워 : 이는 『시경』 「대아(大雅) 문왕(文王)」에 "주나라가 비록 옛 나라이지만, 그 천명을 받은 것이 새롭다."라고 한 데에서 온 말이다.

2 몹시도……정성 : 원문은 '오변지침(鰲抃之忱)'으로, 자라가 발을 휘젓듯이 손뼉을 치며 기뻐하는 정성인바, 신하가 임금에게 기쁜 마음으로 바치는 충성을 형용한 것이다. 『초사(楚辭)』 「천문(天問)」에 "자라가 산을 이고 손뼉을 치니 어떻게 안정될 수 있겠는가."라고 한 데에서 나온 말이다.

3 만세를 소리높여 부르면서 : 원문의 '호벽숭(呼碧崇)'은 '벽숭(碧崇)'을 부르다'는 뜻이다. 『한서(漢書)』 「무제기(武帝記)」에 의하면 한(漢)나라 원봉(元封) 원년 봄에 무제(武帝)가 숭산(嵩山)에서 등봉(登封)할 적에 곳곳에서 세 차례의 만세 소리가 들렸다고 한다. 이후 신하가 제왕을 송축하며 만세를 외치는 것을 호숭(呼嵩), 숭호(嵩呼) 또는 산호(山呼)라고도 하였다.

4 건단(乾斷) : 제왕의 재결(裁決)이나 권력을 가리킨다.

의 제항(梯航)⁶을 오게 하시니 문명(文明)함이 몰려들고, 세계 만국(萬國)의 옥백(玉帛)⁷을 통하게 하니 정성과 예법을 서로 다하였습니다. 국도(國都)와 여항(閭巷)에 학교가 있지 아니한 곳이 없으니 교육이 거의 성대히 흥기하게 되었고, 공업·농업과 상고(商賈)가 각각 회(會)를 결성함이 있으니 실업(實業)이 이에 다시 진작되었습니다. 의로운 선비들이 바람처럼 일어나니 워싱턴이 독립하였던 것을 기약할 수 있겠고, 호걸이 구름처럼 몰려드니 이태리의 소년과 같음을 통쾌히 목도하겠습니다. 우리나라 3천리 강역 주위 사방을 빙 둘러서 돌아보건대, 태극의 그림 깃발이 구름 낀 하늘 저 높이 솟아나고, 우리 2천만 동포를 크게 부르짖으니 애국의 노랫가락이 바다 밖에 넘쳐흐릅니다. 그래서 역사는 다시 고금에 빛남이 있게 되었고 패업(霸業)은 우주에서 으뜸이라고 일컬을 만합니다.

삼가 생각건대, 신들은 지금 처지가 비록 머나먼 이국땅에 있는 신세이지만 그 정성스러운 마음은 몹시도 간절합니다. 학술이 아직 성취되지 못하여 부끄럽게도 시국의 어려움에 보탬이 될 수는 없지만 나이와 기력은 이미 젊음과 왕성함을 소유하였으니 장래에 헌신할 것을 계획하고 있사옵니다. 천만년토록 영원히 이날이 있을 것이니, 아아, 참으로 성대합니다. 백배계수(百拜稽首)하고 우리 대황제 폐하의 만만세를 축원합니다.

---

5 백……잡혔습니다 : 이는 『서경』 「여오(旅獒)」에 "귀와 눈이 좋아하는 바에 부림을 당하지 말아서 온갖 법도를 오직 바르게 하소서."라고 한 데에서 온 말이다.

6 제항(梯航) : 산에 놓는 사다리와 바다를 건너는 배를 뜻하는바, 산과 바다로 통행하는 기구를 가리킨다.

7 옥백(玉帛) : 옥과 비단으로, 고대 중국에서 제후들이 조근(朝覲)이나 빙문(聘問)할 때에 가지고 가는 예물을 가리키는바, 여기서는 국가 간의 외교에 사용되는 예물을 뜻한다.

오염된 낡은 풍속을 다 유신(維新)하자 / 송남자(松南子)

법률이 시행된 지 오래면 못 쓰고 사물이 수명을 다하면 바꾸는 것은 불변의 이치이다. 우리나라의 구습은 수천 년이나 오염된 것도 있고 수백 년 오염된 것도 있어서 서로 반복하여 원인이 되었음에도 이를 고치고자 하지 않고 전후로 지속하여 답습을 일삼았다. 다소 지식이 있는 자가 그릇된 관습을 성토하고 쇄신을 호소하면, 오호라, 귀신도 아니고 바위도 아닌 저 부류가 떠들며 거부하기를 "새것을 만들지 않고 옛것을 고치지 않는다.'는 말은 일대 격언이다."고 하여 아예 자신을 바꾸려고 하지 않을 뿐 아니라 또한 바꾸어보고자 하는 다른 이의 길도 막으면서 마치 여름에 가죽옷을 잘못 입고 겨울에 삼베옷을 잘못 입거나 물에서 수레를 타고 뭍에서 배를 타는 격이 되었으니 오늘의 망극한 비운을 초래한 것이다.

오호라, 폐관(閉關) 시대에는 단지 한 울타리 내에서 고루한 견문과 비천한 행위로 스스로 잘난 체하고 거만하게 굴면서 호랑이 없는 골짜기의 여우나 살쾡이 마냥 제멋대로 행동하며 유유자적 세월을 보내다가 자신의 쇠락과 죽음을 남에게 맡겼었다. 하지만 천도(天道)란 작은 것이 가고 큰 것이 오게 마련이다. 세계가 나날이 열리고 인물이 나날이 창성하여 오대양 육대주에 문호를 개방하는 오늘을 맞은 우리 일반 동포여! 혹시라도 흥기함을 꺼리고 안일함에 빠져서 옛 잘못을 고수하고자 하더라도 강자의 손에 의해 멸절되는 환란을 피하기 어려울 것이니 부득불 크게 각성하여 개량을 시도해야 할 시기이다. 그러므로 본 기자는 잠시 붓을 들어 백 가지 오염된 나쁜 풍속을 일일이 끊어내고자 한다. 오호라 동포여, 이를 살필지어다.

첫째는 정치계의 대폐해이다. 사환계(仕宦界)를 살펴보라. 대저 사환(仕宦)을 설치한 바는 재능에 따라 관직과 임무를 주어서 국가의 안위와 생령(生靈)의 휴척(休戚)을 직분 내의 일로 알고서 그 재주가 그 임무를 못 이기면 깜냥의 부족으로 자리만 차지한 것이 아닌지 스스로 경계해야 할 따름이다. 하지만 어째서 우리나라 사환가는 조정의 직위를 사유물로 여기는가. 문신의 세가(世家)와 무신의 세족(世族)이 특별히 내린 뿌리가 있어 문신의 자손이면 낫 놓고 기역자를 몰라도 문관의 고위직을 독점하고 무신의 자손이면 옷조차 못 가누는 몸이라도 무관의 고위직을 점령하니, 그 직무 태만의 책임을 어찌 면할 수 있겠는가. 이로 인하여 산림초야의 영웅호걸이 불우함을 담은 슬픈 노래로 세월을 허비하게 하고 공적 하나도 드러내지 못하게 한다. 안타깝구나, 사환가의 해독이여. 오늘의 풍조를 겪어도 회개하지 않고 아둥바둥하는 자는 어느 가문의 자손인가. 아무개 선정신(先正臣), 아무개 선생의 정령이 사라지지 않았다면 자신의 자손으로 인정하지 않을 것이다. 오늘부터 어서 계속 고쳐나가 유신(維新)으로 나아갈지어다.

　법률계를 살펴보라. 대저 법률이란 천하의 표준이라 오직 밝게 살펴야 백성들이 신뢰하는 까닭에 일개 사의(私意)로써 경중을 잴 수 없는 것이다. 하지만 이른바 우리나라 법률은 주권자가 그 표준을 무시하고 사의로 법문을 개정하니 죽을죄를 범한 자도 법관 개인의 옹호가 있으면 무죄가 되고 무죄인 자도 법관의 숨은 원한이 있으면 유죄가 된다. 생사를 제멋대로 결정하고 시혜와 위력을 제멋대로 행할 뿐 아니라 이른바 관찰사나 수령이 뇌물을 잔뜩 바치고 지방에 출장하여 주야로 경영하는 수작이 백성을 수탈하여 자신에게 충당하는 데 불과하니 백성의 병고를 꿈에라도 무슨 상관이나 하리요. 시골에 어떤 한 부호가 있음을 탐지하면 기화(奇貨)를 얻은 것처럼 여겨 관아의 노비가 나날이 주패(朱牌)를 휘날리며 찾아간다. 그 패지(牌旨)를 보면 "별도의 진상조사 건이 있으니 잡아오라." 하고, 그렇게 잡아 와서 문죄하기를 "너의 죄를 네가 어찌 모르는가." 하면 가련한 이 힘없는 백성이 권세에 기겁

하여 거짓으로 자백하기를 "죽을죄를 지었습니다. 죽을죄를 지었습니다."라고 하고 소유한 생산물을 하루아침에 다 바친 후에 옥문을 벗어나서 쇠약한 아내와 여윈 아이를 이끌고 도로에서 울부짖는 경우가 즐비하니, 고금 천하에 이와 같은 법률은 보지도 듣지도 못했다. 아아, 법 왜곡의 해독이여, 오늘부터 계속하여 자연법과 인정법(人定法)의 구별을 신중히 하여 어서 유신으로 나아갈지어다.

둘째는 국민 습속의 대폐해이다. 경제계를 살펴보라. 『대학(大學)』에 이르기를 "생산하는 자가 많고 먹는 자가 적으며 일하는 자가 빠르고 쓰는 자가 더디면 재물이 항상 넉넉할 것이다."라 하니, 이는 참으로 유일무이의 선훈(先訓)이다. 하지만 우리 국민의 습속은 도리어 이렇지 않으니, 할 일 없이 놀고먹는 부류가 십중팔구에 달한다. 옷차림이 말끔하고 용모가 꼿꼿한 자를 대할 때마다 외관만 보면 천연적인 학사의 풍도(風度)가 있지만 그 내용을 아울러 살펴보면 고기 자루와 밥 주머니에 불과하다. 아아, 이러한 무리가 사농공상의 업을 모조리 그르친다. 오장육부에 가득 찬 사욕(私慾)은 남을 해치고 일을 망치는 데 일대 연구를 이루었다. 좀도둑의 계략을 꾸리다가 혹 적중하지 않으면 도리어 한탄하기를 "나의 팔자가 기구하다. 운명이 좋지 않구나. 산천이 돕지 않는구나. 조상이 영험하지 않구나."고 하고 하늘을 우러러 어슬렁거리는 자가 2천만 생령 중에 얼마나 되는가. 이와 같은 무리가 끝내 개선되지 않는다면 태평양 큰 구덩이에 전부 던져버려 그 종자를 다 멸절코자 하려니와, 이른바 실업가 역시 우리의 수출과 수입을 비교하지 않고 우리 내지의 물산을 경시하며 외지의 기괴한 제품을 숭상하는 폐해가 급속히 늘어서 풍속이 되었다. 오호라, 우리의 수출이 나날이 줄어들고 타국으로의 수입이 나날이 늘어난다면 재원의 고갈은 정해진 이치요 국내산을 천시하여 내버리고 외국산을 애호하여 가까이한다면 우리의 빈한함과 저들의 부유함은 면하기 어려운 이치이다. 어째서 우리 동포는 이를 살피지 않는가.

또한 민간에서 일종의 무복풍궤술(巫卜風詭術)이 유행한 나머지 무용한 낭비로 재산을 탕진하는 이가 적지 않다. 사람의 질병이란 음양과 기온에 대해 몸조리를 잘못한 탓에 일어나는 것이거늘 나타난 증상에 따라 침과 약을 사용할 방법을 묻지 않고 무수한 돈과 쌀과 고기와 술을 요상한 무당과 괴이한 점쟁이의 방울소리에 공연히 다 바친다. 또한 생사와 화복의 운명이란 이미 정해져 있고 우리의 선악에 있는 것이거늘 풍수의 설에 미혹된 탓에 조상과 부모의 메마른 백골을 작년에 묻고 올해 파고 올해 묻고 내년에 파며 동서로 끌고 다니며 도리어 평안하지 못하게 한다. 아아, 이 역시 심하도다. 예로부터 중국의 장례론을 간략히 살피건대, 주공(周公)이 이르기를 "묏자리를 보아 편안히 모신다."고 하고, 주자(朱子)가 이르기를 "오환(五患)[8]을 피하면 된다."고 하니, 단지 이와 같으면 어버이의 얼굴을 가리는 도리로 족하다. 그런데 지금 이른바 무슨 혈(穴)·무슨 향(向)·무슨 득(得)·무슨 파(破)라 하는 짓이 어찌 그리도 법도를 벗어나는가. 그 밖의 각국을 보더라도 묘역이 정해져 있어서 이리 묻고 저리 팔 만큼의 넓은 점유를 불허하는데도 민족의 안녕과 복락이 극에 달하니, 이를 증거로 삼더라도 분명히 알 수 있거늘 무엇으로 인하여 이처럼 오해하는가.

또한 관혼상제에 택일하는 관례적 습속이 상하에서 유행하여 길흉화복이 날짜와 시간으로 말미암는다고 하니 생각 없음이 어찌 그리도 심한가. 고례(古禮)를 보더라도 장월(葬月)에 한정하니 복일(卜日)은 마땅히 있었지만 택일이 전혀 없음은 짐작할 수 있을 것이다. 또한 한창 핀 복사꽃과 떨어지는 매화로 혼기를 정하니 절기가 좋은지 길한지는

---

8 오환(五患) : 묏자리를 잡을 때 피해야 할 다섯 가지로, 후일에 도로가 날 자리, 성곽이 들어설 자리, 연못이 생길 자리, 농경지(農耕地)가 될 자리, 그리고 세력가가 탐낼 만한 자리를 말한다.

점치지만 음양의 기피는 전혀 없었다. 또한 지금의 열국을 시찰하더라도 태양력 칸 내에서 애당초 관혼상제나 시집 장가 가는 날이 별도로 없고 일시(日時)의 길흉을 전혀 괘념치 않아도 일반 인민이 문명의 기초상 무한한 영광을 누리고 있다. 이처럼 환히 밝은 귀감이 고금을 아울러 비추고 있다. 그러니 이제라도 어서 개량하되 혹여 무당에게 점쳐서 날을 잡는 무리가 이전의 악습을 스스로 뉘우쳐서 실업으로 나아가지 않는다면 우리 동포들과 뒤섞여 지내지 못할 날이 자연히 일어날 것이니, 각자 유신으로 나아갈지어다.

또한 남녀의 제한계(制限界)를 살펴보라. 천부의 권능과 인생의 정욕은 남녀가 동일하다. 우리나라는 어떠한 이유로 일반 부녀를 규방에 가둔 나머지 평생의 역사가 몇 년에 시집가고 몇 년에 사망함에 불과한가. 이로 인하여 가정의 원만한 환락이 끊어지고 자손을 양성하는 방법에 전연 어두워서 국내에 불완전한 국민을 다산하여 국가 허약의 원인을 초래하였다. 또한 전국 인구의 절반은 여자가 차지하고 있거늘 국가의 관념은 고사하고 사회와 가정의 조직이 어떠한지 애초에 깨닫지 못하도록 하였다. 안타깝다. 우리나라 4천 년 부인사회여. 인격의 권리만 이렇게 빼앗길 뿐 아니라 무한한 정념을 압제당하여 이팔(二八)의 어린 여자도 불행히 그 지아비를 여의면 개가를 불허한다. 천생 만민에 남녀를 막론하고 정념은 동일하다. 그런데 어찌하여 남자는 배우자가 죽으면 재취(再娶)를 논의할 뿐 아니라 어여쁜 소처(小妻)가 있는 자도 시첩(侍妾)을 거듭 두더라도 크게 문제 삼지 않고, 청년과부에게는 정념이 부득이하거나 생활을 영위할 수 없거나 등의 경우를 당하여 뜻에 따라 재가하면 저잣거리의 일반 남녀가 비웃음의 칼자루를 일으켜서 그 집안 전체와 친척을 아울러 인류사회에 동참하지 못하게 한다. 오호라, 그릇된 습속의 전성(轉成)이 이토록 극에 달하였다. 대저 정절이라 함은 천연의 순성(純性)에서 유출하여 죽을 때까지 개가하지 않는 지경에 이르는 것이 적당하다. 하지만 젊고 아름다운 부녀로서 규방의 정념을 스스로 억누르기 어려울 것이다. 그저 속습의 비웃음거리 됨을 두려워한 나머지 이슬 내린 덩굴풀 가에 틈을 타서 치마를 걷어 정을 통하다가 사람들의 시선을 시종일관 가리지 못하면 수치를 품고서 종종 죽음에 이른다. 그 정을 돌아보면 누군들 측은한 마음이 없으리오. 또한 혹임신의 징후가 나타나면 침과 약으로 낙태하는 폐단과 거리에 내버리는 일이 비일비재하다. 이 한 가지 경우만 보더라도 천지의 화기(和氣)가 크게 상하며 국가에 있어 생식(生息)의 감축과 제 명에 죽지 못한 목숨이 큰 영향을 미칠 것이다. 오늘부터 계속 어서 개량하여 남자의 축첩을 금지하고 부녀의 교육을 장려하며 개가를 허용하여 일반 사회의 면모를 유신케 할지어다.

또한 귀천의 차급계(差級界)를 살펴보라. '배우면 서민의 아들도 공경(公卿)이요 배우지 않으면 공경의 아들도 서민이라'는 구절은 사람마다 모두 읽지마는, 우리나라 사회의 귀천 구별은 이와 반대로 그렇지 않다. 귀인의 계급이 귀부(鬼簿)에 있고 인간 세상에 있지 않으니, 자신이 한 자의 학식도 전혀 없고 온갖 행동이 거적을 걸친 천인의 반열에조차 낄 수 없는 자더라도 수십 대 선조 중에 사환(仕宦) 하나 문장가 하나가 있으면 이를 내세워 귀족이니 양반의 문벌이니 한다. 지하의 백골에게 설령 영혼이 있다고 하더라도 인간 세상의 등급을 어찌 감당하겠는가. 또한 조상과 아비의 세습이 없는 자는 학문이 천인(天人)을 궁구하며 지혜가 산해(山海)를 뒤흔들어도 천인으로 취급한다. 동서고금에 귀천의 등급이 이와 같은 나라가 어디 있으리오. 고대의 강여상(姜呂尙)·이윤(伊尹)[9]은 백정과 농부 신분으로 출세하고, 미국 대통령 워싱턴은 농

---

9 강여상(姜呂尙), 이윤(伊尹) : 강여상은 강태공을 가리킨다. 주나라 문왕(文王)의 초빙을 받아 그의 스승이 되었다. 문왕을 만나기 전에 소 잡는 일을 하였다. 이윤은 탕왕(湯王)을 도와 은나라를 건국한 공신이다.

촌 신분으로 출세하고, 일본의 문호 오규 소라이는 어촌 신분으로 출세하였으니, 이처럼 절세의 영웅호걸은 궁벽한 시골과 고난의 바다에서 일어나지, 기름진 음식과 고운 비단에서 나오지 않는 법이다. 하지만 일체 그릇된 소견이 이 지경에 이르고, 심지어는 황막한 땅 후미진 구석에도 사리분간 못하는 인류가 유생과 향청 직원이라는 명목을 떠들썩하게 다투어서 일생토록 행세하기를 '너는 천하네 나는 귀하네' 운운하면서 지식의 유무를 따르지 않고 '우리 조상 너희 조상'의 우열을 서로 다툰다. 돌이켜 생각건대 가히 비웃을 일이다. 이제라도 계속 어서 개량하여 유신으로 나아갈지어다.

부로(父老)의 사상계를 살펴보라. 의뢰심과 요행심이 뇌수에 응결하여 참담한 풍운 속에서 번번이 이르기를 "우리나라가 4천 년을 지켜온 나라이니 어떤 해 어떤 날이라도 하늘이 진인(眞人)을 내어 우리 생령을 살리시리라." 하니, 이 얼마나 잘못된 습견(習見)인가. 5천 년 역사를 지닌 이집트도 민족이 수구(守舊)하며 불변하다가 오늘 영국인이라는 호구(虎口)에서 벗어나지 못하였고, 4천 7백여 년 역사를 지닌 베트남도 그 민족이 예사로 게으름을 피우다가 오늘 프랑스인이라는 사나운 발톱에 갑자기 잡히고 말았다. 아아, 저 이집트와 베트남이 5천 년 유구한 역사를 그대로 향유함이 일반적 사례라면 오늘날 민국(民國) 멸망의 환난을 어찌 당하였겠는가. 필연코 고금이 시시각각 바뀌고 변란이 나날이 달라져서 그 시각을 따르고 그 변화에 응하는 자는 지키고 그렇지 않으면 지킬 수 없는 까닭이다. 무릇 날씨가 청명한 날이라면 나그네는 활옷을 입고 완보할 수 있지마는 비와 눈이 내리는 날이라면 도롱이를 입고 질주함을 바라지 않을 수 없다. 세계의 대변화에 즈음하여 평소의 구식 관점이나 고수하는 것이 어찌 부로(父老)의 직책이라 하리오. 이 또한 부로의 허물이 아니라, 부로의 부로 이래로 지나(支那)의 옛 역사를 숭배한 나머지 보고 들은 바가 하(夏)나라가 망하고 은(殷)나라가 흥한 것과 주(周)나라가 망하고 한(漢)나라가 뒤를 이은 데 불과하기 때문이다. 또한 제왕의 연혁(沿革) 간에 애당초 민족적 관계가 없는 터라 또한 지나의 역사를 저술한 자가 대단히 젠체하며 "오랑캐가 중국을 침범하였다."고 한 바 이후의 독자도 이에 속아 넘어가서 지나 한 지역 외에는 애당초 대국이 없다고 오인하여 그저 양이(攘夷)를 칭하고 국외의 실정을 궁구하지 않은 까닭에 한국과 청나라 인민이 다른 이에게 의뢰하고 요행을 바라는 바가 '누구를 섬겨도 군주 누구를 부려도 백성'[10]이라는 주의에 불과하였다. 하지만 지금은 그렇지 않다. 부로라면 마땅히 여가에 서양 역사를 살펴야 한다. 국가의 흥망이 민족과 어떠한 관계가 있는가. 북미 원주민 홍인(紅人)이 박물관 진열품 자료로 겨우 남았고, 아프리카 원주민 흑인종은 불모의 사막 땅에 비가(悲歌)를 부르며 생활을 영위하고 있으니, 망국의 백성은 비록 남의 종복이 되고자 하여도 될 수 없는 오늘의 대세가 동방으로 점차 도래하여 전무후무한 일대 변국(變局)을 일으켰다. 그럼에도 부로들은 까마득한 꿈〔先天夢〕속에서 헛소리나 지껄이니, 다른 이가 보면 무덤 속의 마른 뼈가 휑하게 달린다고 하겠다. 오늘의 부로는 부로의 부로에게 잘못 전수받은 교육을 탓하려니와 후일의 청년은 오늘의 부로를 탓할 것이다. 그러니 의뢰심·요행심과 사기·부실의 습관을 전염시키지 말고 신선한 자제로 하여금 신교육에 용감히 진력케 하여 실력을 양성토록 함이 부로들의 책임이 아니겠는가. 이제부터 계속 어서 유신으로 나아갈지어다.

또한 여항(閭巷)의 가요를 살펴보라. 민족의 가요를 들으면 그 나라의 성쇠를 경험상 알 수 있다. 그러한 까닭에 정(鄭)나라·위(衛)나라의 음풍(淫風)을 추방하고 주남(周南)·소남(召南)의 정풍(正風)을 채집한

---

10 누구를……백성 : 원문은 '何事非君'이며 '何使非民'으로 직역하면 '누구를 섬긴들 군주가 아니며 누구를 부린들 백성이 아니겠는가'이다. 『맹자』에서 인용한 구절이다.

것은 선성(先聖)의 유훈이다. 현재는 열강이 거리의 노래와 소설로 전국의 인민을 고취함이 통용의 상례이다. 하지만 우리나라의 이른바 여항에서의 가요가 일체 「춘향가」에 「담박고타령」에 「흥타령」에 「아르릉타령」에 「산타령」에 각양각색으로 거의 다 사조(辭調)가 음란하고 어의가 비천하여 청년자제로 하여금 상간(桑間)·복수(濮水)[11]의 미묘한 마음(微意)을 불러일으키고 규방의 아녀자로 하여금 화류의 방탕한 정을 은근히 조장시켜 국가사회의 형편에 대해서는 세상 밖의 소식으로나 알게 한다. 또한 「사씨남정기」·「소대성전」·「서상기」 등의 소설이 민간에 유행한 나머지 근거 없는 의견과 무용한 변론으로 뇌력(腦力)을 교란시켜 사상을 고취할 방침이 절대 부족하다. 그러고도 그 백성이 어찌 몽매하고 졸렬하지 않겠으며 그 나라가 어찌 쇠퇴하고 미약해지지 않겠는가. 오호라, 여항의 남녀동포가 어찌 애국심이 본디 모자라 그러겠는가. 다만 구습에 전염된 나머지 방향을 일찍 깨치지 못한 까닭이다. 이제라도 이전의 음요(淫謠)·패설(稗說)을 일절 내버리고 애국 가조(歌調)와 신문 잡지에서 주의하여 곱씹어 읽고 곱씹어 본다면 소득의 효과가 자연히 있을 것이다. 각자 성찰하고 깨달아 유신으로 속히 나아갈지어다.

셋째는 국민 교육계의 대폐해이다. 유림파의 완몽계(頑夢界)를 살펴보라. 『주역』에 이르기를 "다하면 변하고 변하면 통하고 통하면 오래 간다."고 하였다. 오늘날이 이를테면 다하여 변하였으므로 통하기를 구할 때이다. 그러니 앉아서 성명(性命)이나 담론함이 나라와 가정에 무슨 소용이겠는가. 공자의 자리가 따뜻할 겨를이 없었고 맹자의 족적이 제(齊)·양(梁)·등(滕)·노(魯) 나라에 두루 미침은 무엇 때문이었는가. 이 역시 만세(萬世)의 백성을 위하여 태평(太平)을 열고 한 때의 군

---

11 상간(桑間)·복수(濮水) : 음란한 풍속과 음악이 유행했던 위(衛)나라의 지역이다.

주를 위해 정치를 가르치기 위함이니, 그 성현의 도덕의 범위가 이와
같다. 하지만 이른바 오늘의 유가(儒家) 여러분은 '독선기신(獨善其身)[12]'
이라는 한 구절의 밀부(密符)만 마음에 새겼는가. 갑오(甲午)·을미(乙
未) 이래로 정계가 날로 쇠락하여 오늘의 무한한 위험이 눈앞에 닥쳤는
데, 유문(儒門)에서 어떠한 모색도 전혀 없다. 또 충신·의사(義士)의
피가 도처에서 계속되어 민족의 정신을 일으키는 수많은 위훈을 드러
내었는데, 유문에서 단지 연재(淵齋) 송병선(宋秉璿) 1인만 나왔을 뿐이
다. 근래에 서양의 신문물 중에 윤리·도덕은 우리가 취할 수 없다고
하더라도, 물리·증기·기계학의 신발명의 경우 이용후생의 일대 관건
이니 신농(神農)이 다시 태어나더라도 농기구는 이것을 버리고 저것을
취하지 않을 수 없을 것이요, 황제(黃帝)가 다시 태어나더라도 배와 수
레는 이것을 버리고 저것을 취하지 않을 수 없을 것이요, 공수자(公輸
子)가 다시 태어나더라도 모나고 둥글게 만드는 기술은 이것을 버리고
저것을 취하지 않을 수 없을 것이요, 여상(呂尙)이 다시 태어나더라도
무기는 이것을 버리고 저것을 취하지 않을 수 없을 것이다. 대개 이러
한 여러 정교함과 민첩함이 학술의 연구에서 나오므로 오늘의 학교에
서 이르는 물리·화학·전기 등의 과목이 특별히 전문화된 것이다. 그
런데 여러분은 핵심을 궁구하지 않고 번번이 이를 오랑캐의 학문으로
여겨 비난하고 배척하니 고집·불변이라는 비웃음을 면하기 어려운 것
이다. 사상이 이와 같은 까닭에 오늘날 사회계·교육계에 유문의 소식
이 적적하여 들리지 않더니, 근래 관서지방 박운암(朴雲庵) 문하가 차차
각성하여 이르기를 "옛 성인이 미발견한 『대학(大學)』의 '격치(格致)'의
취지가 오늘날에 발현되었다." 하고 학교를 이제 설립한다고 한다. 전
국 유림 여러분이 일제히 이와 같다면 만세(萬世)토록 유교를 보전할

---

12 독선기신(獨善其身) : 『맹자(孟子)』「진심장(盡心章)」의 '窮則獨善其身'에서 따온
     것으로 '궁하면 홀로 선을 행한다'는 뜻이다.

수 있고 일국의 적치(赤幟)를 지킬 수 있어서 문명의 앞날에 절반의 힘만 가지고 곱절의 성과를 거두는 효력을 얻을 수 있을 것이다. 그런데 여러분은 어찌하여 집안에 고슴도치처럼 웅크리고 일반 사회의 비평을 태평하게 받아들이며 부끄러워하지 않는가. 오호라, 4천 년 쌓인 유교 문명이 여러분의 고집불통으로 인하여 이제 다 끝나버려 탄식을 면할 수 없게 되었다. 이제라도 계속 어서 다시 도모하여 유신으로 나아갈지어다.

또한 촌학구의 언론계(言論界)를 살펴보라. 이 무리의 학술은 성명(性命)이 무엇인지 애초에 강구하지 못하고 인류사회의 생활이 무엇인지 애초에 깨닫지 못하며 국가 정치의 관념이 무엇인지 애초에 논하지 못한다. 그러면서 평생 배우는 바가 위로는 시(詩)·부(賦)·풍월(風月)·『통감(通鑑)』·칠서(七書)요, 아래로는 고풍(古風)·『사략(史略)』·당시(唐詩)·『고문진보(古文眞寶)』이다. 이에 대한 저작과 열독에 자족하여 눈알을 굴려봐도 이 지경에서 벗어나지 못하고, 흰 머리가 되도록 방황하여 두 서너 아동들과 '네가 읽거라', '네가 짓거라' 하는 식의 생활에 의탁할 뿐이다. 오늘의 풍조를 맞아서 이렇게 부패한 학술이 자연히 무용지물이 되고 신체제의 온갖 학교가 발기함에 신학에 능통한 교사를 도처에서 초빙하고 옛날의 촌학구는 헌신짝처럼 여긴다. 저 무리가 생명의 길이 없음을 그리도 걱정한다면 이제라도 해 저물어 길이 다한 신세나 자처하지 말고 신학문을 연구해야 할 것이다. 그와 같아야 하거늘 일종의 흉계가 그에 반한다. 벽촌에서 전혀 들은 바 없는 동포들과 어울려 비웃으며 떠들기를 "신학문은 오랑캐의 길이니 배울 만하지 못하다."고 하고 "신학교는 자제를 잘못 이끄는 함정이다."고 하여 온갖 언사로 그릇 선동한다. 아아! 민지(民智)를 개발하고자 한다면 우선 이러한 무리부터 승냥이와 범에게 던져버려야 할 것이다. 오늘날은 말하자면 실학의 시대요 실력의 세계이니, 실학이 없으면 국가가 망하고 실력이 없으면 민족이 망한다. 하지만 저들은 이를 자각하지 못할 뿐 아니라 또한 타인의 견문도 그르치니, 며칠이나 실질을 가려내어 생활을 도모할 수 있겠는가. 이제라도 계속 어서 다시 도모하여 유신으로 나아갈지어다.

또한 교과서의 전수계(傳授界)를 살펴보라. 자국 역사의 연혁이 어떠한 모양인지 애초에 교수하지 않고, 평생 보지 못한 악양루(岳陽樓)·봉황대(鳳凰臺)와 동정호(洞庭湖)·소상강(瀟湘江)을 읊으며 밤낮 낭독하여 우리나라의 백두산·황초령과 대동강·낙동강이 산이 아니고 물이 아닌 줄로 알게 하며, 요(堯)·순(舜)·우(禹)·탕(湯) 임금의 역사가 있는 줄만 알게 하고, 단군·기자·신라·고구려의 사적은 경시토록 하며, 관이오(管夷吾)·제갈공명(諸葛孔明)의 위대한 공훈만 숭상하게 하고, 을지문덕·연개소문의 큰 방략을 흐릿하게 잊히도록 하였으니, 국민의 의용심과 독립심이 어디에서 나오겠는가. 이제라도 국문을 교수하여 첫 단계를 시작함은 뜻 있는 인사가 일반으로 뜻을 둔 바이거니와, 국사(國史)의 정신을 우선 흘려 넣어서 애국 사상으로 단결해야 하며, 각종 교과를 차례로 교수하여 유신에 나아갈지어다. 일반의 오랜 폐단을 다 거론하자면 남산의 대나무를 다 비우고 삼상(三湘)의 물을 다 없애는 일과 같다. 이에 백에 한둘이나마 약간 들어서 우리 일반 동포에게 충고하니 유의하여 꼼꼼히 살피기를 바란다. 후일을 다시 기다려 다 말하지 못한 폐단의 근원을 진술하겠다.

량치차오(梁啓超) 저
「조선망국사략(朝鮮亡國史略)」을 읽다 / 중수(中叟)

량치차오 씨는 지나인(支那人)이다. 예전 갑진년(甲辰年)[13]에 「조선망국사략」 한 부를 저술하여 만국의 눈앞에 전파하였으니 우리 일반 동포도 생각건대 이미 추려서 보았을 것이다. 아아! 량 씨는 외국인인데도 조선의 망국에 대하여 이와 같이 애통해하며 슬퍼 조상하였거늘, 우리 일반 동포가 이 역사를 살펴보고 가슴이 막혀 기절하지 않을 자 있겠는가. 대저 이 역사가 발발한 지 4·5년에 달하였다. 상류 사회의 이목에는 여러 곳에서 접촉이 있었겠지만 일반 사회에는 널리 조명되지 못하여 단지 이 같은 문구(文具)가 있다는 언론이나 듣고 그 역사 저술이 슬퍼 조상하는 원인은 일일이 자세히 연구하지 않았을 것이다. 만약 우리 일반 동포가 저마다 이 역사를 두루 살피지 않는 이 없고 그 망국의 원인을 분명하게 알게 된다면, 2천만 인의 곡성(哭聲)에 우주가 진탕(震盪)하며 2천만 인의 피눈물에 산과 바다가 색을 잃을 것이다. 그러나 3천리강토 내에 밥 짓는 연기가 피어오르는 촌락 중 열에 일고여덟 이상은 여전히 걱정 없는 평안한 세계라고만 인식하여 해가 뜨면 낮인가 기록하고 해가 지면 밤인 줄만 기록하니, 대청 위의 제비와 가마 속의 물고기가 장차 올 화(火)를 모르는 것과 같다. 우리 4천 년 예의지국의 신성한 동포가 어찌하여 오늘에 이르러 이처럼 지극히 암울하고 이처럼 지극히 어둡고 저열한 경우에 빠지게 되었는가. 이는 다른 게 아니라 일반 인민의 지식이 불균하고 문자를 깨달음이 드문 까닭에 근거 없는 항설(巷說) 등에나 이목을 사용하고 시국에 적당한 잡지를 보지 않으므로 이들 역사책이 일반 이목에 밝게 빛나지 않기 때문이다. 어찌 인성을 영실(永失)하여 국가 패망을 영광으로 알고, 강개를 발하지 않으며 격앙을 나타내지 않을 수 있는가. 그러므로 내가 같은 역사의 개략적 뜻을 요약하여 일반 동포에게 회람시키고자 한다.

대개 량 씨는 세상에서의 친밀한 관계로 인하여 죽음을 슬퍼하는 애척(哀戚)의 슬픔을 표기하노라 하였거니와, 나는 나 자신의 슬픈 회한

---

13 갑진년(甲辰年) : 1904년이다.

을 견딜 수 없어 나를 내가 스스로 조상하며 나를 내가 스스로 곡하노니, 또한 우리 일반 동포는 각자 자신의 산 조문(弔文)으로 알 것이다. 지금 누군가 동포 여러분에게 말하기를 "당신의 집이 망하게 됐다"고 하면 반드시 발끈 노하며 "우리 집이 어째서 망하는가, 어째서 망하는가"라 하고, 당신의 몸이 죽게 됐다고 하면 또한 반드시 발끈 노하며 "내 몸이 어째서 죽는가, 어째서 죽는가"라고 할 것이다. 이처럼 오늘날 나라가 망하리라는 문제에 대해 절대적 비통함이 생기는 것은 인정(人情)이 있고서는 스스로 받아들일 수 없을 만한 것이다. 같은 글 첫머리에, "지금 4천년의 오랜 나라가 하루아침에 갑작스레 멀리 사라지니, 그 마지막을 장식하는 사실에 대해 어찌 기록하지 않을 수 있겠는가. 이로써 애통함을 생각해보니 애통함을 가히 알 만하다."라고 말하며 "지금부터 이후로는 세계상에 조선의 역사는 다시 일어나지 않을 것이며 오직 일본 번속(藩屬) 일부의 역사이다."라고 하였으니, 아아! 말하는 것도, 듣는 것도 참을 수 없도다! 무릇 사람의 생명이 급작스레 죽음을 맞게 된즉, 그 일가 친속이 죽을 지경이 되도록 애호(哀號)하고 세 번이나 혼을 부름은 어째서인가. 대개 그 생명의 부활을 바라기 때문이다. 지금 국권이 영멸(永滅)하게 되었거늘 전국 동포가 조금도 슬퍼하는 이 없으며, 조금도 혼을 부르는 이 없으니, 이를 말인가. 무릇 가계의 혈통을 다른 이에게 빼앗긴즉, 그 일가의 자제가 어찌 팔을 걷어 올리고 주먹을 불끈 쥐어 되찾을 바를 생각하지 않겠는가.

우리 선조의 보승(譜乘)을 더럽게 하고 짓밟게 하는 것이 이를 말인가. 또 가문과 나라는 차이가 있다고 할 것이다. 우리나라의 이전 역사를 보면, 삼한이 망함에 삼국이 계승하고 고려가 망함에 본조(本朝)가 계승하였으니, 이는 바로 왕실의 연혁(沿革)에 지나지 않는다. 그 국통(國統)이 서로 이어져 역사의 표면에는 단지 전조(前朝)와 후조(後朝)의 구별만이 있고, 민족은 곧 안락한 고토(故土)에 있어 누구를 섬긴들 임금이 아니었겠는가마는, 오늘날인즉 그렇지 않아서 서세(西勢)가 동점(東漸)함에 따라 국호(國號)와 민적(民籍)이 함께 망하고 함께 멸하는 시대이다. 나라 간의 비참함은 생각이 미치지 못하더라도 자신의 비참함은 한 소리를 크게 내지 않을 수 없다. 국사의 영원한 멸망은 내가 아는 바 아니지만 자가(自家)의 영원한 멸망은 일성을 크게 내지르지 않을 수 없다. 그러나 모든 이가 이를 알지도 못하고 어둠 속에서 오래 취하였으니, 외인(外人)의 생생한 조문에 슬픈 눈물을 이기지 못함이 마땅하거니와, 톈진(天津)과 시모노세키의 두 조약이 발현한즉, 더욱 통곡을 이기지 못할 것이다. 대저 약간의 작은 물건이라도 주권자가 각기 있거늘 전국의 주권이 타인의 손에 들어가 청국인이 일본으로 넘기고 일본인이 청나라를 끼워 넣는 등 둘 사이가 약한 풀이나 짚신이 바람에 오가는 것과 같아서 우리의 안위를 대수롭지 않게 여겨 묻지도 않았으니, 그때에 우리 정부에는 허수아비가 있었던가.

톈진조약(天津條約)의 연월을 삼가 생각하니, 수십 년이 넘는 세월이 이미 지난지라. 그때부터 일찍이 세태의 변화를 간파하여 예비하였다면 시모노세키조약이 다시 발생하지 못하였을 것이요, 설령 다시 시모노세키조약이 성립된 후에라도 우리는 독립자주의 휘호(徽號)를 유지하였으니 독립자주의 실효를 도모할 것이거늘, 일반 정사의 칼자루를 스스로 쥐지 못하고 일본·러시아 양국의 세력이 상쟁하는 판국 속에서 앉으라고 하면 앉고 서라고 하면 섰으니, 아아, 슬프다! 썩은 물에 벌레가 꾀이는 것은 자연스러운 이치로다. 갑진년(甲辰年) 2월의 의정서 한 통에 되살아날 여지는 없어졌다. 부활의 여지는 영국의 『타임즈』에서, "이 조약의 존재로 인해 끝내 영원히 일본의 종속물이 됨이라"라고 논하고, 또 "일본에서의 조선은 마치 러시아·영국에서의 이집트와 같다."고 하였으니, 사리가 통하는 말이라고 할 수 있다. 사후 황무지 개간 문제에 박기양(朴箕陽)·이종설(李宗說) 등의 상소(上疏)가 강개 격앙하여 크게 전국을 깨닫게 했을 뿐 아니라 공분을 일으켜 집회와 연설이 곳곳에서 봉기하였으나 끝내 제압하니, 실력이 이미 썩게 되어 객기(客氣)를 어찌 유지할 수가 있겠는가. 내정개혁안의 제출에 이르러서는 순서대로 동의함이 또 저들의 의외의 일이다. 일마다 말마다 청함이 있으면 곧장 수행하는 이치리요, 차라리 말을 하지 않고자 할 것이다. 글의 말미에 기록한 시바 시로(柴四朗)의 9가지 설은 이제는 조만간 실행될 것이다.

더 이상 남은 뜻이 없거니와, 아, 우리 2천만 동포여, 이 역사를 쓴 자는 지나인이지만 이 역사를 쓰게 한 자는 우리 한국 동포가 아닌가. 베트남, 폴란드 역사를 우리 동포가 보면, 분통의 눈물이 자연히 흘러내리니, 이는 다른 게 아니라 망국 인민이 지극히 참담한 학대와 극렬하고 지독한 때를 당하여 산 것이 죽는 것보다 못한 경우를 목격하기 때문이다. 아아, 우리 동포여! 폴란드·베트남 망국사가 바로 우리나라의 망국사니, 량 씨의 저작이 또한 4·5년 전에 있었다. 만약 오늘날까지 이어서 저술하였다면, 눈물이 눈자위를 덮어 읽어낼 자 필시 없으리니, 그 사정의 어떠함은 엿볼 수 있을 것이다. 하(夏)나라 소강(小康)은 1성(成)의 밭과 1여(旅)의 병력으로도 우적(禹績)을 극복하였고 초나라의 3호(戶)로도 진나라의 원망을 능히 갚았고 프로이센의 대패(大敗)로도 프랑스군을 꺾었거든, 당당한 2천만 인민의 정신과 기백이 여전한지라. 형식적 권리를 빼앗겨도 정신을 빼앗을 수 없으며, 형식적 자유를 빼앗겨도 기백을 빼앗을 수 없을 것이니, 지금 이후로 생각이 흥기하여 대한독립사를 천하만국에 공포하기를 간절히 축원한다.

충절(忠節)은 우리의 당무(當務) / 김기주(金基柱)

충(忠)이란 자신의 심력(心力)을 다하여 헌신하는 애국(愛國)의 정신으로, 국가에 대하여 황상(皇上)을 보필하는 일편단심(一片丹心)인 동시에 신민으로서의 의무를 준봉하는 것이다. 절(節)이란 자신의 행위에 관계된 것으로, 국가의 사변에 임하여 어떠한 협박과 어떠한 폭행으로 부월(斧鉞)이 들이닥치고 복색(福色)이 시급하더라도 국가의 운명과 관계가 있을 시에는 차라리 한 가닥의 남은 목숨을 가벼이 던질지언정 품부(禀賦)한 본성(本性)을 굳게 지켜 흔들리거나 굽히지 않는 태도를 늘 유지하는 것이다. 이처럼 충절(忠節)을 나누어 논하면 이상과 같은 차이점이 있다.

하지만 다시 통괄적인 주의로 정의하면 충이 곧 절이고 절이 곧 충이다. 이는 무엇 때문인가. 가령 어떤 사람이 임금을 섬김에 반드시 충성하면서도 절의를 세우기 어렵다고 한다면 이는 사실에 부합하지 않을 뿐 아니라 논리적으로 미루어 생각해도 그렇지 않은 이유가 있다. 대체로 충성이 없으면 절의가 성립될 여지가 없고, 절의가 없으면 충성이란 이름을 표창할 문제가 애당초 생기지 않는다. 이 두 가지는 반드시 서로 따르고 나서야 온전한 충절이 되고, 또 우리가 숭배하고 희망하게 만드는 것이다.

그렇다면 충절에 대하여 우리는 숭배만 하며 희망만 할까. 숭배하는 것도 괜찮고 희망하는 것도 괜찮지만 자신이 충절한 사람이 되어야 다른 사람도 숭배하고 희망하도록 권면할 것이다. 이를 권면하고자 한다면 무엇으로 말미암아 할 수 있는가. 바로 학문이 그것이다. 대저 학문이란 충절을 제조하는 기관이자 양성하는 문로(門路)이다. 그러므로 학문이 발달한 국가인 경우 그 국민 전체가 거의 다 충절한 자라고 하여도 망언이 아닌 것이, 태평무사한 때에는 국정을 진보시킬 방책을 늘 강구하고 기약하다가 간혹 하루아침에 큰일을 당하면 한 사람이 외치는 소리에 백 사람이 호응하여 앞서 죽기를 다투어서 설령 내가 사멸되는 참혹한 일을 겪더라도 나의 독립과 나의 자유를 남에게 빼앗기거나 양보하지 않는 특별한 성질과 기특한 기개가 있어서 국가와 민족의 영광이 더욱 드러나게 한다. 이에 반하여 학문이 유치한 사회인 경우 일반적으로 사회가 미개하고 민족이 어리석어 한 두 사람의 충절조차도 전혀 없다. 게다가 설령 천부적으로 선량한 본성을 지닌 자라도 식견이 어둡고 사상이 부패하여 국가에 대한 자신의 신분과 책임이 어떠한지 모르는 것은 말할 것도 없고 그보다 먼저 국가가 어떠한 것인지 모르는 자가 대다수이다. 그와 관련하여 충절의 문제는 흘러가는 성질에 속한 것이나, 그 국가의 현상이 어떠한 지위에 처해 있는지는 이것으로 우선 결정될 것이다.

　대개 국가가 지구상에 한 국가로 출현한 이상 국가라는 명칭을 얻는 것은 단순히 출현했다는 사실만 가리키는 것인가, 아니면 여기서 다시 구성되는 근본적 원인인 토지와 인민을 가리키는 것인가, 아니면 한 걸음 더 나아가 국권의 유무도 가리키는 것인가? 이를 간단하게 말하자면 국권의 유무가 바로 그것이다. 그렇다면 국권은 토지에서 연유한 것인가, 인민에서 연유한 것인가, 아니면 혹 천연적으로 절로 생겨난 국권이 있는 것인가? 그렇지 않다. 세상에 어찌 천연적인 국권이 있었던가. 만약 있다고 한다면 국가의 강함과 약함이나 사람의 문명과 야만은 애초에 구별이 없었을 것이고, 나아가 현재 20세기의 경쟁시대가 출현하는 일 또한 없었을 것이다. 그렇다면 이를 가지고 논할 것이 아니다. 토지로 논하여도 국권이 있고 난 뒤에야 국가의 토지인 것이고, 설령 국권이 없는 토지가 있더라도-국제법상 국가의 토지가 아니고 문명국에게 선점권이 있는 무주물(無主物) -이는 야만의 토지다. 그렇다면 이를 가지고도 논할 것이 아니다. 오직 국가를 알고 국가를 사랑하는 민족이 있는 국가여야 국권이 있고 국권이 있는 동시에 토지도 있는 것이니, 이른바 토지와 국권은 인민에서 연유하고 인민의 충절은 학문에서 연유하니, 학문이 충절에 대해서와 인민이 국가에 대해서는 어떠한 관련과 어떠한 영향이 있는가.

　말이 여기에 미치자 자연스런 감각으로 눈물이 왈칵 쏟아져 크게 통곡할 노릇이 된다. 오늘의 우리나라 민족이여, 순수하게 충(忠)하고 순수하게 절(節)한가? 유념하고 또 유념할지어다. 귀를 기울여도 듣기 어렵고 눈에 들어와도 보지 못하는구나. 이것은 학문이 없어서 그러한 것인가. 학문이 있지만 백성이 없어서 그러한 것인가. 민족이 있지만 자연적으로 충절이 생기지 않게 만드는 국가인가? 그것도 아니라면 문명에 죄를 지어 야만을 자처한 것인가? 국민이 실격(失格)하여 은인과 원수를 구분하지 못하는 것인가? 아아! 우리 동포여. 분명한 대한제국 4천 년 동안 신성한 독립의 역사를 지닌 동포가 아니며, 3천리 비옥한 금수(錦繡)의 판도를 지닌 동포가 아닌가? 이러한 역사와 이러한 판도를 지니고서 어찌 특히 몹쓸 종자가 되기를 원하며 열등한 국가가 되기를 바라는가. 몹쓸 종자라는 대우와 열등한 국가라는 조소를 받아도 과거의 역사와 장래의 국가가 미치는 영향이 전혀 없고 단지 우리 일신상의 한 시대에 그친다면 통곡하고 개탄할 바 없겠지만 뒷날 역사의 죄인이 되고 국민의 원수가 됨을 어찌 면할 것인가. 또 금세기를 지나 장래에 저승의 고혼이 되는 날에 선조(先祖) 열성(列聖)과 순국충의(殉國忠義)의 인사들과 우리의 선조들을 무슨 면목으로 뵐 것이며, 국사(國事)와 민정(民情)을 물으면 또한 무슨 말로 우러러 답할 것인가.

　그렇다면 오늘에 국가를 번성시킬 자도 우리 동포이고 국가를 멸망시킬 자도 우리 동포이며, 오늘에 역사를 존속시킬 자도 우리 동포이고, 역사를 사멸시킬 자도 우리 동포인 것이다. 그러므로 국가를 사랑하고 동포를 사랑하며 야만을 벗어나고 문명이 되려고 하거든, 일촌광음도 낭비하지 말고 학문에 매진해야 한다. 학문에 매진한다면 국가의 독립도 그 가운데 있을 것이니, 그렇다면 우리 동포 중에 누구인들 충절이 아니겠으며, 의사가 아니겠는가. 이른바 충절의 기초는 학문에 달려있다고 논할 수 있다.

| 강단 |

실업 발전의 방침 / 두산일민(頭山逸民)

　대개 나라가 부유한 원인은 실업의 발달에 있고, 실업이 발달한 원인은 농업·공업·상업 세 가지에서 벗어나지 않는다. 하지만 상업은 농업과 공업의 물건을 거래하는 기관이니, 농업과 공업이 진흥하지 못한다면 상업을 성행시키려 하더라도 무엇을 통하여 할 수 있겠는가. 지금 우리나라의 농업·공업·상업이 어떠한 처지에 이르렀는가 묻는다면, 여러분도 답하기를 "세계만방의 최하급으로 전락하였다"고 할 것이다.

　한번 생각해보라. 예전에는 제 나라만 스스로 고수하여 미련하고 비루한 자질이 피차간에 서로 비슷하였으니, 서로의 물물교환이 반드시 이 범위 안에 지나지 않았고 또 재정의 융통이 너에게서 나와서 나에게로 들어와 반드시 새어나가지는 않았던 것은 진실로 정해진 이치이다. 그러나 오늘날에는 동양과 서양의 상인들이 복잡하게 왕래하여 기교를 과시하고 능력으로 현혹하여 서로 경쟁하기에 저쪽이 우수하면 저쪽이 이기고 이쪽이 열등하면 이쪽이 져서 물질과 물품이 그에 조금이라도 뒤처져도 판매할 수 없으니, 세계만방의 최하급으로 전락한 농업과 공업을 가지고 어떻게 조금이라도 수출할 방면이 있겠는가. 아마도 필시 없다고 할 것이다.

　그렇다면 수출보다 수입이 많은 것은 본래 정해진 이치인 것이다. 무엇 때문인가? 대체로 사람의 욕구가 편리성을 즐겨 따르는 것은 실로 자연적으로 나오는 것이니 일시적인 제한으로 막기가 어렵다. 그렇기 때문에 설령 범과 표범을 싫어하더라도 그 가죽을 입고, 곰과 물고기를 즐기더라도 그 뼈를 버리지 않는 것이다. 만일 다른 사람이 저지하여 그 가죽을 입지 못하게 하고, 그 뼈를 버리지 못하게 하더라도 실천하기 어려울 것이다. 지금 우리나라의 물산은 얼마 되지 않는 천연의 곡물에 불과하고, 그 나머지 여러 가지 일상생활용품은 옛것에 얽매여 지극히 거칠다. 그러하니 간혹 일반 동포가 지극히 거친 물품을 버리고 편리하고 사치스러운 물품을 취하는 것은 부득이한 욕구이다. 그 가운데 수입하지 않을 수 없는 용품만 언급해 보겠다.

인민의 생활에 있어 의복과 음식은 가장 중요한 요소이다. 우리나라 인민의 의복을 한번 살펴보라. 자국에서 제조한 것이 얼마나 있는가. 여러분은 이것에도 답하기를 "백에 한둘도 안 된다."고 할 것이니, 형세상 원래 그러한 것이다. '품질이 나쁘면서 가격만 높다면 설령 외조모의 떡이라도 사지 않는다'는 속담이 있다. 국산품이라 하여 기꺼이 구매할 만큼 민지(民智)가 미치지 못하므로 물건의 질이 견고하고 치밀한지의 여부는 일단 거론하지 않고 부득불 가격이 다소 저렴하고 외양이 화려한 것을 추구하게 마련이다. 이에 서양의 목옥(木玉) · 양목(洋木) · 면포(綿布) 등 각종 융단(絨緞)이 전부 외부에서 유입되어 도시의 거리에서 남녀노소 할 것 없이 전신을 가리는 의복이 외국의 물건이 아님이 없고, 심지어 궁벽한 시골마저 이와 같다. 이는 다름이 아니라 약간의 목포(木布)를 직접 짜는 것이 생업을 하는 데 이로운 바가 없기 때문에 직접 재배한 면(綿) · 마(麻) · 잠사(蠶絲)를 외국인에게 판매하고, 직접 짜던 목포와 융단을 도리어 외국인에게 구매하는 것이다. 이 또한 무엇 때문인가 라고 한다면, 예로부터 우리나라의 방적은 각기 수공업으로 제조하는 까닭에 시일을 상당히 허비하고 노동력을 많이 소모하니 그 값을 높게 책정하는 것은 벗어나기 어려운 이치이다. 반면에 저 외국인은 직물회사를 설립하고 기계를 사용하여 제조하는 까닭에 물자를 소비한다는 점은 당초에 우리와 차이가 없지만, 실개천이 바다를 이루는 것처럼 수많은 물건의 수량을 취합하여 제조하는 큰 공장이기에 물건 하나의 이득은 적지만 여러 물건을 합친 이득이 지극히 커서 이러한 상황에 이르는 것이다.

또한 생활에서 사용하지 않는 때가 없는 화구(火具)를 한번 살펴보라. 자신이 직접 만든 물건이 하나라도 있는가. 원래 우리나라는 수인씨(燧人氏) 시대의 용화법(用火法)을 한결같이 고수하여 아침저녁 땔감으로 불을 지피는데 화염을 감싸고 입김을 불기도 하고 유황을 바른 나뭇조각-성냥 -으로 불꽃을 붙여 태우기도 하였으니 부엌에서의 고충이 가장 견디기 어려웠다. 그런데 외국의 인촌(燐寸)-딱성냥-이 수입된 이후로 석탄에 불붙기를 기다릴 필요 없이 손을 따라서 절로 불이 일어나니 일상생활의 편리함이 또한 어떠한가. 더구나 등촉(燈燭)을 가지고 말하더라도 원래 우리나라에서 임유(荏油)·어유(魚油)·육유(肉油)·납촉(蠟燭)을 사용한 지 오래되었지만, 석유(石油)와 양촉(洋燭)이 수입된 이후로 저 외국의 물건이 가격이 저렴하고 품질이 확실한 까닭에 온 나라 사람들이 휩쓸리듯 본받아 사용하였다. 그리하여 이전의 유황을 바른 나뭇조각 및 임유·어유·육유·납촉 등의 제조업이 점차 퇴보하게 되었다.

또한 도기(陶器)나 주물(鑄物)같은 여러 기구들은 가산(家產)에서 가장 요긴한 일용품이다. 우리나라의 경우 예전에는 도기와 주물 등의 공업이 다른 나라보다 앞서 발전하여 사기(沙器)의 제조와 철편(鐵片)의 명해(銘解)를 이웃나라가 본받았는데 어찌하여 중세 이래로 도공업과 주물공업을 천시하여 진보를 바라기는 고사하고 예전에 비해 갈수록 뒤처지는가. 외국 사람은 이를 본받아서 갈수록 더 정진하여 요즘 사기의 가벼움과 편함과 아름다움과 철물의 단련과 담금질은 대단히 사용하기 편한 데에 이른 까닭에 이것이 수입된 이후로는 그 형세상 구매하여 사용할 수밖에 없는 것이다. 여러분은 각자 집안에 있는 모든 집기를 자세히 살펴보라. 외래품이 아닌 것이 얼마나 있는가. 이는 여러분이 국산품을 숭배하려 하고 외국의 수입품을 배척하려 하더라도 개인이 이용하는 것을 그칠 수 없다는 사실 때문에 이 지경에 이른 것이 아니겠는가. 또한 그 가운데 약간의 상인 무리가 있지만 외국의 물건을 내지로 수입하는 도중에 구문(口文)의 찌꺼기나 줍고[14] 살을 도려내어 상처에 붙이는[15] 꼴로 공공의 해악이 될 뿐 외부의 이득을 내지로 유입할 계획은 전무하니, 이를 어찌 상업이라 하겠는가.

또한 농업이란 곡물의 수확만 가리키는 것이 아니라 일반 목축과 원예 등도 농가의 사업이 아님이 없다. 하지만 우리나라의 경우 곡물 외에는 애초에 농업으로 여기지 않을 뿐 아니라 설령 곡물 농가라 하더라도 경작할 방도가 없어 외국 사람에 비해 수확량이 몹시 적고 닭, 돼지, 소, 말의 사육과 과수, 임목의 재배는 그 천연에 맡겨 혹 병에 걸려 말라 죽는 문제를 유심히 돌보지 않는다. 농업의 부진은 실로 이 때문일 뿐이니 산비탈과 구릉의 빈곳이 어찌 없겠는가. 저 외국 사람들을 살펴보면 농업학교와 농업모범장이 있고 또 목축장, 종묘장, 수의학교(獸醫學校)가 있어서 일반인들의 진화를 권장하기에 목축과 원예의 이익이 곡물의 이익과 서로 비슷하다. 그렇기 때문에 설령 뜨락 가의 울타리 틈과 밭두둑의 틈이라도 조금도 빈 땅이 없다. 반면에 우리나라의 경우 토지가 날이 갈수록 황폐해지고 산림이 날이 갈수록 벗겨지므로, 요즘 척식회사(拓植會社)를 설립하는 일이 실시되고 있다. '척식' 두 자의 뜻은 대단히 고맙고 다행한 것이지만, 이 척식회사의 주무(主務)가 누구냐고 물으면 우리의 모든 사업이 아득하고 방향이 없어 다른 사람의 손에 양도했으니 참으로 개탄스럽고도 무익하다. 이제라도 해당 사고금(社股金) 모금과 개간의 착수에 대해서 자본가와 실업가가 충분히 관심을 집중하지 않으면 장래에 거처할 곳이 사라질 것이니, 각자 매진

---

14 구문(口文)의……줍고 : 구두로 흥정을 붙이는 일에서 떨어지는 약간의 소개비를 받는다는 의미로 보인다.

15 살을……붙이는 : 눈앞에 닥친 일을 해결하기 위하여 훗날을 생각하지 않고 행동함을 이르는 말이다.

해야 할 것이다. 아아, 여러분! 거듭 유념하라.

　무릇 국가의 막대한 이익의 근원은 광산, 철도, 삼림, 어채(漁採) 네 가지가 가장 크다. 그런데 우리나라는 어떠한 소견으로 인한 것인지, 이러한 권한을 외국인에게 양도한 탓에 실제의 힘이 줄었다. 눈앞에 닥친 문제라고 할 수는 없겠지만, 한 철도의 세금(貰金)이 매일 국내에서 국외로 나가는 것도 부지기수고, 의복 · 화구 · 도야 등 여러 기구의 대금(代金)이 매일 국외로 나가는 것도 부지기수고, 심지어 궐련과 사탕 등 자질구레한 잡물의 대금이 매일 국외로 나가는 것도 부지기수다. 예전에는 민간의 정공(正供)이 설령 국고로 들어가도 결국에는 다시 민간으로 돌아가서 융통이 되었지만 요즘에는 높은 수준의 월급도 외국인의 수중에 모조리 다 들어가고, 외국으로 수출할 국산품이 없기 때문에 화폐의 순환을 더 이상 기대할 수 없고, 심지어 건축의 자재나 교육계 등에 사용되는 온갖 기구가 외국에서 수입되지 않는 것이 없다. 그러니 만일 이러한 일이 그치지 않는다면 얼마 지나지 않아 재물이 고갈되고 백성들이 손발을 둘 곳이 사라질 것이다. 혈맥(血脈)이 말랐는데 생명을 보전할 자 누가 있겠는가. 아아, 여러분! 이를 통렬히 반성해야 한다. 구덩이가 눈앞에 있으니 이 점을 유념하여 통렬히 반성해야 한다. 아아, 여러분! 이러한 경우를 당하였으니 앉아서 멸망을 기다려서야 되겠는가. 현재의 증상을 진찰하여 약재로 대응하는 방도를 시도해보는 것이 좋겠는가. 여러분도 반드시 답하기를 "약재를 반드시 투여해야 할 것이다." 할 것이다.

　그러하니 청컨대 여러분께 한 마디 말만 고하겠다. 지금 우리나라의 농업과 공업을 우선 진흥시켜 수출을 도모하려고 한다면, 국내에 실업을 장려하는 회사를 각 도와 군에 설립하고 자금을 각기 수금하여 모범 농공업장을 필요한 지역에 설치하되 내외국인 간에 우수한 기술자를 고용하고 초빙하여 1-2년만 경영하면 해당 업장에서 빛을 본 자들이 기술 자격을 취득할 것이다. 또한 실업에 뜻이 있고 영민한 자제들을 외국에 파견하여 학습시켜 졸업하고 귀국한 후에 각 처에서 영업을 모색한다면, 동포들의 진화와 발전을 날을 기약하여 도모할 수 있을 것이다. 최선의 방침은 이것에 불과하다. 아아, 여러분! 시도하려고 하지 않는다면 그만이겠지만, 시도하려고 한다면 크게 어려운 일은 아닐 것이다. 각자 자신의 생명을 돌보자면 이를 속히 도모해야 할 것이다.

교육자와 종교 / 포우생(抱宇生)

종교란 곧 신앙이다. 신앙의 목적물은 광대무변하여 혹은 하늘이라 하며 혹은 신이라 하며 혹은 부처라 하되 거개가 절대무한의 완전한 자를 가리킨다. 인류가 아무리 완전한 자라고 하더라도 절대적 무한의 완전한 자라고 할 수는 없고, 지(智)와 덕(德)이 아무리 진보하더라도 절대적 무한의 완전을 얻을 수는 없다. 하지만 인생은 완전함을 희망하고 유한함을 싫어하는 까닭에 종교의 필요가 여기서 일어난 것이다. 만일 불만족을 느낄 줄 모르고 불안녕을 싫어할 줄 모르면 종교의 필요가 없겠거니와 만족을 희망하며 안녕을 시도한다면 종교의 필요가 없지 못할 것이다.

혹자는 말하기를 "나는 극히 관대한 생각을 품은 까닭에, 종교를 신앙하는 사람을 대하면 종교를 신앙함이 인류의 본래 직무이며 만사의 근원이라 말하며, 종교를 믿지 않는 이를 대하면 종교는 인류에 대하여 관계가 없지는 않으나 상지(上智)에 대하여는 별로 관계가 없다고 말한다."고 한다. 나는 그 오해를 변증하고자 하니, 물질의 만족으로 그 마음이 만족하는 자는 하지(下智)요, 물질의 만족을 얻더라도 정신상 만족을 얻지 못한다면 그 마음의 만족을 얻지 못하는 자는 상지(上智)이다. 맹자가 말하지 않았는가. "안정된 수입이 없어도 안정된 마음이 있는 것은 오직 선비라야 가능하고, 만약 백성이 안정된 수입이 없으면 이로 인하여 안정된 마음이 없게 된다."고. 물질에 스스로 만족하는 자는 하지(下智)이며 정신의 만족으로 만족의 표준을 세우는 자는 상지(上智)다. 정신상에 절대적 완전을 얻지 못하면 만족하지 못하는 것은 오직 상지만이 할 수 있는 일이거니와 하지는 그러할 수 없으니, 절대적 종교를 요하는 것은 상지에 있고 하지에 있지 않다 하겠다.

종교의 신앙이 없으면 대사업을 이루지 못한다고 단언할 수는 없으나 대사업을 성취한 인물을 고찰하건대 그 대다수는 확고한 신앙이 있었으니 워싱턴・비스마르크・크롬웰・마르틴 루터 등이 그들이다. 정치・문학・군사・실업 등을 막론하고 일종의 신앙이 있는 자의 사업은 그 취미가 고상하며 그 진취의 속도가 번개처럼 빨라, 나아가면 족히 대승을 알리고 물러나면 족히 낙관을 유지하여 진퇴에 실패가 두루 없다. 그런즉 대사업은 상지의 일이라, 대사업을 경영하는 자는 신앙의 종류를 막론하고 반드시 일정한 신앙의 자리가 있은 연후에야 마땅히 할 수 있을 것이다. 대개 이 인간 사회에 소위 대사업이라는 것이 시대를 따라 그 종류가 같지 않거니와, 일반적으로 총괄하여 말하면 교육이 그 통솔자가 될 것이다. 이러한 대사업을 경영하는 자는 확고한 일종의 신앙이 없어서는 안 되니, 유럽 여러 나라의 대교육가들도 대개 일종의 신앙이 없는 자가 없었다. 이로써 우리나라에 추론하여 절대적 표준을 세울 수는 없으나 오늘날의 형세를 맞아 이를 요구하지 않으면 그 성취가 더욱 극히 곤란할 것이다.

궁하면 어지러워지기 쉬운 것은 인류의 약점이다. 일정한 신앙이 없으면 사소한 곤란이 있더라도 휘어지기 쉬우며 일정한 신앙이 있으면 비록 천만의 곤란이 흙먼지를 일으키며 오더라도 나의 심지를 요동케 하지 못하리니, 고로 일정한 신앙이 있은 연후에야 가히 그 현상(現想)

의 목적을 달성하기 용이할 것이다.

근래 우리나라 교육계가 왕왕 그 목적을 달성하지 못하고 아침에 시작했다가 저녁에 그만두는 참상을 당하는 것도 그 원인을 소구하면 혹 계속성이 없어서 그렇다고 하고 혹은 혈성(血誠)이 없어서 그렇다고 하며 혹 명예만 낚으려는 까닭에 그렇다고 하며 혹 재정의 어려움으로 인하여 그렇다고 하여 그 원인의 구실이 여러 가지 있다. 이 또한 옳다면 옳지만 그 최대의 원인은 교사 된 자와 그 관리자가 일정한 신앙심이 없기 때문이다. 신앙심이 없으면 계속성을 끌어낼 연원이 없으며 혈성이 있더라도 순간에 불과할 것이며 명예심이 있더라도[16] 중도에 실패를 한 번 만나면 몸을 일으켜 전진할 능력이 없을 것이다. 그러나 일정한 신앙만 있으면 그 목적을 달성하는 기한은 늦거나 빠를 수 있으려니와 천만의 장해가 엄습해 오더라도 그 주된 뜻은 요동하지 않을 것이다. 또한 우리나라에 교사 된 자가 시세 풍파의 자극을 받아 자기의 천직을 저버리고자 하며 교수(敎授)에 대해서도 또한 열심이 하지 않는 자가 왕왕 있으니, 이 또한 시세의 소치로 인함이거니와 대개는 그 속마음에 만족이 없으며 안위(安慰)가 없기 때문이니 이에 대해서도 일정한 신앙이 있으면 그럴 수 없을 것이다.

저 한반도 황량한 천지간에 방황하면서 장래의 문명을 심고자 하며 자유의 씨앗을 뿌리고자 하는 여러분이여-제군의 천직을 달성하는 데 대한 허다한 수양과 허다한 방책은 나의 소개를 기다릴 바 없거니와 다만 일언을 드리고자 하니, 제군이 교육 임무에 착수할 때에 우선 종교의 교리를 깊이 연구하며 종교상 문제를 반복해서 사고하여 한편으로는 제군의 정신상에 무한한 취미와 무궁한 능력을 얻으며 한편으로는 건전하고 유망한 국민을 조성하기를 바라노라.

---

16 명예심이 있더라도 : 원문에는 '名譽心이無홀지라도'로 되어있으나 뜻이 통하지 않아 맥락을 고려하여 번역하였다.

학창여화(學窓餘話): 남아와 여아 / 죽정(竹庭)

파리의 롬[17] 박사는 무슨 이유로 남아가 생기고 무슨 이유로 여아가 생기는지의 문제에 대하여 오랜 기간 연구하였다. 아래에 그 요점을 가려 적는다.

전쟁 직후에 남아를 많이 낳는 것은 사실이지만 속설에 의하면 상제 (上帝)가 남성의 전사를 대신해 남자를 내려주신다고 하나 사실 그렇지 않다. 전장에 나가는 자는 대부분 강건한 남자이고 국토에 잔류한 자는 대개 허약한 남자이다. 자연의 배합은 진실로 기묘한 까닭에 부부 중에 허약한 자가 있으면 그 허약한 자를 보호하고 그 종족을 전하고자 하는 까닭에 남편이 허약하면 남아가 생기고 아내가 허약하면 여아가 생긴 다. 전쟁 직후에 남아를 많이 낳는 것도 전적으로 허약한 남자가 국내 의 대부분을 점유한 까닭이다. 그러나 허약이란 비교적인 것이지 절대 적인 것이 아니다. 러시아 황후가 공주 4명을 낳았으니 러시아 황제보 다 허약하다고 단언할 수 없을 것이다. 하지만 일반적으로 말하자면 부부 중에 비교적 허약한 자가 그 성(性)을 아이에게 전하는 것은 논쟁 할 바 없는 이치이다.

연령의 관련성 역시 동일하다. 남편이 나이가 많을수록, 다시 말해 남편이 아내보다 나이가 많을수록 그 소산인 아이는 남아가 많다. 만일 처가 남편보다 나이가 많을수록 그 소산인 아이는 여아가 된다. 그 수 의 비율은 여아 1,000인에 남아 865인이다. 부부의 나이가 같으면 여 아 1,000인 남아 948인을 낳으며, 남편이 처보다 16세가 많으면 여아 1,000인 남아 1,632인의 비율이 되고, 만약 남편이 처보다 18세가 많 으면 남아의 수가 여아의 배나 된다.

이 사실은 목축업자의 경험을 통해서도 충분히 짐작할 수 있으니,

---

17 롬: 미상이다.

암컷을 얻고자 하면 반드시 그 어미 될 암컷을 허약하게 하고 수컷을 얻고자 하면 아비 될 수컷을 지치게 한다고 한다. 옛날에 이집트 한 부락에서 사민(士民) 간에 전쟁이 있었다. 승자가 패자의 부녀자 500인을 포로로 삼으니 그 후로 대부분 자손을 낳았다. 그 아이들의 수를 조사하니 여아가 403인 남아가 79인이라 하였다. 이는 부녀들이 포로가 됨으로 인하여 그 신체가 자연 피곤해진 까닭에 조물주가 그 여성의 균형을 보존하기 위해 여아를 대거 내려주었기 때문이다.

　이것이 롬 박사의 설이다. 내가 이에 대해 탄식하며 말하노라. 실로 조물주는 속히 세상을 버리는 자의 성(性)을 보존하고자 한다. 우리 한국 2천만 민생의 생명이 장차 사라지고자 하니 어찌 조물주의 보호가 없겠는가. 부부의 배합이 없으면 조물주가 그 종을 이 세상에 남기고자 하여도 그러지 못할 것이니 이것이 무형의 진리이다. 하늘이 돕고 스스로 돕는 이치가 여기서 자명하다. 오호라, 동포 여러분, 여러분이 행하면 하늘이 반드시 도울 것이다. 여러분은 이를 유념해야 한다.

연구는 진화의 근본이다 / 서병현(徐炳玹)

　나라가 나라와 부강을 겨루려면 근력이 반드시 온전해야 하고 사람이 사람과 사상을 견주려면 지력(智力)이 반드시 갖추어져야 한다. 나라의 근력이 온전함도 연구에서 비롯되고 사람의 지력이 구비됨도 연구에서 비롯되니, 연구는 나라를 흥하게 하는 것이며 사람을 지혜롭게 하는 것이다. 대개 연구력이 없으면 나라도 나라가 아니며 사람도 사람이 아니라 할 것이다. 어째서인가. 이제 포연(砲烟)이 하늘을 가리고 탄환이 비처럼 쏟아지니 이는 연구가 있는 나라와 연구가 없는 나라의 전쟁이다. 이 지경에 처함에 연구가 없는 나라는 등골이 오싹한─전율하는 모양- 심회가 저절로 싹터서 능히 항거하지 못하며 미로에 빠진 것처럼 방향을 모르다가 왼쪽으로 부딪히고 오른쪽으로 부딪히다가 졸연히 거리를 가득 메우게 된다. 그러니 이러한 나라는 나라가 아니라 해도 과언이 아니다. 또한 이제 응시자가 운집하고 관광자가 모여드니 이는 열자(劣者)와 우자(優者)의 시험이다. 이 시험에 처함에 연구가 부족한 자는 미신적 사상이 문득 생겨서 능히 숙달치 못하여 어찌할 줄 모르고 쩔쩔매다가 앞으로 넘겨보고 뒤로 곁눈질하다 거연히 낙제할 것이다. 그러니 이러한 사람은 사람이 아니라 해도 과언이 아니다. 그런즉 '연구' 두 자가 나라를 견고하게 하는 열쇠이며 사람을 도야하는 스승이라 하겠다.

겨우 즉묵(卽墨)에서 70여 성을 회복한 제(齊)나라와 유럽 최소국으로 하루아침에 굴레에서 벗어난 스위스는 어떻게 하면 우리의 옛 강토를 회복할까 어떻게 하면 우리가 굴레를 벗을까 하는 연구가 반드시 있었을 것이고, 구천(句踐)이 인구를 증가시키고 재물을 모아 오나라를 도모하는 동안 어떻게 하면 회계(會稽)의 치욕을 씻을 수 있을까 하는 연구가 반드시 있었을 것이니, 연구의 효과가 거대하다 하겠다.

이집트와 베트남의 멸망은 어떻게 하면 우리나라를 보전할까 어떻게 하면 열국에 비견될까 하는 연구가 없었기 때문이고, 옛날의 인도가 패배를 당한 것은 되돌아온 화살을 어떻게 피할까하는 연구가 없었기 때문이다. 연구가 없는 현실에서 배태된 재앙이 비참하다 하겠다.

철학자·공학자에 대해 한마디 하건대 해리슨이 천구 여러 별의 위치와 순환을 명확히 하였고 콜럼버스는 지구운동의 이유를 해명하니 이 모두 연구와 연구의 상호 축척과 상승이라 하겠다. 또한 전선이 멀리 떨어진 천 리 거리로 완연히 대화함은 모르스의 공적이요 수송선이 순식간에 천 리를 달려 왕래가 편해짐은 스티븐슨의 공적이니, 이 또한 연구와 연구의 상호 축척과 상승이라 하겠다. 연구는 성령(性靈)에서 나오니 성령은 강사인 것이다.

저번에 내가 물에 돌을 던지니 가라앉고 물에 나무를 던지니 떠다녔다. 그 이치를 풀 수 없어 좌우로 궁리하고 헤아리니 강사가 슬며시 일러주기를 "돌이 자잘한 것이더라도 주저함 없이 가라앉는 것은 그것이 놓인 물의 무게보다 무겁기 때문이고, 나무가 거대한 물체임에도 하릴없이 떠다니는 것은 그것이 점유된 물의 무게보다 가볍기 때문이다. 물과 사물을 비교하면 무거운 것은 가라앉고 가벼운 것은 뜬다." 하였으니 참으로 강사라 이를 만하다.

우리 동포는 이 완전한 강사를 높이 받들어 어떻게 하면 우리나라를 부강하게 할까 어떻게 하면 동포를 안도하게 할까 뇌를 쏟아 연구해야 한다. 연구 중에 지남거(指南車)와 나침반이 있을 것이다. 또한 마음을 다해 연구해야 한다. 화옹(化翁)과 신인(神人)이 연구에서 나와 부국의 계책과 강병의 기술을 설명할 것이며 상상과 상곡 같은 괴목의 소유[18]와 참새가 부엉이를 낳은 경지로 지도할 것이다. 동포여, 동포여, 뽕나무 활은 큰 바위도 꿰뚫는다. 우리 중에 이를 따르지 않을 자 누구리요.

우리나라 청년의 위기 / 문일평(文一平)

인내력의 박약

미국에 저명한 모 종교가가 예전에 우리 학생의 집회에서 연설할 때 말하기를 "귀국 청년의 결점은 인내력의 박약에 있다"고 하니, 지극하도다 이 말이여! 병자의 약석(藥石)이며 빈자의 보배이다. 묻나니 오늘의

---

18 상상곡(祥桑穀) : 상상(祥桑) · 상곡(祥穀) : 뽕나무와 닥나무가 엉겨붙어 하루만에 한 그루처럼 크게 자란 요괴나무. 태무(太戊)가 덕을 닦자 말라죽었다고 한다. 『사기(史記)』 「은기(殷紀)」에 나온다.

우리 청년에게 이 사실이 과연 있는가. 이 사실이 없다면 어찌 외부인의 구설로 평가받을 수 있는가. 이는 바로 우리가 거듭 반성할 점이다.

대저 우리가 최초 태 안에서 나온 날로부터 무덤에 들어갈 때까지 이 세상에서 유형과 무형계의 두 대적과 분투할 때, 최후 승패를 날카롭고 무디게 하는 것은 오직 인내력의 유무, 대소, 강약에 달려 있다. 그대는 보지 못했는가. 그리스도가 광야에 나가 40일 밤낮의 마귀의 유혹을 인내하지 못하였으면 어찌 예수교를 개척하였으며, 석가가 산림(山林)에 들어가 6년의 고심과 수행을 인내하지 못하였으면 어찌 불도를 창도하였으며, 자방(子房)이 흙다리에서 욕을 인내하지 못하였으면 어찌 제왕의 책사가 되었으며, 거(莒)나라 중에서의 불만을 인내하지 못하였으면 어찌 제후의 패자(霸者)가 되었고, 워싱턴이 식민지 암운에 혈전한투(血戰汗鬪)의 곤란을 인내치 못하였으면 어찌 저 강폭무도한 영국군을 격파하고 미국의 독립을 성취하였으며, 이 제독(提督)이 한산도 달밤에 육비골절(肉飛骨折)의 고통을 인내하지 못하였으면 어찌 저 교활무법의 적아(敵兒)를 토멸하고 우리나라의 생령을 보전하였겠는가. 이로 말미암아 보건대 동서고금을 막론하고 세계를 놀래키며 인류를 지배하는 대성현, 대정치가, 대군략가는 다 이로써 그 과정을 밟지 않은 자 전혀 없고 또 그 과정을 밟고 성공하지 못한 자 전혀 없다. 크도다. 인내력이여. 인내력이 없으면 사람이 사람 되기 어렵고 영웅이 영웅 되기 어려우며 성현이 성현 되기 어려우니, 그 동기는 비록 작아도 결과는 지극히 크다.

아, 이 예를 타인에게 멀리 구하지 말고 거꾸로 보아 자신에게 가까이 적용할 것이다. 가령 하루의 생활로 말하더라도 일시의 작은 화를 인내하지 못함으로써 평생의 큰 우환을 잉태할 수 있으며, 반 초(秒)의 짧은 쾌락을 인내하지 못함으로써 10년의 장고(長苦)를 초래할 수 있다. 심지어 찡그리고 웃는 것, 그리고 움직이고 멈추는 것 같은 작은

행실과 소소한 일을 인내하지 못함으로 인하여 자주 타인에게 조소를 사며 자기 마음에 부끄러움을 만드는 일이 없지 않으니, 이는 우리가 과거 매일 경험해온 바요, 현재 매일 목격하는 바이다. 그러하니 과연 인내력이 심성상에 어떠한 관계가 있으며 행동상에 어떠한 영향을 미치며, 수양 및 사업상 어떠한 열쇠와 자물쇠가 되는지 군말할 것 없이 잘 알 것이다.

하지만 그동안 지금까지 우리 청년계를 관찰하건대, 무엇이든 알지 못함이 심하다. 내국 청년의 실상은 나로서는 애매하여 잘 알지 못하는 고로 단언하기 어려우나 해외에 체류하는 우리 청년 일부의 상태를 논하건대, 어제 통학했다가 오늘 휴학하며 오늘 입학했다가 내일 퇴학하여 전공이 실업에서 정치로 급변하며 정치에서 법률로 바뀌니, 이는 자기 일신의 앞날을 가로막을 뿐 아니라, 학교의 신용을 잃어 전체에 누를 끼치게 한다. 이 어찌 한심하지 아니한가. 혹자는 왕명으로 외국에 간 지 수년이 되도록 입학하지 아니하고 강습소에 통학하는 것으로 명분을 삼는 자도 있으며, 심하게는 전문 서적을 멀리 방치하며 소위 학교 강습회는 꿈속에도 미치지 않으며 화류계, 풍월루(風月樓)에 내왕이 빈번하며 연극장, 요리점에 출입이 무상(無常)하여 귀중한 시간을 허비하며 군색한 학비를 쓸모없이 탕진하니, 이들 청년은 추락한 학생이다. 더 거론할 필요가 없거니와, 어찌 탄식할 바 아니겠는가. 이는 모두 일정한 이상과 일정한 주의가 없는 이유로, 세파에 흔들려 사방에 휘둘려 쓸려가는 바이다. 그러나 그 또한 인내력의 범위에 귀속될 수밖에 없을 것이다. 우리가 긴 시간 동안 동일한 학교에서 공부할 때에, 쾌락도 생기며, 염증도 나타남은 인간의 통성(通性)이거늘, 아, 이 일시의 염증을 인내치 못하는 고로, 필경 휴학, 전교 혹은 퇴학까지 하여 평생을 그르치고 있는가. 가무와 여색, 음식의 욕구는 성인(聖人)이라도 오히려 피하기 어렵거든 하물며 일반인이며, 노년이라도 금하지 못하거든 하물며 청년이겠는가. 그러나 이 일시의 욕심을 인내하지 못하는 고로 깊은 마귀의 굴에 빠져 백 년의 큰 근심을 초래하는 바이니, 아아, 우리 청년이 일사(一事)가 벌써 그러하니 만사(萬事)가 어찌 그렇지 않으며, 일부가 이미 이와 같으니 전체를 족히 엿볼 수 있을 것이다.

금일 20세기 무대의 첫 막에서, 가장 멀고도 가장 많은 희망을 가진 우리 청년은 지극히 크고 지극히 무거운 책임을 부담한 채 생존멸망의 위태로운 길에 올랐다. 그런데 인내력이 이처럼 심히 작고 약하니, 어찌 이를 능히 견뎌 목적지에 도달할 수 있겠는가. 실로 최후 승리가 만난(萬難)하다. 그러므로 "급선무는 인내력의 양성에 있다"고 한 것이다. (미완)

| 학원 |

경찰의 정의 / 이대형(李大衡)

대개 경찰은 국가의 명령권이 행사되는 명령이다. 국가가 그 권력에 의하여 혹 행위와 불행위를 강제하는 바가 작용함인데, 경찰이 경찰된 연유는 그 일정한 목적을 달하기 위하여 한 개인에게 강제를 가함에 있는 까닭에 권력관계가 존재하지 않을 때에는 경찰이 있을 리 없다. 그러다가 경찰이 직접 공공의 안녕·질서를 보존하기 위하여 사람의 자유를 제한하는 권력이 작동한다고 말할 수 있다. 그러나 국가가 그 명령권에 의하여 한 개인의 자유를 제한하며 혹 행위를 강제함도 만일 그 목적이 공공의 안녕·질서에 대하여 위해를 배제하는 데에 있지 않으면 이를 경찰이라 이를 수 없다.

또한 요컨대 경찰의 목적은 안녕·질서의 보전에 있으며 그 수단은 위해를 방지함에 있고 그 형식은 자유를 제한함에 있다. 이러한 목적·수단·형식이 구비된 행정의 작동을 경찰이라 칭하겠고 경찰은 내무 행정의 일부분이라 경찰이 위해 방지의 목적을 달성하기 위하여 자유 제한의 수단을 사용함은 내부 행정인 경찰 강제권의 집행을 이르는 것인데, 곧 경찰권에 의하여 사람의 자유를 제한함으로써 안녕·질서를 보존함이 된다. 환언하면 사람의 자유를 제한하여 사회의 질서를 유지할 방법을 구해야 할 경우에는 경찰권을 통해 혹 행위·불행위를 강제함에 있는 까닭에, 설령 위해 방지의 목적으로 하는 활동도 한 개인의 자유에 아무런 관계가 있지 아니할 때에는 경찰의 활동이라고 말할 수 없다.

프랑스 볼테르 씨가 설명하기를 "선량한 경찰 제도가 개명한 정치상에 있음은 현 세계에 유명한 기물을 만드는 데에 더할 수 없이 유명한 숙련공이 있는 것과 같은 위치여서 하나의 보물이 된다."[19]고 하였다.

또한 독일 법학박사 몰(Robert von Mohl)[20] 씨는 경찰을 두고 공법 중에 가장 불분명하므로 곤란한 부분이라고 설명하였고, 오스트리아의 유명한 경찰학자 슈타인 씨는 이론도 없고 실무도 없고 하나하나 경찰에 관한 것을 세세히 해명하는 것은 극히 곤란하다고 설명하였다. 또 경찰법은 국가 일반 사무상에 있어 경찰의 직무와 지위를 정하기 위하여 가히 없어서는 안 될 줄로 인정하여 그 법리를 궁구함이 경찰상에 실로 필요하다고 대개 의론한다. 경찰의 정의에 관하여 위험예방설과 목적설과 내무행정설과 자유제한설이 있으나 그 귀착에 이르러서는 내무행정설과 자유제한설이 있다. 오늘날 이 설을 주장하는 유명한 학자의 논설이 있다고 한다. (미완)

생리학 초보 / 모란산인(牧丹山人)

여러분, 여러분은 다 완전한 국민이 되고자 하는 자이다. 완전한 국민이 되고자 한다면 우선 완전한 개인의 인격을 이루어야 한다. 그렇다면 완전한 개인의 인격이란 무엇인가. 청컨대 내가 차례대로 들어서 알리고자 한다. 대개 완전한 인격이란 천미(天美)의 발육에 따라 심신이 강건하며 의지가 확실하여 몸을 닦고 덕을 길러서 대업을 이루며 대도를 행하는 것을 만족된다고 하는 것이다. 이로 인하여 완전한 사람은 안으로 심리학을 연구하고 밖으로 생리의 도리를 실천하여 고등의 생활을 향유할 수 있다.

내가 지금 먼저 말하고자 하는 바는 사람이 사람이 되는 그 신체의

---

19 현 세계에……된다 : 원문은 '現世界에有名호器物中에無上히有名호良工을作호논位 置에一寶物된다'이다. 의미가 통하지 않아 맥락에 맞추어 번역하였다.

20 로베르트 본 몰(Robert von Mohl) : 1788-1875. 독일의 법학자 이자 정치학자이다.

구조·작용·발육의 상태 및 이를 건강하게 하는 방도를 제시하는 것이다. 즉 나누어 말하자면 신체의 구조를 가르침은 해부학이요, 그 발육과 작용을 가르침은 생리학이요, 이 몇 가지로 하여금 다시 강건케하는 길을 가르침은 위생학이다. 다만 여기서는 단지 생리학만 가지고 인체가 무엇인지 간단히 설명하고자 한다.

○ 인체

사람은 골격을 동량(棟梁)으로 삼고 근육이 이에 부착되었으며 외면은 완전히 피부로 덮여 있다. 또한 전신을 외부로부터 대별하면 가히 머리, 몸통 및 사지(四肢)의 3부로 나뉜다.

● **머리**는 구형(球形)으로 안에 뇌를 담은 두개(頭蓋) 및 안면으로 이루어진 것이다. 또 안면에는 시각-눈-, 청각-귀-, 후각-코-, 및 미각-입-의 관능을 지닌 넷의 구멍이 있다. 대략 목을 따라 가슴에 접속하여 있다.

● **몸통**은 척수를 싸고 있는 척주(脊柱)를 기둥으로 삼고 통상(桶狀)으로 목, 가슴, 배 및 골반의 4부로 이루어진 것이다. 목은 그 앞부분을 후(喉)라 이르니 안에는 발성기, 기관(氣管), 식도, 신경 및 혈관을 담고 있고, 가슴은 그 뒷부분을 척(脊)이라 부르니 안에는 호흡기인 폐, 혈행기(血行器)인 심장 및 대혈관을 담고 있고, 배의 뒷부분은 요(腰)이니, 안에는 소화기 및 비뇨기를 담고 있고 상부는 횡경막을 격(隔)하여 흉강(胸腔)에 접하고 하부는 골반이 지지하고 있다.

● **사지(四肢)**는 뼈 및 근육으로 이루어진 것이다. 상지(上肢)는 가슴에 연결되어 어깨, 상박(上搏), 전박(前搏) 및 손이 있고 하지(下肢)는 골반에 연결되어 상퇴(上腿), 하퇴(下腿) 및 발로 구별이 되어 있다.

신체의 기관은 또 그 작용에 기반하여 아래의 여러 계통으로 구별할 수 있다.

1. 운동기
2. 소화기
3. 순환기
4. 호흡기
5. 비뇨기
6. 신경기

○ 인체의 조직

육안으로 인체를 볼 때는 외부에는 피부와 모발이 있고 코·입 등의 내면은 점막으로 덮인 것을 볼 수 있다. 또 내부에는 근골(筋骨), 장기, 혈관, 신경 등이 존재하는 것을 살필 수 있으나 그 형상과 종류가 극히 복잡하여 어떠한 것으로 이루어졌는지 상세히 알기는 어렵다. 그러나 한번 현미경을 취하여 자세히 각 부가 조직된 것을 음미하면 어떠한 부분이든지 다 어떤 종의 소체(小體)로부터 구성된 것이 확실하다. 그 소체는 식물을 조직하는바 세포와 전적으로 같은 모양이라는 것을 인식할 수 있다.

이 인체를 구성한 동물 세포도 그 구조는 식물 세포와 대동소이하다. 원형질로부터 이루어진 것은 통상 구형(球形)의 연체(軟體)로 그 내부에는 한 점의 핵을 포함하니 다만 식물 세포와 다른 것은 특별한 피막(被膜)을 지니지 않았다는 것이다.

신체의 여러 부분은 다 이 세포로 이루어진 것이나, 부위를 달리함에 따라 그 형상에도 수많은 차이가 있어서 혹 둥근 것도 있고 편평한 것도 있으며 긴 것도 있고 실과 같은 것도 있으며 또는 비늘 모양으로 이루어진 것도 있다. 이중 동일한 형상과 성질을 지닌 세포는 항상 한곳에 모여 조직을 이룸이 흡사 벽돌과 돌이 맞대어져 장벽을 이루는 것과 같다. 이제 작은 살 조각 하나를 취하여 현미경 아래에서 비춰보면 용이하게 이를 엿볼 수 있으니, 이들 여러 종의 조직이 상호 연결되어 하나의 형체를 갖추며 일정한 작용을 하는 것을 이름하여 기관(機關)- 혹은 기관(器關)-이라 이른다.

세포는 우리가 생존하는 동안에 각성 중은 물론이고 비록 수면 중이라도 잠시도 그 동작을 멈추지 않으니, 그 작용·조절이 알맞게 된 자는 항상 심신이 건전하여 신기(神氣)가 상쾌하며 거동이 민첩하나, 가령 일부분이라도 그 조절이 잘못될 때는 홀연히 병을 일으킨다. 만약 이 작용이 완전히 휴지(休止)하면 실로 죽은 것과 다름없을 것이다.

그런즉 우리의 생사는 필경 그 세포의 활동과 휴지의 의미에 달려 있음을 헤아릴 수 있다. 청컨대 항상 청결을 숭상하고 음식을 삼가며 운동에 힘써야겠다. 이는 필경 이들 세포의 동작을 조절하며 또 신진대사를 활발케 함으로써 심신을 건전케 하기 위함이다.

배나무재배 설 / 김지간(金志侃)

세계 문명의 정도가 높아짐에 따라 위생방법에 대한 연구가 발달해 과일에 자양분이 많고 소화력이 큼을 깨달아 과실의 수요가 점점 증가했다. 그러므로 과수 재배업이 날로 늘고 달로 더해져 세계 도처에 도회와 벽지를 막론하고 과수 재배의 열성이 일반 사무에 다대한 영향을 미치게 되었는데 그 중에, 한층 더 심한 것이 즉 배나무 재배다. 이는 배나무가 대개의 토지와 기후에 능히 번성하는 결과일 뿐만 아니라 배 열매의 수요가 다대하여 전도가 유망하기 때문이다.

특히 우리나라는 천부(天賦)의 기후가 적당하고 토지가 양호하여 배 열매의 산지가 많이 있으나 종류가 불량하고 재배법이 정밀하지 못하여 종래로 배나무 재배가 감감히 소식이 없었다. 그러나 금일부터 종류를 개량하고 재배를 정밀히 하면 우리나라의 배나무 재배가 세계에서 으뜸일 것을 예상하고 아래에 몇 가지 재배법을 대략 들어보려 한다.

○ 기후 및 지세(地勢)

기후는 한지(寒地)가 적당하고 온난한 지방에서는 불가하다. 그러므로 구미 각국에서도 배 열매의 명산지는 다 한지에 있다. 혹 온난한 지방에서 재배하려면 서북으로 경사진 지면을 택하여 재배하면 다량의 결과를 얻을 수 있으나 다만 광선의 수용이 부족하여 고운 과실은 얻지 못한다.

지세는 동남방을 마주하여 약간 경사진 위치가 가장 적당하고 그다음에는 남방이 가장 좋고 서방과 북방은 부적당하다.

○ 토질

토질이 적당한지 부적당한지는 과수 재배상에 다대한 영향이 있는 고로 먼저 양호한 토질을 조사함이 필요하다.

토질은 표층이 깊고 중층은 비옥하되 가는 모래가 혼재하여 배수가─배수는 물기를 제거한다─양호한 것이 가장 적당하고 그다음에는 사질양토(砂質壤土)와 점질양토(粘質壤土)와 역질양토(礫質壤土) 등이 좋다.

○ 종류

배나무가 병해와 충해를 감당하는 힘의 강약과 결실의 풍흉과 성숙기의 지속(遲速)과 저장기의 장단과 풍미의 우열과 형상의 대소와 빛깔·윤기의 추미(醜美)와 용도의 광협(廣狹) 등 제반 일이 다 종류가 어떠한가를 따라 확연한 차이가 있으니 재배자는 이에 특별히 주의해야 한다. 선택에 필요한 사항은 나무의 성질이 강건한지 결과가 풍부한지 과실의 형상이 고운지 빛깔·윤기가 기려(奇麗)한지 성숙기가 적당한

지 맛이 좋은지 등의 건이다. 또한 도회에 근접한 지역에서는 생식으로 쓰일 것을 재배하되 특히 조숙종(早熟種)을 택하며, 도회가 멀리 떨어진 지역에서는 운반이 불편한 고로 저장이 적당한 것을 택하되 만숙종(晚熟種) 중에 양주용(釀酒用), 건과용(乾果用) 등의 종류를 택함이 좋다.

○ 번식

배나무를 번식하는 법은 씨앗심기[實蒔], 휘문이[壓條], 꺾꽂이[杆挿], 접붙이기[嫁接] 등이 있으나, 휘문이는 노동력과 비용이 많이 들어 편리하지 못하며 씨앗심기는 과실의 씨앗을 파종하여 양종(良種)의 열매를 얻기 어렵고 또는 햇수가 많이 필요한 고로 이 또한 불리하다. 그래서 산리(山梨)의 씨앗을 파종하여 밑그루[砧木]가 될 만하게 된 후에 접붙이기를 시행한다.

○ 밑그루 재배-밑그루는 접목할 바탕나무[根木]이다-

11월 중순경에 완숙한 산리(山梨)-산리는 즉 돌배이다-의 과실을 따서 그 과육을 제거하고 씨앗을 취하여 잘 세척한 후에 화분이나 빈 석유 상자에 건조한 마른 모래를 깔고 가는 모래와 그 씨앗을 혼합하여 비와 이슬이 들지 않는 곳에 두었다가 이듬해 2월 중순경에 예정한 경작지를 일구고 파종한다. 이랑의 폭은 2척 5촌으로 하고 이랑 위의 중앙 7·8촌의 간격을 두고 전후 2열로 행을 나누고 그 씨앗을 2·3촌 거리에 한 알씩 뿌린 후에 모래 혹은 가는 흙으로 덮고 볏짚을 가늘게 잘라 살포하여 건조함을 면하게 한다. 혹 건조가 심하면 관수기(灌水器)로 물을 대어도 무방하다. 파종한 후에 4월 하순이 되면 싹이 발생하여 차차 4·5촌쯤 신장하면 유박(油粕)이나 어박(魚粕)을 썩혀서 비료로 사용하고 그 후에 일차 또 희박한 인분뇨(人糞尿)를 공급하며 때때로 제초하여두면 이듬해 봄에는 밑그루용으로 쓸 수 있다. (미완)

사이폰·측량기(測量器)·펌프 / 포우생(抱宇生)

사이폰

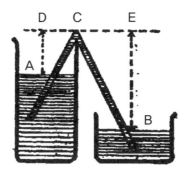

사이폰은 길고 짧은 두 개의 다리를 가진 곡관(曲管)인데 대기의 압력을 이용하여 높은 곳에 있는 액체를 낮은 곳에 옮기는 데 사용하는 기구이다.

아래 그림에 보이는 것과 같이 짧은 다리를 위쪽 그릇에 넣고 긴 다리의 단자를 위쪽 그릇의 액면(液面)보다 낮게 한 연후에 긴 다리의 단자를 빨아들여 액체를 관 속에 가득 차게 하면 액체는 장구히 아래쪽 그릇으로 흘러내린다.

그림 중 곡관의 최고점 C를 향하여 좌우로 밀고 올라오는 압력을 생각하면-물이 곡관의 양쪽 다리에 가득 찼다고 생각함- 좌로부터 우를 향하여 움직이는 압력은 기압에서 AD 되는 액주(液柱)의 압력을 뺀 것과 동일하고, 우로부터 좌를 향하여 움직이는 압력은 기압에서 BE 되는 액주의 압력을 뺀 것과 동일하다. 이제 AD와 BE를 비교하면 BE가 AD보다크므로 C점에서 좌로부터 우를 향하여 움직이는 압력은 우로부터 좌를 향하여 움직이는 압력보다 크다. 그러므로 액체는 위쪽 그릇으로부터 아래쪽 그릇을 향하여 흐른다. 요컨대 AD가 BE보다 작으면 이상의 움직임을 띠며, DE 선은 수면과 평행선이다.

측압기(測壓器)

측압기는 물 혹은 수은을 넣은 U자형의 유리관인데 기구 안의 기체의 압력을 측량하는 데 사용하는 기구이다. 관의 한쪽 끝은 개방되어 있고 다른 끝은 기구에 연결되어 있어서 만일 기구 안의 기체의 압력이 대기의 압력보다 클 때에는 외기(外氣)와 통하는 관 내의 액면(液面)이 기구와 연결된 관 내의 액면보다 높고, 기구 안의 기체의 압력은[21] 대기의 압력과 액면의 높이차에 상당하는 액주(液柱)의 압력과 맞아떨어진다. 만약 기구 내의 기체의 압력이 대기의 압력보다 작을 때에는 외기에 접한 액면은 기구와 연결된 관 내의 액면보다 낮다. 이상의 작용을 간단히 식으로 나타내면 아래와 같다.

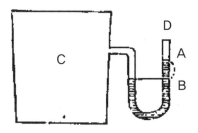

기구 안의 기체의 압력을 C라 하고 대기의 압력을 D라 하고 만약 C의 압력이 D보다 클 때에는 그림과 같이 대기와 통하는 관 내의 액면은 기구와 통하는 관 내의 액면보다 AB의 길이만큼 높으니 이때 C의 압력은 다음과 같이

---

21 기구와……압력은 : '기구와 연결된 관'에 해당하는 원문은 '壓와連絡호管', '기구 안의 기체의 압력'에 해당하는 원문은 '壓內의氣体의壓力'으로 되어 있다. '壓'이 '器'의 오자인 것으로 판단하여 문맥에 맞게 번역하였다.

C＝D＋AB가 된다.

-단 AB는 관 내 AB의 길이와 동일한 액주(液柱)의 압력을 대표한 것이다-

펌프

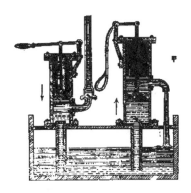

펌프는 대기의 압력을 이용하여 물을 낮은 곳에서 높은 곳으로 이동하는 기계이다. 이에는 여러 가지가 있으나 주요 부분은 하나의 원통과 그 기계 안에서 상하로 움직일 수 있는 피스톤[活塞]과 상방향으로만 열릴 수 있는 두 개의 판으로 이루어져 있다. 흡상(吸上) 펌프-그림 갑(甲)-는 하나의 원통과 그 안에서 상하로 움직이는 피스톤으로 이루어진 것이다. 이 피스톤에는 하나의 판이 부착되어 상방향으로만 열리며 통 밑에는 수직의 관이 있어 아랫면이 물과 연결되어 있고 통 밑과 이 관의 경계에는 상방향으로만 열리는 하나의 판이 있다. 그런데 피스톤을 들어 올리면 통 밑과 피스톤 사이에는 진공이 생기는 까닭에 물은 대기의 압력으로 인하여 끌어올려지며 다시 피스톤을 내리누르면 통 안의 물의 압력은 고저(高低)의 판을 닫고 피스톤에 부착된 판을 열고 통 안의 물은 피스톤의 윗면으로 나온다. 그러므로 피스톤을 한 차례 누르고 올릴 때마다 물은 차차 피스톤의 윗면으로 나와 원통의 벽에 있는 구멍을 따라 흘러나온다.

그러나 이에 대하여 주의할 바는 물이 관을 따라 통 안으로 올려짐은 전적으로 대기의 막힌 힘으로 인한 것이므로 수면에서 통 밑에 이르는 거리가 34척을 넘을 때에는 펌프는 그 작용을 보이기 불가능하다는 것이다. 이 34척의 거리는 대기의 압력과 조합-이 평형의 뜻은 전호에 있음-을 이루는 물기둥의 높이와 동일한 까닭이다. 그림 을(乙)[22]은 압상(押上) 펌프인데 이것이 흡상 펌프와 상이한 점은 통 밑의 근처에 곡관(曲管) 한 가지〔一枝〕를 붙여세우고 그 한 방향에는 윗면으로만 열리는 판을 붙이고 피스톤에 부착하는 판은 생략한 것이다. 피스톤을 한 차례 누르고 올릴 때마다 물은 통 안으로 들어와 다시 이 지관(枝管)을 따라 판을 열고 나온다.

---

22 그림 을(乙)은 수록되어 있지 않다.

| 문예 |

• 광고

　본 학보 대금을 거두어들이는 데 편의를 따라 경성과 평안북도에는 위탁 수금소(收金所)를 설치하였사오니 경성에서 본보를 구매해 보시는 이는 대금을 경성 북서(北署) 원동(苑洞) 이갑(李甲) 씨 댁에 유숙하는 김기옥(金基玉) 씨 앞으로 교부하시고 평안북도에서 본보를 구매해 보시는 이는 평안북도 정주 남문 내 홍성린(洪成麟) 씨 앞으로 교부하시기를 삼가 바람.

태극학보 알림

김태연(金泰淵)에 대한 조문 -8월 31일- 漢 / 김원극(金源極)

　군(君)은 평안남도 순안(順安) 사람으로, 올여름에 유학차 도쿄로 건너왔다. 대개 그가 평소에 늘 지니고 있던 뜻은 참담한 국운을 한탄하고 소멸된 민권에 격노한 바로써 초연히 바다를 건넜으니, 당시 나이는 겨우 22세였다. 예전에 나를 찾아와 말하기를 "저희 양친께서 모두 살아 계십니다. 다만 가계(家計)가 지극히 가난한 나머지 수년 동안 경성에서 유학할 때 저희 양친께서 도붓장사로 공급하여 어렵사리 겨우 입에 풀칠이나 하였습니다. 그런데 다시 여기로 건너오니 여비(旅費)가 우리나라의 몇 배나 됩니다. 이와 같이 빈한한 형편으로 진실로 판비(辦備)하기 어렵습니다. 학교의 월사금으로 말하자면 납부할 방도가 전혀 없습니다. 다만 보건대 경찰학교에 지금 월사금이 없는 까닭에 이 학교에 먼저 들어가서 연습해야 하고, 여관은 우선 분명하게 정하지 못한 까닭에 10여 리 정도의 거리를 여러 날 계속 오가야 하며, 또 상학

(上學) 시간이 신속히 다다르고 식사 시간이 뒤늦게 이르는 까닭에 늘 식사 전에 상학하고 오후 한두 시에 하학(下學)하니, 그 주린 창자로 먼 걸음을 하는 것이 어찌 수고롭지 않습니까. 그러나 예로부터 유명한 인물과 위대한 호걸 가운데 이와 같은 곤란과 위험을 겪지 않고 세상에 우뚝 선 사례가 어디 있었습니까. 오늘 이후로는 우리나라 유학생 감독부 내의 공실 한 칸을 임차하여 지내고 제 손으로 직접 밥을 지어 먹는다면 한 달의 비용은 틀림없이 6·7원 가량에 불과할 것이니, 이 정도 경비라면 우리 부모님께서 마련해 주실 수 있을 것입니다. 아무리 천신 만고가 이 몸을 얽매더라도 학문의 목적을 기어이 이룰 것입니다."라고 하여, 한바탕 발언하는 그 기운이 듣는 이로 하여금 깜짝 놀라 감탄하게 하니 나 역시 감탄하며 장려해 마지않았다.

바로 그날 마침내 함께 감독부에 가서 공실을 살펴보니, 그 오랫동안 쌓인 부패하고 눅눅한 기가 실내에 온통 가득 차서 한번 그 문을 여니 콧구멍을 찌르는바 여간한 청소로는 참으로 거처하기 어려울 지경이었다. 그러나 군은 이에 오히려 맹세하기를 "매일 하학하고 난 이후에 볕에 쪼이고 깨끗이 닦아낸다면 임금(賃金) 1전 낭비하지 않아도 족하다."고 하니, 아아, 군의 열심(熱心)에 이와 같음이 있었다. 고생을 싫어하고 편안함을 추구하는 것은 대개 인지상정이다. 군은 양친께서 살아 계시고 그 연령도 약관(弱冠)이다. 그렇다면 그 보통 사람의 부류라면 가정에서 따뜻하게 입고 배부르게 먹기를 추구해야 마땅하고, 그 부모 된 자도 머나먼 이별을 애달파하여 그 자제로 하여금 으레 대문 안에 가두는 죄수 신세가 되게 하니, 이른바 어버이를 사랑하고 자식을 사랑하는 것은 개와 말을 봉양하고 학과 돼지를 기르는 데 불과하다. 생각건대 우리나라의 폐쇄적인 옛 습속은 실로 지사(志士)들이 한심하게 여기는 바이다. 그런데 이제 군의 한 소리를 들으니 내 마음이 뜰 듯이 기뻐서 이에 다음과 같이 말하였다.

"이국에서의 유학이 예사로운 일 같지만, 머나먼 만리길 객지에서 사방을 돌아봐도 의지할 데가 전혀 없어서 나 홀로 지내는 밤 쓸쓸히 비치는 차가운 등불을 대함에 그 곤경과 근심과 슬픔과 고통이 진실로 끝없이 어려움을 본다면 이를 두고 심상한 곤경이라 할 수 없을 것이다. 그럼에도 군은 이를 기꺼이 마련하고 또 유학하기를 즐거워한다. 권문세가의 후손과 부호의 자제들은 가옥을 세내어 빌려서 스스로 하녀를 고용하고 의복과 음식과 거처 등 온갖 준비에 객지의 형상과 자취가 전혀 없으니, 이와 같으면 부족한 것은 그저 멀리 떨어진 것뿐이다. 이처럼 사람의 일신이 구차하게 편안하면 멀리 떨어져 있는 사사로운 감정 역시 간절함과 진지함이 없는 것은 당연한 형세이다. 그런데 지금 군은 필요한 집세를 맞추어 낼 수 없고 학교의 월사금을 마련할 수 없는데도 자취 생활 역시 즐거이 해낸다.

아아, 비록 고국에서 친척·동료·친우 들이 한 가득 모인 와중이라도 물 긷고 절구질하는 일을 도울 이가 없고 텅 빈 방에 홀로 앉아 싸늘한 주방에서 자취한다면 철석 같은 간장의 남아라도 간혹 근심과 회한의 눈물을 흘릴 수 있다. 그런데 심지어 이민족 일본인의 언어[23]만 들리는 이국의 타향에서 차마 능히 자취를 행하면서 개의하는 기색이 전혀 없다. 아아, 이로써 군이 험난함을 무릅쓰고 경험에 정진하는 큰 절의를 알 수 있다. 이와 같은 군의 영묘(英妙)함으로 유학의 의지가 이처럼 원대하고 인내력이 이처럼 확고하며 모험심을 이처럼 갖추고 있다. 이와 같이 훌륭한 자질로써 그 학업을 성취하는 날에 국가와 사회에 이를 베푼다면, 설령 부월(斧鉞)이 눈앞에 닥치더라도 평소 의지를 변치 않고, 펄펄 끓는 가마솥이 뒤따르더라도 평소 대절을 변치 않아서 곧장

---

23 일본인의 언어 : 원문은 '격설(鴃舌)'이다. 우는 소리가 아주 나쁜 왜가리 소리이다. 전하여 남만(南蠻) 지방 사람의 알아들을 수 없는 언어를 비유한 것이다. 여기서는 곧 왜인(倭人)의 언어를 가리킨다. 『맹자(孟子)』「등문공상(滕文公上)」

용감하게 전진하여 워싱턴의 혈전과 파리 성의 첩보를 반드시 이루어
낼 것이다. 이러한 까닭에 가만히 우리나라의 앞날을 축하하노라."

어느새 작별을 고한 지 벌써 순망(旬望)이 지났다. 그가 점차 학문에
매진하여 진보하리라 여겼다. 그런데 뜻밖에 그끄저께 채신지우(採薪之
憂)²⁴의 기별이 있었으니 마땅히 즉시 가서 문안했어야 하였다. 다만
내가 이곳에 오감이 자유롭지 못한 까닭에 반드시 다른 사람의 인도가
필요하였다. 그렇다면 비록 가고자 하였지만 그렇게 하지 못한 것은
참으로 당연한 형세였다. 그런데 어찌 그리도 금방 세상을 떠났단 말인
가. 오늘 아침에 나의 벗이 찾아와 문을 두드려 전하기를 "군이 세상을
떠났다고 하오."라고 하니, 아아, 슬프도다. 도대체 이게 무슨 말인가.
이게 무슨 말인가. 꿈인가 생시인가. 또 돌이켜 생각건대 꿈이 아니라
생시라면 저 푸른 하늘이 어찌 차마 그러실 수 있는가. 하늘이 군에게
재능을 부여할 때 지혜만 넉넉히 주고 수명을 적게 주었단 말인가. 또
한 하늘이 우리나라를 긍휼히 여기지 않음이 참으로 심하다. 하늘이
만민을 낼 때 반드시 삶과 죽음에 명운이 있고 지혜와 어리석음에 반드
시 분별이 있거늘, 어찌 그리도 지혜로운 자를 속히 앗아가고 어리석은
자는 내버려서 우리나라의 운수로 하여금 전전하다가 다 없애어 극복
할 가망이 없게 하는가. 나무가 올곧으면 채벌되고 학이 잘 울면 살려
두는 법이다. 그렇다면 삶과 죽음이란 진실로 선과 악을 가리는 바가
없다. 그럼에도 군을 앗아간 것은 또 무엇 때문인가. 아아, 너무나 슬프
다. 천도란 지극히 공정하고 지극히 인자한 법이거늘, 어찌 이와 같을
수 있는가. 내가 이에 거듭 통곡하고 생각하여 다음과 같이 말하였다.

"인명의 장단이 비록 천명이 있다고 하지만, 역시 위생이 불리하면
병에 걸리기 십상이니 걸린 병이 고질이 되면 죽는 것이 분명하다. 예

---

24 채신지우(採薪之憂) : 원문의 채신(採薪)은 채신지우(採薪之憂)의 준말로 몸이 아
   픈 것을 겸손하게 칭한 것인바, 『맹자』에 보인다.

전에 군이 무더운 달에 바다를 건넌 탓에 물과 풍토가 변하니, 설령 충분히 몸조리 하여 건강해도 기대에 부응하기 어렵다. 더구나 비바람과 추위와 더위를 전혀 꺼리거나 피하지 않고 멀리 학교와 떨어진 곳에서 주림을 참아가며 왕래하였다. 그러니 설령 구리로 된 신체와 돌로 된 창자라 하더라도 상하지 않기는 어려울 것이다. 혹 이로 인하여 고질이 일어나 이수(二豎)[25]가 장난을 치는 지경에 이르러 온갖 신령의 보호가 끝내 그 효험을 보지 못한 것인가. 아아, 애통하다. 군이 오늘 세상을 떠났단 말인가. 차마 말할 수 없고 차마 들을 수 없다.

　사람이 이 세상에 태어나 살면서 반드시 한 번 죽는 것은 그 형세상 진실로 그러한 것이니, 죽음을 어찌 애통히 여기겠는가. 하지만 부모님께서 다 살아계시니 객지의 외로운 넋이 죽어도 유감인데, 비록 부모님의 뜰에 있더라도 이번의 영결을 어찌 만회할 수 있겠는가. 또한 남아로서 사방을 다스림에 뜻을 두었으면 죽는 즉시 땅에 묻힐 때 도처의 청산을 기약할 만하다. 어찌 군이 고향의 원림일 필요가 있겠는가. 이는 모두 다 깊이 한스럽고 간절히 통곡할 만한 것이 못된다. 다만 아득히 품은 한탄은 학문의 목적을 뜻대로 달성하지 못하고 국가의 권리를 뜻대로 회복하지 못하고서 너무나 다급히 이 세상과 작별하여 스스로 망국의 귀신이라는 오명을 뒤집어쓰고 사후의 세계로 가서 지하에서 열성(列聖) 조종(祖宗)을 뵙게 된 것이다. 군에게 영령이 있다면 이번 영결을 어찌 차마 하겠는가. 아아, 국권의 만회와 민지의 개발은 군이 평소 소망하고 또 소망하는 바였으며 강개하고 또 강개한 바였다. 그 생전에 미처 완수하지 못한 소원을 우리 황천후토(皇天后土)께 읍소하여 은밀한 보우가 있어서 일반 동포로 하여금 부강하고 문명한 경지에 오를 수 있도록 기약한다면 비록 죽는 날이라 해도 살아 있는 때와 같을

25　이수(二豎) : 낫기 어려운 병(病)을 비유하는 말이다.

것이다. 영령이 어둡지 않거든 나의 이 말에 감응하라."

최시건(崔時健)에 대한 조문 / 김원극

　저 푸른 하늘이여, 우리 훌륭한 사람을 죽이도다.[26] 훌륭한 사람이여,
훌륭한 사람이여. 어찌 이번 떠나감을 차마 한단 말인가. 동명학교(東明
學校)를 유지하고 고아원을 베풀어 설비한 것은 모두 군의 열심과 지성
에서 나온 것으로, 집안의 재산을 남김없이 쏟아붓고 자기의 생계를
돌아보지 않았다. 군은 22세의 나이로 일찍 의무를 깨달았으니, 어쩌
면 이리도 장하단 말인가. 무릇 우리 온 나라 일반 동포가 모두 군의
열심과 지성과 같다면 국권을 만회하고 민지(民智)를 계발하는 것은 차
례대로 되어 가는 일이 될 수 있었을 것인데 아아, 저 수전노의 무리는
허옇게 센 머리로 사리사욕이 갈수록 더욱 완고하고 침체되어 공익의
사업과 교육의 방침이 도대체 무슨 일이 되는 줄을 알지 못하고, 이에
오히려 배척하며 괄시하고 나무라며 비웃어서 사회에 해를 전파해 끼
치니, 그 또한 죽지 않고서 무엇을 기다린단 말인가.
　또한 혹 그 자제들이 성대한 만찬과 수놓은 비단 속에서 스스로 방일
하여 학문을 달가워하지 않고, 단지 그럭저럭 하는 일 없이 한가롭고
편안하게 지냄을 일삼아서 기생집과 술집에다 날마다 만금을 소비하고
저포(樗蒲)[27]와 상륙(象六)[28]에다 부질없이 항산을 던져버리고도 오히려
아까워하지 않아서 오늘날 국세와 민정이 극도로 잔혹한 것을 애당초

26　저……죽이도다 : 이는 『시경』 「진풍(秦風) 황조(黃鳥)」에 "저 푸른 하늘이여, 우리
　　훌륭한 사람을 죽이도다. 만일 바꿀 수 있을진댄, 사람마다 그 몸을 백번이라도 바치
　　리."라고 한 데에 보이는 말이다.
27　저포(樗蒲) : 도박, 놀음이다.
28　상륙(象六) : 주사위이다.

대수롭지 않게 여기니, 이러한 인민의 무리가 억만이라 하더라도 나라에 무슨 이익이 있겠는가.

아아, 황천이시여, 이 무리로 하여금 우선 재화(災禍)에 대해 뉘우치도록 하지 않으시고 우리 제국의 청년 중에 선구가 되는 자로 하여금 목숨을 빼앗기기를 이렇게나 빨리 하게 하였으니, 아아, 애통하도다. 돌보아 주지 않음이 심하도다. 지금부터는 대동강 이북 지역의 교육계에서 주창할 자가 그 누가 있겠는가. 군의 뜻에 생각하기를, 현제(賢弟) 시준(時俊) 군으로 하여금 이 임무를 대신하여 행하게 하고 군은 오르고 내리며 천지와 명사(冥司 저승의 장관)에게 하소연하여 은밀한 보우를 얻도록 하여서 국권을 회복할 것을 기약하고자 한 것이란 말인가. 아아, 군이 떠나간 것은 아마도 이 때문일 것이다.

내가 오늘 슬퍼하여 울부짖음이 이와 같은 것은 그래도 혹 스스로 위로할 수 있겠거니와 또 슬퍼하여 울부짖음이 이보다 더 심한 것이 있으니, 현제 시준 군은 과연 청년 중의 기재(奇才)이다. 접때 내가 도쿄에 처음 건너왔을 적에 교유가 깊고 친밀하며 우의가 무르녹아 통하여 그의 뛰어난 언론과 의협심이 이 훌륭한 형의 훌륭한 아우라고 이를 만하였으며, 만약 그 유학의 목적을 달성한 날에는 그 우리나라의 앞길에 영웅이 될 것임은 진실로 이미 예상하였던 바인데, 아아, 이제는 그만인가보다. 또 한편 생각하면 영웅이 어찌 반드시 학술 가운데에 있겠는가. 그 스스로 살피고 스스로 수양할 수 있으면 또한 영웅이 될 수 있어서 그 형의 사업을 잘 계승하여 빛나게 할 것이다. 처음에는 군을 위하여 애도하고 위로하며 다시 현제 시준 군을 위하여 축원하고 권면하노니, 영령은 부디 감동해 들으소서.

이인진(李寅枃)의 비보를 듣고
눈물이 나다 漢 / 9월 1일 김원극(金源極)

내 지난달에 윤순이 해를 당한 소식을 듣고 실성대곡(失聲大哭)하며 말하였다. "곤강(崑岡)의 불이 옥석(玉石)을 함께 태우는구나. 슬프도다. 이 사람은 세가(世家)의 학술을 위해 조기에 외국에 나와 세계 진화의 당찬 걸음을 엿보려 하였다. 그러므로 우리나라가 완고하여 미혹에서 깨어나지 못함을 개탄하여 신교육계에 밤낮으로 열심이더니 불행히도 의외의 참혹을 겪었다. 이는 하늘이 우리 동포의 속마음을 미혹하고자 함이 아니다. 대개 사람이 노소를 막론하고 죽는 것이 불쌍하지 않을 리 없지만 오늘의 우리나라 현상에 대하여 뜻 있는 청년의 죽음은 가장 가슴 막히고 기절할 노릇이다. 그렇기에 그 정령(精靈)도 시기를 타서 남몰래 도와주기를 축원하며 부득이 얼굴을 가리고 울었다. 4·5일 전에는 용천(龍川) 최시건(崔時健) 군의 슬픈 소식을 듣고 서쪽을 바라보고 크게 곡하는 와중에 그저께 도쿄 유학생 김태연(金泰淵)의 슬픈 소식을 들어 한껏 애통하기를 마지않던 시기에 서병현(徐炳玹) 군의 편지를 접견하니, 천천만만 꿈에도 없던 군의 흉한 소식이 있었다.

오호라, 수 개월 이래로 고통의 눈물이 마를 날 없고 통박(痛迫)의 극한에 머리를 기둥에 박은 것 마냥 슬픔을 달랠 바를 모르겠다. 오호라, 군은 그 무슨 일인가. 나이 겨우 20세 때 새로운 세상 풍조를 깨달은 자가 군이 아니었던가. 학술이 점점 증진하여 장차 청년의 모범이 될 자가 군이 아니었던가. 군이 예전에 나에게 편지를 보내 '윤순 씨가 해를 당하니 일월(日月)이 참담하다.'고 하더니, 지금은 군이 뒤를 이어 떠났다. 나는 오늘에 홀로 슬퍼하여 '용흥강(龍興江) 강물이 무정하여 목이 멘다.'라고 한다. 오호라, 나의 비통함이 군에게 있어 공사(公私)가 둘로 나뉜다. 군의 묘년(妙年)의 재격(材格)이 성취되는 날이면 전국의 대사업이 위인을 만들 것이거늘, 지금에는 아무 것도 남지 않았을 따름이다. 내가 이번 여름 헤어질 때에 평일 동창이 강구하던 정계(情契)를 다 말하지 못하고 몇 마디로 언뜻 작별하였다. 이제는 그 조용한 음성과 용모를 다시 볼 일 기약이 없으니, 이 한이 얼마나 지극하겠는가. 군은 비록 멀리 가지만 하나의 대한혼(大韓魂)인즉 반드시 있으리라. 혼아, 혼아, 우리 대한을 도울 것이라. 영(靈)이 만약 안다면 부디 감응할 지어다."

히비야공원(日比谷公園)을 유람하다 / 춘몽자(春夢子)

때는 융희 2년 8월 10일로, 날씨가 맑고 시원하며 풍색(風色)이 약간 서늘하였다. 오동잎 한 잎에 새 가을 소리의 흥취를 금치 못하여 김홍양(金鴻亮)·김현식(金鉉軾) 두 친구와 함께 나서 히비야공원을 유람하게 되었다. 이때 눈으로 느껴지는 번화(繁華)가 우리나라 명구(名區)의 맑고 그윽하며 깊은 곳과 더불어 서로 하늘과 땅 같은 큰 차이가 있어, 인간 세상의 낙관과 감각의 기관을 드러내었다.

첫 번째로 높은 층의 누각을 멀리 바라보니 도서관이라 하였다. 고금의 서적을 남김없이 준비하여 전국 인민의 종람(縱覽)을 허락하니, 이 관에 오는 자는 서적류의 신구(新舊) 명명을 모르는 이 없으며 여기서 고르고 저기서 찾음에 마음과 눈의 구멍이 예사롭게 앞이 시원하게 트이니, 만약 광형(匡衡)[29]이 다시 살아나면 책 읽기를 즐겨 시장에서도 책을 보는 상황을 면할 수 있을 것이요, 뜻한 바대로 연구함이 얼마나 될지 알 수 있을 것이다. 그 일반의 민지(民智)로 권려하고 인도함이 이보다 더할 수 없을 것이다. 그 북쪽에 못〔池塘〕이 하나 있으니 중간 규모의

---

29 광형(匡衡) : 중국 한나라 때의 정치가. 가난하였으나 공부를 좋아하여 원제(元帝) 때 승상(丞相)이 되었다.

분수관(噴水管)이었다. 돌제방의 풀들이 뛰어나게 아름다운 모습으로
진열되어 있으며 분출하여 흐르는 일대 폭포가 상하 굴곡이 한눈에 완연
하여 여산(廬山)[30]의 징검다리에 들어간 듯했다. 그 전후좌우에 휴게유관
소(休憩遊觀所)를 경영하였으니, 결구(結搆)가 이용에 편리하고 푸른 등
나무와 비취색 덩굴이 그 그늘을 덮고 있어 오는 사람과 가는 손님이
여기서 돌아다녔다. 그 임천(林泉)의 흥이 유유자적함을 얻었다.

내가 그 가운데로 걸어 들어가니, 동쪽은 유명한 모래밭이었다. 흰
태양이 밝게 빛나 은광의 세계를 만들어내었는데 사방에 철조 거상(距
床)이 잇달아 줄서 있어 관광객의 앉고 서는 것을 마음대로 따르게 하였
다. 그리고 북쪽 청초(淸草) 제방 위에 음악대를 높게 쌓아 각종 음률이
화락하고 둥둥거려 인민의 큰 화기(和氣)를 이끌어 내었으며 보고 듣는
것을 편리하게 하려 음악대 사방에 무수한 철 의자를 나열하였으니,
민중과 함께 음악을 즐기는 도(道)가 이에 진상(眞相)을 발현하였다. 서
쪽에 푸른 풀밭이 있으니 풀색이 연한 청색과 미미한 초록빛을 띠어
꽃과 꽃술이 쌓여 있는 것이 들쭉날쭉 곱게 흔들렸다. 무수한 아이와
여자가 격구(擊毬)와 피리 불기를 즐기며 쫓아 달리기를 마음대로 결정
하여 행하니, 그 어린아이가 마음껏 돌아다니는 것을 명확히 볼 수 있
으며, 그중 높은 둑에 한 휴게소를 만들어 일반 남녀가 놀고 쉬는 장막
은 사람의 마음과 정신을 크게 밝고 기쁘게 하였다.

한 시간을 앉아서 쉬고 점심식사를 마친 후에 더 일어나 걸어 서쪽을
향해 더 나아가니, 수도(水道)로 시설한 우물가가 있었다. 그 경계 위에
철표(鐵瓢)를 색색으로 매달았는데 목마른 자가 가서 마시도록 해두었
다. 또한 그 서쪽에 포대(砲臺)를 설치하였다. 그 굉장한 무장(器仗)이
닿는 것마다 눈길을 사로잡음에 놀라고 기이하기 그지없었다. 보는 자

---

30 여산(廬山) : 중국 장시성(江西省)에 있는 신비하고 아름다운 산으로 알려져 있으
며, 불교와 도교의 성지이기도 하다.

로 하여금 굳세고 용감한 기운을 배출하며 제조 발전의 기교를 발하여 보고 느끼는 것이 생기게 될 것이다. 또한 동쪽으로 수십 보쯤 가면 화원에 들어가니 육지 초목의 꽃이 형형색색 피어 그 종류가 수천만이 될지 모를 정도였다. 가장 놀라운 것은 원 중에 두루 지은 청모(靑茅)밭과 각색 세초(細草)로 나열하여 심은 '아(亞)' 자 형태였다. 이 가운데 들어가니 봄바람 향기 나는 나라에 있는 것 같아 날이 다하도록 돌아갈 것을 잊을 만했다. 또한 그 동쪽 일대에 하수도를 많이 트이게 하였다. 푸른 오리, 흰 오리가 위아래로 뜨고 가라앉으니, 호수가 그윽하게 일어나게 만들었다. 이에 가는 것을 멈추고 눈을 크게 뜨고 보다가 어느새 이미 해는 저물었다. 끝없는 풍경을 역력히 다 보는 것은 불가능하다.

오호라, 대개 이 공원 시설의 본의를 가히 알 것이다. 고금의 도서(圖書)를 인민에게 널리 보여주어 그 지식을 고루 나누며, 무기를 인민에게 널리 보여주어 그 적의 한탄을 이끌어내며, 많은 물결과 깨끗한 모래를 인민에게 널리 보여주어 그 한가한 취향을 배양하며, 음악이 인민들을 널리 경계하게 하여 함께 같은 음악의 의미를 드러내게 하며, 풀밭이 남녀의 유희가 스스로를 그르치기에 충분하게 할 것이요, 화원이 남녀의 감상 또한 스스로 즐기기에 족하게 한다. 뿐만 아니라, 사물을 보아 이치를 아는 일대 학원(學園)을 조성하였다. 아아, 우리나라 동포는 이같이 공원에서 마음을 풀어 시원하게 하는 것도 일찍이 없었으니 보통의 지식을 어찌 일반적으로 고루 얻을 것인가. 금일부터 빠른 시일에 분발할 방법을 위하여 외인(外人)의 설비 여하를 동포의 공안(共眼)으로 함께 보고자 했기에 전호(前號)에서 우에노(上野)·아사쿠사(淺草)·시바구(芝區) 등의 세 공원을 본 바를 대략 개진하였고, 지금 히비야공원을 본 바를 이어서 개진하오니, 우리 동포들이 눈으로 보고 마음으로 느껴 흥취를 일으키기를 바라고 축원한다.

뽕나무 묘목의 기쁜 소식 / 쌍성초부(雙城樵夫)

 "다섯 이랑의 집에 뽕나무를 심으면 노인이 비단을 입을 수 있다."고 하며 또한 "십년지계는 나무를 심는 것과 같은 것이 없다"고 하니, 고금을 막론하고 임업의 필요가 이와 같은데, 하물며 뽕나무 한 그루를 심는 것은 인민의 생활 요소, 즉 의료(衣料)를 공급하는 것인즉, 민족이 있는 이상에는 절대적 급선무가 될 것이다. 그런데 어찌하여 우리나라는 요사이 이래로 백업(百業)이 부진한 나머지 누에를 치는 일이 곧 필요하고 중요하다는 것을 살피지 못하고 무지한 부녀의 손에 방임하여 조직(組織)이 점차 퇴보하며 소위 뽕나무 재배를 새롭게 함이 불가능하여 줄기가 오래되고 나뭇가지가 시들어 떨어지는 것이 더욱 심하니, 이와 같을 뿐이면 몇 년 가지 않아 늙은 뽕나무는 말라 비틀어 사라지고 잠업은 폐지되어 없어질 것이며, 생활요소로서 헤아리게 되어 분한 마음이 깊어질 것이다. 또한 생각해보면 함남(咸南) 영흥군(永興郡)은 잠업의 요소로 유명한 고장이다. 이 업이 일보 퇴축(退縮)하면 민간 생산의 곤란에 큰 영향을 미칠 것이요, 제품 수출에 큰 연관이 있을 것이니, 전국 경제계에 대하여 크게 탄식함이 절로 생기는 것이다.

 그러므로 재주 없는 내가 올 봄에 군내(郡內) 같은 뜻을 가진 인사로 더불어 상림회사(桑林會社)를 조직하고 주식 출자금을 모집하여 가지굽은 뽕나무 1만 3백 수를 경성에서 구매해 들어와 군(郡)의 치동(治東) 운남평(雲南坪)의 위전(位田)에 번식함에, 그 약한 뿌리와 어린 싹이 수륙 수천 리와 풍양(風暘) 수십 일을 겪어 지내온 것이다. 완전히 생성함을 반드시 기약하지 못하나 뭇사람에게 들으니 모두 "이는 곧 쉽게 자라는 물건이니, 걱정할 게 없다."[31]고 말하므로, 이로 인해 자신하고 동지

---

31 원문에는 이 지점부터 〈문예〉(간지)와 〈광고〉면이 이어지고 그 후 본 기사가 계속된다. 본 번역에서는 이어지는 기사를 우선 배치하기로 한다.

에게 믿고 맡겨 재배(栽培)와 관개(灌漑)를 부지런히 하게 하였더니, 며칠이 지나 동지에게 고별하고 경성에 노닐다가 유람차 도쿄에 도착하여 뽕나무숲 소식을 접해 들은즉 한번에 시들고 병들어 지금은 큰 밭이 되었다고 한다. 재주 없는 나는 이에 가슴을 치며 홀로 슬퍼하여, "아아, 황천(皇天)이 지극히 인애하시고 지극히 자비하시니 전 세계 인민을 모두 같은 눈으로 보시거늘 어찌하여 우리나라 민족은 홀로 살펴보시지 않는가."라고 말했다.

우리 동포가 분리의 습관을 오히려 좋아하고 거두어 모으는 영업을 무시함은 여러 곳이 모두 그러하나, 얼마나 다행인지 하늘이 그 속마음을 이끌어 어느 정도의 각출 금액으로 이를 경영하였으니, 극점(極點)은 미미한 계략에 불과하더라도 천하만사가 작은 것에서 큰 것에 이름은 원래 정한 이치이니, 이 뽕나무밭 하나가 순리에 따라 발전하여 조만간 두루 미치면 그 묘목의 번창이 가히 한 길 한 나라에 두루 미칠 것이요, 돈을 각출한 모든 동포가 이 한 관(款)의 효과로 인하여 합중영업(合衆營業)의 사상이 발생할 것이며, 모든 다른 동포 또한 기울어져 찡그린 것을 본받아 실업의 계도(計圖)가 잇따라 일어날 것이다. 아아, 이제는 끝났다. 새로 시작하는 자의 고심과 지극한 정이, 버려진 땅으로 이미 돌아가는 것은 이야기할 거리가 되지 못하거니와, 주주(株主) 동포는 필시 발끈 성내며 "귀한 자금을 허망한 행동과 말의 소비로 탕진하지 마라."고 하고, 방관하던 동포는 필시 시끄럽게 웃으며 "떠다니는 파도 같은 사업이요, 사기적인 행동이라." 할 것이다. 지금부터 우리 동포에 대하여 그 영업을 막론하고 같은 자금으로 사업에 착수토록 하기를 천 번이나 일러주고 만 번이나 권하여도 단 한 번의 실패로 모든 일에 겁을 냄을 구실로 삼아 믿고 따르는 자는 결코 없을 것이다. 그러니 이제 다가올 대파란 앞에 하나의 장애물이 되었다. 아아, 하늘이 불쌍히 여기지 않는 우리 동포의 상황은 어찌 이처럼 심한가.

얼마 안 있어 후회하며, 이 또한 그렇지 않다. 서양인의 속담에 "하늘은 스스로 돕는 자를 돕는다."고 하니, 우리가 자조하지 못함을 직접 책망할 것이다. 우리가 뽕나무를 심는 방침에 대하여 연구가 이미 이르고 경력이 단련되어 그 옮겨 와서 옮겨 심는 일을 기후에 적응하고 근묘(根苗)를 잘 거두어 심는 데 방법이 있으며, 물을 대서 기르는 것에 기술이 있으면, 심는 자를 배가하고 기울어진 것을 쓰러뜨리는 것이 하늘의 법칙이 만물을 낳는 본의인데, 일찍이 지극히 작은 연구 경력도 전혀 없고, 눈이 먼 자가 연못 가까이 있는 것, 귀가 먼 자가 관악(觀樂)하는 것과 같이 갑자기 손을 썼다가 오류를 만들어낼 뿐이다. 그 뒤의 진실한 사업자에게 커다란 희마(戱魔)가 되었으니 몸둘 바 모를 정도의 죄안(罪案)을 자부하였고 일반 동포의 책망을 피하기 어려울 것이다. 탄식을 이기지 못하여 고국을 간절히 바라고 두 눈에서는 눈물이 비오듯 쏟아지며, 하늘을 우러러 부르고, 죄과에 대해 바로 용서를 빌 뿐이었다.

하루는 갑자기 고향 친구의 편지를 받아 읽은즉, 그 뽕나무 묘목의 태반이 발아하여 길게 싹을 틀 가망이 있다고 했다. 오호라, 이 소식이 어떤 소식인가. 이 소식이 어떤 소식인가. 이를 듣고 온몸이 기뻐 약동하고 쌍수가 미쳐 춤추니, 만좌(滿座)가 보다가 괴이하게 여겨 물었다. 이에 그 사실을 전하니, 만좌 또한 크게 찬성하기를 "장래의 실업 발전이 오래 홍하는 데 있어 핵심이 될 것이다."라고 하였다. 이 말을 들으니 땀이 등을 타고 흐르는 것을 느끼지 못할 정도였다. 아아, 하늘이 우리 민족 개발에 뜻이 있어 이미 말랐던 뽕나무 묘목을 다시 소생하게 하심은 다름이 아니라, 영업의 향방은 몽매하더라도 향상하는 성력(誠力)을 특별히 돌보아 주어 이에 이름이요, 또한 이로 말미암아 각종 영업의 전도(前途)를 유도함이다. 그러하니, 우리 본사 동포가 하늘이 준 기회를 이용하여 재배와 봉식(封植)에 곱절 주의하며 주주총회를 날마다 개론(開論)하여 그 번식의 방략(方畧)과 누에치는 규모와 치포(治圃)의 범위를 일절 강구하여 전국의 뽕심기 모범장을 만들면 일반 동포가 이를 보고 느껴 흥취가 일어나 앞서가려 다투고 뒤따라 본받고자 할 것이니, 이에 본사 동포가 전국 상업계(桑業界)에 주인 옹(翁)을 만들 것이다. 국가 문명부강의 기초가 이를 넘어서지 않는다 하여도 과언이 아니리니, 오호, 동포여, 시작하면 끝맺음을 잘해야 한다. 재주 없는 내가 우연히 만리강호에 외지를 떠돌아 동석(同席)의 강연은 알지 못하나 앞날의 개회(開會)할 예상 시기를 알게 되면, 비록 아둔한 소견이라도 나무꾼의 말을 올리기 위하여[32] 의안(議案)을 제출코자 하니, 천만 알아주시기를 바랄 뿐이다. 이와 같이 떠드는 이유는 우리나라 전 동포의 실업계에 대하여 보고 느끼는 것을 드리고자 함이다.

실업면려회(實業勉勵會) 취지서

평안북도(平安北道) 선천(宣川) 지사(志士) 안준(安濬) 씨는 도쿄로 건너와 유학계(留學界) 동지와 함께 의론을 발기하였다.

무릇 국가의 흥망성쇠는 진실로 빈부강약에서 기인한다. 그 나라가 부강하면서 쇠퇴하는 경우는 여태 없었고, 그 나라가 빈약하면서 흥성하는 경우도 여태 없었다. 그러므로 옛 성현은 "부유하게 한 후에 가르치라"고 하고, 서양 학자는 "의식주(衣食住) 세 가지는 인민 생활의 요소"라 하니, 동서고금을 막론하고 오직 하나의 법문(法門)은 무엇보다 실업이다. 예전부터 우리나라는 실업이 부진한 나머지 온갖 일용의 물건을 해외에서 수입하고 내지의 수출이 점차 쇠퇴하니, 국세의 위미(萎靡)와 민간 산업의 곤란은 바로 이 때문이다. 저 사방을 바라보면 열강이 호시

---

32 "나무꾼의 말" : 《시경》 〈판(板)〉의 "옛날의 현인들이 나무꾼에게도 물으라고 하였다."라는 대목에서 인용한 것으로 보인다.

탐탐 천하를 노린다. 천하를 웅비하는 자는 실업의 발달에서 기인하지 않음이 없거니와 또한 그 실업이 자연히 물품의 생산을 지속시킨다. 이에 사람이 제조한 물건이 나날이 진보하니, 이것이 수출이 나날이 성행하고 수입이 나날이 감소하는 까닭이다. 그런데 어째서 우리 일반 동포들이 망연히 각성하여 고찰하지 못하고 공연히 말하기를 "우리나라의 권리를 만회하자면 우리 민지의 개발이 급선무라, 급선무라"고 하는가. 실력의 준비가 없으면서 어떻게 노력의 수확이 있을 수 있는가.

지금의 계책을 논하건대 국가의 문명이 반드시 우선 부강에 있다고 할 것이고, 부강의 원인이 반드시 우선 실업의 진흥에 있다고 할 것이다. 그렇다면 실업 진흥의 방침은 또한 어디서 오는가. 가만히 살피건대 자고로 우리나라의 제조가 애초에 훌륭하였다. 하지만 정밀함을 더 정밀히 함을 구하고 정교함을 더 정교히 함을 구함을 고려하지 않은 나머지 오늘에 이르러 노둔함과 정체됨과 질박함이 전 지구상 으뜸이 되었으니, 설령 자국의 동포라도 이것을 버리고 저것을 취하는 것은 인정상 면하기 어렵다. 하물며 외국인의 떠들며 비웃음이 진실로 정해진 이치임에랴. 그 누구라도 이에 한탄하지 않으리오. 무릇 연못에 임하여 물고기를 탐내기보다는 차라리 물러나서 그물이나 짜는 편이 더 낫다.[33] 우리 농업·공업 등 실업이 착착 진보되기 바란다면 우선 외국인의 기계와 기술을 배우고 우리의 지혜와 기술을 더해야 한다. 그러면 그 종식(種植)·목축·제조의 방법이 반드시 저보다 뛰어나게 될 것이다. 이 때가 되면 외인의 수입이 이로부터 퇴보될 것이고, 국내 물자의 수출을 차례로 기약할 수 있을 것이니 나라가 어찌 부강하지 않을 수 있는가. 그러나 우선 외국인의 기술을 배우는 것은 쉽게 볼 수 있는 효험이 아니라 세월이 오래된 뒤에야 도모할 수 있는 것이다. 그러니 반드시 실업에 뜻

---

33 연못에 …… 낫다 : 한(漢)나라 동중서(董仲舒)의 대책문(對策文) 가운데 등장하는 표현이다.

있는 청년으로 하여금 외국의 실업모범장이나 제조공장에 유학토록 하여 기술의 바탕을 양성토록 하고, 한편으로 아울러 내외의 요지에 실업모범장을 설립하고 기술자를 고용하고 초빙하여 작업토록 한다면 해당 작업장에 종사하는 동포들이 자연히 견습에 귀의하여 실험적 학문이 될 수 있을 것이다. 이와 같이 한다면 불과 수년 만에 저들의 장점을 취하여 우리의 이익으로 삼을 것임은 예측할 수 있을 것이다.

　또한 앞서 말한 외국 유학과 기술자 고용은 진실로 한두 사람이 도모할 일이 아니라, 반드시 무리를 합치고 자금을 합친 뒤에야 완전한 성취를 이룰 수 있으니, 이것이 실업면려회가 발기된 까닭이다. 우리 뜻 있는 동포들이 이에 즐거이 협력하고 동정하여 자금을 수합하는 날이 되면 실업의 결과를 즉시 보게 될 것이다. 그 능히 각자 의무를 실행하여 우리 조국으로 하여금 어서 부강과 문명에 나아가도록 이끌기를 천만토록 간절히 축원하노라.

융희 2년 8월 모일

| 사조 |

대황제폐하 즉위기념일 축하시 漢 / 김원극(金源極)

스스로 부끄럽게도 견마로서 강호에 누었으니	自羞犬馬臥江湖
북두에 의지해 외로운 정성 척촌이나마 펴 보이네	倚斗孤忱尺寸輸
팔도는 문명하여 붉은 해 떠오르고	八域文明紅日出
백관은 벌여 서서 절하며 만세를 부르네	百官羅拜碧嵩呼
환호 소리는 중흥을 노래한 송에 가득 넘쳐흐르고	歡聲洋溢中興頌
상서로운 광채는 태극 그림에 흔들거리네	瑞彩搖揚太極圖
평안한 시대³⁴는 천만년토록 길이 이어지리니	海晏河淸千萬歲
원컨대 거룩하신 덕은 요순을 본받으소서	願言聖德效唐虞

又 漢 / 김원극

외로운 신하는 이날에 다른 나라에 있으니	孤臣是日在殊方
북궐의 붉은 구름을 아득히 생각하며 바라다본다오	北闕紅雲遙想望
대일통의 홍기³⁵에 독립을 노래하고	一統洪基歌獨立
일만 년의 보록³⁶에 무궁함을 축원하네	萬年寶籙祝無疆
온 성 가득 장관에 등은 시장에 모이는 사람처럼 많고	
	滿城壯觀燈如市
온 나라 축하하는 소리에 술은 술잔에 넘쳐흐르는도다	
	環國賀聲酒溢觴

---

34 평안한 시대 : 이는 창해의 파도가 잠잠해지고 황하의 물이 맑아진다는 말로, 국가가 안정되고 천하가 태평해짐을 비유한다.

35 홍기 : 큰 사업을 이루는 기초이다.

36 보록 : 도가(道家)의 부록(符籙)을 말하는데, 여기에는 미래의 일을 예언한 비결이 적혀 있다고 한다.

원컨대 우리 동포 일제히 의기를 떨쳐　　　　願我同胞齊奮義
새벽부터 밤까지 와신상담하여 한번이라도 잊어버리지 않기를

　　　　　　　　　　　　　　　　　　　夙宵薪膽未嘗忘

비 내리는 밤에 모기 소리를 듣다 漢 / 갈수자(渴睡子)

황혼이 이르자마자 홀연 무리를 이루어　　　黃昏纔到忽成群
특히도 우레와 같은 소리 귓불에 맴도는구나　特地雷聲耳朵聞
먼 데서 온 손님 밤새도록 잠을 잘 수 없어　遠客達宵眠不得
고향 동산 그리는 일념 정히 은근하여라　　鄕園一念正慇懃

삼나무를 읊다 漢 / 관물자(觀物子)

우뚝이 높이 솟은 짙은 비췻빛 산개　　亭亭濃翠蓋
이곳 토양이 생장하기에 가장 마땅하여라　此土最宜生
일만 골짝 일천 봉우리 속에서　　萬壑千峰裏
홀로 제일의 영화를 차지하였네　獨占第一榮

창 아래 대나무 한 쌍 漢 / 관물자

처음 내가 여기 이른 날에　　始吾到此日
창 아래에 비취빛 대순이 자라났지　窓下翠生芽
비와 이슬이 능히 더욱 자라나게 하여　雨露能滋長
그 높이 몇 장이나 집을 훌쩍 뛰어 넘었다오　高踰數丈家

장마가 갠 뒤 달을 보다 漢 / 관물자

매화나무 대나무 소나무 삼나무는 그림자 사귀어 짙은데	梅竹松杉交影濃
뜰 앞에 달 보는 걸음은 조용도 하여라	庭前看月步從容
집을 그리워한 두씨 노인도 오히려 한스럽다고 하였으니[37]	思家杜老猶云恨
하물며 큰 바다 일만 리 떠나온 내 신세야 더 말해 무엇하랴	況我滄溟萬里蹤

메이지학원 휴학식 강연회에서 漢 / 두남일인(斗南一人)

4백 명 청년이 한 강당에 모이니	四百靑年會一堂
성실·근면이 남긴 결과 영광을 이루었네	誠勤餘果奏榮光
현재 막 휴학의 때를 당한 것은 구차히 안일함이 아니라	現方休學非偸逸
각각 집으로 돌아가 자강불식을 추구하게 함이라오	各使歸家求自彊

뇌우(雷雨)를 읊다 漢 / 경세인(警世人)

뇌고[38]가 크게 울리매 구름 그림자 빗기더니	雷鼓大鳴雲影斜
홀연 빗발이 삼처럼 어지러이 나리네	忽然雨脚亂如麻

---

37 집을……하였으니 : 두보가 성도에 있을 때 지은 「이별을 서러워하다〔恨別〕」라는
   시에 "집 생각에 달 아래를 거닐다가 밤에 서 있기도 하고, 아우 생각에 구름을 보다
   가 한낮에 졸기도 한다."라고 한 것을 원용한 것이다.
38 뇌고 : 천둥소리를 북에 비유한 것이다.

산하를 다 찢을 듯한 우르릉거리는 그 소리	山河裂盡轟轟響
완악한 음을 벽파하여 뭇 마귀를 쓸어버리네	劈破頑陰掃衆魔

안준(安濬) 군을 송별하다 / 아양자(峩洋子)

앞서 제시된 안준 군은 본래 평안북도 선천(宣川) 사람으로, 내지 교육
계와 실업계에 열심으로 분주히 활동하여 공로가 많을 뿐 아니라 이번
에 특별히 일본 교육계와 실업계를 시찰할 목적으로 건너와서 실황을
두루 살펴보고 학생계 동지와 더불어 실업면려회(實業勉勵會)를 발기하
였다. 그 취지는 앞서 제시하였다.

일만 리 부상으로 군을 멀리 전송하니	萬里扶桑遠送君
더디고 더딘 두건과 신은 서쪽 구름을 밟는구나	遲遲巾屨踏西雲
인민의 실업은 아담의 설이고[39]	人民實業亞丹說
산수의 기이한 경관은 사마자장의 글이네[40]	山水奇觀子長文
지사가 말을 세움에 말은 반드시 진실하니	志士立言言必信
동포는 귀가 있어서 귀는 장차 들을 것이네	同胞有耳耳將聞
경영의 목적을 달성하게 되는 그 날에	經營目的告成日
우리나라를 매우 풍족한 경역에 오르게 할 수 있을 것이네	
	可使我邦躋富殷

---

39 인민의……설이고 : 이는 아담스미스(Adam Smith)의 자유실업(自由實業) 이론을
가리키는바, 여기서는 안준이 아담스미스처럼 자유실업 이론을 주창하였음을 나타
낸 것이다.

40 산수의……글이네 : 이는 안준의 문장력이 사마천과 같이 훌륭하다는 말이다.

최시건(崔時健) 군을 곡하다 / 우시자(憂時子)

최시건 군은 평안북도 용천(龍川) 사람이다. 그는 나이 22세에 국민의 의무를 일찍이 깨닫고 집안의 재산을 다 들여서 동명학교(東明學校)를 설립하였고, 또한 고아원을 설립하여 하소연할 데 없는 이들을 거두어 기른 지 이제 벌써 서너 해나 되었다. 그래서 그 청년의 열혈을 온 나라가 칭찬하였다. 그런데 천도가 그를 알지 못한 탓인지 불행히도 지난달 갑자기 세상을 떠났다는 그 아우 시준(時俊) 씨의 편지가 당도하였다. 아아, 슬프다 이 사람이여.

군의 나이 22세에 도대체 이 무슨 떠나감이란 말인가

君年卄二此何行

패북의 강산이 한번 가볍게 되었도다 　　　　　　浿北江山爲一輕
동명학교 생도들은 더 이상 희망이 없고 　　　　東校諸生無復望
상위(上闈)의 자애로우신 어버이께서는 이 마음을 어찌 견디리오

上闈慈老奈堪情

의서는 생명을 보전할 방술을 바침이 없고 　　　　靑囊無效全生術
돈 전대는 이미 애국의 정성을 다 기울였네 　　　金槖已傾愛國誠
혹 영령이 앎이 있다면 천정(天廷)에 하소연하여 　倘識英靈天府訴
우리나라 국운을 다시 문명하게 해주소서 　　　　使吾國運再文明

대낮에 나무 그늘에서 매미 소리를 듣다 漢 / 관물객(觀物客)

먼 숲 한낮에 네 소리 길게 들리니 　　　　　　　遠林午日爾聲長
나그네 귀 함께 맑아지고 가을 분위기는 서늘하여라 客耳同淸秋意凉
더러움으로부터 나와서 능히 진화하여 　　　　　出自穢塵能進化

구름 밖에 높이 노닐어 훨훨 나는 대로 내맡겨 둔다오

高遊雲外任翶翔

가조(歌調) : **육자배기** / 아양자(莪洋子)

구조(舊調) : 저 건너 갈메봉 안개구름 속에 비 묻어온다 우장(雨裝)을 허리에다 두르고 김매러 갈거나

　위의 이 일절은 그 의미가 전무하다 할 수는 없으나 웅건하고 활발한 정신을 표양(表揚)하지 못하는 까닭에 이를 개정하여

신조(新調) : 저 건너 태백산 안개구름 속에 백만의 용병이 독립기를 들고 대환포를 수레에 싣고 적진 치러 갈거나

　이는 좀 듣기에 상쾌하오

구조 : 저 건너 초당 앞에 백년언약 화초를 심었더니 백년초는 아니 나고 금년 이별화초가 만발이라

　위의 이 일절은 그 의미가 화창한 듯하나 청년과 아동의 뇌리에 무한한 음정(淫情)을 주입하니 이를 개정하여

신조 : 저 건너 한반도에 단군혈족을 심었더니 단군혈족은 어디로 가잔 말이냐 왜놈의 종자가 들어를 온다

　이것 같으면 시세에 대하여 좀 강개한 의미가 있소.

구조 : 성성제혈염화지(聲聲啼血染花枝)에 애를 끊고 우는 저 두견아 하고많은 공산(空山)을 두고 내 창밖에 와서 왜 운단 말가 임을 그려 병든 나는 네 울음소리만 들어도 나는 죽겠구나

　위의 이 일절은 우리의 무수한 청년의 심장을 썩어 문드러지게 한

것이다. 이를 듣는 자 누가 귀를 막지 않고 얼굴빛이 변하지 않으리오.

개정하여

신조 : 성성제혈염화지(聲聲啼血染花枝)에 애를 끊고 우는 저 두견아 하
고많은 공산(空山)을 두고 내 창밖에 와서 왜 운단 말가 나라 잃고
병든 나는 네 울음소리만 들어도 피눈물 나는구나

이를 들으면 그 맛이 어떠하오.

수신가(修身歌)-수심가(愁心歌)의 음변(音變)-

구조 : 난사로구나 난사로구나 난사 중에도 겹난사로구나 저 산 밑에
임 두고 갈 길이 난난사로구나

이를 음미하시는 여러분 산 밑에 임 두고 가기로서 난사(難事) 될
것 무엇이오. 난사 하나 들어보소.

신조 : 난사로구나 난사로구나 난사 중에도 겹난사로구나 남에게로 국
권 양여하기는 난난사로구나

이외에 난사가 또 있소?

구조 : 천창만검(千槍萬劍) 중에 부월(斧鉞)이 눈앞에 닥치더라도 맘정
만 변치 말고 정지(情志)만 잊지 마라라. 이후에 연분 곧 되면은 또
다시 보리라.

부월이 눈앞에 닥치더라도 하지 못하고 보지 못하면 아니 될 일이
하나 있소.

신조 : 천만검(千萬劍) 중에 부월이 눈앞에 닥치더라도 맘정만 변치 말
고 이상만 변치 말아라. 우리가 힘쓰고 보면은 내 자유 찾으리라.

담총(談叢) / 지언자(知言子)

1. 쥐의 혼인

옛적에 쥐 하나가 자식 하나를 길러서 혼사를 구하는데 지고무저(至高無低)한 지위를 찾아 서로 혼인하고자 하여 태양에 올라가 청혼하니 태양이 답하였다.

"내 비록 지고하다 하나 구름이 가리면 광채를 내지 못한다. 나보다 구름이 나을 듯하니 구름에게 청혼함이 마땅하다."

○ 쥐가 다 듣고 부득이하여 구름에게 찾아가 청혼하니 구름이 또한 말하였다.

"내가 비록 세력과 종류가 다대하다 하나, 단 바람의 힘이 미치면 다 흩어져 남지 못한다. 나보다 바람이 나을 듯하니 바람에게 청혼함이 마땅하다."

○ 쥐가 또 부득이하여 바람에게 청혼하니 바람이 답하였다.

"내가 기력(氣力)을 한 번 떨치면 강산을 가히 뒤흔들고 우주를 가히 요동치게 하며 모래와 돌을 가히 날리고 나무와 집을 가히 뽑을 수 있으나, 단 성벽을 만나면 쓸 수 있는 힘이 없으니 성벽에게 청혼함이 마땅하다."

○ 쥐가 또 부득이하여 성벽에게 가서 청혼하니 성벽이 답하였다.

"내가 비록 견고하나, 단 너희들이 구멍을 뚫으면 헐려 무너지는 일을 항상 당하니 너희들을 찾아 서로 혼인함이 좋겠다."

쥐가 부득이하여 저희끼리 필경 혼사하였다 하니, 세상에 과분한 생각은 될 수 없는 것이 정해진 이치이지.

기자는 이것이 '함부로 지위를 넘보는 자에 대한 경계'라 이른다.

2. 개구리의 기도

어떤 개구리가 있었다. 그 개구리는 늘 땅을 기는 자신의 처지를 한

탄한 나머지 하루는 직립 보행을 하늘에 빌었다. 그 이후로 주야로 기도하며 사람처럼 직립 보행을 갈구하니 지성이 감천이었던지 과연 직립하게 되었다. 개구리가 이에 소원은 성취하였다. 하지만 눈이 뒤에 있어 앞을 볼 수 없으니 진행도 여의치 못하고 무릇 모든 일이 다 앞에 있거늘 뒤에 달린 눈으로 어찌 앞에 있는 일을 집행하리오. 개구리가 이에 천백 번 후회하여 한탄하며 연월을 다 보냈다고 하니 과욕이 도리어 몸을 망치지.

기자는 이것이 '함부로 분수에 안 맞는 것을 넘보는 자에 대한 경계'라 이른다.

3. 수리[鵰]-새 난추니-의 탐욕

수리 하나가 있어 하루는 솔개를 만났는데 날고기를 먹는지라 수리가 솔개에게 물었다.

"너는 이 날고기를 어디서 얻었느냐."

○ 솔개가 답하였다.

"내가 멧돼지의 귀를 따라 내장에 들어가 그 간을 따먹는 것이다."

수리가 이를 몹시 믿고 하루는 공중을 비행하다가 산림 사이를 엿보니 멧돼지 두 마리가 잇달아 누워 잠들어 있었다. 수리가 이에 크게 기뻐하여 날개를 펼치고 직하하여 돼지 두 마리를 한꺼번에 아울러 먹고자 하여 둘 사이에 웅크리고 앉아 움켜잡으니, 돼지가 크게 놀라 각자 내달리게 되어 양쪽 다리가 찢어져 죽었다 한다. 안타깝도다, 저 수리가 돼지 하나에 힘을 썼더라면 그 뜻을 이루었을지의 여부는 혹 알 수 없으나 설혹 뜻을 이루지 못하였더라도 죽음에 이를 리는 만무하였을 것이다. 오호라, 저 수리여.

기자는 이것이 '함부로 시커먼 탐심을 끈질기게 추구하는 자에 대한 경계'라 이른다.

만수성절(萬壽聖節)을 축하하다 / 모란산인(牧丹山人)

해마다 돌아오니, 만수성절 이날이, 비노라 태황(太皇) 폐하, 성수만세 무궁히

또 / 용골산인(龍骨山人)

기쁘고도 기쁘니, 만수성절 오늘이, 우리 성주(聖主) 어진 덕, 천지같이 무궁히

태극학회에 삼가 드리다 漢 / 함경남도 문천(文川)의 박도선(朴道善)

태극학회가 큰 바다 동쪽에 높이 있으니	太極會高瀛海東
뛰어난 인사들의 뜻이 서로 똑같음을 또한 알겠노라	也知傑士志相同
아득히 일만 리 풍진 속에서 시야를 개척함이 많고	萬里風埃多濶眼
몇 편 학보의 글은 모두 충성을 바치는 것이네	數編報筆惚輸忠
반도가 빠져 있던 천년의 꿈을 일깨우니	警醒半島千年夢
전 지구의 칠대 영웅에 대해 느끼어 깨달았도다	感覺全球七大雄
모든 회원이 예기를 잘 모으고 길러서 돌아오는 날에	諸員蓄銳歸來日
독립의 잔대(盞臺)가 나라 안에 높이 벌여 있으리	獨立坫高列國中

모란산인께 부치다 漢 / 북우(北愚)

해외에서 글을 보내 후진을 면려하니	海外投書勉後生

홍명학교(洪明學校)의 정황이 비로소 크게 밝아졌네　洪明校況始洪明

바람 앞에 일천 일(鎰)의 금을 얻음이 기쁘고　　　風前喜得金千鎰

꿈속에서 한번의 목탁 소리 듣고 깜짝 놀라 깨어나는구나

　　　　　　　　　　　　　　　　　夢裡驚聞鐸一聲

시절을 근심하여 한량없는 눈물을 몇 번이나 흘렸던가

　　　　　　　　　　　　　　　　　憂時幾下無量淚

애국함에 있어서 응당 다하지 못한 정성 많으리　愛國應多不盡誠

우리가 교분을 논할 곳은 장차 어디일까　　　　吾儕論契將何處

독립대 앞에서 형제를 부를 것이라오　　　　　獨立臺前喚弟兄

| 기서 |

생각난 바 있다 / 문상우(文尙宇)

　남녀노소에 구애 없이, 빈부귀천에 구애 없이, 말을 몰고 수레를 모
는 자에 구애 없이, 대간의 하인이나 여종에 구애 없이, 심지어 걸식자
라도 참으로 독립국민의 이름을 가진 자면 반드시 긴 소매와 큰 발걸음
을 내딛어 전 세계 어디를 도착하든지 모두 독립국민으로서 환영받으
며, 말하는 바는 모두 독립국민으로서 기꺼이 수용된다. 나의 행동을
방해하는 자가 있으면 곧 눈을 부라려 꾸짖으며 말하기를 "내 비록 지극
히 빈천하지만 진실로 독립국의 국민이다. 누가 감히 나를 업신여길
수 있겠는가." 할 것이고, 나의 언론을 방해하는 자가 있으면 곧 팔을
걷어붙여 밀치며 말하기를 "내 비록 지극히 졸렬하지만 진실로 독립국
의 국민이다. 누가 감히 나를 업신여길 수 있는가." 할 것이다. 천기만
마(千騎万馬)가 산과 들을 뒤덮어 오더라도 나는 독립국민의 이름으로
그것과 맞설 수 있고, 천 번을 거짓말하고 만 번을 헐뜯어 바람에 쏠리
고 물결에 휩쓸리는 것이 극에 이르더라도 우리 독립국민의 이름으로
그에 맞설 수 있고, 물과 불 속에 있어도 몸이 태산 같을 것이고, 비록
도검(刀釖) 곁이라도 푸른 바다처럼 오래 살 것이며, 개가 짖고 닭이
우는 소리라도 독립국민의 언어인즉 쇠를 울리고 옥을 부수는 소리로
변하고, 지렁이를 아로새긴 몸이라도 독립국민의 습관이라 하면 곧 눈
처럼 하얀 피부에 꽃 같은 용모로 변하여 모든 이가 바라고 본받고자
하며 경외할 것이다. 아름답도다. 독립국민의 권위여. 장하다, 독립국
민의 행동이여. 과연 먹지 않아도 배부르며 입지 않아도 따뜻하도다.
　그렇지 않은 자라면 어떠한가. 남녀노소를 막론하고, 지식의 깊고
얕음을 막론하고, 도덕의 고상함과 신분의 높음과 세력 있는 부를 막론

하고, 각 문벌귀족을 막론하고, 심지어 조정의 신하라도 사지가 속박되며 오관(五官)이 감시당하여 출입에 도거(刀鋸)가 뒤따르며, 좌와(坐臥)를 병력이 살펴보니 사소한 동작 하나까지 나의 자유란 없다. 세 번 사양하고 네 번 양보함이 다른 이의 지휘에 달려 있다.

생명은 아버지와 어머니로부터 받는 것이지만 소유자는 내가 아니며, 재산은 자손에게 물려주거늘 주인 된 자는 따로 있다. 변론해도 효과가 없고 애걸해도 이익이 없으며, 가난한 자는 가난한 죄로 손을 쓰면 포박되고 부유한 자는 부유한 죄로 목에 칼을 맞으니, 두렵고 당황하여 발붙일 곳이 없다. 이제야 청산(靑山)의 말라빠진 뼈는 호소할 곳이 없고 백주에 도리에 어긋난 관리가 괴롭히고 빼앗아도 덧없다. 이 뿐이 아니다. 자기의 의관(衣冠)으로는 국경 밖으로 나가는 것이 불가능하니 무엇인가, 사람들의 비웃음만 살까 염려되며, 자국의 언어로 해외에서 말하는 것이 불가능하니 무엇인가, 사람들의 질시만 더할 뿐이다. 슬프도다, 보호받아야 할 국민이여. 비통하다, 보호받아야 할 국민이여. 살고자 하면 죽고 죽고자 하면 산다고 말할 수 있을 것이다.

이제 생각난 바 있노라. 독립국민은 머리가 셋에 팔이 여덟인 자인가? "아니다. 피보호국민은 다 의지가 박하고 행동이 약하다."고 하고, "아니다. 개인의 자격으로 말하자면, 그 주어진 덕성과 말하는 언어와 지닌 재지(才智)와 착용한 의상과 이어진 습관과 받은 용모는 손색이 전혀 없어도 그 처한 지위가 어떠한가로 인해 거의 천지 차이가 아닌가."라고 한다. 이는 다른 게 아니라 저들에게 독립이 있고 우리에게 독립이 없기 때문이다.

그러하니 독립이란 인류에게 있어 마치 물고기가 물을 만나는 것 같으니, 먹거나 쉬거나 곤경에 처하는 짧은 순간에도 없어서는 안 되며 떨어져서는 안 되는 것이다. 아아, 이것이 가장 귀하고 가장 중하다! 가장 경이롭고 가장 사랑스럽다! 유일무이하다! 가장 더할 나위 없는 독립을 과연 어떻게 얻을 수 있는가. 나의 아둔함은 독립을 뽑아내고 나의 혈기는 독립을 더럽히며 나의 혀는 독립을 애태운다. 독립을 노래하고 독립에 춤추며 독립에 울고 독립을 부르짖으며 매일 아침 독립을 외치고 매일 저녁 독립을 외치면 독립을 얻을 수 있겠는가. 아니다.

기회가 있겠는가. 기회가 없다고 이를 천시하며 기회가 없다고 이를 안달한다면 설령 피를 다 흘리고 놀라 자빠져도 잠시의 작은 효과도 없을 것이다. 대저 기회를 말하는 자는 세계의 순환에 혹 10년이 가고 혹 5년이 오니, 청나라와 일본이 다투는 것도 하나의 기회이며, 일본과 러시아의 전쟁 개시도 하나의 기회이다. 그러나 이 어려운 기회에 백 일을 앉아 잠들어 창 밖에 어제 바람이 불었는지 비가 왔는지도 모르게 때가 이미 지나가고 기회를 이미 잃은 후에야 미쳐 부르짖고 어지럽게 울어 대니, 한번 부르짖은즉 백 가지 불행이 함께 이르고 재차 부르짖은즉 천 가지 재앙이 돌아온다. 그리하여 끝내 그 그릇된 과실은 청산백수(靑山白水) 곳곳에 있는 곡부(哭夫) 과부(寡婦)의 아픔이요, 저녁의 연기와 저녁 햇볕에 집집마다 들리는 꺽꺽 하는 아이의 울음이 된다. 개 짖는 소리가 들리지 않고 귀곡(鬼哭)은 시끄럽다. 이 무슨 연고인가. 그 또한 다른 게 아니라 기회가 없기 때문이다.

이제 생각난 바 있노라. 이후로는 기회를 탈 수 없는가. 아니다. 아니다. 어째서 그러한가. 그것이 나아가는 방향과 이르는 시기는 예측할 수 없으며, 설령 미리 내다볼 수 있더라도 알릴 필요는 전혀 없다. 그러나 그것이 없지 않다는 것은 적실하고 훤히 알 만하다. 분발할지어다. 잃지 말지어다. 다가오는 기회의 시기에 한 번 기운이 진작된다면 온갖 기운이 다 걸리고 온갖 칼날이 다 휘둘리며 온갖 구설이 다 안달하며 온갖 선혈이 다 뿌려지면 독립은 거의 이루어질 것이다. 아아, 이제 생각난 바 있노라.

| 잡조 |

전라남도 순천군 지사 이영민(李榮珉) 등 지회청원서

본인 등이 학술의 연구와 지식의 계발을 위해 학회 하나를 설립하고
자 수개월 동안 준비 중입니다. 삼가 듣건대 귀 학회의 명예가 온 천하
에 넘치고 있으니, 귀 학회의 인가를 받아서 본회를 설립한다면 재정의
취합과 학회원 선정의 방도를 점차 넓힐 수 있겠기에 청원합니다. 살펴
헤아리시어 인허(認許)하여 주시기 바랍니다.

용희 2년 8월 16일

회신 / 경복자(敬復者)

귀 청원서를 받들어 읽었습니다. 현재 국가의 위기를 맞았으니 집단
이 합심하여 진화의 의무를 나날이 시급히 행해야 할 때입니다. 그러므
로 본회가 해외에 고립되어 매일 조국을 우러러 함께 전진하기를 괴롭
게 부르짖음에 그 정성을 이미 다하였지만 청년들의 첫 단계의 지식에
북소리 떨치는 효력이 부족한 까닭에 근심과 한탄이 있었습니다. 다행
히도 국내 각 군의 동포들이 이구동성으로 호응하여 지회를 설립할 청
원이 나날이 이르기에 거듭 감사해 하던 와중에, 또 이 동포께서 학술
의 연구와 지식의 계발을 위하여 지회의 인허를 이와 같이 청하니, 이
구동성으로 호응함에 행복감의 충만이 그지없습니다. 마땅히 즉각 인
허(認許)의 요청을 따라야 합니다만, 시찰의 규칙이 있을 뿐 아니라 이
번 달은 회장 이하 회원들이 하기방학으로 인해 귀국한 까닭에, 다음
달 초의 총회에서 제의를 통과할 의사를 우선 답변 드립니다. 삼가 헤

아려 주시기 바랍니다.

융희 2년 8월 24일

축사(祝辭)

　다행히도 우리 대한제국에 사회조직의 설립이 줄을 잇달아 있는즉, 어떤 단체나 모임을 막론하고 강토의 유지를 어깨에 짊어지며 생령(生靈)의 보호를 목적과 용담(勇膽)으로 삼아 집을 높이며, 의혈(義血)이 응합하여 도원향(桃源鄕) 속 춘몽에서 깨지 못한 민간인과, 초라한 집간에서 추사(秋史)나 헛되이 궁구하는 숙사(宿士)와, 위로는 공경대부(公卿大夫)로부터 아래로는 필부우부(匹夫愚婦)에 이르기까지 맹렬히 경종을 울려 크게 깨닫고 크게 부르짖지 않겠는가마는, 귀 본회에서 멀리 이르도록 태극으로 소식을 부르짖음은 국기(國旗)를 표할 뿐 아니니 우리 한국의 동포된 군자로서 어찌 이 와중의 대의를 분발하여 연구하지 않겠는가.

　무릇 하나의 태극은 천지(天地) 원기의 조상이다. 소자(邵子)가 평하기를 "30년이 1세(歲)를 이루고, 12세가 1운(運)을 이루며, 30운이 1회(會)를 이루고, 12회가 1원(元)을 이룬다"고 하니, 운회(運會)가 순환함에 가는 것은 반드시 돌아온다. 그러한 까닭에 만 리 해외와 삼도천애(三島天涯)에 객지살이 의탁하여 혈혈단신으로 설립한 법회(法會) 하나가 산하대려(河山帶礪)의 맹세로써 나라가 있는 줄만 알지 가문이 있는 줄 모르고 임금이 있는 줄만 알지 자신이 있음을 모르니, 월나라가 와신상담했던 수치와 흙덩이를 받은 진(晉)나라 문공의 수모가 어느 날에야 잊히고 어느 때에야 말라버릴 것인가. 그런즉 천운(天運)이 순환하사 국조(國祚) 회복의 원기를 태극회 중에서 취하는 것이로다. 다른 학회의

회(會) 자는 단지 만든 사람의 회요, 본회의 회 자는 겸부(兼符)하는 천운의 회니, 태극회 석 자는 가히 만세토록 변하지 않고 불릴 것이로다.

아, 귀회의 제공(諸公)은 삼산(三山)이 아득하고 십주(十洲)가 공활(空闊)한 먼 곳 여관(旅舘)에 있기에 풍상(風霜)의 험난함과 산하의 나그네 회포를 겪는 것은 보지 않아도 알 수 있는 일이다. 그러나 하나의 애국혈성(愛國血誠)으로 구구한 개인의 사정을 마음에 두지 않고 용감히 앞으로 내딛어 열심히 실행해나가니, 비바람이 휘몰아쳐 하늘이 칠흑 같아도 닭 울음은 그치지 않으며 큰 파도가 하늘을 덮어도 돌기둥은 흔들리지 않는다. 이 같은 정신적인 큰 임무를 하늘이 이 학회에 내렸으니, 하늘과 땅 사이의 미물 하나도 물 마른 수레바퀴 자국 속 물고기의 사정과 엎어진 새집 속 병아리의 상태를 모르지 않겠지만, 관견이 좁고, 운명을 헤아리는 데 우매하다. 비록 천리마에 붙은 파리의 정성이 절절하더라도 어찌 참새에게 보답하는 뱀의 은혜보다 낫겠는가. 구구한 작은 정성으로 동운(東雲)을 우러러 보고 북두(北斗)를 받들며 가르침을 받아 태극기의 특색을 세계에 현양(顯揚)케 할 것을 관수(盥水)에 공손히 축원한다.

평안남도 순안군(順安郡) 송현면(松峴面) 구서동(九瑞洞) 거주 한희수(韓熙洙) 삼가 드림

융희 2년 8월 모일

태극학회를 축하하다 운(韻) 漢

| 의사(義士)와 충신은 이 회에서 구하고 | 義士忠臣此會求 |
| 하늘의 때는 서로 순환하는 이치 있네 | 天時定有相環理 |

| 한국 황제는 깃발의 머리를 대표하고 | 韓皇代表建旗頭 |
| 나라의 걸음은 어찌 스스로 일어남이 없는가 | 國步寧無自立由 |

마음은 북변 한(漢)나라의 소무(蘇武) 되기를 맹세하니

心誓北邊蘇武漢

한 송이 태극의 꽃은 세상을 향해 피네   一枝太極花開世

몸은 동해 주(周)나라[41]의 노련(魯連) 되고자 뭉치니   體團東海魯連周
우리 동포여 일어나 즐겁게 춤추세   願我同胞活舞遊

---

41 주(周)나라 : 실제 노련은 제(齊)나라 사람이다.

| 잡록 |

○ **만수성절(萬壽聖節) 경축** : 본월 8일은 우리 대황제폐하 만수성절일이다. 같은 날 오전 10시에 일반 유학생이 감독부(監督部)에 회동하여 성대하게 경축식을 행하였다.

○ **유학생의 도래** : 이번 가을학기에 내지의 뜻있는 청년이 도쿄에 유학하고자 이어서 다수가 새로 넘어온다고 하는데, 우선 당도하는 이는 평양에서 박상순(朴尙純), 조만식(曹晩植), 박태은(朴泰殷), 김군식(金君湜), 채병철(蔡秉喆), 임득환(林得煥) 제씨요, 안주(安州)에 이을하(李乙夏), 김갑진(金甲鎭), 이경섭(李瓊燮) 제씨요, 의주(義州)에 장건용(張建鏞) 씨요, 삼화(三和)에 임병일(林炳日) 씨요, 황해도 안악(安岳)에 원지섭(元智燮), 최창임(崔昌林) 제씨요, 장연(長連)에 백현준(白賢準) 씨요, 봉산(鳳山)에 이종은(李鍾殷) 씨요, 경성에 전호(全壕) 씨 등이라고 한다.

○ **상하이학교** : 상하이 한인 대동학원(大同學院)에서 병학(兵學)을 속성으로 교수하는데 선생은 미국 해병 장군 윌슨 씨요, 지지난달 학생 경하회(敬賀會)를 열고 성축을 드렸다고 한다.

○ **최씨(崔氏)의 위업** : 유학생 최남선 씨는 문장과 학술을 일찍 통달하고 이상의 성숙을 다 갖춘 청년 모범의 인사이다. 국세의 참담을 평상시 근심하며 분히 여기더니, 최근에 이르러서는 우리나라 학계에 교과서 결핍을 개탄하여 수만 환(圜)의 자본을 직접 조달하여 완미한 각종 교과서적을 번역 발간한다 한다. 진실로 우리 국민 계발 상에 일대 광명을 나타내는 것이라 할 것이다.

○ **내지 인사들의 환영과 송별** : 이번 하계휴가에 유학생 제씨가 귀국하였는데, 경성에는 서북학생친목회와 함께 뜻있는 제씨의 환영이 있었고, 평양에는 일신학교(日新學校) 및 기명학교(箕明學校) 대표 제씨의 환영회가 있었다. 돌아갈 때에는 평양의 뜻있는 인사와 각 학교 합동

전별회(餞別會)가 있었다고 한다.

○ **영흥학교의 유신**(維新) : 함남 영흥군(永興郡) 사립 홍명학교(洪明學校) 생도가 모두 단발한 자 40여 명이요, 임원도 역시 동시에 단발하였다. 학도의 열심 있는 취학과 임원의 성실한 근무가 관북(關北)에 모범이 될 만하다는데, 그 교장 김정규(金正奎) 씨와 감독 권영호(權永鎬) 씨가 피흘리도록 성심으로 고동(鼓動)했기 때문이라 한다.

○ **유학생의 영면** : 일본 도쿄 유학생 김태연(金泰淵) 씨가 지난 달 30일에 유명을 달리하였는데, 일반 유학생 제씨가 조문하고 호상(護喪)하였다.

○ **여학생의 도래** : 서북학회 총무 김윤오(金允五) 씨의 영매(令妹) 김필례(金弼禮) 씨가 경성 청년학원 여자사범과를 졸업하고 도쿄에 유학할 예정으로 이번 달 7일경 건너왔는데, 그 정숙한 덕과 학식이 우리나라 여자사회의 모범이 될 만하다고 한다.

○ **유학생의 환도**(環渡) : 하기휴가로 귀국하였던 유학생 일동이 이번 달 초에 환도하였다고 한다.

• **회원소식**

○ 본회 사무원 김영재(金英哉) 씨는 청년 가재(佳才)로서 본국에 있을 때부터 5·6년간 의학계에 마음을 다해 종사하더니 지난 광무 10년 봄에 일본 도쿄에 건너와 보통학과를 수료하고 작년 7월에 의과전문학교에 입하여 열심히 연구하였다. 그 와중에 학비의 큰 곤란을 여러 번 겪었지만 용진(勇進)의 정신으로 그 과를 졸업하고 지난달에 귀국하였다. 우리나라에 치과 의료가 생기는 것이 씨로부터 시작하니, 의학의 신성(晨星)이라 할 수 있을 것이다. 그와 동포를 위하여 축하를 마지 않는다.

○ 본 회원 최석근(崔錫根) 씨는 본년 4월에 일본 도쿄와 건너와 직조전

습소(織組傳習所)에서 수개월간 실습하여 포백(布帛) 조직법을 통과하고 그 기계를 구매하여 가지고 귀국하였으니, 우리나라 실업계에 대하여 축하를 마지 않는다.

○ 본회 사무원 최시준(崔時俊) 씨는 그 큰형 시건(時健) 씨의 상(喪)을 당하여 유학을 멈추고 그 큰아버지가 그 군(郡) 동명학교(東明學校)와 고아원을 설립하고 일체 경비를 직접 부담하며 열심히 하던 사업을 계속할 계획이라니, 과연 형이 바르니 아우도 바르다고 내외가 칭송하였다.

○ 회원 정용원(鄭庸瑗) 씨는 여러 날 담증(痰症)으로 고지마치구(麴町區) 회생병원(回生病院)에서 치료 중이라고 한다.

• 회사요록

○ 기념회 준비

본월 15일은 본회 제3회 창립기념일인데, 기한의 재촉할 이유가 있어 본월 13일 팔경원(八景園)에서 개회하기로 예정하다.

○ 신입회원

본보 주필 김원극(金源極) 씨는 이번에 입회하다.

○평남 영유지회(永柔支會)에서 임원 총선거 보고가 다음과 같다.

회　　장　　김건기(金建琪)

부회장　　김상철(金相哲)

총　　무　　김헌도(金憲燾)

평의장　　정치열(鄭致烈)

평의원　　이기찬(李基燦)　박태원(朴泰源)　김지정(金志侹)

　　　　　정용하(鄭龍河)　김대은(金大殷)　김내용(金迺鏞)

	백규복(白奎復)	김익연(金益鍊)	한승현(韓承鉉)
	안국형(安國衡)	이주찬(李周燦)	차제중(車濟重)
	이병도(李炳道)	박재선(朴在善)	이치상(李致相)
사무원	김달홍(金達弘)	김재현(金載鉉)	김공모(金公模)
회 계	김명준(金命峻)		
서 기	김동기(金東基)		
사찰원	이기연(李基淵)	김영연(金永鍊)	

광무 10년 8월 24일 창간
융희 2년 2월 20일 인쇄
융희 2년 2월 24일 발행
메이지 41년 2월 20일 인쇄
메이지 41년 2월 24일 발행

•책값은 우편요금과 아울러 신화(新貨) 12전

일본 도쿄시 시바구(芝區) 시로카네산코정(白金三光町) 273번지
편집 겸 발행인   김낙영(金洛泳)

일본 도쿄시 시바구로 시로카네산코정 273번지
인 쇄 인   김지간(金志侃)

일본 도쿄시 시바구로 시로카네산코정 273번지
발 행 소   태극학회 사무소

일본 도쿄시 우시코메구(牛込區) 벤텐정(辨天町) 26번지
인 쇄 소   명문사(明文舍)

태극학보 제24호	
광무 10년 9월 24일	제3종 우편물 인가
메이지 39년 9월 24일	
융희 2년 9월 24일	발행-매월 24일 1회 발행-
메이지 41년 9월 24일	

광무 10년 9월 24일 | 메이지 39년 9월 24일 | 제3종 우편물 인가

광무 10년 8월 24일 창간
융희 2년 8월 24일 발행(매월 24일 1회)

태극학보

제25호

매월 1회 발행

• **주의**

△본 태극학보를 구독하고자 하시는 분은 본 발행소로 통지하여 주시되 거주지 성명과 통호를 상세히 기재하여 보내주시고 대금은 우편위체(郵便爲替)로 본회에 교부하여 주시기 바랍니다.

△본 태극학보를 구독하시는 여러 군자들 가운데 주소를 이전하신 분은 신속히 그 이전하신 주소를 본 사무소로 통지하여 주시기 바랍니다.

△본 태극학보는 뜻 있으신 인사들의 구독 편의를 위하여 출장소와 특약판매소를 다음과 같이 정합니다.

　황성 중서(中署) 동궐(東闕) 파조교(罷朝橋) 건너편 주한영(朱翰榮) 책사 -중앙서관(中央書館) 내-

　평안남도(平安南道) 삼화진(三和鎭) 남포항(南浦港) 축동(築垌) 김원섭(金元爕) 댁

　평양(平壤) 관동(貫洞) 예수교서원(耶蘇敎書院)

　평양(平壤) 법수교(法首橋) 대동서관(大同書觀)

　평안북도(平安北道) 정주군(定州郡) 남문(南門) 내 홍성린(洪成鱗) 상점

북미 샌프란시스코 한인공립협회(韓人共立協會) 내 -김영일(金永一)
주소-

• 투서주의

1. 학술(學術), 문예(文藝), 사조(詞藻), 통계(統計) 등에 관한 온갖 투서
   는 환영합니다.
1. 정치에 관한 기사(記事)는 일절 접수하지 않습니다.
1. 투서의 게재 여부는 편집인이 선정합니다.
1. 투서의 첨삭권은 편집인에게 있습니다.
1. 일차 투서는 반려하지 않습니다.
1. 투서는 완결함을 요합니다.
1. 투서는 세로 20행 가로 25자 원고지에 정서함을 요합니다.
1. 투서하시는 분은 거주지와 성명을 상세히 기재하여 보내주셔야 합
   니다.
1. 투서에 당선되신 분께는 본 태극학보의 해당호 한 부를 무상으로
   증정합니다.

• 특별광고

○ 내외도서 출판
○ 교과서류 발매
○ 신문잡지 취급
○ 학교용품 판매
  경성 중서(中署) 동궐(東闕) 파조교(罷朝橋) 건너편
  본점 -중앙서관(中央書館)- 주한영(朱翰榮)

평안북도(平安北道) 선천읍(宣川邑) 냇가
지점 -신민서회(新民書會)- 안준(安濬)

목차
태극학보 제25호

우연히 읊다	고검(孤釰)
또	혜범(惠帆)
벗 박태은(朴泰殷)에게 주는 시	모란산인
'추(秋)'자 운시 1수 무하생	송욱현
국문 풍월(風月) 3수	모란산인/ 송남생/ 동초(東初)
가을밤에 우연히 읊다	송남생 / 추성
정석내(鄭錫迺) 군을 축하하는 시	김원극
또	김수철
태극학회 기자께 삼가 드리다	박재선
이우강의 홍우(紅友)를 이별한 시에 화운하다	송남생
양성춘에게 화답하다 2수	김원극
박내균(朴俫均)과의 송별을 추회하다	위와 같음

태극학보 제25호
융희 2년 10월 24일
메이지 41년 10월 24일 [발행]

| 논단 |

본회 제3회 기념 / 기자

대저 물이 솟아남에 그 기원이 미세하지만 여러 지류가 모이면 대해(大海)가 될 수 있고, 나무의 자람에 그 맹아가 희미하지만 여러 줄기가 무성하면 삼림이 될 수 있다. 하지만 그 원천이 바다에 이르는 사이에 수많은 험준한 바위와 깎아지른 절벽을 거쳐 꺾이며 돌아감을 반복한 뒤에야 그 물줄기를 뻗을 수 있고, 그 맹아가 숲이 되는 동안에 수많은 비바람과 눈서리를 겪고 성쇠를 반복한 뒤에야 그 줄기를 뻗을 수 있는 것이 바로 이치이자 형세이다.

이제 본회의 창립일이 4년 전인 9월 15일이다. 그 발기의 시초를 보면 몇몇 학우들이 본국에서 새로 온 유학생들의 어학 준비를 위하여 태극학회라 이름하고 거의 1년 동안 교수(敎授)하다가 그 어학을 배우는 학생들이 졸업한 뒤 학교가 다시 무용지물이 되었다. 몇 개월이 지나면서 회합을 유지하자는 의론이 이어지니 원래 맹아를 찾아보면 미약하다고 하겠다. 하지만 다시 일으키는 이치에 굴신(屈伸)의 때가 있기에 학회를 개창하자는 의론이 일어났다. 당시 학우들이 다 한 마음으로 의결하고 이어 학보를 창간하여 자신의 학술을 성장시켜 본국의 동포와 함께 문명에 나아갈 의무를 부담한 것이다. 그러므로 우리 청년들의 지식이 몽매하고 사력이 미약한 까닭에 본국의 동포를 고취할 능력이 부족하지만 그 감정이 같이 슬퍼할만 하고 그 마음이 같이 괴로워할 만하다.

대저 학생 시절에는 자유로운 휴가가 전혀 없다. 1주당 일요일 하루를 얻어 학우들의 환난을 서로 문답하고 자신의 객지 생활 준비나 겨우 하므로 학회를 생각할 겨를이 부족하다. 그럼에도 적은 시간을 아껴서 학보의 업무에 종사하고 작은 여비를 남겨서 발행 경비에 충당하니 곧 그 유래된 역사가 고난을 늘 예비하였다고 하겠다. 그 사이에 위험한 절벽에서 비바람과 눈서리를 겪은 사실은 일일이 들어 말하기 어려워 생략한다. 다만 오늘 제3회 창립 기념회에 회원 명단이 600여 명에 달하고 학보의 발행호가 25번에 달하니 당장의 감상이 환회를 이길 수 없어 축하 한마디 없을 수 없다.

대개 천하만사란 과거를 들어 미래를 예지하면 길흉과 성쇠가 눈앞에 밝아짐은 본디 정해진 이치이다. 본회의 4년 역사를 살펴보면 시작은 미약하였으나 중도에 굽이굽이 뻗어 번영하고는 이제 제 3회 기념회의 성황을 이 같이 맞았다. 이것을 가지고 유추해 보면 이듬해에 이 대회에 수천 명이 올지 모르고 그 이듬해에 또 수만 명이 올지 모르며, 학보의 발행부수가 수천이 될지 모르고 수만이 될지 모르겠다. 이처럼 성장이 멈추지 않는다면 전국 단체의 부응을 기약할 수 있고 동포 지식의 계발을 볼 수 있을 것이다. 이로써 요점을 취하여 단언컨대 본회의 창립기념일이 곧 우리나라 독립문명의 기념일이라 해도 과언이 아닐 것이라 생각한다.

그러나 내가 본회의 일부로서 본회의 의원에게 한마디 하고자 한다. 무엇인가? 무릇 온갖 사업이란 시작은 쉽지만 마무리가 어려우니, 나아감이 빠른 자는 물러남도 빠르다고 한다.[1] 오늘 여러분이 부담한 의무가 겉으로 얼핏 보면 일개 학우회에 불과한 것처럼 보이지만 그 내용을 따져보면 전국 동포의 새로운 사조(思潮)를 일으키는 지위에 있다. 만약

---

1 나아가기를…빠르다고 : 원문은 "其 進이 銳者는 其 退가 速이라"로 『맹자(孟子)』「진심 상(盡心上)」에 나온다.

여러분의 의혈(義血)이 끓는다면 2천만 동포의 의혈도 함께 끓게 되고, 여러분의 의혈이 차갑게 식는다면 2천만 동포의 의혈도 함께 식게 되며, 여러분이 한 걸음 나아가면 국운도 한 걸음 나아가게 되고, 여러분이 한 걸음 물러서면 국운도 한 걸음 물러나게 된다. 그러니 여러분이 서 있는 처지가 국가가 평안해지는 여부와 그 관계가 어떠한가. 그러므로 여러분의 마음이 반드시 더 뜨거워져 시작과 마무리를 잘해야 하고 여러분의 걸음이 반드시 더 쾌활해져 나아감만 있지 물러남이 없어야 할 것이다. 진실로 이와 같다면 우리 본국의 동포들이 일제히 환영할 것이니, 마치 해밀턴²의 필설(筆舌) 하에 미국 전체가 바람처럼 따르고 비스마르크의 철혈(鐵血) 하에 프로이센의 의사(義士)들이 구름처럼 모이는 것과 같을 것이다. 이는 여러분이 애쓰는 여하에 달려 있다.

　다른 말이 무슨 필요가 있겠는가마는 다시 본국에 뜻 있는 신사들과 본보의 독자들께 요청한다. 본회에서 오늘 제3회 기념회를 보존한 일은 본회의 회원들의 성의로 이룬 것이나 사실상 여러분의 동정과 협찬으로 이룬 것이다. 왜 그런가 하면, 본보가 발행된 이래로 경비의 곤란으로 인해 비상한 곤경을 자주 겪었지만 다행히도 여러분의 보조에 의지하여 끊임없이 지속할 수 있었기 때문이다. 본보를 애독하는 여러분이 나날이 늘어나니, 샌프란시스코와 하와이 그리고 상해와 블라디보스토크에 거주하는 동포들이 이어졌고 본국의 각 고을의 뜻 있는 분들이 지회(支會)와 연락하는 청원이 다달이 부단히 이르렀다. 하나는 본회의 발전 도정을 위해 경하하며, 하나는 전국의 문명 운수를 위해 노래한다. 만약 여러분이 시종일관 부단히 애호한다면 올해부터 다음해까지 가고 다시 그 이듬해・백년・천년・만년토록 무궁히 기념하고 백 명 천 명으로부터 만 명 천만 명까지 성대히 기념하는 일이 일어날 것이

2　해밀턴 : 1755-1804. 알렉산더 헤밀턴(Alexander Hamilton)으로 법률가이자 정치가로 미국 건국시조 가운데 한 사람이다.

다. 그러한즉 본회의 기념이 곧 전국 독립의 기념일이 될 줄로 확신하는 것이니, 내가 이로써 기원하고 경하하노라!

평양의 중학교 소식 / 송남(松南) 김원극

학교의 증설이 귀하다고 하나 교육의 등급과 순서를 조성하지 못하면 비록 늘어난들 무슨 이득이 있으리오. 오늘 우리나라 교육계의 새 흐름이 날로 팽창하여 경향(京鄕) 각지에 여러 학교가 생겨서 서로 바라보고 있으나, 각 학교를 담당하는 여러분이 교육하는 방향을 따지지 않고 그저 학교의 명칭만 가져왔기에 이른바 소학교의 교과를 보면 심상(尋常)과 고등의 구별을 찾기 어렵고, 이른바 보통학교, 중학교라 칭한 것들도 이름과 실체가 부합하지 않아서 한단지보(邯鄲之步)[3]와 거의 같다. 이는 국민의 일반 지식이 유치한 정도를 모면하기 어려운 사실에서 비롯된다. 그러니 보무(步武)를 높이 행하여 용기 있게 모두 나아가 실지를 바로 도모해야 할 것이다.

지금 도쿄 유학생 사회를 보더라도 본국에 완전한 학교가 없음으로 외국에 유학하여 소학교부터 중학교 대학교까지 수십 년 세월 동안 어렵고 괴롭게 보내게 하니, 본국의 선진(先進)이 크게 주목할 사항이다. 하물며 우리나라의 평양은 교육계의 활동이 전국에서 가장 먼저 꼽힐 고을이라지만 완전한 중학교가 아직 없으니 참으로 개탄할 노릇이 아닌가! 그러므로 불녕(不佞)이 저번에 『서북학회월보』지면을 빌려서 어리석은 식견으로 사양하지 못하고 어지러이 쓴 것이다.[4] 그런데 오늘

---

3 한단지보(邯鄲之步) : 한단(邯鄲)에서 걸음걸이를 배운다는 뜻으로, 제 분수를 잊고 무턱대고 남을 흉내내다가 이것저것 다 잃음을 비유한다.

4 『서북학회월보』지면 : 김원극이 『서북학회월보』3호(1908.08)에 기고한 「敬告我 平南紳士同胞(우리 평안남도 신사와 동포들에게 경고함)」를 이른다.

서북에서 온 소식을 듣자니 우리나라 제일의 교육가 이종호(李鍾浩)[5], 제일의 웅변가 안창호, 제일의 외교가 윤치호 세 분이 대성중학교(大成中學校)를 발기하여 위치를 평양에 정하고 개교식을 치렀다고 한다. 이를 듣는 동시에 책상을 치고 일어나 춤추며 절로 기뻐 노래하였다.

우리나라에 학교 설립이 종종 없지는 않지만 지속할 능력이 부족하고 교육의 순서와 체제가 차이가 심하니 뜻 있는 이가 항상 애석해하는 것이다. 이것이 무슨 이유인가 하면 온갖 잘못된 원인이 여럿이나 그 하나는 사람들 계획의 불완전함에 있다고 하겠다. 지금 이 세 분은 식견이 이미 높고 명망이 이미 커서 전국의 큰 인물이라, 그 설치한 처음에는 여간한 재액이 없지는 않겠으나 그 장래 유지 방침과 교육 과정은 필시 완전무결한 뜻이려니 췌언을 어찌 하리오만 평양의 신사들에게 다시 한마디 더하려고 하니 무엇인가?

자고로 대사업과 영웅호걸이 머리 세 개 여섯 팔의 괴력을 가지고 산을 뽑아 바다를 넘는 기력이 있는 이가 아니라 시기를 잘 타서 계산 한 번, 도모 한 번에 수창(首唱)이 될 따름이다. 이에 무명의 영웅호걸이 바람을 따라 구름처럼 모여 그 계산을 대신하고 그 도모를 대변하여 만인을 한 소리로 하고 만 가지 감정을 하나로 모은 연후에 그 일의 결과를 보려니, 이러므로 소진(蘇秦)의 달변으로도 6국이 따르면 통합되고 따르지 않으면 흩어졌으며 비스마르크의 철혈정책으로도 프랑스를 이긴 공은 소학교에 있다 하였으며 마르틴 루터의 신앙 자유도 일반 민심의 기회를 인연함이라 한다. 여러분은 생각해보라, 그런가, 그렇지 않은가?

오늘 세 분의 중학교 발기가 당당한 의무에서 나온 것이고 여러분은 이제 장인(匠人)이다. 그 대목(大木)과 소목(小木)을 구할 이도 여러분이

---

5   이종호(李鍾浩): 1885-1932. 이용익(李容翊)의 손자로 보성학교의 교주를 역임한 교육가이다.

고, 왼쪽에 도끼를 지고 오른쪽에 자를 잡을 이도 여러분이며 여기서
노닐고 쉬며 모일 이들도 여러분이다. 혹 여러분이 길가의 집과 같이
보아 너와 나의 힘을 서로에게 미룬다면 공인의 곱자를 지휘할 곳이
없으리니, 필경 짧은 자를 버리고 나와서 어찌할 수 없다고 한다면 여러
분의 희망이 이로써 영영 끊어질 터이니 실수를 한탄할 일이 이것 말고
무엇이겠는가! 지금 일본 유학생 사회를 목격하니 대부분이 여러분의
자제나 손자라. 자손을 사랑함은 사람의 일반적 감정에 그칠 수 없는
것이거늘 스스로 할 능력이 있는 학교 설비에 힘을 쓰지 않고 어리고
약한 자손을 여러 해 멀리 이별함이 또한 가여운 일이 아닌가? 이제
여러분의 탁월한 식견으로 우선 정한 취지가 있어서 이러한 대사업을
시작하였으니 우리나라 각 지방 학계에 붉은 기를 세워 선도가 되었다.

어떻게든 경하하는 바이지만 그 마무리에 극진할 염려가 없지 않아
거친 말을 헛되이 붙이는 것이니 여러분의 혜안으로 너그러이 양해해
주실 것을 바라고 바라는 바이다. 지금 여러분이 만리 먼 길에 한 걸음
을 처음 디뎠으니 점점 향상의 힘을 치열하게 잘 써서 대성중학교의
실지(實地)와 명예가 성립하는 날이면 전국의 중학생 생도가 모두 따라
서 평양에 유학하리니 우리나라 문명의 핵심이 이 학교에 있을 줄로
믿고 확인하노라.

사회의 거짓 지사 / 북우(北愚) 계봉우(桂奉瑀)[6]

태고(太古)부터 상고(上古) · 중고(中古) · 근고(近古)를 거쳐 오늘에
이르기까지 동양과 서양의 혼탁한 지구에서 무수한 먼지와 티끌로써

---

6 계봉우(桂奉瑀) : 1880-1959. 독립운동가, 역사학자로 북간도, 상해, 시베리아에서
   항일운동을 전개하였다.

수풀처럼 무성한 온갖 유기적 무기적 동식물을 세어보면 일일이 다 헤아릴 수 없다. 그 가운데 가증스럽고 애석할 큰 괴물은 무슨 물건인가 하면 거짓 지사가 이것이다. 또 장님도 아니요 귀머거리도 아니요 벙어리도 아니요 꼽추도 아니요 문둥이도 아니요 간질도 아닌 큰 질병이 무엇인가 하면 거짓 지사가 이것이다.

그 언론을 들으면 구절마다 강개하고 조목마다 격앙하니, 사람들로 하여금 팔뚝을 걷게 하고 어깨를 떨치게 하고 머리를 두드리게 하고 발을 구르게 하고 닳도록 손뼉 치게 하고 부서지도록 이 갈게 하고 찢어지도록 눈을 부릅뜨게 한다. 또 그 저작을 보면 글자마다 통분(痛憤)하고 문구마다 비창(悲愴)하니, 사람들로 하여금 비 오듯 눈물 흘리게 하고 입에서 혀를 씹게 하고 간장을 무너지게 하고 눈썹을 잔뜩 찡그리게 하여 마음속 피를 들끓게 한다. 또 애국자 · 헌신자도 자신이요, 형제를 위해 목숨을 던지는 이도 자신이요, 정치를 개선할 이도 자신이요, 교육을 확장할 이도 자신이요, 실업을 개발할 이도 자신이요, 완고를 혁파할 이도 자신이요, 문명을 수입할 이도 자신이요, 백성의 도적을 제거할 이도 자신이요, 그밖에 크고 작은 온갖 일도 다 자신이 아니면 안 된다고 한다.

하지만 그 말소리가 채 끝나지 않았고 그 필적이 채 마르지 않았는데, 분주히 동서로 다니면서 어깨를 치켜 올리고 아첨하는 웃음을 띠고 낮에 숨고 밤에 다니며 꼬리치며 동정을 구하니, 우리 국가를 파는 자도 저들이요, 우리 형제를 죽이는 자도 저들이요, 우리 교육을 해치는 자도 저들이요, 우리 실업을 잃어버린 자도 저들이요, 우리의 완고를 돕는 자도 저들이요, 우리 문명을 막는 자도 저들이요, 외국의 모욕을 초래한 자도 저들이요, 우리 백성의 도적인 자도 저들이요, 그 밖에 크고 작은 온갖 악행도 다 저들의 소행 아님이 없다. 저들은 사람의 심장이 있는가, 사람의 신체가 있는가! 하늘이 부여한 성령(性靈)으로

우리와 유사한 부류라 이목구비·사지·신체·오장육부·골격이 우리
와 다름이 없거늘, 저들은 어찌하여 나라와 집안을 망쳐서 집안도 망치
고 신세도 망치는가. 저들 부모와 처자가 시베리아로 도망쳐 슬프게
울게 하고 저들 형제와 자매를 박람회 진열품 신세로 만든 지극히 비참
한 전래의 공례(公例)를 어찌 무지몽매하게 알지 못하는가. 아, 저 개돼
지의 심신 같은 거짓 지사야! 슬프다, 저 마귀의 자손 같은 거짓 지사
야! 외모는 박제상(朴堤上)과 김유신인데, 그 창자는 당나라 이임보(李
林甫)[7]나 송나라 한탁주(韓侂胄)[8]이고, 그 언변과 문장은 강감찬과 정몽
주인데 그 심지는 오나라 백비(伯嚭)[9]나 진나라 조고(趙高)[10]이니, 외모
로 취해서 안 될 것이 사람이요 언행으로 알 수 없는 것이 사람이로다.

저들은 진짜 지사의 장애물이 되어 그 사업을 무너뜨리고 저들은 진
짜 지사의 방해물이 되어 그 명예를 더럽히니, 저들은 벼이삭의 가라지
이고 재목의 좀벌레며 꽃밭의 불씨이고 시루의 쥐새끼며 농가의 해충
이다. 그러므로 당대 사람들이 설령 어리석은 필부라도 그 이름을 듣고
그 행위를 보면 다 말하기를 "이는 우리나라의 소인이요 이는 우리의
공적(公賊)이라" 하면서 다 그 고기를 씹고 그 가죽을 벗겨 이불로 삼고
배를 갈라 간을 썰고 그 배꼽으로 등잔을 삼고 그 해골에 옻칠하고[11]
싶어 한다. 당대 사람들만 그러는 것이 아니라 백년·천년·만년 이후
에도 인성이 있는 자라면 다 저들을 욕하고 원망하고 배척하며 침 뱉으
며 조소하면서 모두들 필설로 해치려 하며 곳곳마다 칼 산과 바늘 강이

---

7 이임보(李林甫): ?-752. 당나라의 대표적 간신.
8 한탁주(韓侂胄): ?-1207. 남송의 대표적 간신.
9 백비(伯嚭): 춘추시대 오나라 부차(夫差)의 간신.
10 조고(趙高): 지록위마(指鹿爲馬)의 유래가 된 진나라의 간신.
11 배꼽에…하고: 『삼국지』에 나오는 동탁(董卓)의 시체가 비대하여 배꼽에 심지를 꽂
   아 불을 켰다고 하며, 춘추시대 조간자(趙簡子)는 지씨(知氏)의 해골에 옻칠을 하고
   요강으로 써서 원수를 갚았다고 한다.

아닌 곳이 없을 것이다. 임산부도 저런 자식을 낳을까 두려워하고 댕기 들인 아이도 저런 동생을 얻을까 무서워할 것이다. 어찌 이토록 심하고 또 심할까. 그 뜻이 참으로 거짓이요 또 거짓이도다.

거짓 지사의 근거지가 어디인가 하면, 하나는 학교이고 하나는 사회 이니, 학교에서 지식을 기르고 사회에서 명예를 누린다. 진실한 바탕의 도덕과는 순전히 배치되어 있으니, 그 능한 장기가 단지 과거 시험에 급급하고 물욕에 매몰되어 있다. 자신에게 이익이 있기만 하면 종묘사 직도 헛된 일로 여겨 마음이 흔들리지 않고, 우리 동포가 도마의 고기 신세가 되어도 관심이 전혀 없다. 이처럼 극악한 물건이 어째서 멸종되 지 않고 근절되지 않는가? 강물에 던져도 어류가 반드시 부끄러이 여겨 받지 않을 것이고, 산림에 넘겨도 승냥이와 범이 반드시 성내며 먹지 않을 것이다. 그밖에 개미·까마귀·솔개·파리·모기·여우·삵의 무리도 내버려 보지 않을 것이며 꺼려서 물지 않을 것이니, 세상 천지 에 몸을 기댈 곳이 어디겠으며 발 디딜 땅이 어디겠는가?

가련한 거짓 지사야! 너희도 국민의 당당한 분자이니, 서둘러 참회 하여 과거의 죄를 고친다면 누가 그 삶을 좋아하지 않고 그 죽음을 싫어 하지 않겠는가? 창랑(滄浪)의 물결에 그 마음과 창자를 씻어내어, 험난 한 지경에도 절개를 지키는 참된 지사, 충직하고 신실한 참된 지사가 되기를 고개 숙여 기원한다.

내지의 일본 유학생 환영과 전별회 소식 / 송남생(松南生)

지란(芝蘭)은 귀한 초목이지만, 평범한 눈으로 보면 초목으로 귀착되 고 주옥은 기왓장과 다른 것이지만 평범한 눈으로 보면 기왓장으로 귀 착될 것이다. 아아! 우리나라 10년 전 시대를 거슬러 보자면 외국에 유학하는 사람들이 오늘과 같이 많지 않았고 각종 뛰어난 인사가 수업하고 귀국해도 환영 두 글자의 명의를 듣지 못하였는데, 근래 서쪽에서 온 소식이 해외 유학생 환영으로 막대하게 융성한 상황을 맞았도다. 본 기자가 대강의 견문에 의거해 이 상황을 간략히 진술하고자 하니 우리 본국의 뜻 있는 군자들께서 일람하시면 다행이겠도다.

본년 8월 도쿄 유학생 여러분이 휴학 기간에 귀국하는 길에 서울에 도착하니 서북학회 회장 정운복(鄭雲復)과 이달원(李達元) 여러분이 유학생 일동 환영회를 동대문 밖 영도사(永道寺)에서 개최하고 부회장 강윤희(姜允熙) 씨가 권면(勸勉)의 연설을 한 뒤에 유학생 대표 김수철(金壽哲) 씨가 답사를 드리고 오찬을 성대하게 진행하여 여러 해 만리 객지에서 쓸쓸하고 외로운 회포를 한바탕 위로한 뒤 여흥을 가지고 폐회하였다. 평양성에 도달하니 당지의 지사 김관선(金寬善)·김병식(金秉軾)·최예항(崔叡恒) 여러분이 대동강 위 하늘 아래 풍랑에 돛대와 노를 연달아 띄우고 성의 모든 인사들이 함께 모여서 개회식을 차례대로 행하는데 특별히 '도쿄 유학생 환영회'라 명명하고 제절(諸節)을 관례에 의거해 마친 뒤에 발기한 여러분이 유학생의 고국 정서를 충분하게 만족시키기 위하여 옛날 가무를 온갖 연극으로 거행하고 대한제국 만세와 유학생 만세를 삼창하는 소리에 푸른 물결이 진동할 따름이었다. 달밤을 틈타 비단 닻줄을 늘여서 부벽루의 구불구불한 붉은 난간을 디디고 올라서 제일강산을 차례로 관람하고 단군과 기자의 고향에서 여감(餘憾)으로 풍경이 다르지 않음을 음영(吟詠)하여 나타냈고 다음날도 이 같은 음영을 두세 번 하고서 그쳤다. 평양의 일신(日新)학교와 기명(箕明)학교 생도 조성하(趙成夏)·김제현(金濟鉉) 등 여러분은 유학생 일동을 학교 안에 청하여 환영의 큰 뜻을 보였고 다과회를 거행하였으며 돌아갈 시기를 당해서는 황해도와 평안도의 각군 학생 여러분이 단체로 승차하기 위해 평양에 모였다. 또 이곳의 유지(有志) 여러분이 유학생 전별회를 열었는데 때를 맞춰 농학사 김진초(金鎭初) 씨가 여기 도착하였기에 겸하여 김진초 씨의 환영회도 같이 하였다. 환영회에서 베푼 성황에 대하여 부득불 한마디 하고자 한다.

이날은 가을 8월 초길(初吉)이라, 옥우(玉宇)가 확청(廓淸)하고 산색(山色)이 쟁영(崢嶸)한데, 모란봉 연하(煙霞)에서 가장 수려한 기자릉(箕子陵) 가에 장소를 예비하고 유학생 일동을 청해 맞아들이니 여러 의식으로 일대 기관(奇觀)이 나타나도다. 가장 긴 장대의 기폭(旗幅)에 대서 특필하기를 우측에 "도쿄 유학생 전별회"라 하고 좌측에 "농학사 김진초 씨 환영회"라 하였다. 이 기를 앞세워서 일신학교에서 기자릉까지 행진하는데 맨 앞에서 옛 음악을 크게 연주하고, 다음으로 대동(大同)·청산(靑山)·기명·일신 등 학교 생도 400여 명이 4열로 대오를 조성하여 규율로 엄숙히 행진하니 군대의 융성한 의례를 본받아서 나팔을 나란히 불고 군대 북을 일제히 울리며 음향이 부응하여 10리에 서로 들리니 도로 전후좌우에 늘어서 보는 남녀가 인산인해를 이루었다. 기자릉에 들어가 석차를 정돈하는데 푸른 솔과 가을바람에 장막을 크게 열고 만국기와 태극기는 4면에 둘러서 세웠는데 햇빛이 밝게 비치고 지면은 점점 좁아진다. 장막 안에 손님과 주인의 자리를 동서로 분별하고 학도의 자리와 부녀의 자리를 각각 구별하고 그 나머지는 방청석과 연회석이 비늘처럼 잇달아 마련하였다. 이에 유학생 여러분을 맞아들이며 영빈(迎賓)의 예포를 종이 화포[12]로 대용하여 수백 번을 한 번에 쏘아대니 그 소리가 크게 떨쳐 산이 울고 계곡이 응하였다.

이어서 일제히 자리에 올라 개회식을 행하는데 임시회장 정재명(鄭在命) 씨가 개회사를 설명하고 오대영(吳大永) 씨가 축사를 진술하고 유학생 김연목(金淵穆) 씨가 대표로 답사한 뒤에 다과(茶果)를 진행하였으

---

12 종이 화포: 원문은 "紙火砲"로 탄환 대신 종이를 화포에 넣어 쏜 것으로 추정된다.

며, 만장(滿場)의 주인과 손님이 하루의 회포를 유쾌하게 하려고 각기 연예(演藝)의 장기로 풍류를 차례로 벌였다. 노래로 유명한 김관준(金寬俊) 씨가 온갖 노래를 불렀는데 그 음운은 우리나라에서 유래한 옛 곡이나, 그 가사를 들으니 국가 현재의 상태를 비관하는 가운데 나온 것으로 학생 장래의 앞길을 권면하는 뜻으로 나타났다. 이를 듣자 동시에 슬프고 즐겁고 걱정되고 기쁜 인정이 백 가지로 넘쳐났다. 그다음에 우리나라에 연희(演戲)로 유명한 허덕손(許德孫) 씨가 갑자기 휘장 뒤에서 나와서 흰 머리 붉은 얼굴로 처음에 걸어오는 형상이 취해 비틀거리는 것처럼 보여서 이를 보는 인사들이 한바탕 허리를 꺾으며 웃었다. 그런데 평생 장기인 가무를 한 번 보인다고 자청하여 늙은 목을 한 번 여니 그 음성이 아직도 늙지 않았더라. 때는 저물어 가므로 폐회하고 돌아왔으며 다음날 밤에 도산 안창호 씨가 유학생 일동을 일신학교 안에 불러서 맞아 권면하는 연설회를 열고 "학생이 장래에 대해 뜻을 세움"이라는 문제로 장시간을 연설하는데 고담(高談)과 웅변이 강개하고 격절(激切)하여 만좌가 눈물을 떨구었다. 그다음 유학생 박상락(朴相洛) 씨가 대표로 답사하고 폐회하였다고 한다.

기자는 말한다. "아아! 이 환영과 전별의 성황을 들으니 하늘에서 온 복음과 같이 환영하리로다. 대저 서북학회 인원과 평양 인사 여러분이 무엇을 인하여 귀중한 시간과 얼마간의 금전을 소비하여 이러한 대회를 한두 번에 그치지 않았는가. 아마도 전술한 여러분이 오늘날 국가의 위태한 운명을 만회하려면 문명발달을 해야만 하고 문명의 원인이 학생을 권장함에 있기 때문에, 이와 같이 정성을 다하고 힘을 다 써서 공전절후의 상황을 나타냈으니 아름답고 장하도다. 우리 본국 각군(各郡)의 동포는 이 뜻을 헤아리는가, 못하는가? 기자가 또 유학생 여러분을 대하여 다시 한마디 묻고자 하노니 지금 본국 선진(先進) 여러분이 학생 일동에 대하여 초목 가운데 지란(芝蘭)으로 기대하며 기왓장 속의 주옥으로 보고 있으니 여러분이 과연 지란과 주옥의 자격을 가지고 있는가? 가만히 보건대 오늘의 환영이 예사로운 환영이 아니라 막중한 3천리 강토를 여러분의 어깨 위에 부담하게 하며 4천년 역사를 여러분의 두뇌 속에 새겨 두며 2천만 동포의 생명을 여러분의 수중에 지키게 하기 위해 바라고 비는 것이라. 여러분은 이 환대를 기쁨으로 아는가, 근심으로 아는가? 이 환영 두 글자를 받은 여러분은 그 몸으로 짐을 지고서 스스로 무겁다고 할 수 없음이고, 그 마음으로 깊이 생각함에 스스로 번민이 없어야만 하는데 말이 여기에 이르니 이 기자도 갈마드는 근심을 이길 수 없노라. 여러분이 만약 한 시각이라도 이에 대한 주의가 소홀하다면 오늘의 환영회는 변하여 타격회가 될 줄도 알 수 없노라. 아아! 여러분은 시종일관으로 이와 같은 환영회를 길이 누리기를 재삼 빌고 비노라."

우리 청년 사회의 책임

앞길이 호호 탕탕하여 진보를 활발하고 활발하게 도모할 이들이 바로 우리 청년들이 아닌가. 지금 우리나라의 대중(炎衆)을 까다로운 눈(措眼)으로 보자면 비관이 될듯하나 고금 시세의 변혁하는 원리로 거슬러 생각하면 천재일우의 기회라 말할 수 있도다. 왜 그런가? 한나라가 기울어 무너지지 않았다면 공명의 충의가 나타나기 힘들었을 것이고, 영국의 정치가 가혹하지 않았다면 북미의 독립이 기약이 없었으리니 우리가 다행하게 이와 같은 좋은 기회를 만나서 희망하는 것은 최선의 공적이 아닌가? 최선의 공적은 별다른 사물로 특이하게 구할 것이 아니라. 오직 사회의 책임을 다할 따름이로다. 이로써 우리 일반 청년에게 간절하게

희망하느니 그 분연하게 일어남을 바라며 초연하게 달려감도 바라며
뛰어올라 날아감도 바라나, 혹 떨어져 넘어질까 두려우며 앞길을 향하
여 직진하다가 좌우로 거슬리고 어긋날 때를 만나 또 혹은 실패에 빠질
까 두렵다. 그러나 우리가 만 번 넘어져도 다시 일어나고 만 번 실패해도
다시 시도한다면 우리의 진행을 방해할 자가 누가 있으리오.

  천성에 맞으면 물불도 가리지 않고 의지가 향하는 바라면 쇠와 돌도
능히 뚫는 것이라 오늘에 사회의 추향(趨向)이 바르지 않아도 우리 청
년이 바르게 할 것이오, 사회의 관습이 곧지 않아도 우리 청년이 곧게
만들 것이니 책임이 얼마나 큰 것인가! 만약 일시의 습관에 물들어 아
첨과 방종을 날마다 실컷 하면[13] 이는 가장 저열한 동물로 사회를 자멸
의 땅으로 몰고 감이라 크고 깊게 미워할 만한 처사로다. 당대 장로의
노쇠한 무능과 무위를 닮지 말지어다. 우리나라 청년계를 가만히 관찰
해보니 알껍질을 벗지 못하고 허묘(墟墓)의 분위기가 이미 깊어 모발이
마르지도 않은 채 머리는 벗겨지고 이빨은 이지러진 형상이 이미 나타
나니, 뜻하는 것이 곧 노고를 미워하고 안일을 좋아함이고 꾀하는 것은
달게 자포자기함이라 강개한 식견을 어찌 말할 수 있으리오. 이뿐이
아니라 뜻 가진 다른 청년이 어깨 들썩이며 활보하는 상태를 한 번 보면
혐오의 마음이 불쑥 일어나 망령되이 비웃음거리로 삼는데 이러한 청
년은 살아도 이미 죽은 것이라 손꼽아 셀 필요도 없으니, 손 모아 무릎
꿇고 산문(山門)에 길게 누워 천년일청(千年一淸)의 소식이나 기다릴 터
이다. 오직 용감하게 돌진하는 기개를 기르고 탁월한 식견을 기르고
소장의 자태를 길러야만 사회에서 눈에 띄게 설 수 있을 것이고 국가의
사업을 서로 이룰 수 있을 것이로다. 아아! 장래의 동족을 안녕하게
만들고 장래의 위험을 구제함이 우리 청년의 직책이 아닌가. 백두산

---

13 날마다…하면: 원문은 "惟日不足"으로『서경(書經)』「홍범(洪範)」에 나오는 말이다.

황초령은 우리나라의 최고, 최대의 산이라 노력해서 잡고 오르면 그 정상에 도달한 시간이 있겠거니와 만일 그 산기슭만 바라보고 한 걸음도 나아가지 못하면 실지의 장관은 평생에 미치지 못하리니, 바라건대 우리 청년들은 사회에서 활약하고 나와서 일진일퇴의 작은 범절이라도 익숙해져야 직무를 자임해야 한다.

그러나 오늘 청년 가운데 뜻을 가졌다 자처하는 이가 종종 근신의 태도가 부족하여 우리가 얻은 학술로 오늘날 사회를 곧바로 재단하고자 하는데, 고금 천하에 학자의 소견이 이와 같을 이치가 있으리오. 배운 바를 가지고 시세를 이용하며 정도를 요량해야 하니, 내가 순백을 원래 좋아한다 해도 남이 순흑(純黑)을 좋아함을 갑자기 비난하고자 하면 저는 수긍하지 않고 들으려 하지 않을 것이 이치이며 시세일 것이다. 이러므로 피차에 의견이 다른 경우가 나오게 되고 사회가 나를 불신하며 친구들이 나를 물리치고 등지는 경우를 만나면 그저 자신의 허물을 생각하지 않고 속을 태우며 스스로 한탄을 거듭할 따름이니, 우리나라 사회가 부패하였고 우리 친구들이 완고하다 하면서 의기가 땅에 떨어진다. 아아! 자포자기가 어찌 이리 심한가! 사회의 부패를 유신(維新)하지 못한 것이 누구의 책임인가. 부패의 사회를 만나더라도 장차 순결하게 할 이가 우리 청년이고, 완고한 친구들을 만나도 장차 청명하게 할 이가 우리 청년이니 이로써 우리 청년의 책임이 중대하다 함이로다. 예전에 일본 도쿠가와 이에야스가 그 자제를 깨우치기를 "우리의 일생이 천 개의 칼날이 매달린 바위에 서 있음과 같다" 하니, 처세의 요결(要訣)이며 정신의 고취라고 할 수 있다. 이 때문에 도쿠가와 씨가 3백 년 동안 긴 왕위를 지켰으니 그 소양의 소치가 이와 같기에 우리 청년의 좋은 귀감이 되리로다.

아아! 장하다, 우리 청년의 기백이여! 학교에서 책을 읽음에 스승과 벗의 감독이 아니라도 스스로 읽어야 하고 시장에 서서 상업을 다스리면 주인과 손님의 권장이 아니라도 스스로 할 것이며, 잠깐이라도 자신을 잊지 말아야 하고 넘어지고 자빠져도 자신을 잃지 않은 뒤에라야 무거운 짐을 놓치지 않고 위태한 바위에 올라갈 것이다. 그래서 자기의 본령에 더욱 근거하게 되고 자기의 사상이 더욱 단단해지며 스스로의 책임이 더욱 분명해지고 스스로의 가치가 더욱 무거워져야 저 시끄러운 속된 논쟁이 번다하더라도 나를 추스를 수 있고 쇄말한 속된 일들이 수고롭더라도 내가 정리할 수 있을 터이다. 그러면 경국(經國)의 대책도 나로부터 정하지 못하는 바가 없게 되고 처세의 지극한 이치도 나로부터 계획하지 못할 바가 없게 되니 억조를 내가 지도할 수 있고 세계를 내가 정립할 수 있다. 우리 청년의 기백이 아니면 누가 이렇게 할 수 있을까.

아아! 저 선배와 장로들이 혹은 살져 둔함에 스스로 만족하고 혹은 시들고 약하여 떨쳐 나오지 못하느니 가만히 바라건대 청년들은 분발하여 편달할지어다. 잘못된 정치를 따지고 논박함은 결코 불손함이 아니고 그릇된 의론을 비판하여 교정함은 결코 불경함이 아니다. 여러분이 입에 재갈을 물고 어깨를 웅크린 채 맹종하여 인습을 따르는 길로 나가면 오늘날 전국만이 아니라, 장래의 대사업을 베풀 소망이 어그러지고 여망(餘望)이 끝내 끊어지고 만다. 다시 생각해보라. 미국의 독립이 누구의 손에서 이루어졌으며 일본의 유신이 누구의 손에서 세워졌는가? 청년이고 청년이라 할 수밖에 없다. 그러므로 오늘날 우리 청년이 스스로 삼가는 덕성과 과거를 바로잡는 용기를 키우면 독립과 유신의 사업을 손바닥 위에서 움직이리니 이와 같은 좋은 기회를 만난 우리 청년이여 힘쓸지어다!

내지의 각 학교 설립과 폐쇄의 형편 / 중수(中叟)

오늘날 문명의 풍조가 반도에 침입하여 전국의 동포들이 다 말하기를 "학교 설립이 급선무다"고 한다. 이 말을 들으면 가상하지만 그 뜻을 따지면 내 의심이 10에 5·6이다. 묻노니 동포 여러분이 오늘날 학교의 시설 확장이 다급하다는 것은 과연 무슨 뜻인가? 만약 한문을 배우고자 한다면 학교를 신설하지 않아도 예전의 서당이 의연히 그대로 있으니 굳이 학교를 더 설립할 필요가 없다고 할 것이다. 국문을 배우고자 한다면 여항의 소설과 거리의 패사(稗史)를 밤마다 작은 등불 아래에서 노래하고 읽어주는 자들이 부지기수이니 굳이 학교를 설립하지 않아도 배울 수 있다. 공자가 번지(樊遲)의 농사를 배우겠다는 질문에 대하여 "나는 늙은 농부나 정원사만 못하다"[14]라 하였으니, 농업을 학교를 기다려 배울 것이 아니고, 『예기(禮記)』에 "훌륭한 대장장이의 아들은 응용하여 가죽옷 만드는 일을 배우기 마련이고, 훌륭한 궁장(弓匠)의 아들은 응용하여 키를 잘 만들기 마련이다"[15]라 하였으니 공업을 학교를 기다려 배울 것이 아니며, 『마사(馬史)』에 "돈이 많으면 장사도 잘하게 된다"[16]라 하였으니 상업도 학교를 기다려 배울 것이 아니다. 그러므로 학교가 없더라도 국문과 한문을 잘 가르쳐줄 방도가 있고 농업·공업·상업을 잘 행할 방도가 또한 있거늘 여러분이 함께 학교, 학교라 괴롭게 누누이 소리 높이는 것이 필시 그럴 이치가 있겠으며 여러분이 이렇게 하는 것을 내가 이미 알 수 있겠다.

---

14 나는…못하다: 원문은 "吾不如老農老圃"이다. 번지는 공자의 제자이다. 『논어(論語)』 「자로(子路)」에 나온다.

15 훌륭한…마련이다: 원문은 "良冶之子 必學爲裘 良弓之子 必學爲箕"로 『예기』 「학기(學記)」에 나온다.

16 돈이…된다: 원문은 "多錢善賈"로 『한비자(韓非子)』 「오두(五蠹)」에 나오는 말이다. 『마사(馬史)』는 사마천의 『사기(史記)』를 이르는 말인데 착오로 추정된다.

문자란 사적을 기록하는 일에 필요한 도구에 불과하다. 글자와 부호 이전에 줄을 꼰 매듭을 가지고 하는 정치로도 태평하게 다스렸고, 이사 (李斯)의 문장으로 진나라가 망하였으며[17] 주발(周勃)은 문장이 부족해 유씨(劉氏)가 평안하였으니[18] 헛된 문자의 무익함을 명료히 알 수 있다. 우리나라의 이른바 예전 교육을 거슬러 살펴보면 헛된 독서를 잘함에 불과하다 하겠다.

아동 7·8세에 서당에 들어가 책을 열면 첫 장에 "천자문"이라 되어 있으니, 애초에 "천자문(千字文)" 세 글자도 알지 못하는 아이를 "하늘 천"이라 "따 지"라 가르치면 입과 목구멍이 응할 수 없고 지식이 미치지 못한다. 선생이 "천(天)"이라 하면 제자는 뜻도 모르고 입만 응하여 "천" 이라 하고 선생이 "지(地)"라 하면 제자가 의미 없이 입만 응하여 "지"라 한다. 이처럼 천 번, 백 번을 읽으면 그저 입으로 베껴서 외울 수 있으나 천 글자를 다 읽어도 한 글자의 의미도 장님처럼 알지 못하고 1·2년의 세월을 그저 보낸다. 다음으로 연구(聯句)의 시를 가르치는데 "백주(白 州)는 홍인면(紅人面)이요, 황금(黃金)은 흑사심(黑土心)이라"는 구절을 종일토록 읽어도 의미를 깨치지 못하기에 자음(字音)을 제대로 이어가 지 못하니 방에 가득 찬 개구리 소리와 다를 바 없다. "오릉의 소년 번화 한 시장을 주름잡고, 은 안장의 백마에 춘풍을 가로지르네. 낙화를 다 밟고서 어디로 놀러가나, 웃으며 오나라 아가씨 술집으로 들어가노 라"[19] 같은 시를 양지양능(良知良能)[20] 그대로인 아동에게 교수하면 음탕

---

17 이사…망하였으며: 진나라 재상 이사는 문자를 통일하여 전자(篆字)를 정비하였다 고 한다.

18 주발…평안하였으니: 재상 주발은 언변과 문학이 부족하였으나 충직하고 용맹하여 한고조 유방(劉邦) 사후에 여후(呂后)의 일족을 멸하고 한나라의 안정을 지켰다.

19 오릉의…들어가노라: 원문은 "五陵年少金市東, 銀鞍白馬度春風, 落花踏盡遊何處 笑入吳姬酒肆中"으로 7언 절구의 형태이다.

20 양지양능(良知良能): 배우지 않고도 있는 선천적 지력과 능력을 의미하는데 여기서 는 한문과 한시를 제대로 교육받지 않은 아동의 상태를 이르는 것으로 보인다.

한 뜻과 정이 일어나 움직이고 이를 거쳐서 『고문진보(古文眞寶)』와 이태백과 두보(杜甫) 등의 허다한 시편을 섭렵하는데 시 지은 이의 일시적 감상과 관물(觀物)로 음미할 따름이니 후세에 읽는 것이 한가한 중에 눈을 굴리는 일을 도울 따름이다. 어찌 일정한 교과로 독서를 가르치는 일이 될 수 있겠는가! 이를 요량하지 않고 장구를 찾고 맞추는 무리들의 와전이 여기까지 이르는데 다음으로 사서(四書)를 교수한다. 그 성리학의 오묘함을 볼 수 없을 뿐이 아니라, 이전에 교과 없이 읽어온 한시들로 인해 구렁이가 갈대밭을 지나가듯 그 바른 이치를 어그러뜨리니 음탕한 시구를 연습해온 이목에 합당하게 수용될 리가 만무하다. 이 때문에 그 뜻을 연구하지 않고 그 정밀함을 가려내지 못하며 책상에 앉아 장님처럼 외워서 사서를 다 읽고 다시 삼경(三經)을 다 읽어도 개가 꿀떡을 먹는 것이나 장님이 단청 앞에 있는 것과 같이, 10년 독서를 한 자가 소식을 전하는 편지 하나를 쓰지 못하는 경우가 열에 8・9가 되니 배움의 본의가 과연 어디 있겠는가. 그저 상투적인 편지 구절〔不寧, 猶是〕이나 적을 따름이다.

책상 가운데서 앉았다 누웠다 생활하면서 인간과 사물의 이치에 어두울 따름이니 그저 시구 하나 지어내어 장기로 삼을 따름이고 부모를 섬기고 처자를 돌보는 생활의 계획에 막막하여 무슨 일인지도 알지 못하니 이 사람의 십수 년 독서의 소득이 이 사이에 무슨 소용인가? 이미 그 책의 의미를 알지 못하고 다시 의미를 표현〔吐寫〕할 줄도 모르기에 죽이라도 구해 입에 풀칠하는 생계도 잃었으니 소득이란 것이 정신이 없는 한 괴물일 따름이다. 독서한 사람이 이와 같으니 상류사회의 풍조를 알 수 있도다.

대저 농업・공업・상업 세 가지는 인류 생활에 한 가지도 빠질 수 없는 것이다. 고대에는 사농공상의 그 업이 각각 달랐으나 오늘날은 사(士)로 이름 한 이가 농공상을 포괄하여 농업의 발전, 공업의 이용

그리고 상업에서 교통의 편리 등을 어떻게든 강구해 일반 인민의 생활과 복락을 증진할 가를 담당해야 한다. 우리나라가 옛 관습을 고치지 않고 이른바 교육이 전술한 바와 같으며 농공상의 실업이 점차 퇴보하여 오늘날의 빈약함과 위태함이 마치 물새가 배에 동참[21]하는 지경이 되었으니, 이목을 갖춘 이라면 이 때문에 학교를 설치하자고 주창하는 바이다. 이 학교를 설립하려는 본의를 일반 동포가 정밀하게 살피지 않고 그저 많이 세우려고만 한다면 나는 깊이 한스럽게 여긴다. 들으니 본국의 동포가 오늘날 학교 설립의 원인으로 세 가지를 말하니 과연 그러한가. 내가 말하고자 한다. 첫째는 애국하는 지사의 부류가 학교 시설이 오늘의 급선무인 줄 통찰하고 발기하는 경우가 있고, 둘째는 일전에 이른바 서울에서 출몰하던 류(類)와 향촌에서 무단(武斷)하던 무리들이 협잡하는 길이 두절됨을 알고서 학교 설립을 빙자하여 공공의 기부와 사적인 의연을 유용하기 위하여 발기하는 경우도 있다. 셋째는 어느 마을에 한 학교를 세우려고 인근의 다른 여러 마을에 공공재산과 의연금을 부탁하면 그저 반대하며 말하기를 "우리 마을도 우리 재산으로 학교를 세울 수 있으니 다른 마을에 줄 수 없다" 하고 10가구나 수십 가구로 학교를 하나 세워서 조각조각 자질구레하게 발기한다 하니 겉으로 들어보면 양호하나 불완전한 원리를 내포함이니 완전한 사업이 어찌 있을 수 있겠는가.

그 설립의 원인에서 첫째는 찬성하거니와 둘째와 셋째는 반대하니 왜인가? 막중한 국민교육의 의무를 부담한다고 자임하는 자들이 애초에 협잡의 구습을 하고자 하니 저들의 교육이란 것이 어찌 완전하겠는가? 그리고 피차의 마을을 물론하고 국민교육의 의무는 한 가지니 네가 세웠으니 나도 세우고 나도 세웠으니 너도 세우라 한다면 서로 불완전

---

21 동참: 원문은 "同慘"인데 "同參"의 오자로 추정하고 동참(同參)으로 해석하였다.

하니 교육을 주관하는 자의 본의가 이처럼 협소하다면 저들의 교육이란 것에 다시 어떤 희망이 있으리오. 이로써 폐지하는 원인은 설립하는 세 가지 원인을 따라서 다시 나온 것이지만 내가 부득불 다시 할 말이 있다.

설령 애국의 지기(志氣)로 개교한 이라도 실지의 방법을 명료하게 알지 못하고 교육 과정이 간혹 그 차이가 고르지 못한 것은 지금 우리나라 시세에 나타날 수밖에 없는 이치이다. 그 학교 설립자의 열심과 지성은 근고(勤苦)하다고 할 수 있겠으나 그 부근의 인사들이 누추하고 야만스런 습관으로 찬성하지 않고 도리어 조소한다. 그래서 그 학교의 부형들은 자제들을 입학시키는 것에 즐겁지 않다가 남의 권유 때문에 부득이 보내는 자들이 자주 있다. 이 부형 여러분이 학교에 종종 가지만 오늘 교육의 원인과 과정을 제대로 살피지 않고 학교를 남의 일처럼 여긴다. 그저 그 자제들의 수학하는 행동을 외면으로 관찰하면 단발과 양복으로 좌향좌와 우향우를 하면서 달려 나가 진퇴함이 병정의 훈련으로만 보일 따름이다. 이에 불평의 마음이 틈을 타 일어나서 그 자제의 입학을 비웃으며, "너를 학교에 보낸 것은 독서하라 한 것인데 병정의 놀이로 세월을 허송하니 마을 서당만 못하다" 하고 학교를 반대한다. 이러한 경우에 학도 부형의 찬조금을 얻을 희망이 또 없어지므로 이 학교는 부득불 폐지될 것이다. 둘째, 이른바 협잡배가 설립한 것들은 그 재산 유용의 목적에 도달하게 되면 가만히 두어도 절로 무너질 것이며, 마을 사이에 너와 나의 상쟁으로 설립된 학교들은 애초에 경영이 하루의 양식으로 천리의 먼 길을 아울러 시작한 것이기에 그 설립과 폐지를 다시 어찌 논할 수 있겠는가. 그래서 전국의 각 학교가 오늘 내가 들은 바와 과연 같다면 현재 학교가 비록 수만 수천이라 해도 필경 하나도 완전하지 못할 줄로 추정하겠으니 한 소리의 통곡을 크게 낼 뿐이다. 아아! 지나간 일을 탓할 수 없으나 장래의 일은 고칠 수 있도다.[22]

첫째로 학교의 부형된 여러분에게 한마디를 권고하고자 하니 자식을
사랑함은 사람의 인정이다. 여러분의 자제를 교육하고자 하여 열심인
학교 임원을 여러분이 어떻게 알고 있는가. 오늘 학교에서 교육하는
본령을 여러분이 어떻게 알고 있는가. 입학의 처음에 아동이 깨치기
쉬운 국문을 교수하여 그 모음과 자음 및 합음(合音)을 깨달아 알고서
눈앞의 일용과 사물을 우선 지시하며 차례에 맞춰 한자 교육에 이르는
것이다. "부(父)"자를 가르친다면 국문으로 번역하여 "아비 부"라 하고
"모(母)"자를 가르칠 때도 국문으로 번역하여 "어미 모"라 하니 그 소리
뜻을 써서 얻는 것이 용이하다. 그뿐 아니라, 한 글자의 뜻을 자세히
알고 두 글자를 배우면 두 글자의 뜻을 자세히 알 것이니 그 독서 학습
의 효과가 여러 갑절이며 책에 가득한 한글과 한자가 1구 1절이라도
심상한 읊음이 없다. 그 생활에 절실한 사물과 가정에 원만한 화학과
사회에서 발견한 직무와 국가에 자임할 의무를 순수한 뇌수에 고취하
고 자국의 역사와 지리를 교수하여 자국을 숭배하는 사상을 배양하며
산수를 교수하여 천지만물의 무한한 수를 써서 알게 한다. 다음으로
고등소학에 들어가 동식물학을 교수하여 물질과 물성의 유래를 깨달아
알게 하며 체조를 연습하여 신체를 건강하게 하면서 고난에 대비함이
다. 이 때문에 체육에 특별히 준비할 것이고 창가(唱歌)는 그 뜻과 기운
을 유쾌하게 하며 선한 마음을 감발하게 하는 것으로 그 교육을 도움이
작지 않으며 이를 수료하고 중학교에 들어가 일반과 보통의 지식을 섭
렵한다.

이후에 법정(法政)의 사상이 있는 이는 법정학 전문학교에 종사하여
법정대 학사로서 법정을 행하는 처지를 담당하면, 선량한 정법이 민족
의 안녕과 질서를 유지할 수 있다. 농업의 사상이 있는 이는 농업전문

---

22 지나간…있도다.: 원문은 "旣往은 勿諫이어니와 來者롤 可追"로 『논어』「미자(微子)」
에 나온다.

학교에 종사하여 농과대 학사로서 토지를 헤아리고 농기계를 다스리는 법을 행하면 인민의 의식(衣食)이 풍족하고 점차 높은 정도에 다다라 가멸함의 기반을 만들 것이다. 공업의 사상이 있는 이는 갖가지 공업전문학교에 종사하는데, 이른바 오늘날의 철도와 기선, 전선 이하 각종 기계의 제조가 여기서 나오지 않는 것이 없으니 그 공효(功效)의 위대함이 어떠하겠는가. 상업의 사상이 있는 이는 상학전문학교에 부족과 풍부를 무역하는 법에 종사하고 졸업한 뒤에 그 실시하는 복택(福澤)을 전국이 누리게 할 것이다. 병학의 사상이 있는 이는 육해군 학교에 종사하여 충의와 용감한 기운을 배양할 터이다. 과거의 오활하고 바르지 않은 선비들이 한문 한 과목을 종신 읽고서도 홀로 먹고 사는 계책이 전혀 없었던 것과 비교할 것이겠는가? 부형 여러분이 과거의 견문을 고집하여 이러한 신교육의 본의를 살피지 못하기에 왕왕 무리하게 반대함이 나오는데 연유를 알고서도 이렇게 할 리가 절대 없으리라. 아아! 여러분이 이 이치를 통찰하고 이제부터는 학교에 대하여 성력을 남김없이 다하여 그 청년과 자제로 하여금 미래의 영웅으로 단련할지어다.

또 학교를 설립하는 임원 여러분에 대해서도 한마디 권고하고자 한다. 위에 이미 논한 두세 가지의 행동은 일체 통렬하게 제거하고 당당한 국민 양성의 주의를 포괄하여 학교 창립 취지서를 발포하는 날에 나의 일신을 학교에 공헌하고 그 교육의 과정과 유지의 방법을 정연하게 조직하여 그 학교에 입학한 생도가 정당하게 행동한다면 생도가 운집할 것을 기약할 것이고, 지사들의 찬성도 나날이 이를 터이다. 그러나 전국의 일반 지식이 고르지 않으므로 간혹 완고한 학도와 부형이 겉으로 따르다가 뒤에서 거스르는 경우도 없지 않으니, 학생회와 부형회를 조직하고 한 주 내지 한 달 동안 경중의 마땅함을 헤아려 서로 단결하게 하고 임원 및 교사 여러분이 교육의 본령과 장래의 진취가

어떠할지를 상세하게 설명하면 비록 목석의 둔함이라도 깨치어 낼 희
망이 있으리라.

이렇게 하지 않고 임원 여러분이 학도와 부형의 완고함과 비루함을
질책하기만 하면 이는 여러분의 실책이 아니겠는가? 어리석은 나의 작
은 식견으로 사료하건대 각 학교가 장기간 유지할 방침에서 첫째는 주
무하는 여러분의 열심이 어떠한가에 달렸고, 둘째는 학도와 부형의 실
심과 협찬에 달렸고, 셋째로 뜻 있는 이들이 다수 공감함에 달렸다고
하겠다. 이렇게 할 수 있는 이는 오로지 임원 여러분이다!

| 강단 |

권학론(勸學論) / 일본 대교육가 후쿠자와 유키치(福澤諭吉)·김홍량(金鴻亮) 번역

제 1편

서구의 철학자가 말하기를 "하늘은 사람의 위에 사람을 만들지 않았으며, 사람의 아래에 사람을 만들지 않았다" 하니 참되도다 이 말이여! 하늘이 사람을 낳음에 반드시 각자 그 동등한 지위를 점유토록 하되 귀천과 상하의 차별이 없으니, 단지 만물의 신령이 되는 심신의 거동으로 천지 사이에서 만물을 밑천으로 삼도록 하여 그 의식주를 사용하기에 이르고 자유자재로 서로 타인과 방해되지 않고 각자 안락하게 이 세상을 겪도록 한 본의이다.

그런데 이 인간세계를 관찰하면 현자도 있고 환자도 있고 빈천한 자도 있고 부귀한 자도 있어서, 그 현상이 거의 천양지차 같은 계급이 나타나는 것은 무엇 때문인가? 사람이 학문이 없으면 지혜가 없게 되고, 지혜가 없으면 우자(愚者)가 된다. 이는 인류가 창조된 이래로 그 역사적 경험에 의하면 명확 불변의 증거를 얻기에 족하다. 그러므로 현자와 우자의 구분은 배움과 배우지 않음에 있는 것이다. 또한 세간의 만사에 어렵고 중요한 일도 있고 쉬운 일도 있어서 그 어렵고 중요한 일을 경영하는 자를 가리켜 신분이 중한 자라 칭하고 쉬운 일을 경영하는 자는 신분이 가벼운 자라 칭한다. 그 심려가 필요한 일은 어렵고 중요한 일이며, 손발의 힘이 필요한 일은 쉬운 일이다. 그러므로 의사와 학자, 정부의 고용인과 농상 등 온갖 사업에서 수많은 고용인을 부리는 자는 그 신분이 귀중한 자라고 하는다. 빈천한 자로써 여기에 견주어 보면 도저히 미치지 못할 사실이지만 그 본원을 찾아 따져보면 그 사람의 학력의 정도에서 벗어나지 않지 하늘이 정한 약속에 의해 그런 것이 아니다.

속담에 이르기를 "하늘은 부귀를 사람에게 주지 않았고 다만 그 사람의 행동으로 받는다" 하였다. 그러므로 사람이 태어나는 동시에 부유와 귀천의 차이가 없지만, 학문에 부지런해 사물을 잘 깨우치면 귀한 이가 되고 학문이 없어 사물에 무지하면 천한 이가 되는 것이다.

그렇다면 학문이란 무엇인가? 학문이란 단지 난해한 문자를 많이 알고 난해한 문장 구절을 많이 읽어서 시가를 능히 읊고 짓는 등의 실질 없는 문학이 아니다. 그래도 이러한 문학이 인심을 즐겁고 기쁘게 하는 까닭에 일종의 보조가 되지만 자고로 학자들이 논한 바와 같이 귀중한 것이라 할 수는 없다. 이처럼 실질 없는 허망한 학문은 한쪽에 방치하고 오로지 심혈을 기울여 힘쓸 바는 인생의 일용과 사물에 활용되는 학문이다. 그 사례는 일일이 들 수 없으므로 생략한다. 이 일용과 사물에 응용되는 근래의 실학(實學)을 먼저 익힌 뒤 다시 정진할 배움의 종류는 너무나 많다. 즉 지리학이란 자신의 나라는 막론하고 세계 만국의 풍토와 노정의 인도자이다. 물리학이란 천지만물의 성질을 발견하여 그 움직임을 이해하는 것이다. 역사학이란 연대기의 상세한 것으로 만국의 고금에 형편을 조사하는 것이다. 경제학이란 일신과 일가의 경제로부터 천하의 경제를 해설한 것이다. 수신학이란 천연한 도리를 서술한 것이다. 이러한 학문을 학습함에 있어 가급적 그 실지의 응용을 정밀히 구해야 일용에 도움이 된다.

이상은 인생에서 두루 통용되는 실학이다. 사람 된 이는 귀천과 상하를 막론하고 모두 전부 습득해야 하며 습득하지 않아서도 안 된다. 이를 습득한 연후에 각자 사농공상의 분수를 다하여 공공 된 사업을 다스리며 그 일신을 독립시키고 그 나라를 독립해야 한다.

학문을 수양함에 있어 첫째 그 분한(分限)을 알아야 한다. 사람이 태어남에 구애됨이 없어서 각자 자유자재한 것이지만 자유자재만 부르짖고 분한을 모른다면 방종에 빠지기 십상이다. 즉 분한이란 도리를 바탕

으로 삼고 다시 인정에 따라 내 일신의 자유에 미치는 동시에 타인을
방해하지 않는 것이다. 자유와 임의의 구분은 타인을 방해하는 여부에
달려 있다. 설령 자신의 금은을 소비하여 행한다면 비록 주색잡기에
깊이 빠져 방탕해도 자유자재라 하겠지만 결코 그렇지 않다. 한 사람의
방탕은 타인의 표본이 되어서 세간의 풍속을 어지럽히고 타인의 교리
를 방해한다. 따라서 그 소비된 금은이 자신의 물건이지만 그 죄악이
타인에게 돌아감을 용납할 수 없다. 자유와 독립의 행위가 일신에만
있는 것이 아니라 국가 전체에도 영향을 미친다. 여기 일국이 있어서
예로부터 쇄국주의를 고수하고 자국 외에 다른 나라와 외교하지 않고
홀로 자국의 물산만 입고 먹는다면, 세계 각국이 다 쇄국주의를 고수하
는 시대인 경우 이러한 행동에 위반의 효과가 없지만 오늘처럼 나라와
나라의 교역이 빈번한 개방시대인 경우 도저히 그 욕망을 이룰 수 없을
뿐 아니라 세계의 일대 장애물이 되어서 전멸되지 않을 수 없다.

　한 국가 내에 한 개인을 논하자면 동일한 천지를 이고 밟으며 동일한
일월이 비치며 동일한 공기를 들이마시고 동일한 역사를 가지고 있고
동일한 정의를 지니고 있는 인민이기에 그 부족을 서로 보조하여 서로
편의를 도모하고 사교를 친밀하게 해야 한다. 이치로 대하자면 아프리
카의 흑인 노예도 내가 두려워해야 하고 도리로 대하자면 영국의 군함
도 내가 두려워하지 않아야 한다. 국가에 치욕이 있는 시기라면 국민
된 자는 각자 자신의 생명을 버리고 국가의 위엄과 영광을 잃지 않도록
하는 것이 자유와 독립의 사람이라 하겠고 자유와 독립의 나라라 하겠
다. 크게는 세계에 대하여 일국이, 작게는 일국에 대해서 개인이 서로
자아의 자유를 세울 때 전체의 방해를 일으키지 않는다. 이뿐 아니라
그 공동의 행복과 이익을 힘써 도모해야 한다. 이러한 자유를 실천하는
행동에 대하여 도리가 없는 방해를 가하는 자가 있다면 그가 비록 절대
권위를 가진 자라도 내 마땅히 일신을 내던져 천리와 인정에 부합하는

의론으로 생명을 잃더라도 굽히지 않아야 한다. 이것이 바로 일국의
인민 된 이의 분한이다.

앞서 기술한 바와 같이 일신과 일국은 천리에 근거하여 속박 없는
자유로운 것이다. 그러므로 만일 일국의 자유에 장애가 되는 것이 있으
면 세계 만국이 모두 나의 적이 되더라도 족히 무서울 바가 없으며,
내 일신의 자유를 방해하는 자가 있으면 정부의 위협과 압박이 임하더
라도 족히 무서울 바 없다. 그저 천리에 따라서 자아가 부담한 책임을
다하기 위해 합당한 재덕(才德)을 준비하지 않으면 안 될 것이고, 재덕
을 준비하고자 하면 사물의 이치를 알지 않으면 안 될 것이며, 사물의
이치를 알고자 하면 학문을 배우지 않으면 안 될 것이다. 이것이 바로
학문이 급선무가 되는 이유이다.

지금은 어떤 나라던 간에 그 재덕에 합당한 준비가 된 자이면 계급의
상하를 막론하고 상당한 지위에 채용되는 법률과 방도가 열렸으니 자
신의 신분에 중대한 영향이 있음을 숙고하여 비열한 행동은 꿈에서라
도 하지 말아야 한다. 이 세계에서 가련한 자도 무지하고 문맹한 자이
며 미워할 자도 무지하고 문맹한 자이다. 지혜가 없는 극단은 수치를
모르는 지경에 이른다. 혹자는 자신의 무지 탓에 빈궁에 빠져서 주림과
추위가 닥치면 그 허물을 자신에게 돌리지 않고 헛되이 옆 사람을 원망
하고 심지어 도당을 맺어서 국가에 재앙을 일으키는 이도 있다. 이러한
무리는 수치도 모르고 법도 두려워하지 않으며 한층 더 나아가 천하의
법도에 의존하여 그 일신의 안위만 도모하고 자신의 집안을 위해 세상
을 사는 자가 되어서 자신의 사욕을 위해 타인을 방해하고 공격하니
이처럼 전후의 불합리한 행동이 어디 있는가. 혹자는 상당한 지위에
있고 금전의 저축도 많지만 자손의 교육에 무지한 나머지 교육이 없는
자가 비루한 지위로 격하되는 것도 이상한 일이 아니거니와 마침내 나
태와 방종에 빠져서 조상의 유업을 하루아침에 탕진하는 이들이 적지

않다. 이러한 우민(愚民)을 지배하는 경우 도리만 가지고 깨닫게 할 수 없으므로 위엄을 써서 두려움에 복종시킬 따름이다. 그러므로 서구의 속담에 "우민의 위에 가혹한 정부가 있다"는 것은 바로 이를 두고 한 말이니, 정부가 가혹한 것이 아니고 우민이 자초한 것이다. 그래서 우민의 위에 가혹한 정부가 있다면 양민의 위에 양호한 정부가 있는 것도 이치상 당연한 것이다. 그러므로 어느 나라던 간에 그 정부의 선악이 그 인민의 수준을 따른다. 가령 인민의 덕의가 쇠하여 무학과 문맹한 지위에 떨어지면 정부의 법령도 한층 더 가혹해지고, 만약 인민이 모두 학문에 뜻을 두어 사물의 이치를 알아서 문명의 영역에 나아가면 정부의 법령도 점차 관대해지고 인자한 지경에 이른다. 법률의 가혹함과 관대함은 단지 그 인민의 덕망의 여부에서 비롯되어 정비례의 차등이 있다. 그 누가 가혹한 정치를 좋아하고 양호한 정치를 미워하며 누가 자국의 부강을 바라지 않고 외국의 모멸을 감내하겠는가. 이것이 바로 인류의 일반 인정이다. 우리가 이 세상에 나와서 이 나라에 보답하고자 하는 이라면 꼭 심신을 괴롭혀야만 함이 아니다. 유일하게 중요한 것은 먼저 일신의 행위를 바로 하고 뜻을 학문에 기울여 사리를 통달하며 신분에 합당한 지혜와 덕성을 갖춘다면 정부는 그 정치를 베풀기 쉽고 인민은 그 정치를 받음에 괴로움이 없어서 정부와 인민이 서로 제 자리를 얻어서 국가가 태평을 보장할 것이다. 우리가 학문을 권하는 취지도 오로지 여기에 있다.(미완)

우리 청년 집단의 위기(속) / 문일평(文一平)

자주심의 결핍

우리가 입을 열면 곧잘 "독립, 독립" 한다. 하지만 실제로 독립의 유래를 궁구하지 않고 단지 입으로만 독립을 외친다면, 이는 허황된 상상과 담론에 그칠 뿐이니 어찌 옳겠는가. 그러므로 독립을 논하는 자는 먼저 그 근원을 궁구하여 뚫고 열어 기르고 도운 연후에야 그 흐름이 콸콸 크게 솟구치고 그 나무가 늠름히 점차 우거져서 그 기세를 막을 수 없게 되는 것이다. 이와 같다면 설령 독립하지 않고자 하더라도 어찌 그럴 수 있겠는가?

대저 독립이란 국가가 타국의 간섭을 받지 않고 자주한다는 의미이다. 이제 그 자주의 근원을 찾아보면 국가를 조직한 개인의 자주에 있다. 만일 개인과 개인이 각자 자주할 수 없다면 필시 일국 사람들이 다 자주할 수 없을 것이고, 일국 사람들이 다 자주할 수 없다면 곧 온 나라도 독립하지 못할 것이다. 반대로 개인과 개인이 각자 자주한다면 필시 일국 사람들이 다 자주할 것이고, 일국 사람이 다 자주한다면 곧 그 나라가 독립할 것이다. 가령 우리나라로 말하자면 2천만 명의 집합체지만 나누어 보면 각자 개인에 불과하다. 그러니 이 개인과 개인이 각자 자주할 수 없다면 필시 2천만 명이 다 자주할 수 없는 것이다. 이것이 오늘의 비운에 이른 까닭이다. 그러니 어찌 국가의 독립이 개인의 자주에 달려 있지 않다고 하겠는가?

눈앞에 우리나라 현상을 관찰컨대 동포의 생활이 점차 곤란해지고 학대가 날로 극심해짐을 아울러 겪고 나서야 국가를 보호하는 기관의 귀중함을 깨달아서 사람들이 다 "독립은 단 하루도 없을 수 없다"고 하고, 어린아이와 노인네도 독립을 칭송하고 사모하며 춤추고 노래한다. 안타깝다! 그 정성은 경하할 만하나 그 정상이 실로 가련하다. 단지 이것만 가지고는 독립할 수 없고 상당한 대가를 치르고 나서 독립할 수 있는 것은 고금의 역사를 통해 그 사례를 분명히 알 수 있다. 혹은 수십만 용사의 붉은 피를 모래밭에 뿌리고 백골을 들판에 가득 드러내어 독립과 맞바꾸기도 하고, 혹은 수많은 애국가의 지력을 쓰고 웅변가의 구설을 괴롭힌 결과 외교적 타협에서 성과를 거두기도 한다. 하지만 이는 시대의 형세가 각기 다르고 인문의 수준이 각기 다름으로 인해 지금 우리 한국에 적당하지 못하므로 나는 이를 동포에게 요구하지 않는다. 보통 수준의 아이라도 능히 이해하고 실천할 수 있는 바를 권고하니, 위에서 진술한 개인의 자주가 이것이다. 내가 이 문제에 대하여 발분망식하고 우리 청년 인사와 함께 연구하고자 한다.

첫째는 정신적 자주이다. 오늘날 우리가 자국의 국수(國粹)를 존경하며 자국의 인물을 숭배하는 관념이 있는가, 없는가? 동방에 머무는 자들은 동방을 사모하며, 서방에 떠도는 자는 서방을 존경하고, 구학(舊學)에 종사하는 자는 구학의 나라를 연모하며, 신학(新學)에 입문한 자는 신학의 나라를 오매(寤寐)하고, 일어를 배우는 자는 일인에게 복종하며, 영문(英文)을 익히는 자는 영국인을 숭배한다. 그런데 일체 자국의 사물과 인물에게 도리어 침을 뱉는다. 이것이 정신적 자주가 없는 것이다.

둘째는 사상적 자주이다. 우리가 경영하고 행위함에 독창의 능력이 있는가, 없는가? 지식이 소박하여 타인의 도움을 의뢰하는 자는 그만이거니와 이른바 지식이 우월한 인사도 왕왕 선철(先哲)의 찌꺼기만 수습해서 외부의 지식을 흡수하고 동화시킬 능력이 부족하다. 이것이 사상적 자주가 없는 것이다.

셋째는 언론의 자주이다. 우리가 온갖 행위에 정직한 언론으로 그른 것은 그르다, 바른 것은 바르다고 할 용기가 있는가, 없는가? 연장자와 위인(偉人) 앞에서는 비록 의견에 맞지 않는 행패와 억설이 있다 해도 그저 "예, 예" 하며, 고관대작의 앞에서는 심지(心志)에 거스르는[23] 괴상한 추태가 있더라도 그저 "옳소, 옳소"라 한다. 공중의 자리에서는 큰

---

23 거스르는: 원문은 "迎"이나 "逆"의 오자로 추정된다.

소리 장담하나 혼자 한가할 때는 비방하고 냉소하며 얼굴을 맞대면 칭찬하다 돌아서면 욕한다. 이 말을 들으면 여기 아부하며 저 말을 들으면 저기에 뇌동하니 이는 비루한 사상에서 나온 것이다. 이 또한 언론의 자주가 없는 것이다.

아아! 사람이 사람 된 이유는 정신·사상·언론 세 가지에 있거늘 지금 이 세 가지가 이렇게 부족하니 이는 사람된 자격을 다 잃음이 아닌가. 사람 된 자격을 다 잃었다면 사람의 가치가 전혀 없으니 죽은 이와 구별할 수 있는가. 그런즉 이러한 죽은 이를 몰아서 건전한 국가를 조성하려 한들 어찌 그럴 수 있겠는가. 하물며 국가의 원기 된 우리 청년으로서 이러한 병에 전염되지 않은 자가 드묾에랴. 아아, 우리 청년이여! 국가의 독립을 갈망한다면 자신의 자주부터 실천해야 한다!

가정교육법 / 김수철(金壽哲) 역술

제 2편
제 1장 지육(知育)
제 1절 지육의 의의

여기서 설명하고자 하는 지육은 학교에서 하는 지육처럼 엄밀하지 않고 단지 정신의 발육을 북돋우어 장래의 학교 교육을 돕고자 함이다. 아동의 심의(心意)에 과도한 자극을 주지 않고 또 곤란한 문제를 내지 않아서 오직 유쾌한 가운데 정신적 지견(智見)의 확장을 가장 요긴한 사안으로 삼아야 한다. 또한 이에 따라 아동의 심적 상태를 통찰하여 그 적당한 재료와 방법을 시행하지 않으면 안 된다. 여기서는 지적 작용에 관한 심상(心象)의 일반을 이해하는 것이 최선의 급선무이다.

제 2절 지적 작용에 대한 심상의 일반

1. 지각(知覺)

지각은 정신 작용에서 최초로 위치하여 오관(五官)의 힘으로 외부 사물에 대한 관념을 얻는 작용이니, 이를 나누어 시각·청각·후각·미각·촉각이라 하니 이들은 다 지식의 근간이고 고상한 정신의 원천이다. 유아의 최초 지각은 단지 분량과 성질의 변화를 알 뿐이나 점차 성장하게 되면 각각 감각을 결합하여 족히 한 전체로 지각함에 이른다. 미각은 위의 각 지각 가운데 최초로 아동의 정신 작용에서 중심이 되는 것이니 바른 음식물을 취사선택하여 다시 손과 눈으로 시험하나, 아직 비교할 힘이 미약한 유아에 있어서는 특히 주의하여 적당한 것을 공급하지 않으면 안 된다. 시각은 왕왕 아동으로 하여금 오류에 빠지게 하며 공포의 감정을 일으키게 하니 요컨대, 눈에 비치는 회화, 완구와 같은 것들도 그 성질과 형상 등을 선택하지 않으면 안 된다.

2. 기억

기억은 원래 아동의 이야기로부터 처음 나오는 것이니 그 대부분은 기계적이다. 그러므로 관념이 연합하는 법칙에 따라서 기억함이 희미하면 곧 박약하여 재현을 하지 못한다. 원래 기억은 여러 방향이지만, 그 파주(把住)가 영구하고 상기함을 쉽게 하여 그 재현하는 사항이 사실과 어긋나지 않는 것이 가장 양호하다. 이로써 유아는 처음부터 그 완전함을 바랄 수 없으나 이를 수련하여 견고하고 영속하게 해서 점점 기억하게 함이 옳다. 여기에 이르려면 여러 가지 방법이 있으나 첫째로 관념 연합의 법칙에 따름이 가장 긴요하다. 이 연합 법칙에는 유사 연합·반대 연합·접근 연합 등의 여러 가지가 있다. 이는 다 기존의 지식과 새로 생긴 관념을 연합하여 기억하게 하면서 그 기억할 만한 사항의 종류로부터 적당하고 양호한 방법을 채용함이 옳다. 또 어떤 일이든지 반복하면 인상이 깊어지니 그러므로 기억에 대해서도 동일한 사실을 때때로 보고 들으면 더욱 기억이 강하고 오래 갈 것이다. 그리고 비상하게 흥미를 가진 유쾌한 일이거나 혹, 흥미가 없어도 우려가 특별한 경우에는 다 격렬한 자극을 심의에 주어서 그 기억이 오래 보존된다. 그러나 후자와 같은 자극은 활동이 왕성한 유아에게는 간혹 해악을 끼칠 수 있으니 반드시 이를 피하여 항상 양호한 정신 발육을 해치지 않을 정도의 자극을 부여함이 옳다. 이로써 지금 기억 연습에 대하여 필요한 조건을 다음과 같이 제시한다.

첫째, 과도하게 기억하게 하여 아동의 정신을 피로하게 함이 불가함.

둘째, 기억할 사항은 잘 이해하게 함이 옳음.

셋째, 반복하게 하여 인상을 강하게 함이 옳음.

3. 상상

상상은 심상(心象)의 결생(結生)[24] 작용이니 이에는 복기(復起)[25] 상상과 구성 상상이 있는데 우리가 이르는 상상은 대개 후자이다. 곧 관념이 반복되어 일어나서 다소 변화하면서 새로 나오는 관념을 만드니 그러므로, 이미 아는 관념이 많음에 따라서 상상 작용도 또한 활발하여 드디어 각종의 상상을 낳음에 이른다. 통상 상상 작용을 실제적 상상·과학적 상상·미술적 상상·도덕적 상상·종교적 상상 등으로 나누는데 그 종류가 발생하여 상상의 재료가 된다. 그래서 영향이 파다하니 부모 된 이는 그 재료를 가장 잘 선택하지 않으면 안 된다. 보통 우리나라에 통용되는 충무공의 거북선과 포은 정몽주의 혈죽(血竹) 등과 같은 화제는 다 상상 작용의 재료가 될 것이니 장래 소학교에 들어간 후 교육

---

24 결생(結生): 불교 용어로서 탄생으로 생기는 번뇌를 이르는 의미로 쓰이는 사례가 많은데 본문의 의미는 이와는 관계 없는 것으로 추정된다.

25 복기(復起): 축자적으로 보면 반복적으로 일어난다는 의미인데 본문의 함의는 미상임.

에 큰 도움과 효과를 볼 것이다.

세상 사람이 곧잘 상상과 공상을 혼동하여 이 둘을 전부 거부하곤 하지만 이는 도리어 유아의 상상을 적당한 방면으로 끌어서 열지 못하는 적폐로다. 무릇 세간에서 말하는 개량과 진보는 그 크고 작음과 넓고 좁음을 불문하고 다 상상의 공이라 말하겠다. 이를 국민 문학 발달로 증험하더라도 그 기초가 되는 것은 시가 또는 언어와 문자로 비롯해 이루는 것이니 실로 상상은 사상의 길잡이다. 아동이 이야기를 좋아함을 이용해 적합한 상상의 연습을 시키는 것이 옳다.

4. 개념

개념에 두 가지 종류가 있으니 하나는 심리적 개념이라 말하고 다른 하나는 논리적 개념이라 말한다. 그 중, 전자는 구체적이라 동요하여 정할 수 없는 것이니 유아의 개념은 과반이 이 상태에 속한다. 일정하게 불변하여 일반에 모두 통하는 개념은 점점 발달한 뒤에 이루어질 수 있으니 유아가 최초로 구성하는 개괄(槪括)은 극히 정밀하지 못하다. 이는 경험의 범위가 좁고 비교할 힘이 적은 것에서 비롯된다. 그러나 2·3세에 이르면 개괄하는 생각이 점차 생겨나서 각각의 사물로 서로 비교하게 하는 기회를 주고 점차 개괄하는 지식을 이루게 해서 정신의 과로를 피하고 그 발육에 효과가 있도록 해야 한다.

병에 따라 약을 써라 / 이보경(李寶鏡)

아아! 3천리 금수강산에 4천여 년 찬란한 역사를 가진 우리 대한민족이 오늘 도탄(塗炭)의 어육이란 암흑 굴속에 빠진 것이 과연 무엇에서 비롯하였는가. 독립의 깃발을 높이 달고 자유의 종을 크게 울릴 방법이 과연 무엇에 있는가? 이에 대한 강구가 진실로 우리 대한 동포의 급선무이다.

나는 견식이 천박한 일개 서생이다. 이처럼 중대한 문제를 만족스레 해결하기를 도저히 바랄 수 없으나 여기서 나의 소견과 타인의 비평을 참작하여 몇 줄의 졸렬한 글로 감히 우리 2천만 형제자매께 고하노니 다만 만분의 일이나마 도움이 있다면 다행이겠다.

유유히 만들어져 성대한 비를 내리는 저 구름도 그 시작은 무형의 수증기를 따라 나왔고 아득한 대양(大洋)도 그 시작은 미미한 한 방울 물이 집회하여 이룬 바이니 우리나라의 현상도 비록 극단에 다다랐으나 그 원인은 반드시 무형이고 미미한 곳에 있을 터이고, 자유의 회복이 비록 어렵겠지만 그 단서는 반드시 호말에서 나오리라. 그러면 그 원인과 방법이 어디에 있겠는가? 시기, 고식(姑息), 의뢰, 수구(守舊) 네 가지이니 그 위험성과 난치성(難治性)이 실로 폐병에 비할 만하다. 이제 순서대로 이 네 병증을 설명하겠노라.

1. 시기

빈자는 부자를 시기하고 천자는 귀자를 시기하며 약자는 강자를 시기하고 우자(愚者)는 지자를 시기하여 곧 말하기를 "어찌 그 부유함이 며칠이나 가겠는가. 얼마 안가 나 같이 되리라" 한다. 천자가 귀자에 대해서도 이렇고 약자가 강자, 우자가 지자에 대해서도 이와 같으니 이렇다면 남의 악을 즐거워하고 남의 즐거움을 미워하는[26] 이기적 관념만 뇌수에 깊이 새겨져 있고 서로 구제하는 단합의 사상은 시들다가 소멸하여 사람마다 질시하고 날마다 투쟁하니 오합지졸과 같다. 어찌 안으로 단란의 행복을 누리며 밖으로 열강의 도적을 막으리오. 그저 천부의 자유를 잃고 남의 노예가 되어 산에서 굶주려 울고 들에서 추워

---

26 남의…미워하는: 원문은 "樂人之惡惡人之樂"으로 『소학(小學)』「가언(嘉言)」에 나오는 "타인의 즐거움을 같이 즐겨라〔樂人之樂〕"는 구절을 문맥에 맞춰 바꾼 것이다.

곡함에 이름이로다.

2. 고식

아침을 먹고 나면 저녁의 준비는 꿈도 꾸지 않고 여름옷만 있으면 겨울옷 마련은 무시해 버려 한때의 만족만 그저 구하고 훗날의 어려움을 생각하지 않고 한때의 안락만 꾀하고 장래의 고난을 생각하지 않으니 아아! 어떻게 생각이 얕음이 이렇게 심한가. 여기서 나태, 사치, 오만, 무절제 등 여러 악습이 점차 자라나 심지어 그 몸을 죽이고 그 나라를 잃음에 이를 터이니 무섭지 않은가!

3. 수구

세상의 천·만·억 사물은 걸음을 하나로 문명의 지경에 나가지 않음이 없으므로 이 때문에 시대와 같이 나아가는 자는 흥하고 거스르는 자는 망하는 것은 만물의 역사가 분명하게 증명하는 것이다.

그런즉 폐쇄·보수 시대는 이미 지났고 개방·경쟁 시대가 이르러 약육강식이 날로 심하거늘 유독 폐쇄·보수로 보전을 시도한다 해도 어찌 가능하겠는가.

광대한 토지와 다수의 인민을 가진 인도·베트남 등의 나라가 서세동점의 소용돌이 속에 침몰한 것은 실로 시대의 추이에 따르지 못한 이유가 아닌가.

시세가 이와 같거늘 우리나라 사람은 이 세상이 퇴보하는 줄로 한결같이 생각하여 이 세상으로 하여금 태고의 상태를 지키도록 하는 지나의 어떤 철학자 말을 믿어서 시세가 어떤지 전혀 알지 못하고 고금의 시비만 가리려 하니 이는 멸망을 자초함이 아니고 무엇인가?

4. 의뢰

하늘이 우리의 운수를 낳으시며 오장육부와 사지백체(四肢百體), 그리고 오관(五官)을 갖춰 주시고 더불어 만물에 영장이 되는 신령하고 고상한 혼을 내려주셔 각각 직분을 맡게 하시니, 우리 인류는 마땅히 이로써 각자의 생명을 지킬 것이며 이로써 각자의 직분을 다할 것이다. 그런데 우리나라 사람은 그렇지 못해 아들은 아버지를 의뢰하고 형은 아우를 의뢰하며 아내는 남편을 의뢰하고 어린이는 어른을 의뢰하여 2천만 명이 모두 의뢰만 일삼고 자주와 독립의 기상이 부족하니 이 2천만 명으로 이루어진 조국이 어찌 자주와 독립의 능력을 감당하리오.

이상 네 가지를 한마디 날카로운 칼날[27]로 빠르게 잘라내고 시기에는 화목을, 고식에 영원(永遠)을, 수구에 진보를, 의뢰에 독립을 대신 넣어서 과거의 면목을 일신해야, 외국인의 노예도 벗어날 것이고 영원한 침몰도 면하며 독립의 깃발을 세우고 자유의 종도 울릴 것이니 아아! 자유를 부르짖고 독립을 외치는 우리 청구(靑邱) 2천만 형제자매야, 맹성하고 맹성하라!

우리의 결점 / 호연자(浩然子)

아아, 청년들이여! 근래에 여러분이 호언장담하기를 "나라의 독립이 내 수중에 있고 사회의 진전이 내 이상에 있다" 하니 지극한 성의로다 이 말이여! 누가 감히 비난하고 누가 함부로 평가하겠는가마는 나는 여기서 굳이 할 말이 있으니 여러분의 언행불일치가 그것이다. 생각해보라. 여러분의 호언장담대로 실행하자면 어떠한 사물이 우리에게 가

---

27 칼날: 원문은 "力"이나 문맥상 "刀"의 오기로 추정하고 위처럼 옮겼다.

장 필요하겠는가. 혹자가 말하기를 "정치를 활발하게 하여 전국 인민을 각성시켜야 한다"고 하는데, 이를 시행하자면 정치라는 학문을 연구해야 가능하다. 혹자가 말하기를 "외교를 민첩하게 하여 세계 만국이 우리에게 동감을 보이게 해야 한다"고 하는데, 이를 시행하자면 외교에 적당한 재주와 능력을 수양해야 가능하다. 혹자가 말하기를 "농업을 발달시키면 국력이 부강해져 세계의 원천을 이룬다"고 하는데, 이를 시행하자면 농학이란 학문을 연구해야 가능하다. 혹자가 말하기를 "공업을 장려하여 국민의 일용 물품을 제조하고 응용하고 전함과 무기를 신기하게 제조해야 한다"고 하는데, 이를 시행하자면 공학을 연구해야 가능하다. 혹자가 말하기를 "교육을 확장하여 일반 국민에게 애국심을 배양시켜야 한다"고 하는데, 이를 실행하자면 교육을 정밀하게 연구해야 가능하다. 이처럼 우리의 생활이 어떤지는 바르게 학문을 연구하는 여부에 달렸거늘 한심하도다!

근래 이른바 신학을 조금 연구한 자들 가운데 학문이 무용하다 주장하고 학술로 나라가 쇠퇴한다는 논설을 다투어 부르짖는 자들이 흔히 있다. 물론 학문만이 절대적으로 국가와 사회를 진보 발달시키기에 타당한 언론이 아닐 수 있으니, 만약 학문이 없어도 우리의 이상을 굳건히 이루는 날이 오면 그만이다. 하지만 세상 천하에 뿌리지 않고 거두는 자가 누가 있으며 심지 않고 캐는 자가 누가 있는가. 또한 배우지 않고도 능한 자가 있을 수도 있겠지만, 여러분은 왕왕 끝없는 공론을 함부로 내어서 "자고로 영웅호걸은 학문에 종사하지 않았어도 큰 정치로 크게 성공한 이들이 있거늘 우리가 하필 구구한 학문에 종사할 필요가 있는가" 하니, 어리석다 이 말이여! 옛 영웅으로서 누가 배우지 않고 능한 이가 있었으며 따지지 않고 알아낸 이가 있었는가. 혹자가 말하기를 "글은 성명을 적을 수 있으면 그만이니 헛되이 연구할 필요가 없다"고 하는데, 이는 글과 학문을 구분하지 못하는 망상가의 말이다. 우리가 흉중에 큰 이상과 목적을 품어도 학문의 수양이 없으면 앞길이 아득하여 산과 바다가 거듭되면 건널 방법을 모른다. 하물며 생존경쟁이 특히 극심한 20세기임에랴! 강한 자가 약한 자를 병탄하거나 뛰어난 자가 못난 자를 패배시킴에 수많은 기지와 책모가 거듭 발발하거늘, 어떻게 약자의 역량으로 강자에게 항거하고 못난 자의 역량으로 뛰어난 자를 거부할 수 있는가.

오늘날 우리가 외인의 보호를 받는 것도 일반 동포에게 지식이 보급되지 않은 탓이라 곁에서 관찰한 눈 밝은 자의 소견으로 손바닥 보듯 분명하지만, 우리는 구름 안개에 누워서 부지불식간에 갑자기 당하지 않았는가. 설령 당시 우리 동포 중에 다소 앞날을 짐작한 이가 있어도 소수에 지나지 않았다. 그런즉 이는 다 배움과 지식이 없는 것이 그 원인이다.

더욱 지극히 한심한 점이 있다. 내가 올해 귀국할 때 평안북도 어느 지방에서 잠깐 들으니, 이른바 유지자를 자칭하는 자가 해당 지방의 청년을 준동시켜 "우리가 오늘의 지경에 처하였는게 편안히 앉아서 학문에만 종사하면 어찌 대업을 이룰 수 있는가"고 하며 온갖 방도로 유혹하여 결국 대다수 뜻 있는 청년이 타락하는 지경에 이른 데가 즐비하다고 하였다. 아아! 여러분이 실력은 손톱만큼도 기르지도 않고 혈기의 용력만 이처럼 지나치다면 혈기의 용력이 꺾이는 날에는 무엇으로 여러분의 언행을 일치시키겠는가. 만일 여러분의 언행이 영영 일치하지 않는다면 사회가 여러분을 배척하고 외국인이 여러분을 냉소할 것이니 신속히 뉘우쳐 고칠지어다.

여러분이 이처럼 원기가 없는 허황된 언사나 늘 내뱉는 까닭에 눈앞에 드러난 현상이 극도로 우습고 미련하다. 한 번 살펴보라. 시골에서 상경한 자가 애초에 결심은 신성으로 유일한 조신을 삼지만, 확고한 지기가 서지 않은 까닭에 아침에 보성(普成)학교에 입학하였다가 낮에는 휘문의숙(徽文義塾)에 입학하고 저녁에는 서북협성학교(西北協成學

校)에 입학한다. 이와 같이 3·4년 동안 서울에서 지내면 소득이 하나도 없고 부박한 탕자들과 사귀면서 질 낮은 창가를 학교의 목적지로 삼는다. 그러면서 말하기를 "동양의 지금 유명한 정치가 아무개는 음주와 호색을 큰 수단으로 삼았으니, 나도 장래의 정치가라 술 한 잔 안 할 수 있겠나" 하니, 어리석다 이 말이여! 이른바 정치가 아무개라는 자가 어떠한 자인지는 모르겠지만, 이 정치가가 정치가가 되기 전부터 이러한 추행을 자행하였는가. 다 항심(恒心)도 없고 이상(理想)도 없는 자의 망언이니, 우리는 이러한 추행을 용납할 수 없다. 바라건대 우리 청년 동포여, 어서 깨어나 미혹되지 말 것이며 명실상부토록 해야한다. 그렇지 않으면 장래 우리나라가 어떤 모양이 될지 가늠할 수 없을 것이니, 깨닫고 뉘우쳐야 한다!

아동 물리학 강화(講話) / NYK생

갈바니의 이야기

여러분, 20세기를 전기 세계라 한다고 들었소. 잠시 문밖을 나가면 전신주가 길옆에 줄 서 있고 무수한 전선이 잇달아 경각 사이에 수천 리 밖에서 무슨 일이 어떻게 있는지 알게 되었으니 과연 별세계가 아니겠소.

황혼이 되면 가두에 전기등이 불야성을 이루며 전기와 철도가 사방에 나열해 설치되어 가령 한성의 용산에서 동대문 밖의 홍릉(洪陵)까지 30여 리 떨어진 지역도 쉽게 왕래하게 되지요. 이것이 다 전기를 응용한 것이니 오늘 세계는 정말 전기 세계라 하겠소이다. 지금 전기 이야기를 시작하고자 하니 잠시 들어주시오. 지금부터 2천 5백 년 전에 유럽 그리스에 탈레스란 이름의 학자가 소나무 기름으로 돌이 된 호박(琥珀)을 비단 포로 마찰하자 미세한 먼지를 끌어들임을 발견한 뒤로 전기가 시작되었으니 전기-Electray-는 곧 그리스어로 호박이라는 의미외다.

그 뒤에 세상 사람이 거의 잊고 있었는데 지금부터 3백여 년 전에 영국 엘리자베스 여왕의 시의(侍醫) 길버트[28]가 호박만 먼지를 빨아들일 뿐 아니라 유황, 납초자(蠟硝子)-유리(琉璃)-같은 물건들도 마찰하면 작은 먼지를 빨아들인다 하는 학설을 제창한 이래로 전기라 칭하는 학술이 착착 발전되어 오늘의 경지가 되었소. 여러분도 전기를 실험하고자 한다면 비단실 끝에 미세한 심지를 붙여서 유리 막대기를 비단 포로 마찰하면 즉시 서로 끌어당기다가 잠시 후에는 서로 떨어짐을 볼 것이오. 이때에 특히 플란넬로 마찰하고 백납 막대기를 가까이 하면 역시 끌어당기나 바로 떨어짐을 볼 지니 이로 보면 전기에 2가지 종류가 있습니다. 유리 막대기의 전기와 백납의 전기는 그 성질이 서로 달라 서로 끌어당기면서 막대에서 일어난 것은 그대로 막대에 남아서 움직이지 않으니 이를 정전기라 부릅니다. 유리의 전기는 양전기라 부르고 백납의 전기는 음전기라 부릅니다. 또 물이 항상 흐름과 같이 흘러가는 전기도 있으니 자, 시험하여 봅시다. 지금 하나의 작은 그릇에 엷게 황산(黃酸)이란 약을 주입하고 구리선을 붙인 구리 덩이와 아연이란 광물을 서로 접촉되지 않도록 황산 가운데 담아 놓은 뒤에 두 개 구리선의 끝을 혀의 위와 혀의 아래에 넣고 잠깐 있으면, 신맛이 약간 있으니 이는 전기가 선으로 흘러가는 징조라 이와 같이 장치한 것을 전지(電池)라 말합니다. 두 가지 종류의 금속을 담가 놓고 구리선을 엮어 놓으면 언제든지 전기가 유동되어 가느니 이를 유동(流動) 전선이라 부릅니다.

최초에 전기의 유동을 주의한 이는 이탈리아의 유명한 생리학자 갈바니(Luigi Aloisio Galvani, 1737-1798)더니 그 뒤에 유동 전기가 유용한

---

28 윌리엄 길버트(William Gilbert): 1544-1603. 의사, 물리학자로 최초의 과학자로 불린다. 자기의 아버지로 유명함.

물건이 되어 세상의 진보를 좇아 오늘에는 전화・전신・전등・전차 등이 다 이로써 구성되었으니 그런즉 이 학자는 우리 인생의 큰 은인이외다.

갈바니 선생이 지금부터 263년 전 서양 기원 1737년에 볼로냐에서 탄생하여 장성한 후에 자신은 교회 신부가 되고자 하였는데, 그 부모가 의학을 공부시켜 졸업한 뒤에 26세 때에 볼로냐 대학 교수로 임명되어 해부학을 강의하였습니다. 하루는 그 아내에게 개구리 스프를 주고자 하여 개구리를 많이 잡아 와 껍질을 벗길 때, 그중 한 개구리 다리가 박피(剝皮)에 쓰는 칼을 거쳐 옆에 있는 전기기계에 연결되어 개구리 다리가 심하게 떨려 움직이는지라. 그가 이상하게 여겨 개구리 다리와 전기가 어떤 관계가 있는 줄로 인지하였는데, 하루는 개구리 가죽을 벗겨 구리선으로 철책에 두었더니 바람이 움직임에 따라 개구리 몸체가 철책에 근접할 때마다 개구리 다리가 위로 올라갑니다. 더욱 이상하게 생각하여 두 가지 금속을 합하여 1개의 U 자 모양을 만들어 그 한쪽 끝을 개구리 등뼈 가운데 신경에 두고 다른 한쪽 끝은 그 근육 속에 찔러 넣어보니 그 근육이 움직입니다. 여기서 전기의 작용인 줄을 깨닫기 시작하고 다시 각종 실험을 하여보니 과연 전기의 작용인지라, 이로써 유동 전기가 발견되었습니다. 그 뒤에 갈바니는 종교 문제로 부득이 교수를 사직하더니 열병 때문에 세상을 떠났습니다.

그 후, 전기의 학문이 비상하게 진보되었으며 다수의 응용법이 전파되었으나 일일이 진술하지 못하고 그 가운데 전화기에 대하여 몇 마디를 붙이고 마칩니다.

일개 자석 막대기의 한쪽 끝을 비단 포로 감고 가는 철사로 수십 회를 구불구불 하여 한쪽 끝을 전지에 끌어 담가 땅 속에 묻어 두고 다른 한 끝을 전화선에 끌어 붙이고 다른 곳에서도 역시 같은 모양으로 배치하고 또 자석 막대기의 앞에 극히 얇은 철판을 붙입니다. 우리가 이 철판 앞에서 말을 하면 철판이 움직일 때마다 철사에 전기의 변동이 일어나 선을 통해 저곳에 전달되면 저곳의 전화기에는 자석 앞에 있는 얇은 철판을 끌어당겨 가깝고 멀게 진동하느니 그 움직일 적마다 공기를 타박하여 파동을 일으키기 때문에 저편에서 나온 언어를 들을 수 있습니다. 한 곳에 통상 두 개의 기계가 갖춰져 있기에 한 선으로 말하고 한 선으로 들으니 기묘하도다. 이로써 백 리 밖에서 손잡고 서로 말하는 것과 추호도 다르지 않으니 여러분도 부지런히 학업을 마치고 기묘한 신발명을 계획하시오.

독물(毒物)의 연구 / 연구생(研究生)

독자 여러분이여. 여러분도 숙지하는바 우리 일생이 거의 독물 중에서 생활한다고 하더라도 과언이 아닐지니 왜인가. 먼저 우리 생활에 저촉되는 독물을 생각하라. 술을 마시면 알코올이라는 독물이 술 속에 있고 담배를 피우면 니코틴이라는 독물이 연초 중에 있고 화장품을 사용하면 납이라는 독물이 그 가루 속에 있으며, 거울을 보면 수은이라는 독물이 거울 안에 있고 완구에 색채를 입히면 색소(色素)[29]라는 독물이 색채 속에 함유되어 있으며 기타 식용물에도 여러 가지 독물이 있다. 그러므로 이러한 독물을 일일이 연구하지 못한 까닭에 부지불식 사이에 생명에 위급한 경우를 당한 것이 얼마나 많을지 생각하면 전부 위생을 헛것으로 알고 상당한 처방을 연구하지 아니한 것이 그 원인이라 하겠다. 우리가 날마다 흔히 쓰는 물건 가운데 사탕·식염·식초·장(醬)·기름도 용량이 과도하면 건강에 상당한 해가 되니 용법에 대한 무지도 일종의 큰 죄악이로다. 예로부터 지금까지 동서양 역사를 살펴 생각하라. 기세가 산악을 뽑을 수 있는 영웅이라도 한 그릇 독약과 한

---

29 색소(色素): 여기서는 도료에 포함된 유해한 화학 물질을 이르는 것으로 보인다.

잔 독주에 만금의 귀한 몸을 버리게 되고, 원정의 큰 준비를 확립하였던 자라도 독사와 독기의 장애로 큰 뜻을 중도에 꺾인 자가 허다하지 않았는가. 이러한 독물의 이야기는 일일이 거론하기 어렵지만 어쨌든 독물의 지식이 우리 처세에서 큰 필요가 되는 줄은 알 수 있을 것이다. 그렇지만 독물의 소재처와 그 종류를 알지 못하는 인사가 있으면 도움이 작아지기에 다음에 그 대략을 들어본다.

독의 소재처는 근본부터 천연인 것이 그 하나이다. 가령 동물·식물·광물이 곧 이것인데 식물계가 가장 많으며 또 인공으로 제조되는 것도 적지 않다. 독설·독필(毒筆)·독부(毒婦)와 같은 것은 예외에 두거니와 세계 문명이 발전됨을 좇아 독의 성질도 강성해지는 것은 동서양이 거의 일치 되는 현상이니 그러므로 교육에서 독물의 지식 양성이 필요하다. 고로 다음에 그 종류를 간략하게 기록한다.

첫째는 동물의 독이다. 입에 독을 담은 뱀의 종류와 꼬리에 독을 담은 벌의 종류와 내장에 독을 담은 복어의 종류와 피부에 독을 가진 두꺼비, 개구리 등의 종류요.

둘째는 식물의 독이다. 앞에서 말한 바와 같이 동물·식물·광물 세 가지 중에 독이 가장 많은 것은 식물이라. 꽃에 독을 함유한 것도 있고 잎에 독을 함유한 것도 있고 뿌리에 독을 함유한 것도 있고 열매에 독을 함유한 것도 있으며, 그 종류를 좇아 그 소재도 역시 각각 다르니 독물의 여부를 대체로 알고자 하면 새와 짐승이 먹지 않는 것을 주의해야 한다. 새와 짐승이 먹는 식물을 독물이 없고 이것들이 먹지 않은 식물은 대개 독물로 정한다 해도 옳을 터이니, 잎에 나쁜 냄새가 나거나 열매가 나쁜 맛이 나면 대체로 독한 식물이다.

셋째는 광물의 독이다. 광물계에 독성을 함유한 것은 비석(砒石), 수은, 납, 구리 등이요.

넷째는 인공의 독이다. 이는 화학의 진보를 따라 제조되는 것으로

가구·의복·완구의 염료와 도료 등에 포함된 독물도 적지 않고 학교
용품에도 연필, 잉크 같은 것에 독기가 있으니 가장 주의해야 한다.
다음에 학생의 휴대 물품 가운데 그림 도구·연필·잉크에 대하여 주
의할 것을 기술한다.

　△ 그림 도구의 독 : 수채화에 사용하는 물품 가운데 자황(雌黃)이라
는 물감이 있다. 이는 비소의 화합물이니 혹 사용하다가 붓 끝을 빨아
서는 안 된다.

　○ 또 등황(橙黃)[30]과 크롬 옐로 속칭 녹청(綠靑)이라는 물감과 에메
랄드그린이란 물감은 구리의 화합물과 비소의 화합물로서 유독한 물품
이외다.

　△ 자색(紫色) 연필은 그 분말이 눈에 조금만 들어가도 장님 되기 십
상이니 극히 주의해야 한다. 다음에 거론하는 자색 연필은 휴대하지
말아야 한다.

　1) 고힐피올렛트 2) 리오바이올렛 3) 요한고필 4)하루 크루트 고필[31]

　△ 잉크도 위험한 독물이니 눈동자를 부식하는 것이라, 흔히 그 원료
가운데 타닌산, 석탄산의 작용은 극히 조심하여 눈에 잘못 넣지 말아야
한다.

　이 외에도 양잿물은 지극히 독한 물건이니 각별히 주의하여 소량이
라도 입에 들어가지 않도록 주의해야 한다. 석감(石鹼)-비누은 눈을
상하게 하니 세면시에 각별히 주의하여 눈에 들어가지 않도록 주의해
야 한다.

30　등황(橙黃): 원문은 "藤黃"인데 자황(雌黃)인 등황(橙黃)을 이르는 것이라 추정하고
　　위와 같이 바꾸었다.
31　1)…4): 당시 사용되던 연필의 상표로 추정되나 미상임.

| 학원 |

닭병 간이치료법 / 초해생(椒海生)

식체병(食滯病)-일명 위병(胃病)-…… 지리(趾裏)[32] 종처(腫處) …… 닭
벼슬의 동상[33] …… 노포(魯布)[34] …… 부상(負傷) …… 눈병 …… 골절
…… 닭벼슬 병 …… 설사 …… 등창

식체병(食滯病)

식체의 원인은 여러 가지다. 다만 흔히 비좁은 곳에서 사육되어 충분
히 운동하지 못한 환경에서 일어난다. 또는 닭의 잘 먹는 사료 중에
목탄 가루·어패류 껍데기 가루·후추[35] 가루 등을 제공하지 않는 환경
에서 일어난다. 그러므로 이 병을 예방하고자 하면 건조하고 광활한
장소를 선택하여 닭을 놓아기르고 적당히 단단한 사료를 늘 제공하되
그 나머지 후추 가루·목탄 가루·어패류 껍데기 가루 등 혼합물을 마
음껏 쪼아 먹게 함이 필요하다. 만일 이상의 원인에 의해 병에 걸렸을
때는 즉시 고춧가루를 섞은 물을 적당히 조제하여 아침과 저녁에 한
번씩 나누어 주어야 한다.-이때 단단한 음식을 절대 금하고 맑은 물을
마음껏 나누어 주어야 한다.- 이 같이 하여 1·2일이 경과해도 여전히
소화가 불완전하다면 기어이 위부 절개법을 실시한다. 이 방법은 우선
예리한 칼로 위의 상부를 상하 3·4푼씩 절개하고 귀이개 같은 것으로
위 속의 막힌 물건을 제거하고 맑은 물로 위 속을 세척한 뒤 1·2 바늘

---

32 지리(趾裏): 닭의 발 속이나 발톱의 안 쪽을 이르는 것으로 추정함.
33 동상: 원문은 상소(霜燒)인데 일본어로 가벼운 동상을 이르는 말임.
34 노포(魯布): 후두염을 "croup"라고 하고 이것의 음차어가 격로포(格魯布)이다. 이것
으로 추정된다.
35 후추: 원문은 "糊草"인데 다음 줄에 호초(胡椒)로 바뀌어 있으므로 후추로 바꾼다.

로 봉합하고 연한 음식을 조금씩 주어서 3일이 경과하면 봉합한 실을 끊어 제거한다. 이렇게 일주일이 지나면 절개된 부위가 다 완치된다.

지리(趾裏) 종처(腫處)

닭의 지리의 종기는 석사(石射)[36]라고도 한다. 그 치료법은 환부를 절개하고 썩은 살을 일일이 제거한 뒤 50배 석탄산 물에 담근 무명실로 짼 부위를 메우고 헝겊으로 꿰매되 매일 2번씩 무명실을 바꾸면 1주간 내외로 다 완치된다.-50배 석탄산수란 석탄산수 한 방울당 맑은 물 50방울로 희석한 것이다.-

닭벼슬의 동상

동상을 예방하고자 하면 추운 계절에 되도록 서리와 비를 맞지 않도록 하고, 아침마다 1번씩 글리세린을 닭벼슬에 발라주면 좋다. 먹이는 동물 성분과 자양분을 주어 기름지게 하여 몸의 온도를 항상 따뜻하게 해주고, 치료 역시 글리세린을 발라주면 충분하다.

노포병(魯布病)

노포(魯布)는 질병의 명칭이다. 그 증세는 초기에 콧구멍에서 물과 비슷한 액체가 나와서 점차 그 액체가 진해지고 결국 냄새가 나서 눈 주위에 거품이 생겨서 병든 닭이 그 발톱으로 눈을 긁어대면 눈꺼풀에 종기가 일어난다. 발병한 이후로 12시간이 지나면 두부에도 종기가 생겨서 결국 실명하고 점차 기운이 쇠약해져 폐사되는 지경에 이른다. 이를 치료하고자 하면 역시 안부(眼部)에 세정법을 시행하거나 후추에 유황 결정[37]을 약간 섞어 넣어 그 사료로 뿌려 주어야 한다.

---

36 석사(石射): 미상.

부상

짐승에 의해 부상을 당하면 500배 석탄산 물로 그 환부를 닦아내고 해면(海綿)으로 문질러 피부를 끌어서 찢어진 입구를 덮어주고 깃털을 그 위에 둔다. 찢어진 부위가 작으면 봉합할 필요가 없으나 크면 명주가는 실로 두세 바늘을 봉합한 뒤 앞서 서술한 바와 같이 붕대로 묶고 조용한 장소에서 쉬게 한다. 사료는 자양이 되는 연한 물건을 주고 주는 물에 철장(鐵漿)을 약간 주입해도 좋다.

눈병

눈병이란 본래 여러 가지다. 그런데 눈과 추위로 인해 얼굴이 팽창하고 눈동자가 빨개져 실명한 후에는 사료를 쪼아 먹기 곤란해진다. 그러므로 소명반(燒明礬)을 물에 용해하여-그 농도는 찍어 맛보아 신맛이 돌 만큼-자주 주면 2·3일 내에 치료된다.

골절

골절은 흔히 다리 부근에서 일어난다. 간단한 치료법은 상처를 50배 석탄산 물로 씻어낸 뒤에 부목 두 매를 양쪽으로 눌러 고정하고 목면(木綿)으로 그 부목의 바깥을 여러 번 매어서 3주일 정도 그 모양대로 우리 속에 넣어두고, 운동을 금지하며 사육하다가 붕대를 풀어주면 대개 치료된다.

설사

닭의 설사는 좋지 않은 음식 및 편식·음료수의 오염·닭장의 불결·빗속의 배회 등으로 발생한다. 그러므로 관리에 주의하여 이러한 피해를

---

37 유황 결정: 원문은 유황화(硫黃花)인데 위처럼 추정하여 바꿨다.

피하려면 특별한 치료법에 힘쓰지 않아도 자연히 건강해질 수 있다. 하지만 스스로 병이 심해 쇠약해져 도저히 간단한 수단으로 치료할 형편이 안 된다면 옥수수의 거친 가루나 가는 가루 등의 종류를 명반(明礬) 물에 용해하고 소량의 후춧가루를 섞어서 걸쭉하게 하여 주면 대략 2·3일 내에 치료된다. 하지만 치료되었다고 해서 조·기장·보리 등의 곡물을 그냥 주면 안 된다. 상당한 영양을 가진 연한 먹이, 가령 옥수수 분말을 육즙에 용해하고 소량의 후춧가루나 혹 엷은 농도의 철장(鐵漿)을 섞어서 주어야 기력을 충분히 회복할 것이다. 또 한 방법은 고춧가루 물을 적당한 맑은 물에 섞어서 음료수로 대체해도 좋다.

두창

두창인 경우 농도가 엷은 석탄산 물로 종기 부위를 잘 씻어내고 그 뒤에 흑사탕을 철장에 용해하여 하루에 3번씩 발라주면 며칠 내로 치료된다. 다만 닭벼슬에 흔적이 남는다.

포경법(捕鯨法) / 학해주인(學海主人)

우리나라는 3면이 모두 바다이다. 동북으로는 세계 3대 어업 구역이라 불리는 오호츠크해가 이어지는 동해가 있고, 남으로는 오세아니아주와 태평양의 난류가 갈마들어 전남의 지도(智島)와 진도[38]를 따라 동해로 이어지고, 베링해협에서 내려온 한류(寒流)가 러시아 영토인 캄차카를 따라 성진(城津)과 원산만으로 밀려오니, 어업의 천연 산지(産地)이다. 그러므로 예로부터 동해의 어업 산물이 해마다 전국의 어떠한 시장을 막론하고 매매되지 않는 곳이 없었다. 그러니 이는 실로 우리

---

[38] 지도(智島)와 진도: 지도는 현재 전남 신안군이고 진도는 진도군이다.

한국의 중요한 곳이고, 우리의 대사업을 시작할 곳이다. 하지만 본래 우리나라 사람은 그저 구식의 방법에만 의존하여 겨우 사소한 어물이나 포획하고 그 밖의 진정한 자원을 외국인에게 다 양도한다. 이는 모두 우리의 어업이 외국만 못하기 때문이니 어찌 탄식할 노릇이 아닌가. 전하는 바에 의하면 외국의 경우 회사 하나의 어업 수입이 매년 거액에 달한다고 하고, 그 가운데 포경사업의 이익이 최고를 점유한다고 한다. 이에 포경법을 모 잡지에서 언뜻 보고 번역 수록하니 강호의 어업가들이 일람하기 바란다.

고래가 육지에 접근하는 원인

고래는 해양 동물 중에 가장 큰 신체를 가진 것이다. 고래는 해양의 깊은 곳에서 생활하지만, 고래잡이 사업은 심해에서는 잘되지 않고 육지의 근해에서 좋은 성적을 얻는다고 한다. 그래서 고래가 육지에 접근하는 원인과 장소를 자세히 알아야 한다. 태평양과 대서양에 혹 고래가 다수 서식하고 있는데, 이는 대개 겨울에는 남방으로 가고 여름에는 북방으로 이동하기 때문이다. 교미 · 분만 · 기후 등 여러 조건에 따라 대양에서 물결이 안온한 항만 부근으로 집결한다. 혹은 먹이를 좇아 헤엄치다가 먹이를 만나면 그 속력이 1분당 600미터나 간다. 대만 남쪽 헝춘(恒春)[39] 인근을 지나 지방으로 오는 난류로 집결하여 따듯한 바다에서 교미를 행한다. 일시에 7 · 80 마리가 집결한다. 우리나라의 경우 울산의 앞 바다에서 동해 방면과 오호츠크해 방면의 난류로 집결한다. 그 위치가 바로 동해 출구로써 고래 무리의 집합과 교미 · 분만 등에 적당하기 때문인 듯하다. 그 집결하는 장소는 대개 일정하다. 등을 물 위에 내어놓고 큰 해안과 물가에 따라 마치 죽은

---

39 헝춘(恒春): 대만 남단의 반도이다.

듯한 형상을 이룬다. 바다 위에서 5길 내지 9길의 깊은 구역이 포경에 가장 적당하다.

포획 방법

지금 세계에 통용되는 포획 방법은 미국식과 노르웨이식이 제일이다. 고래가 출몰하는 구역을 인지한 뒤 모선(母船)에 작은 거룻배 4척을 부속시켜 이물과 고물에 서로 거느리고 즉시 목적지로 향하여 제일 거룻배에서 작살을 쏘아서 맞춘다. 그러면 고래가 전속력으로 요동쳐 나아가므로 각별히 주의해야 한다. 쏘는 작살에 연결된 작살망이 절단되지 않도록 유의하여 거룻배와 고래의 연결을 유지하고, 퇴보-밋마루걸음-하다 기회를 보면서 다른 거룻배로 봄란스(bomb-lance)-총 종류-를 연사한다. 고래가 운동의 자유를 잃었다면 고래의 몸에 올라타서 두부(頭部)에 고삐 구멍을 뚫고 복부는 묶지 않아 두 개의 큰 기둥을 관통시키고 고래 몸의 좌우에 거룻배 1척씩 나란히 두어 번갈아 교차하면서 고래 처리장으로 운반토록 한다. 혹은 모선만 사용하여 직접 예인하는 방법도 있다. 한 번 명중해도 기술이 익숙하지 못하면 그 맹렬한 거동을 두려워하며 주저하다가 결국 선박이 전복되어 인명이 손상되는 사태가 종종 일어난다.

이상의 방법으로 포경업을 계획할 때 그 근거지를 될 수 있는 한 어업 구역의 인근 지역으로 정해서 잡은 고래를 처리장으로 예인하는데 오랜 시간을 할애하지 않도록 한다. 기존 세계 각지의 어장을 보면 남획의 폐단으로 인해 마침내 어장의 상황이 쇠퇴하여 매년 다른 지역으로 옮기므로 이미 폐쇄된 어장의 수가 매년 증가하고 있다. 그러므로 일조일석(一朝一夕)에 이득을 다 취하려고 하지 말고 영구히 유지할 방침을 취해야 한다. 고래 고기는 우리나라에서 식용되지 않지만 외국의 경우 고래 한 마리의 산물 중에 식용 물품이 제일이다. 가령, 보통 한

마리의 정육이 3만 근이라면 1분기 15마리의 생육(生肉)이 45만 근이다. 이러한 다대한 생육을 다 처분하기 어렵다고 해도 음식이 아니면 비료로 만들어도 헛된 폐물이 아니다. 고래 뼈와 내장도 살코기와 같이 건조시켜 분말로 만들어 비료로 만들어도 이익이 막대하다.

이 유망한 사업을 시작한다고 가정할 때 다음의 기구를 구입하지 않은 기업가들의 참고를 위하여 기록한다.

사업 설비 지출

일금 12,251원 80전 내 3,542원 80전 어구비(漁具費) 내용

품명	수량	가격(원)
사환(使喚)	4	1,600
작살	30	120
작살망	169	640
총	6	240
작살포	12	300
파열작살	80	200
고래잡이칼	10	40
통(桶)	6	18
화약	40	60
뇌관	160	0.8
케이스	100	20
도화선	5	1.5
잡비(雜費)		302.5

일금 3,665원 처리비 내용

품명	수량	가격(원)
예인용 밧줄	1	50
못소 기둥	4	40
쏠뒥나이프	3	0.6

도르레	2	50
큰 도살용 칼	12	50
스페--트	4	16
도끼	4	12
톱	1	5
작은 도살용 칼	20	10
테익클	4조(組)	80
대바구니	10	20
압착기	5	250
건조기	1	1,500
잡비		500
솥	2	14
절구	5	150

또 금 3,100원 축조비

또 2,000원 급료금

이상의 표 중에 급료는 고용인 25명과 임시 인부 600명의 급료를 합친 것이다.

이렇게 고용인과 제반의 기구가 준비되어 사업에 착수하면 초년에 9,845원의 수입 안에 고기 가루 비료가 5,640원이고 뼛가루 비료가 1,500원이며, 지육(脂肉)이 450원, 기름이 1,800원 이빨이 450원으로 차액으로 2,411원 80전의 손실이 생긴다. 그 다음해에는 지출이 적고 수입이 많아져 지출 3,328원 30전에서 284원 30전이 어구비이고, 1,400원이 처리비이며 200원이 수선비, 1,944원이 급료, 수입은 초년과 동일하게 추산할 수 있다. 차액 6,511원 70전이 온전한 이익이나 최초의 기업비가 거액이므로 어업 기간인 3·4개월 동안 버티내지 못하면 급속한 실패를 초래한다. 실패에 실패를 거듭해도 그저 괴로움과 어려움을 이겨내고 전진하면 호성적을 얻을 수 있다. 일본의 동양포경 회사가 최초에 비상한 어려움을 겪었지만 한결같이 진행한 결과 지금 은 그 주주에 대한 배당금이 매년 50% 이익이 증가하고 있다고 하니 가히 거대한 사업이라 하겠다.

　이상은 일본인 주관으로 예정된 사업 계획이니 우리나라에 참고 정 도는 되겠지만 부절(符節)이 들어맞듯 적용하기는 어려울 것이다. 독자 여러분은 살펴야 할 것이다.

제충국(除蟲菊) 연구 / 연구생(研究生)

1. 내력

　제충국(除蟲菊)이 세상에 공인된 시기는 19세기 초기부터다. 원산지 의 원주민이 그 효과를 보고 이른바 제충약(除蟲藥)이라 명명하여 외국 에 다량 수출하며 일체 그 원료를 은닉하니 해당 지방에서 일종의 특산 물이 되었다. 19세기 초에 아르메니아의 상인 이티코프가 무수히 연구 하고 정탐한 결과 결국 그 원료가 되는 식물을 알아내어 세계에 공표한 다. 그 이후로 지금으로부터 20여 년 전에 미국인 미르코가 캘리포니아 에서 제충국을 재배하고 제분(製粉)하는 사업에 착수하여 샌프란시스 코의 뿌하티[40] 제충분(除蟲粉)이라는 광고가 각 신문에 등장하였다. 이 전에는 가루 1파운드당 가격이 50달러에 달하였지만 그 이후로 점차 널리 퍼져서 현재 일본 각지에서 통상 재배하는 물건이 되었다. 하지만 우리나라의 경우 아직도 재배지가 없는 것 같으니 이 유용한 식물을 어서 속히 배양하기 바란다.

---

40 뿌하티: 미상이다.

2. 종류

제충국(除蟲菊)은 국화과 식물의 일종이요, 피레스럼(pyrethrum)에 속하는 숙근초(宿根草)이다. 갑과 을 두 종류로 나뉜다. 하나는 페르시아 종으로 학명이 피레스럼 코기네움(coccineum)이고, 또 하나는 달마티아 종으로 학명이 피레스럼 시네라리포리움(cinerariifolium)인데, 양자를 통틀어 원산지 이름으로 명명하였다. 갑은 페르시아산이요 을은 러시아령 달마티아산이다. 형상은 양자가 서로 다르다. 갑은 그 잎이 장대하고 짙은 녹색이며 꽃은 을과 같은 모양이지만 2배나 크고 혹 홍(紅)·도(桃)·백(白)의 종류가 있는데 길이가 1척 5·6촌에 이르고 꽃 줄기에 작은 잎이 붙어 있다. 을은 백화(白花)의 일종인데 화륜(花輪)의 크기가 갑의 반이 되고 잎이 가늘고 작아 모용(毛茸)으로 덮여 흰색으로 보인다. 그 제충의 효험은 을종이 갑종보다 뛰어난데 그중에도 특별히 붉은색 줄기를 가진 것이 유독 뛰어나므로 을종 달마티아의 재배를 장려할 것이다.

3. 성상(性狀)

원래 강건한 숙근초(宿根草)는 우리나라 기후로 어느 곳이든지 완전히 생육할 수 있다. 배수(排水)가 편리한 모래질 토양을 적당한 토질로 삼는데, 점토와 습토가 합쳐진 토질 외에는 어떤 토질이던지 완전한 생장과 번성이 가능하다. 전하는 바에 의하면 원산지의 경우 두 가지 종이 다 산과 들에 자생할 뿐 아니라 페르시아종의 경우 7천 척 고지에도 자란다고 하니, 이로써 보건대 잘 자라는 식물임을 알 수 있다.

제충국은 고등 동식물에게 전혀 해가 없다. 그 분말 몇 편을 소나 말에게 먹여 길러봐도 해가 없다. 또 전술한 밀코 씨의 말을 들어보면 제분소에서 수많은 직공들이 매일 그 먼지를 뒤집어쓰고 호흡해도 전혀 해가 없다고 하였다. 과연 고등 동식물에게 전혀 해가 없지만 하등 곤충류에게 막대한 살충력을 지니고 있으니 곤충류에게는 큰 유해물이라 하겠다. 주요 성분은 휘발성이 있다. 따라서 대기에서 빛을 받으면 며칠 내로 그 효과가 크게 감소한다. 특히 무더위에 기운의 발산이 극심하다. 따라서 이를 사용하는 자는 평소 밀봉하여 저장을 긴요하게 해야 한다. 또한 그 주요 성분은 건조된 뒤에야 일종의 화학 변화가 작용하여 유효한 물품이 된다. 재배지에서 생육할 때 벌레의 해독을 겪는 사태가 종종 일어난다. 따라서 제충국이라 하여 생육중에도 제충의 효과가 있을 것이라 망상하지 말아야 한다.

4. 재배

파종은 봄과 가을을 좋은 계절로 삼는다. 온난한 지역은 가을이 적당하고 한랭한 지역은 봄이 적합하다. 먼저 배수가 알맞은 사양토를 선정하고 구역을 정밀히 나누어 경작한다. 흙덩이를 잘게 부수어 표토(表土)를 고르게 하고 희박한 하비(下肥)⁴¹ 혹은 유박(油粕)⁴² 종류를 뿌린다. 1평당 -주척(周尺) 4면 6척- 1홉씩 파종하고 -파종 전에 1주야간을 침수(浸水)함이 좋음- 그 위에 목탄 2홉을 산포한 뒤 엷게 종자가 보이지 않을 만큼 세토(細土)를 덮은 뒤 가볍게 눌러 두고 그 위에 도고(稻藁)-볏짚- 등을 펴서 덮어 발아되기 기다린다. 이때 주의할 바는 건습(乾濕)이니 만일 지나치게 건조하면 이슬방울과 같이 물을 뿌려서 적당한 습기를 보존해야 한다. 이같이 3·4일 전후를 경과하면 발아가 된다. 이때에는 땅에 덮어두었던 거적 조각이나 볏짚을 제거하고 항상 건조하지 않도록 수분의 공급에 태만하지 않아야 하고, 아울러 잡초를

---

41 하비(下肥) : 거름의 한 가지. 묵은 인분(人糞)과 빗물을 3:4의 비율로 섞어서 만든다.
42 유박(油粕) : 깻묵. 면식·깨·낙화생·해바라기씨·대두 등 유지(油脂)의 원료가 되는 종자에서 유지를 추출한 나머지를 말한다.

날마다 제거하여 새싹의 잎이 3·4개 나오면 1촌쯤 성장할 것이다. 이때에 다른 땅에 옮겨 심어라. 다른 땅도 역시 두둑을 만들고 1평 4·5백 그루를 3촌 거리에 하나씩 나눠 심은 뒤에 뿌리 부분에는 볏짚을 조금 깔아서 착생(着生)을 기다려 묽은 물거름을 주고 제초에 주의하라. 춘시(春蒔)-봄에 심은 것-면 9월, 10월-양력-경이요, 추시(秋蒔)면 3·4월경에 본 밭을 정비하여 1척 5촌 내지 2척의 휴(畦)-둑-에 거리는 거리는 1척 가량 하고 심은 뒤에 묽은 물거름을 잎에 닿지 않도록 뿌려주고 가을에는 10월, 봄에는 3월경 소량의 유박, 목탄을 2번 뿌려주면 좋다. 모든 비료는 완전히 부패하지 않은 것을 희석하여 쓴다. 심을 때에는 다만 깨끗한 물만 주고 결코 농비(濃肥)나 생거름을 주지 말며 또 비료를 줄 때 잎에 닿으면 말라죽을 우려가 있으므로 주의해야 한다. 전에도 말한 바와 같이 이 식물은 보통 국화와 동일한 숙근초이므로 밑동을 나눠 잘라 증식을 꾀하거나 3·4년 만에 1번씩 묵은 밑동을 제거하고 새 밑동으로 바꾸어 심어라. 씨앗을 받을 때는 가장 강건하여 생장의 기운이 있는 꽃을 골라서 충분히 성숙시켜 꽃잎이 말라붙고 꽃받침이 다갈색으로 변할 때 따서 거두는 것이 좋다.

5. 적화(摘花) 및 제분

구충에 가장 유효한 것은 그 꽃부리이니 개화하는 시기는 매년 5·6월경이다. 개화하면 만개하기 전에 꽃받침과 함께 따서 4·5일 정도 햇빛에 건조시키고 때때로 손끝으로 문질러 본다. 만일 충분히 건조되지 않았으면 화력을 사용하여 3·4시간쯤 건조시켜 바로 돌절구 등에 빻거나 각자 편한 방법으로 분쇄한다. 건조한 뒤에 바로 분쇄하면 습기를 흡수하여 분쇄하기 어렵게 되니 될 수 있는 대로 고운 가루로 만들어 그 찌꺼기를 두세 번 분쇄하여 정분(精分)을 만들어야 한다. 분말은 입자가 고울수록 효험이 더 크니 고운 가루를 만들어 밀봉해 저장한다. 꽃을 딴 뒤에는 국화 나무를 지상 2·3촌 정도로 베어서 그대로 두면 그다음 봄에는 그 밑동에서 꽃이 피고 싹이 트게 될 것이다. 그 베어둔 줄기와 잎은 햇빛에 바싹 말려 제분한 꽃의 나머지 찌꺼기와 함께 절구에 분쇄하여 고운 가루를 논의 수구(水口)에 흘려보내 벼벌레를 없애는 데 사용하거나 또는 거설(鋸屑)-톱밥-등과 혼합하여 모기향으로 쓸 수도 있다.-통상 일본인 상점에서 판매하는 살충약이나 인섹트보타 등의 약은 대개 10여 배의 곡물가루를 혼합한 것이니 이 곡물가루 대신에 앞에서 말한 줄기와 잎의 분말을 넣어 사용하면 그 효과가 더욱 클 것이다.-

6. 용법

첫째, 말린 가루로 쓰는 것이다. 순분(純粉)으로 쓰거나 다른 곡물 가루나 나무 분말을 혼용하기도 한다. 이는 해충의 강약을 짐작하여 써야 한다. 혼합분은 지표에 곧장 사용하는 것보다는 하루쯤 병 속에 넣어 밀봉하여 두면 효과가 더 커진다. 이를 사용할 때 근본적으로 각자 편리한 수단대로 해야 하는데 여러 도구가 있다. 그 가운데 작은 것은 이발소에서 쓰는 호모제(護謨製)[43] 향수 분무기 같은 것이다. 앞쪽 관 아래에 용분기(容粉器)를 장치하면 공기가 나가면서 이 가루를 뿜어 낸다.

둘째, 말린 가루를 물에 혼용하는 것이다. 섞는 물의 양은 해충의 강약에 따라 다르지만 벌레 몸에 분말을 붙게 하는 데는 이 방법이 가장 편리하다. 작은 것을 쓰자면 향수 분무기가 좋고, 큰 것을 쓰자면 간편 펌프 등이 좋다. 그 용량을 보자면 8홉 액-분말 1푼(分)에 물 8홉을 넣음-은 오이류의 해충을 폐사(斃死)시키고 3되 액은 각종의 부진(浮塵)을 폐사시킨다. 뽕잎의 자벌레나방 유충은 노숙한 유충이면 3되 액

---

43 호모(護謨) : 고무. 고무나무의 껍질에서 분비하는 액체를 응고시켜 만든 생고무를 주원료로 하는 물질을 뜻한다.

이면 좋고 한두 살 된 유충이면 1두 액까지 쓴다. 하지만 물을 섞어서 3, 4일이 지난 때는 약의 액체 표면에 곰팡이가 생겨 효력이 크게 떨어지므로 사용할 때 맞추어 만들어 쓴다. 다만 진딧물은 보통의 물에 반발하는 외피를 지녔으니 비누를 조금 넣어서 사용한다.

이 밖에 훈연법(燻煙法)이 있다. 이는 오직 우리 주택 내부에서만 실시하는 것이다. 그 방법은 여름에 방안에서 가루를 태워서 연기를 가득 채우면 모기와 파리, 기타 잡충이 힘없이 날다 취하여 죽어서 효과가 크다. 이는 특히 우리나라 가옥에서 시행하는 것이 좋다. 원래 우리나라 가옥에는 빈대, 바퀴 등의 해충이 한 번 생기면 다시 없애는 방법이 없어서 극히 고단한 야간에도 숙면을 취할 수 없는 일이 종종 있으니 어찌 채용하지 않으리오.

주의: 누에는 이 분말을 더욱 견디지 못하므로 뽕나무의 독충은 이 가루를 쓰지 말고 또는 뽕밭 근처에는 재배하는 일도 엄격히 금해야 한다.

7. 수량(收量)

달마티아종은 3년생 한 그루당 꽃 백 송이를 채취하고 4년생 한 그루당 145송이를 채집한다. 꽃 백 송이의 무게는 1냥 5·6전(錢)[44]이요, 건조하면 2전 내지 3전이 되고 정제된 가루는 1전 5푼-외부의 껍질 찌꺼기가 있음-이 된다.

---

44 전(錢): 전은 무게 단위로 10푼이다. 1푼은 약 0.375그램이다. 냥은 돈의 10배로 약 37.5그램이다.

| 문예 |

• 광고

본 태극학보 대금 수납의 편의를 위하여 경성(京城)과 평안북도(平安北道)에 위탁수금소를 설치하였으니 경성에서 본 태극학보를 구독하시는 분은 대금을 경성 북서(北署) 원동(苑洞) 이갑(李甲) 씨 댁에 거처하는 김기옥(金基玉) 씨에게 보내주시고 평안북도에서 구독하시는 분은 평안북도 정주(定州) 남문(南門) 내 홍성린(洪成鱗) 씨에게 보내주시기 바랍니다.

태극학회 알림

양성춘(楊性春)의 귀국을 전송하다 / 김원극(金源極)

우리나라의 노련한 선비가 옛날 서적에 만취하여 옛날 꿈에 어지럽게 비틀거리며 오늘 20세기 인류의 발달 역사를 비관으로 가리키고 민생의 경쟁 시국을 괴변으로 보아 방구석에 머리를 조아리고 염세의 노래를 일로 삼는다. 숲과 샘을 스스로 즐기고자 하며 안개와 아지랑이를 절로 기리고자 하나 좁은 견해가 배회하고 그리는 뜻이 쇠퇴하여 여기에 스스로 빠짐이 보통 장로들의 폐단일 것 같으나, 지금 새로 나온 풍조가 일시에 객기로는 나오지 않고 정연한 실력으로 배태되는 것이므로 도래하는 더욱더 극렬한 변화를 순서대로 보자면 여러분의 천명이 장차 저물 것이라 새와 짐승과 같이 무리지어 남은 세월을 보내버리면 되겠으나 여러분의 자손은 장차 어디에 두고자 하는가. 때문에 여러분이 오늘 사회의 중망을 잃고 청년들의 비평을 초래함이니 어찌 애석하지 않은가.

인류는 사회적 동물이다. 우리가 사회의 큰 책임을 스스로 지면 남이
그 책임을 밀어주며 우리가 스스로 버리면 남도 우리를 열외의 존재로
여기니, 지극히 귀한 인류가 된 이상 사람 속에 끼지 못하면 부끄럽고
화날 일이 이보다 더할 수 있겠는가. 만약 여러분의 유구한 경력과 고
매한 식견으로 이때에 당하여 일할 뜻을 분발하고 더욱 굳건한 기운을
스스로 지켜내 오늘날 교육계의 수창(首唱)이 되며 사회의 선도로 나서
서 후배 청년에게 목적을 제시하면 높이 올라 크게 부르짖어 다른 뭇
산들에 메아리침과 같을 터이다. 어찌하여 여러분의 계획은 이와 같지
않고 그저 과거의 침체한 견문으로 오늘 활동하는 사회에 구차하게 서
식하고자 하므로, 그 누추와 야만에 대해 더 말할 필요가 없도다.

이로써 부족한 내가 여러분을 위해 조문하고 슬퍼한 지 오래되니 하
루는 어떤 신사가 밖에서 들어왔다. 이에 그 행동과 말소리를 우선 살
펴보니 고국 사람이 틀림없기에 악수하고 예의를 차리고 그 성명을 물
으니 평양 신사 양성춘(楊性春) 그 사람이다. 그래서 먼 길 여행을 위로
하고 그 건너온 목적을 자세히 물었다. 양씨는 이에 한바탕 연설을 늘
어놓았다.

"아아! 우리가 지금 40년 세월 동안 학문의 목적에 갑자기 도달하기
어렵다. 하지만 지금 우리나라 실업계 일반을 보자면 점점 쇠퇴하고 있
다. 이러한 까닭에 볼 만한 산천이 없고 원야도 황무지며 심지어 크고
작은 일용의 잡물도 외국에서 수입하지 않은 것이 없다. 이를 한 번 떠올
리면 식사하거나 휴식하거나 호흡할 때 마음이 편하지 못하다오.

가만히 생각해 보건대 다른 가까운 외국은 어떠한 방도를 취하여 그
나라가 태평해지고 그 물산이 풍족해져서 국내에서 이용이 충족될 뿐 아
니라 외국에도 대거 수출하여 무역이 자못 성대하다고 하니, 그 실업의
경영이 어떠하기에 이 수준에 이르렀는지 그 실체를 일람하고자 먼 길을
마다않고 건너 왔소."

부족한 내가 이 말을 들으니 옷깃을 여미고 존경심이 일어나 다음과 같이 말하였다.

"우리나라의 이른바 장로들은 다 부패하였을 뿐이오. 이는 자신들의 앞 길만 애석할 뿐 아니라 청년의 새로운 사조를 저해하여 국가의 비운을 더욱 초래하니, 이는 장로들이 사람들의 반복하는 과오를 짊어진 것이 오. 공은 청년의 선배 되는 의무를 시원하게 깨달아서 전국에 실업을 개 발할 방도를 연구하려고 적지 않은 연령에도 모험을 무릅쓰고 이처럼 멀 리서 건너오시니 그 건전한 뜻은 칭찬 하나로는 부족하오. 아아! 우리 본국의 장로들이 공의 마음과 같다면 각자의 방면에서 진취할 길이 실업 의 발달에만 그치겠소. 부강한 문명을 한 몸으로 기도하여 무한한 행복 을 누릴 것이오. 여러분은 왜 깨우치지 못하오!"

지금 공이 실업계 관람을 마치고서 장차 나라에 돌아가는데 한마디 부치니 양성춘 씨가 이번에 관찰한 현황이 우리나라에 전에 없던 사실 이다. 이러한 진상을 우리 일반 장로 여러분에게 일일이 널리 알려서 평일의 침체한 사상을 제거하게 하고 혁신하는 풍조를 각성시켜 동일 한 궤도로 수레를 올려 함께 나아갈 수 있다면 공의 이번 행차의 효과가 세상을 구하는 복음(福音)만 못하지 않으리다. 공의 걸출한 지기(志氣) 가 이를 계산한 것이므로 다시 무슨 말을 더하리오. 공이여, 잘 돌아가 소서!

한창현(韓昌玹) 군 유학의
장한 뜻을 치하하다 漢 / 쌍성초부(雙城樵夫)

생각건대 우리 영흥(永興)은 곧 우리 한(韓)의 풍패(豐沛) 고도(故都)

이다. 5백 년 동안 열성(列聖)을 배양하고 선배를 길러냈으니 참으로 다른 지역과 크게 다르다. 그런데 근일(近日) 이래로 어찌하여 사기(士氣)가 위축되고 민지(民智)가 어두워져, 스스로 좁은 견해를 옳다고 여기고 계속 낡은 것을 묵수하며, 어두운 동굴에서 긴긴 밤 침침(沈沈)하게 앉아서 졸며, 바람과 조수가 날이 갈수록 거칠어지는 줄을 알지 못하는가. 오호라, 풍패 고도의 신성한 민족이 어찌하여 오늘날 갑자기 이러한 지경에 이르렀는가. 불녕(不佞)이 걱정과 분함에 휩싸여 함경남도 신사 동포를 향하여 목 놓아 크게 우는 까닭이다. 여러 군자들은 혹은 즐겁고 한가로우신가. 혹은 슬프게 들리는가. 혹은 듣기 싫어서 던져버리는 데도 이르지 못하였는가. 불녕(不佞)이 운 이유는 일신을 위해서가 아니고, 또한 일가(一家)를 위해서도 아니며, 또한 일향(一鄕)을 위해서도 아니다. 단단(斷斷)히 외로운 참 마음, 참으로 우리 일반(一般)으로 하여금 함께 문명에 오르게 하려는 뜻에서 나온 것이니, 그 헤아림이 진실로 어리석고 그 마음이 슬퍼할 만하다.

그러나 적이 스스로 생각함에, 불녕(不佞)의 사람됨은 용렬하고 배운 게 없으며, 평소의 행동에 망령된 실수가 많아서, 동포들의 입에 나쁘게 오르내리고 동포들의 눈에 흘김을 당한 지 오래되었다. 지금 문득 해외에 멀리 떨어져서, 여러 군자의 곁에서 이리저리 가르침을 들을 수가 없어, 장래에 또 사람이 되기를 바랄 수가 없으니, 이는 오랫동안 한스럽게[45] 여기는 바이다. 그러나 우견(愚見)이 미치는 바 또한 스스로 그칠 수가 없어, 천려일득(千慮一得)이라, 서쪽을 향하여 늘 부르짖으니, 오직 여러분이 들어주시기를 바라지만 평일에 신뢰를 받지 못한 자가 어찌 감히 유효(有效)하기를 바라겠는가. 그러나 스스로 맡은 의무가 또한 이것을 저버림을 용납하지 않을 따름이다.

---

45 한스럽게 : 원문은 '限'이지만 문맥상 '恨'으로 읽어 해석하였다.

해가 넉넉하고 관령(關嶺)에 검은 구름과 누런 안개, 눈물이 흐름을 금치 못한다. 하루는 바깥에서 사람이 찾아와서 일어나 보니 곧 고향 친구 한창현 군이다. 악수하고 앉게 하니, 다소의 개인적인 기쁨을 어찌 일일이 다 들 수 있겠는가. 곧 도래(渡來)의 목적을 물으니 대답하였다. "세상이 점점 전진하는 곳은 오직 실학(實學)의 발달에 있는데, 우리 본국을 돌아보면, 지금 완전한 교육이 없어, 만약 그 속에서 한가하게 지낸다면 반드시 폐영폐성(吠影吠聲)[46]하는 데 불과하게 될 것이다. 한 번 국면 바깥으로 나가서 세상의 변화를 대관(大觀)하고, 겸하여 실학의 강구(講究)를 얻지 않을 수 없다. 그러한 뒤에 성취 여부는 잠시 내두(來頭)에 있으니, 우선 안계(眼界)가 탁 트이고, 가슴이 트임을 도모할 수 있다. 그러므로 만리를 멀다 않고 타향으로 공부하러 온 것이다. 또한 그대가 여기에 있으니 고향에서 지내는 것이나 마찬가지, 꼭 객지에서 지낸다고 걱정할 필요는 없다, 운운."

내가 듣고서 한참 있다가 책상을 치며 크게 탄식하며 말하였다. "우리 군(郡)에도 이와 같은 장대한 뜻을 품은 청년이 있는가. 자네의 푸른 뜻은 일찍부터 알아서 내 이미 존경하고 흠모한 지 오래지만 일찍이 오늘날의 용단(勇斷)이 여기에 이를 줄은 알지 못하였다. 곰곰이 자네의 지금 형편을 생각해보면 양친이 돌아가셨고 형제도 분가하였다. 집에는 아내와 어린 자식이 다 자네에게 음식을 바라니, 보통사람의 심정으로는 집안을 떠나지 못하고, 큰 근심걱정이라 해봐야 겨우 어디서 밥을 먹을까 하는 것일 터이다. 그런데 자네는 시세의 변화를 통찰하고, 국가의 진의를 깨우쳤다. 이를 해낼 수 있는 것은 보통 사람에 비할 바가 아니다. 아아, 우리 군내(郡內)의 청년이 대략 수만 명 이상이나, 생활이 곤란하여 농업·공업·상업 등 실업(實業)에 몰두한 이는 참으

---

46 폐영폐성(吠影吠聲) : 개 한 마리가 그림자를 보고 짖으면 뭇 개들이 따라서 짖는 것처럼 진위를 가리지 않고 무조건 남의 언행을 따라 하는 것을 말한다.

로 어찌할 도리가 없으니 굳이 세어볼 필요도 없고, 만약 생활이 넉넉하여 유학할 형편이 되는 자를 헤아려보면 대략 수천 명이 된다.

아아, 청년들이여! 생각건대 사람은 반드시 위의 영광에 있고 아래의 비열(卑劣)에 있지 않기를 바란다. 영광을 바란다면 반드시 그만한 가치가 있은 연후에 일로 삼아야 한다. 여러분은 잘못 보아서 혹 이전처럼 돈으로 귀한 신분을 사기를 바라는가. 변하는 국면은 날로 달라져서 앞으로는 결코 그런 도리가 없을 것이 분명하다. 혹은 좋은 밭과 큰 집을 자손에게 물려주어 편안히 앉아서 먹기를 바라는가. 국운(國運)이 떠나가 비참을 더하고 있으니 이 또한 보장하기 어려울 것이 분명하다. 여러분은 혹시 국가의 형세가 이미 이 지경에 이르렀으니 백방으로 교육해도 도움되는 게 없다고 의심하는가. 이는 또한 그렇지 않다는 큰 증거가 있다. 프로이센과 이탈리아는 한없이 남에게 유린당하였다. 하지만 마침내 프로이센의 재상 슈타인의 의무교육과, 마치니의 소년 보필(報筆)로써 열강의 무대에서 우뚝 독립(獨立)하였으니, 눈부시게 밝은 본보기가 눈앞에 빛나고 있다. 월왕(越王) 구천(句踐)은 20년 동안 인구를 늘리고 부를 축적하여 백성을 교육하고 군대를 훈련시켰으니, 또한 생각하면 이미 그것을 강구할 것인데, 어찌 믿지 않음이 심한가. 또한 이렇게 생각하는 것과 같다. 그 집에 불이 나서 용마루와 지붕이 불타고 일가 식구들의 머리가 불탄다면 이를 구원할 것인가. 형세가 이미 이와 같다고 또한 버려두고 돌아보지 아니할 수 있겠는가. 괴로운 소리를 없애려 해도 그칠 수 없는 것, 참으로 이것이 인정(人情)이다. 여러분은 혹시 국가의 흥망에 대해서는 직위에 있지 않으니 논하지 않겠다고 말하겠는가. 그렇다면 나라와 가문이 패망함에 대하여 형세가 참으로 여기에 이른 것 또한 어찌하겠는가. 설령 이와 같이 말한다 하더라도, 일신의 영광은 또한 희망하지 않을 수 없을 것이다. 만약 여러분의 연부역강(年富力强: 나이는 젊고 힘은 강함)을 가지고 구차스럽게 우

물 안 개구리나 수주대토(守株待兎)의 토끼 모양으로 지내고, 신천지의
해와 달이 밝게 빛나는 세계를 보지 않으며, 구차하게 들창과 지게문
아래에서 포대기 안에서 늙어 죽기를 바라는가. 어찌 그 껍데기를 벗지
못하고 지기(志氣)는 이미 늙었는가. 말과 생각이 여기에 미치자, 천백
(千百) 통곡해도 여전히 쾌(快)하지가 않다.

　다시 여러분에게 바란다. 한창현 군을 효시(嚆矢)로 삼아, 자장(子張)
의 남유(南遊)와 진량(陳良)의 북학(北學)처럼 웅대한 포부를 일으킨다
면, 한편으로는 우리 국가 앞날의 대행(大幸)이 되고 한편으로는 여러분
개개인의 대행이 될 따름이다. 그러나 내 마음에 또한 한창현 군에게
한마디 충고가 있으니 보잘것없다고 버리지 말라. 자네는 이미 장지(壯
志)를 품고 멀리 붕새가 날던 하늘을 뛰어넘었으니 경모(敬慕)하고 기쁘
게 여겨 참으로 더 할 말이 없다. 원객(遠客) 다년(多年) 중간에 허다한
고황(苦況)이 늘 궁수(窮愁)한 것이 아니고 참으로 영원히 없기도 어려우
니, 다만 인내하여 한편으로 모험에 전념하고 한편으로 뇌수에 응축되기
를 유념한 뒤 그 목적을 달성할 수 있다. 그대의 장지(壯志)에 어찌 이러
한 말이 필요하겠는가마는, 참으로 이 사례를 가지고 서로 권면함이다.
이미 그 원유(遠遊)의 대지(大志)를 계속 힘쓰고, 그 내두(來頭)의 실효(實
效)가 현저하기를 치하할 따름이다. 어찌 다른 할 말이 남았겠는가.

북우 계봉우(桂奉瑀) 대인께 답하다 漢 / 김수철(金壽哲)

　수철은 본래 어린 나이에 학식도 어두워 해외에 떠돌고 있으나 내외
의 학술에 장점을 하나도 갖추지 못하였습니다. 고명한 형께서 어찌
헛된 이름의 변변찮은 제게 시와 글로서 정을 허락해주시니 한마디 하
기도 어렵습니다. 이 수철은 지면에서 이름을 훔쳤으나 높은 식견으로

는 다른 사람의 잘못을 아실 것이니 이러한 사이에 죄를 갚기가 진실로 어렵습니다. 저는 형의 성망(聲望)을 이미 송남(松南)[47] 선생에게 많이 들었는데 젊은 시절부터 거침없음이 어찌 대단하지 않습니까. 청광(淸光)을 한 번만 배우고자 하였으나 길이 막혀 험난하고 머니 창망(悵望)에 한이 없었습니다. 그러나 아침저녁으로 대면함이 이제 여러 날이 되니 이로써 스스로 위로하며 가장 기쁘고 다행히 여기는 바는 우리가 각자 만리나 떨어져 있어도 동종(銅鐘)이 상응하듯 지회로 연락하는 좋은 인연이 된 것입니다. 이제 이후로는 목적이 이미 같고 보무(步武)가 같으므로 시종을 일치함을 기약하고 우리의 큰 사업을 완전하게 함을 우선 서로 힘써야 할 것입니다. 보내드리는 논설을 지음에 의용(義勇)이 글 위에 드러나니 이른바 거짓 지사의 무리가 이로부터 어찌 거짓을 방자하지 못하리니 본보의 영광이 이보다 크겠습니까. 부쳐주신 시 한 수를 반도 읽기 전에 웅건한 사상을 상쾌하게 깨치니 시인이 향기로이 꾸미는 구절에 비할 바가 아닙니다. 당연히 갚아야 하겠으나 겨를이 없고 재주가 본래 거칠고 부족한데다 학과가 매우 급하고 약간의 여유에는 학회의 업무가 번잡하여 그 사이의 정취를 시로 읊음을 도저히 얻지 못하겠기에 이렇게 적어 묵은 빚을 갚습니다.

송구함을 만만 더하노니 그저 축원합니다. 형께서 자유와 복덕을 누리기 바랍니다.

최시준(崔時俊) 군에게 삼가 올리다 / 모란산인(牧丹山人)

해산(海山)의 가을밤에 풍월(風月)이 참으로 밝으니 내가 흥이 나서 친구 서너 명과 함께 포도주 한 잔을 가득 채워 강건하게 한 곡조 부르

---

47 송남(松南): 『태극학보』의 주요 필진 가운데 하나인 김원극으로 추정된다.

니 그 노래에 생각이 있다. 아아! 우리 본국 동포 2천만 형제들은 혈통이 서로 같고 이렇게 또 같이 조우하니 이렇게 생각하면 어찌 피차의 차이가 있으리오. 하지만 오늘밤 이리저리 드는 생각이 먼저 우리 최시준(崔時俊) 형에게 미쳤다. 우리가 처음 동쪽 큰 바다를 건너왔을 때 형과 같은 학교에 다니고 같은 방에 지내면서 같은 상에서 식사하고 같은 이불을 덮고 잤다. 그러니 그 사이 우정이 어떠한지 말로는 다하기 어렵다. 하지만 천도(天道)를 알 수 없음이 이보다 더 심하겠는가. 연유가 있어 형의 유학이 도중에 중단된 까닭에 나는 외로운 그림자가 되었으니 삼도(三島)[48]의 풍운에서 쓸쓸하고 처량하다. 지금껏 일이 생겨도 누구와 상의하며 뜻이 있어도 누구와 도모할 수 있으랴. 아아! 평소의 큰 경륜과 도모가 이제는 그친지 오래로다. 그러나 남아의 사업이 굳이 얼굴을 서로 맞대고 하는 것만은 아닐 것이오. 설령 천리 만리 밖에 있어도 간담상조(肝膽相照)하면 능히 해낼 수 있을 것이다. 바라건대 우리 형이 예전에 베푼 덕의를 저버리지 말고 소기의 목적을 달성한다면 형의 사업을 다시 이어갈 수 있을 것이다. 그리하여 다수의 국민을 길러낼 수 있다면 오늘의 사태도 불행하지만은 않으리라. 우리 형의 고명함으로 어찌 더 말하겠소만 나를 알아주는 이가 형이요, 형을 아는 이도 나라 하겠노라. 왁자지껄한 어지러운 말과 글로 정성을 다할 수 없으니 형이 통찰하실 따름이겠다.

부디 자애(自愛)하기 바란다.

---

48 삼도(三島): 혼슈, 큐슈, 홋카이도 세 섬으로 이루어진 일본을 이르는 것으로 보인다.

| 사조 |

중양절(重陽節)에 벗
한광호·양동형과 함께 등림(登臨)하다 漢 / 천풍(天風)

가을 만난 먼 길손 또 중양절을 만나니	逢秋遠客又重陽
서풍에 의지해 서서 고향 그리며 슬퍼하노라	倚立西風悲故鄕
좋은 산에 뭉쳐 핀 국화를 남녀가 차는데	叢菊佳山男女佩
어느 곳에서 형제는 수유 꽂고 술잔 기울일까[49]	茱萸何處弟兄觴
아득한 강호에 역참 사이 오간 편지, 계속하기 어렵고	
	驛書難續江湖遠
오랜 세월에 기러기 떼는 추위에 깜짝 놀라는구나	鴈陣驚寒歲月長
옥 술동이 지고서 다시 한 번 취하려 하니	更把瓊樽謀一醉
저물녘 산보길 저 서쪽 산등성이로 올라가네	登臨晩步彼西岡

본보 구독인 김상익(金尙翼) 씨
61세 생신을 축하하다 漢 / 기자(記者)

화갑(花甲)에 새로운 산가지 다시 하나 놓으니	花甲新籌又一年
남쪽 하늘에서 양기 회복된 소식 찾아오네	復陽消息自南天
청춘의 필묵으로 높은 선비란 이름 떨쳤고	靑春翰墨鳴高士
흰머리로 임천에 늙은 신선처럼 계시네	白首林泉臥老仙
색동옷이 뜰에 가득하니 초나라 옷 번드치고[50]	五綵滿庭飜楚服

---

49 형제는……기울일까 : 옛날 풍속에 음력 9월 9일 중양절(重陽節)에는 사람들이 붉
은 주머니에 수유(茱萸)를 담아서 팔뚝에 걸고 높은 산에 올라가 국화주(菊花酒)를
마셔 재액(災厄)을 소멸시켰다고 한다.

삼산[51]이 책상을 마주해 제나라 연기 굽어보네	三山對案俯齊烟
이때에 차마 강호의 나그네 되니	是時忍作江湖客
일어나 서쪽 구름 바라봄에 섭섭함만 더한다오	起望西雲增恨照

우연히 읊다 漢 / 고검(孤釰)

수 편의 논하는 글로 심지를 드러내기 어려우니	心志難描數論文
한가로이 앉아 신문을 읽는 것만 한 것이 없다네	莫如閑坐讀新聞
사라지고 자라나는 세태는 차고 이지러지는 달과 같고	
	消長世態盈虧月
차갑다가 따뜻해지는 인정은 모였다가 흩어지는 구름과 같구나	
	冷暖人情聚散雲
나라가 쇠함에 난신적자가 권력을 희롱하고	國衰賊子弄權鉞

객지살이 오래됨에 규중의 처는 채색 비단을 감추었다오	
	客久閨妻藏彩裙
동쪽으로 건너온 지 4년 동안 도대체 무슨 일을 하였던가	
	東渡四年何所事
이날을 부질없이 던져버리고 또 술에 깊이 취한다네	空抛此日又沉醺

---

50 오색……번드치고 : 전국 시대 초(楚)나라 현자(賢者) 노래자(老萊子)가 나이 일흔
  에도 어린애처럼 색동옷을 입고 부모 앞에서 재롱을 피우며 즐겁게 해 드렸다는 고사
  를 원용한 것이다.

51 삼산 : 전설 중의 해상 삼신산이다. 진(晉)나라 왕가(王嘉)의 『습유기(拾遺記)』「고
  신(高辛)」에 의하면 방장(方丈)·봉래(蓬萊)·영주(瀛洲)를 가리킨다.

또 漢 / 혜범(惠帆)

다행이 지기를 만나 논하는 글을 자세히 읽어 보니	幸逢知已細論文
에도의 번화함은 예로부터 들은 바라오	江戶繁華自昔聞
서양의 평화는 일월이 장구하고	西土平和長日月
동양의 대세는 풍운이 바뀌었네	東洲大勢換風雲
몸은 당대를 따라 잠깐 복식을 달리하였고	身隨現代暫殊服
지금 사람들 풍속 때문에 치마[52]를 입었네	俗尚時人爲着裙
조만간 국가의 무한한 일을	早晚國家無限事
말하려다 미처 다 못할 제 해는 저물려고 하는구나	欲言未了日將曛

벗 박태은(朴泰殷)에게 주는 시 漢 / 모란산인

그대와 함께 왔을 때가 바로 가을이니	與子同來時政秋
밤낮으로 우유(優遊)함에 뜻은 유유(悠悠)하여라	優遊日夕意悠悠
자주 꿈꾸는 것은 만백성의 존망이고	萬姓安危頻入夢
내 일신의 안위를 근심하지 않는다네	一身夷險不關愁
칠실[53]의 스러지는 등불에 긴긴밤은 어두운데	漆室殘燈長夜暗
관산[54]에 강적 소리는 어느 때에나 그칠런고	關山羌笛幾時休
알겠노라 그대의 포부가 원래 범인들과 달랐으니	知君夙抱殊凡衆
우리 국민을 자애하여 덕의를 갚으라	惠我國民德義酬

---

52 치마: 원문은 착군(着裙)인데 일본 옷인 기모노(着物)를 이르는 것일 수도 있다.

53 칠실: 여기서 칠실(漆室)은 "칠실지우(漆室之憂)"를 이른다. 칠실은 중국 고대 노나라의 지명으로 칠실의 노처녀는 나랏일을 생각할 신분이 아니지만, 나라의 환란이 자신의 일상에까지 영향을 미친다며 걱정 하였다고 한다.

54 관산: 관산(關山)은 문맥에 따라 고향산천을 지칭할 때도 있고, 국경이나 국방의 요지를 이르는 경우도 있다. 일본에서 지었다는 상황을 보면 두 가지로 다 해석될 수 있겠다.

'추(秋)'자 운시 1수 漢 / 무하생(無何生) 송욱현(宋旭鉉)

한 해에 한 번 오는 가을을 벗어나기 어려운데	一歲恒難免一秋
우리네 무슨 일로 유독 가을을 슬퍼하는가	吾人何事獨悲秋
깊은 구름 속에서 진퇴하고 지휘하는 마당에	雲深進退指揮局
서리가 닥쳐 존망이 위급한 가을[55]이네	霜拍存亡危急秋
눈뜨고 차마 못 볼 것은 진(秦)나라의 일월이고	目不忍看秦日月
마음속으로 응당 복종할 바는 노(魯)나라의 춘추라네[56]	
	心攸當服魯春秋
칼의 신이여, 그대 혹 기미를 아시오	釖神爾或知機否
언젠가의 다음 해에 뜻을 이루는 가을이 오리니	早晚來年得意秋

국문 풍월(風月) 3수 (한) / 모란산인(牡丹山人)

밤은 들어 열두시/ 속에 품은 내 주지(主志)/ 창하(窓下)에 홀로 앉아/ 말할 벗 뉠과 같이/ 묻노라 세상사람/ 만국공법 어디니/ 어서 깨우리 동포/ 독립 전에 승전비(勝戰碑)

또-화답- / 송남(松南)

그대 심사(心事) 말하세/ 영웅이 영웅 알지/ 보호 하 우리 생명/ 잊지 마세 그 수치/ 조금도 걱정 말게/ 이천만 분발하니/ 다른 날 독립 때에/

---

55 존망이 위급한 가을 : 원문은 제갈량의 『전출사표(前出師表)』에 나온 "위급존망지추 (危急存亡之秋)"이다. 3국 중에 촉나라가 가장 약해 지금이 나라의 존망이 달린 위 급한 때라는 의미이다.

56 눈뜨고…춘추라네: 왕도(王道)의 상징으로 공자(孔子)가 지은 역사서인 『춘추(春秋)』를 들었고 패도(覇道)의 상징으로 진시황의 천하를 든 것이다.

칠년 태한(太旱) 좋은 비

또-화답- / 동초(東初)

영특 남아 여보게/ 독립전쟁 내 하지/ 지구 열강 일등국/ 태극 국기 참 좋지/ 개선가를 부르고/ 승전고를 울리리/ 아하 참말 어렵다/ 분운 (紛紜) 천지(天地) 이 시비(是非)

가을밤에 우연히 읊다 漢 / 송남(松南) 추성(秋醒)

남아가 발을 내딛어 산 오두막에서 내려오니	男兒出脚下山廬
삼도의 치우친 나라 해사⁵⁷같구나	三島偏邦蟹舍如
처음 내가 올 때에 꾀꼬리 우짖더니	始我來時黃鳥囀
어느새 오늘에는 녹음이 성글었네	於焉今日綠陰疎
시국의 어려움에 아무런 보탬 없이 주필(朱筆)만 다 닳아버렸고	
	時艱無補丹毫禿
하늘 기둥 떠받치고자 하나 맨손만 남았구려	天柱欲擎赤手餘
오직 벗님 있어 억지로 술을 권하니	惟有故人强進酒
취해 와서 책상 치며 병서를 읽는다오	醉來擊案讀兵書

정석내(鄭錫迺) 군을 축하하는 시 漢 / 김원극(金源極)

바다와 하늘이 아득히 멀어 새벽빛이 더딘데　　海天悠遠曙光遲

---

57 해사 : 어부의 집이나 또는 어촌을 가리키는 말이다.

이 사람은 이때에 큰 종소리에 일찍 깨어났다오　　　之子洪鍾早覺時
연기 걷힌 부산에서 옛 꿈에 깜짝 놀라 깨고　　　　煙掃釜山驚舊夢
구름 돌아간 용포에서 좋은 시기 헤아려 보네　　　雲歸龍浦占佳期
명예가 밖으로 전파되니 그 실제를 알 수 있겠고　　名譽播外可知實
의기가 속에 가득 차 있으니 항상 주리지 않는구나　義氣絪中常不飢
직접 만나 볼 길 없어 소문만 실컷 들었는데　　　容接無緣聲聞飽
금(琴)과 술동이는 어느 날에나 둘이 서로 잘 어울릴까

　　　　　　　　　　　　　　　　　　　　　琴樽何日兩相宜

또 [漢] / 김수철(金壽哲)

그대와 함께 알아 만난 것이 늦음을 한스러워 하니　與君知遇恨相遲
지난해 가을빛이 또 바로 이때가 되었구려　　　　去歲秋光又此時
동쪽과 서쪽에 나뉘어 있어 도로를 달리하나　　　分在東西殊道路
창도함은 선후를 따라 흥회를 함께 하였네　　　　唱隨先後共心期
기나라 근심은 무익하여 도로 질병을 이루었고　　杞憂無益還成疾
월나라 쓸개[58]는 단 것이 아니나 요기할 수는 있지　越膽非甘可療飢
백성과 나라를 보전하고 편안하게 하는 임무가 또한 중대하니

　　　　　　　　　　　　　　　　　　　　　民國保安任亦重
오늘의 실행이 시의(時宜)에 적절하오　　　　　實行今日適機宜

『태극학회』 기자께 삼가 드리다 [漢] / 박재선

화려한 깃발 아득하게 동쪽으로 큰 바다를 건너니　華旆遙遙東渡洋

58　월나라 쓸개 : 춘추(春秋) 시대 월왕(越王) 구천(勾踐)이 와신상담한 고사이다.

기뻐해 맞이함에 태극 국기 드날리네	歡迎太極國旗揚
세상 물정 섭렵함에 흉회는 장대하고	世情涉閱胸懷壯
나라 명운 만회함에 보록[59]이 장구해라	邦命挽回寶錄長
하늘이 영웅을 내심이 우연이 아님을 알겠으니	天縱英雄知不偶
땅은 달사를 만나서 비로소 빛을 더하는구나	地逢達士始增光
고향에선 밤낮으로 마음을 하나로 모아 축원하니	故鄕日夜齊心祝
조속히 인도하여 문명하고 또 부강하게 해주시기를	早導文明又富强

이우강의 홍우(紅友)를 이별한 시에 화운하다 漢 / 송남생

만나고 이별함 가장 드문 건 올 여름과 가을이니	逢別最稀今夏秋
매번 홍우를 생각할 적마다 이내 마음 하염없어라	每思紅友意悠悠
만사를 견뎌 지냄에는 술이 깨도 오히려 부족하고	忍過萬事醒猶欠
겨우 세 잔을 넘김에 술이 취해도 또한 근심스럽네	纔度三盃醉亦愁
군자는 연거함이 마땅히 경계할 만한 것이고	君子燕居宜可戒
벗님은 만나는 자리 그만 둘 수 없다오	故人逢席不能休
그대의 용단이 내가 비칠 바가 아님을 알겠으니	知君勇斷非吾及
다만 좋은 시기 기다려서 다시 술 따라 권하리라	第待好期更勸酬

양성춘(楊性春)에게 화답하다 2수 漢 / 김원극

대해를 한번 훌쩍 넘어 저 멀리 동쪽에 노니니	一超大海遠遊東
지금 시대의 기이한 광경을 유람한 태사공이구나	今代奇觀太史公
돌아가 동포 만나 간곡하고 자상하게 타이르면	歸見同胞提耳警

---

59 보록 : 도가(道家)의 부록(符籙)을 말하는바, 미래의 일을 예언한 비결이 적혀 있다
   고 한다. 여기서는 한 국가의 운명을 가리킨다.

천지가 다시는 옛적 풍습이 아니리라	乾坤非復舊時風

가을날 바다와 산에 그대 보내기 어려우니	海山秋日送君難
만 그루 나무 소리 있어 나그네 꿈 남아있네	萬樹有聲客夢殘
장안 돌아가는 길에 나의 벗 만나거든	歸路長安逢我友
부평초 같은 신세 겨우 안정되었다고 말해주시게	爲言萍跡僅持安

박내균(朴徠均)과의 송별을 추회하다 [漢] / 위와 같음

여름 구름 가을 달에 함께 노닒을 추억하니	夏雲秋月憶同遊
둘 사이 간격 없이 호의(好誼)를 닦았지	兩際無間好誼修
묘년의 재기(材器)는 천리마가 말구유에 오른 격[60]이고	
	玅年材器驥登樞
이역의 서등(書簦)[61]은 꾀꼬리가 그윽한 데에서 나온 격[62]이네	
	異域書簦鶯出幽
탄식할 만한 것은 중도에 돛단배를 재촉해 건너감이니	
	中路可嗟催帆渡
차가운 등불에 신우(薪憂)[63]를 다스림 어쩔 수 없구나	
	寒燈無奈理薪憂

---

60 천리마가……격 : 조조(曹操)가 지은 「보출하문행(步出夏門行)」이라는 악부가(樂府歌)에 "늙은 천리마가 구유에 엎드려 있어도 뜻은 언제나 천 리 밖이요, 열사의 나이가 비록 늙었어도 장한 마음은 변함이 없네"라고 한 데서 유래한 것인데, 여기서는 이를 번안(飜案)해 사용하여 상대방의 뛰어난 재능을 칭찬하고 있다.

61 서등(書簦) : 책과 우산으로, 멀리 떠나가서 공부하려고 함을 가리킨다.

62 꾀꼬리가……격 : 『시경(詩經)』 소아(小雅) 「벌목(伐木)」의 "그윽한 골짜기에서 나와 높은 나무로 날아가네."라는 말에서 나온 것으로, 낮은 벼슬에서 높은 벼슬로 옮겨진 것을 비유한 말이다.

63 신우(薪憂) : 박내균의 신병(身病)을 가리킨다. 이는 본래 선비가 자기의 병을 지칭하던 겸사이다.

군처럼 일찍 품었던 포부 어찌 주수(株守)[64]이리오   如君夙抱豈株守
천하의 기이한 광경을 다시 일어나 도모하리   天下奇觀更起謀

---

64 주수(株守) : '수주대토(守株待兔)'를 줄인 말로 상황에 따라 변통할 줄 모르는 어리
    석음을 비유하는 말이다.

| 가조 |

태극학회 제3회 창립기념가

태극 조판(肇判)한 연후에 / 반도 강산 생겼도다

4천여 년 혈통으로 / 신성 민족 전거(奠居)로세

예의문물 제일국(第一國)에 / 태평 행복 누리더니

생존경쟁 이 시대에 / 유신(維新) 학술 미성(未醒)하면

사해풍조(四海風潮) 진탕(震蕩)한데 / 독립권을 어찌 찾나

해외 유학 우리 동포 / 문명 공기 흡수하여

중흥 사업 이루려고 / 일심 단체 동맹하여

광무 9년 오늘날에 / 태극학회 일어났네

기쁘도다 기쁘도다 / 독립 기초 오늘일세

태극학회 좋은 이름 / 천지 무궁 장존(長存)하여

유극무극(有極無極) 만만세에 / 세계 열강 지휘하고

독립대(獨立臺)에 높이 서서 / 자유 행복 누려보세

만세만세 만만세 / 대한제국 만만세

만세만세 만만세 / 태극학회 만만세

| 기서 |

『태극학보』를 읽은 감흥 / 고원군(高原郡) 김기호(金基鎬)

인류로 이 세상에 살면서 이목구비와 수족의 동정이 누군들 다른가. 그런데 저 서구의 여러 나라는 어떤 새로운 운수라서 온갖 교육의 열렬한 시행을 용맹하게 성찰하고 세상에서 우열을 겨루어 이기는가. 반면에 우리 한국은 간혹 도처에서 열혈로써 애국하고 경륜하는 마음이 있다고 해도 다시 헛되이 부패한 언사로 코나 골며 잠 깨지 않는 무리가 헛되이 자리를 차지하고 한 목소리로 부응함이 없다. 무엇 때문인가. 500여 년 동안 수구의 관습이 골통에 흡족한 나머지 어떠한 시대인지 전혀 모르고 기꺼이 남의 노예가 되었으니, 참으로 통탄할 노릇이다. 근본도 갖추지 못한 나 같은 이는[65] 더욱 심하다. 나이가 이제 46세나 되고서 궁벽한 곳에 칩거하여 겨우 입에 풀칠이나 하고 국가와 사회를 도울 대책이 있을 리 만무하니 이러고도 인류라 할 수 있는가.

나의 벗 송남(松南) 김 형이 있으니, 그와 교분이 두터워 벗이 된 지 오래이다. 그는 사람됨과 문화의 재주를 가지고 실로 우리 무리의 종장이 될 만하다. 그럼에도 단호하게 버리고 떠나고는 이역만리에 위험을 돌아보지 않고 천애(天涯)의 혈혈단신으로 육신과 그림자가 서로 조문해도 열성을 바꾸지 않는 것은 과연 이 사람이 아니라면 누가 감히 감당하겠는가. 나는 벌떡 일어나 경하하기를 "남아로다. 본국 2천만 동포들이 다 이 사람의 혈성대로 한다면 국운을 만회하고 강토를 보전할 것이니, 무엇을 한탄하고 무엇을 걱정하겠는가."고 하였다. 형이 아끼는 마음으로 나를 저버리지 않고 책자 하나를 우편으로 부쳐주기에 서둘러

65　근본을…같으면: 원문은 "至於不本人"으로 문맥상 자신에 대한 겸사로 추정하여 위와 같이 옮겼다.

뜯어보니『태극학보』였다. 여러분의 공명정대한 문필과 김형의 열혈이 담긴 충고는 사람들로 하여금 건전한 사상과 활발한 의기를 일으키니, 이 학보를 본다면 누구라도 개연히 우러르지 않겠는가! 바라건대 여러분과 김 형께서 더 힘쓸지어다. 우리 동토(東土)를 보전할 대책은 진실로 귀 학회에 달려 있으니, 동쪽을 바라보며 재배하고 축원하노라.

축사(祝辭) / 영흥군(永興郡) 원명학교(原明學校) 생도 윤달오(尹達五)

위대하다 태극이여! 훌륭하다『태극학보』여!『태극학보』의 명칭은 이제 우리가 창간한 것이지만 그 이치와 그 실질은 상고로부터 내려온 것이다. 무엇 때문인가. 태극이 나뉘어 열리기 시작하여 하늘과 땅이 나누어졌으니, 태극의 이치가 먼저 있고서 사황(史皇)[66]이 처음 나와서 문자를 창조하니 학보의 실질이 또 있다고 하겠다. 복희씨(伏羲氏)의 시대에 이르러 팔괘를 나누기 시작하고 다시 서계(書契)를 만드니『태극학보』의 전체와 실리(實理)가 여기서 갖추어졌다. 1008년 상고시대의 무형적『태극학보』가 5백 년 한국 강산의 유형적『태극학보』가 된 것이다.

위대하다 태극이여! 훌륭하다『태극학보』여! 태극을 논하는 이들이 "역(易)에 태극이 있다. 태극이 음양을 낳는다"[67] 하니, 건건(乾健)[68]은 국가의 독립정신이고, 곤순(坤順)[69]은 국민의 의무사상이다. 이 독립과

---

66 사황(史皇) : 문자의 창시자로 전해지는 창힐(蒼頡)을 이르는 것으로 추정된다.
67 역에…낳는다 : 원문은 "易有太極是生兩儀"로『주역(周易)』「계사전 상(繫辭傳上)」에 나오는 구절이다.
68 건건(乾健) : 건건불식(乾健不息)이라고도 한다. 팔괘의 하나인 건괘를 해석한『주역』「건괘(乾卦) 대상(大象)」에 "하늘의 운행이 강건하니 군자는 그것을 본받아서 스스로 강건하여 끊어짐이 없다."라고 하였다.
69 곤순(坤順) :『주역』「곤괘(坤卦) 단(彖)」에 "지극하도다. 곤의 큼이여. 만물이 이를 의뢰하여 생기나니, 이에 하늘을 순하게 받들도다."라고 한 데서 온 말이다.

의무를 본보에 게재하여 2천만 명의 눈에서 늘 떠나지 않게 한다. 이것
이 2천만 단체의 독립과 2천만 개인의 의무를 소리 높여 환기시키는
법인(法人) 『태극학보』이다. 이처럼 진선진미(盡善盡美)한 『태극학보』
를 강구하는 여러분이 본보의 앞장 기호(旗號)를 드리울 때 독립의 깃
발을 세운 사상이 생길 것이고, 내부에 학술을 펼칠 때 독립문에 들어
갈 사상이 생길 것이니, 당당한 이 학보는 단 하루도 없어서는 안 될
목적의 사물이라 하겠다. 주자(朱子)가 말하기를 "사람마다 태극 하나
를 지니고 물건마다 태극 하나를 지닌다"[70] 하니, 하물며 우리 동물(動
物)로 한층 주의할 중심인 『태극학보』여, 장수·다복하고 자강불식할
것이다. 이 축원이 유구하기 바라니, 무극이 곧 태극이요 태극이 곧
무극인 진리로[71] 천만년 이어지리라.

축사를 삼가 드리다

/ 한국 함경남도 영흥군(永興郡) 흥인학교(興仁學校) 생도 박일찬(朴日燦)

내 '태극(太極)' 두 자를 보며 경축하고 '학보(學報)' 두 자를 읽으며
정축(頂祝)하노라. 태극 태극이여, 오래도록 드러나리라! 일본에 유학하
시는 와신상담의 여러분이 성심을 다하고 피눈물 흘리며 국가의 앞길을
축원하고 충의의 간담으로 국가의 독립을 도모하여 태극학회를 창립하
고 학보를 발간하니 본보의 취지여! 애국정신은 글 위에 넘치고 민족을
지키는 사상이 충심(衷心)에서 나왔으니 아아! 훌륭하도다. 대동(大東)
의 긴 밤에 불꽃을 잡고 새벽을 깨우는 등잔이고, 도원(桃原)의 봄날에

---

70 사람마다…지닌다: 원문은 "人人이 有一太極ㅎ며 物物이 有一太極이라"로 『주자어
　류(朱子語類)』 권94에 나오는 말이다.
71 무극(無極)이…무극으로: 『태극도설(太極圖說)』에 나오는 말이다.

절박하게 두드리는 경세(警世)의 목탁이니 깊이 꿈꾸던 동포를 일어나게
하며 잠꼬대하던 동포를 격앙하게 하도다. 탁 트인 오대양과 아득한
육대주 만리 타향에서 눈과 서리를 무릅쓰고 문명을 지도하고자 하니,
어두운 거리와 궁벽한 시골에서 혼미한 세상을 건너는 뗏목을 만들어
주고 어진 산과 지혜로운 산에서 길 잃은 양을 이끌어 주니라. 성대하도
다! 본보가 설립된 날이 곧 국가가 중흥하는 웅대하고 선량한 계책이로
다. 삼천리 큰 땅에 드디어 독립의 바탕을 열어 만세 뒤에도 베풀 것이고
부강의 기틀을 이룰 터이니 누가 흠모하지 않으리오! 독립, 독립이여
이 학보를 따라 시작되고 부강, 부강이여 이 학보로부터 싹을 틔우도다.
손을 모아 크게 비노니 축총(蓄銃)[72]여러분이여, 발기자 여러분의 목적을
하나로 하고 애독하는 여러분의 지식을 하나로 열어서 일월과 더불어
빛을 다투고 본국에 돌아오는 날에 태극에 꽃을 장식한 깃발을 열강
가운데 높게 들어올리기를 내가 마음으로 간절히 비노라.

---

72 축총(蓄銃): 미상임.

| 잡록 |

○ **학계의 열심** : 평안남도 강동군(江東郡) 장영한(張永翰) 씨는 뜻 있는 청년으로 본국에서 교육계에 다년간 열심이더니 이번 가을에 일본으로 유학하기 위해 그 아우 문한(汶翰)과 같은 군 청년 4명을 대동하고 도래하였더라.

○ **유학생의 도래** : 올해 가을에 일본에 유학하러 도래한 학생이 많다는 데 그중 연안군 한광호(韓光鎬), 영흥군 한창현(韓昌玹) 숙천군 양동형(梁東衡) 세 사람은 본국에서 쌓은 뜻으로 원대한 목적을 계획하여 지금 어학 공부 중이라더라.

○ **그 어머니에 그 아들** : 영유군(永柔郡) 지회 회원 백규복(白圭復) 씨는 유학을 위해 한 달 전에 도래하였는데 그 부친이 유학을 고하지 않아서 깊이 노해 학자금을 도와주지 않음으로 다소간 신세를 지며 학과를 배우고 있었다. 그 어머니가 이 시대의 유학은 비록 몸을 팔고 전장을 팔아서라도 그만 둘 수 없는 일이라 하여 일전에 돈 100원을 누군가에게 빌려서 보냈다 한다. 그 어머니에 그 아들이라 하여 안팎에 칭송이 자자하더라.

○ **기이하다 이 아이** : 함남 영흥군 원명학교 생도 윤달오는 나이 이제 11세인데 본회 학보의 축사를 지어서 보내니 이 한 편의 찬란한 품격에 놀라서 경탄하지 않을 수 없겠더라.

○ **장씨(張氏)의 의거** : 서울 사동(篩洞)[73] 거주: 장봉주(張鳳周) 씨가 사회와 교육에 열심인 것은 일반 동포가 함께 아는 바이거니와 수년 동안 학자금이 부족한 서울 안 유학생을 자기 집에 모여 보살펴 준 사람이 50여 명에 다다랐다고 일전 도래한 유학생들이 자자하게 말하니 이러

---

[73] 사동(篩洞): 현재 중구 무교동 근처이다.

한 의로운 일은 사람이 하기 어려운 일이라고 안팎에서 칭송하더라.

○ **상업계의 서광** : 유학생 문상우(文尙宇), 윤정하(尹定夏), 김국태(金國泰) 세 사람은 현재 고등상업학교에서 수업을 받는 학생으로 우리나라 상업의 앞길을 위하여 이번 달부터 상업 잡지를 창간한다니 일단 상업계에 큰 빛이 드러나게 되리라.

○ **타이완도 개회하다** : 지금 일본에 유학하는 대만 학생이 60여 명에 달하였는데 친목의 정의를 돈독하게 하기 위하여 그 대만의 옛 이름을 기념하여 고사(高砂) 청년회를 조직하고 매달 한 번씩 개회하여 연설하고 토의한다더라.

○ **어학과 특설** : 본국 유학생이 시바구(芝區)의 메이지가쿠인(明治學院)에 다수 입학한 일은 일반 동포도 함께 아는 바이거니와, 유학생 김홍량 씨가 새로 온 학생의 어학을 준비시키기 위하여 메이지가쿠인의 총리 이부카 가지노스케(井深梶之助)[74]와 간사 구마노 유시치(熊野雄七)[75]와 협의하여 어학과 하나를 임시 특설하였더라.

• **회사요록**

○ 지난 달 15일은 본회 제 3회 기념일인데 우천(雨天)으로 인해 같은 달 19일 오전 10시에 오오모리하쓰케이엔(大森八景園)[76]에서 개회하였다. 출석한 회원이 150인에 달하였다. 회장 김낙영(金洛泳) 씨가 귀국하고 복귀하지 않았다. 이에 부회장 이윤주(李潤柱) 씨가 개회식을 설명

---

74 이부카 가지노스케(井深梶之助): 1854-1940. 일본의 목사이자 교육자이다. 총리는 총장이나 이사장에 해당하며 메이지가쿠인은 메이지가쿠인대학의 전신이다.
75 쿠마노 유우시치(熊野雄七): 1852-1921. 원래 오오무라(大村) 번(藩)의 무사로 이부카 가지노스케와 아이즈 전쟁(會津戰爭)에 참가하였다. 이후 게이오기주쿠에서 유학하고 메이지가쿠인대학을 같이 창설하였다.
76 오오모리하츠케이엔(大森八景園): 도쿄 오오타(大田) 구에 있는 공원이다.

하고, 평의원 김지간(金志侃) 씨가 역사를 진술하며, 총무원 김홍량(金鴻亮) 씨가 축사를 드렸고, 평의원인 김수철, 김원극, 김현식(金鉉軾) 등 3인이 본회의 "전도(前途) 희망"이란 제목으로 연설하고, 내빈 박상순(朴尙純) 씨가 본회의 영원한 발전을 축하한 뒤 오찬을 나누고 12시에 폐회하였다.

○ 같은 날 하오 1시에 같은 곳에서 가을 운동회를 거행하였다. 여러 가지 운동을 차례로 실시한 뒤 상품 수여식을 거행하고 이어 일반 회원이 태극학회 제 3회 기념가와 애국가를 제창한 뒤 "대한제국 만만세"와 "태극학회 만만세"를 삼창하고 5시에 여흥을 갖고 폐회하였다.

○ 전 달 27일에 제 61회 총회를 오전 10시에 열어 회장 김낙영 씨가 자리에 나아갔다. 서기가 이름을 부르니 출석원이 67이더라. 규칙에 의해 임원을 경질하였다.

○ 회장은 김지간(金志侃) 부회장은 김낙영(金洛泳) 총무는 김홍량(金鴻亮) 평의원은 김수철(金壽哲), 이윤주(李潤柱), 김연목(金淵穆), 문일평(文一平), 김현식(金鉉軾), 박상락(朴相洛), 이인창(李寅彰), 이도희(李道熙), 김원극(金源極), 김기주(金基柱), 여러분이 다수결을 따라 피선되었다.

○ 함남(咸南) 영흥군(永興郡) 고응호(高膺瑚) 등 여러분의 지회 청원서를 받아들이고 김원극 씨 보증으로 시찰을 생략하고 인허하다.

○ 이달 4일 오전 10시에 회장과 같이 귀국하였던 회원 여러분과 신입 회원 여러분을 위하여 환영회를 열었다. 개회 절차에 맞춰 시행한 뒤 전회장 김낙영 씨가 환영의 예로 답사한 뒤 성천, 용의(龍義)[77], 영유(永柔), 동래(東萊) 각지의 지회를 시찰하고 사정을 보고하다.

○ 신임 임원회에서 각 집무원(執務員)을 조직한바 다음과 같다.

사무원(事務員): 김창섭(金昌燮), 박상순(朴尙純), 백성봉(白成鳳), 이

---

77 용의(龍義): 평안북도 용천군(龍川郡)과 의주군을 함께 이르는 말이다.

진하(李珍河), 김연우(金淵祐), 이동훈(李東薰)

서기원(書記員) : 박상락(朴相洛), 최윤덕(崔允德)

회계원(會計員) : 이인창(李寅彰), 김현식(金鉉軾)

사찰원(司察員) : 이은섭(李殷燮), 성정수(成禎洙), 김유선(金有善)

편집부: 주필 김원극, 편찬원 김낙영, 김지간, 문일평, 김기주(金基桂), 송욱현(宋旭鉉), 김홍량, 김수철, 서기 박창일(朴昌一), 임득환(林得煥), 신학건(申學楗), 박태은(朴泰殷)

○ 이번 달 5일에 용의지회 회장 정제원(鄭濟源) 씨가 전명운(田明雲), 장인환(張仁煥) 2인에게 의연금 27원 20전을 지회에서 모아서 미국에 보내기로 하고 보고하였다.

○ 이번 달 18일에 본회와 대한학회가 연합하여 일반 유학생 가을 운동회를 다바타하쿠바이엔(田端白梅園)에 거행하였는데 그 과정은 다음 호에 게재하겠다.

• 회원소식

○ 회원(會員) 김진초(金鎭初) 씨는 귀국한 뒤로 학계에 열심이라 평남 숙천군 갈산동(葛山洞)에 농회(農會)를 조직하고 평양 대성중학교에 교사로 임명되어 밤낮으로 학문을 정성스레 가르친다고 한다.

○ 회원 박내균(朴徠均) 씨는 뜻 있는 소년으로 이번 봄에 유학을 위해 건너 왔는데 가을에 몸에 병이 일어나 여러 날 조리하다가 어제 귀국하다.

○ 회원 송욱현(宋旭鉉) 씨는 전년에 유학을 위해 건너 왔다가 학자금이 부족하여 귀국하였더니 박천군의 뜻 있는 인사들이 학자금을 모아주어서 이번 가을에 다시 왔다.

○ 회원 박인식(朴仁植) 씨는 유학을 위해 건너 왔다가 병이 나 귀국하

였다 이번 가을에 그 아우인 의식 씨를 대동하고 다시 왔더라.

○ 회원 박정의(朴廷義) 씨는 지난달에 병에 걸려서 치료 중이더니 요새 회복하였더라.

○ 회원 정용원(鄭庸瑗) 씨는 병이 나서 회생병원(回生病院)에서 치료받더니 요새 회복하여 퇴원하였더라.

○ 지회의 발흥: 영유군 지회는 뜻 있는 청년이 조성하여 만들어졌는데 이곳의 덕 있는 노년 신사가 오늘 사회의 의무를 크게 깨우치고 많이 입회하여 지회의 사무가 착착 이행되었는데 장래 발전의 전망이 크다 한다.

○ 회원입학: 회원 김관호(金觀鎬), 채병철(蔡秉喆) 두 사람은 메이지가쿠인 1학년으로 김연고(金淵枯), 유종수(柳種洙) 두 사람은 3학년으로 입학하고 이도희(李道熙), 정인하(鄭寅河) 두 사람은 메이지대학 법학과에 입학하였다.

• **신입회원**

이은종(李鍾殷), 김관호(金觀鎬), 박태은(朴泰殷), 박상순(朴尙純), 김유선(金有善), 김군식(金君湜), 임득환(林得煥), 최창림(崔昌林), 신학건(申學楗), 이경석(李璟奭), 김갑진(金甲鎭), 장건용(張建鏞), 임지섭(元智燮), 박창일(朴昌一), 김태동(金泰垌), 채병철(蔡秉喆), 옥종경(玉宗景), 서원담(徐元澹), 안창덕(安昌德), 박정일(朴廷一), 강응규(康應奎), 이태영(李泰榮), 전호(全壕), 김올섭(金兀燮) 제씨가 이번에 입회하다.

• **영흥군지회(永興郡支會) 신입회원 성명**

고응호(高膺瑚), 양창석(梁昌錫), 계봉우(桂奉瑀), 허선(許善), 한창현(韓

昌玹), 최제량(崔齊京), 강봉원(姜鳳源), 조봉희(趙鳳禧), 노진효(魯鎭堯), 문승렬(文承烈), 임병훈(林秉薰), 임종직(林宗稷), 양원상(梁元常), 이명섭(李命燮), 최정석(崔貞錫), 최현국(崔鉉國), 이종근(李宗根), 고응현(高膺現), 장봉인(張鳳仁), 양승렬(梁承烈), 문승우(文承祐), 변영석(邊永錫), 방진성(方眞成), 박동규(朴東奎), 함용익(咸龍翊), 이영수(李泳洙), 나원봉(羅元鳳), 윤영제(尹英濟), 우시훈(禹時壎), 문승조(文承祚), 김택민(金澤玟), 안일원(安一元), 맹승운(孟承云), 김승택(金承澤), 진상직(陳相稷), 김용태(金容泰), 유능진(劉能振), 윤승동(尹承鍊), 박내련(朴來練), 김용연(金龍淵), 김태영(金泰榮), 김용익(金龍翊) 제씨이다.

• 영유군지회 신입회원 성명

김지황(金志璜), 이상익(李相益), 김이태(金利泰), 김일현(金日鉉), 문완영(文完英), 김선규(金善奎), 이인승(李寅昇), 김한규(金翰奎), 김종국(金鍾國) 제씨이다.

• 용의지회(龍義支會) 신입회원 성명

김이권(金履權), 임인준(林麟峻), 백효갑(白孝甲), 장춘재(張春梓), 김명호(金命昊) 제씨이다.

• 태극학보 의연금 출연자 명단

양성춘(楊性春), 원인상(元仁常) 각 1원

광무 10년 8월 24일 창간
융희 2년 8월 20일 인쇄
융희 2년 8월 24일 발행
메이지 41년 8월 20일 인쇄
메이지 41년 8월 24일 발행

•대금과 우편료 모두 신화(新貨) 12전

-일본 도쿄시 시바구(芝區) 시로카네산코쵸(白金三光町) 273번지-
편집 겸 발행인   김낙영(金洛泳)

-일본 도쿄시 시바구 시로카네산코쵸 273번지-
인 쇄 인   김지간(金志侃)

-일본 도쿄시 시바구 시로카네산코쵸 273번지-
발 행 소   태극학회 사무소

-일본 도쿄시 우시고메구(牛込區) 벤텐쵸(辨天町) 26번지-
인 쇄 소   명문사(明文舍)

태극학보 제25호	
광무 10년 9월 24일	제3종 우편물 인가
메이지 39년 9월 24일	
융희 2년 8월 20일	발행 - 매월 1회 발행 -
메이지 41년 8월 24일	

광무 10년 9월 24일 | 메이지 39년 9월 24일 | 제3종 우편물 인가

광무 10년 8월 24일 창간
융희 2년 11월 24일 발행(매월 24일 1회)

태극학보

제26호

태극학회 발행

• 주의

△본 태극학보를 구독하고자 하시는 분은 본 발행소로 통지하여 주시되 거주지 성명과 통호를 상세히 기재하여 보내주시고 대금은 우편위체(郵便爲替)로 본회에 교부하여 주시기 바랍니다.

△본 태극학보를 구독하시는 여러 군자들 가운데 주소를 이전하신 분은 신속히 그 이전하신 주소를 본 사무소로 통지하여 주시기 바랍니다.

△본 태극학보는 뜻 있으신 인사들의 구독 편의를 위하여 출장지점을 다음과 같이 정합니다.

황성 중서(中署) 동궐(東闕) 파조교(罷朝橋) 건너편 주한영(朱翰榮) 책사 -중앙서관(中央書館) 내-

평안남도(平安南道) 삼화진(三和鎭) 남포항(南浦港) 축동(築垌) 김원섭(金元燮) 댁

평양(平壤) 관동(貫洞) 예수교서원(耶蘇敎書院)

평양(平壤) 법수교(法首橋) 대동서관(大同書觀)

평안북도(平安北道) 정주군(定州郡) 남문(南門) 내 홍성린(洪成鱗) 상점

북미 샌프란시스코 한인공립협회(韓人共立協會) 내 -김영일(金永一)
주소-

• 투서주의

1. 학술(學術), 문예(文藝), 사조(詞藻), 통계(統計) 등에 관한 온갖 투서
   는 환영합니다.
1. 정치에 관한 기사(記事)는 일절 접수하지 않습니다.
1. 투서의 게재 여부는 편집인이 선정합니다.
1. 투서의 첨삭권은 편집인에게 있습니다.
1. 일차 투서는 반려하지 않습니다.
1. 투서는 완결함을 요합니다.
1. 투서는 세로 20행 가로 25자 원고지에 정서함을 요합니다.
1. 투서하시는 분은 거주지와 성명을 상세히 기재하여 보내주셔야 합
   니다.
1. 투서에 당선되신 분께는 본 태극학보의 해당호 한 부를 무상으로
   증정합니다.

• 특별광고

○ 내외도서 출판
○ 교과서류 발매
○ 신문잡지 취급
○ 학교용품 판매
  경성 중서(中署) 동궐(東闕) 파조교(罷朝橋) 건너편
  본점 -중앙서관(中央書館)- 주한영(朱翰榮)

평안북도(平安北道) 선천읍(宣川邑) 냇가

지점 -신민서회(新民書會)- 안준(安濬)

목차
태극학보 제26호

- 설원
  혈루(血淚)   이보경(李寶鏡)

- 사조
  태극학회 좌하들께 삼가 드리다

- 기서
  화답하다
  시나가와에서 시즈오카로 가는 여행   모란산인
  한동초(韓東初) 생일을 위로한 시에 차운하다

- 가조
  희망가
  학도가(學徒歌)

- 잡록
  학회휘보
  회사요록
  신입회원
  회원소식
  태극학보 의연금 출연자 명단

태극학보 제26호
융희 2년 11월 24일
메이지 41년 11월 24일 [발행]

| 논단 |

내지 각 학회에 대한 의견 / 기자

　'교육' 두 자는 문명 세계의 보통 언론이다. 만약 국민의 지식 정도와 학교의 유지와 기초를 살피지 않는다면 수많은 나날의 구두교육(口頭敎育)을 실시해도 미미한 이득도 거두기 어려울 것이다. 오늘날 우리나라 학계의 외관을 주목하니 전에 비해 조금 나아진 상황을 비로소 아뢴다. 왜 그런가? 내외의 신사(紳士)가 교육의 확장을 위해 이르기를 기호학회·서북학회·호남·교남·관동 등 여러 학회가 앞 다투어 외칠 뿐 아니라 중앙학회가 이때 발기하여 국민의 교육의 정도를 일치시켜 개도할 취지를 발표하니, 이는 여러분에게 경배해 마지않는 바이다. 그때부터 양호한 결과가 있을 것임은 당연한 이치이니 손꼽아 기대할 것이다. 그러나 돌아보건대 지금 국권이 날로 추락하고 민족이 날로 위축되니 이때에 당하여 세월을 낭비하여 효과를 얻고자 한다면 이는 마치 날이 저물어 먼 길로 돌아오는 나그네가 무심히 천천히 걷는 것과 같으니 목적지에 도달하기 전에 어두운 미로의 끔찍한 지경에 황급히 빠져 버릴 것이다.

　아아, 여러분이여 이 시기가 어떤 시기인가! 술이 새는 잔을 든 자는 그 손이 반드시 다급할 것이요, 난석(亂石)을 피하는 자는 그 발이 반드시 재빠를 것이다. 여러분의 깊은 생각과 충분한 헤아림으로 어찌 살펴보지 않았겠는가마는, 다만 일반 민지(民智)가 스스로 옛것을 좇는 데 안주하여 쇄신의 사상이 부족하다. 그러므로 학회가 설립된 지 이미 오래 되었는데도 각 지방의 학무의 권장은 말할 필요도 없거니와 학회 상황의 유지 역시 그 대책이 없으니 여러분의 쌓인 근심과 분노를 보지 않아도 알 수 있다. 무릇 천하만사란 가능한 능력으로 시작하여 불가능한 능력을 양성하는 것이다. 지금 여러분이 각도의 학회를 각자 중앙에 설치하고 의연금을 널리 모금하여 소관 학교를 아울러 세우는 성황을 점차 보지만, 지방의 민지가 미개한 경우 시작한 일을 끝맺지 못하게 될 것은 분명한 사실이다. 그런즉 여러분은 각자 해당 지방에 대하여 교육방법을 어떻게 착수하고자 하는가. 오늘날이 되도록 바람 소리마냥 고요한듯하니 이는 잠시도 돌볼 겨를이 없는 일이라고 할 수 있다. 그러나 가급적 능력이 있는 일은 반드시 현재 시행해야 할 것이다.

대개 우리나라의 지방 인민 정도가 겨우 교육 두 자를 들으면 "급선무다, 급선무다" 하는 것이나 급선무의 실제 여하를 알지 못하는 자가 10의 7·8이요, 학교의 설립을 창도하는 자가 다수를 차지하나 교육의 과정의 여하와 유지의 방법의 여하를 알지 못하는 자 또한 10의 2·3이다. 그런즉 여러분이 먼저 아는 자의 책임으로 늦게 아는 자를 알게 하는 것이 가장 먼저 행할 의무라 할 것이니 왜 그런가. 각 학회 대표자가 한자리에 모여 서로 논의해서 현재 지방 교육상 실시할 방침을 모두 연구하여 한 가지 안건을 수립한 뒤, 각 학회마다 각 지방에 학무위원을 파견하되 인원수를 다소 그에 맞게 충당토록 하고, 그 학식과 언론이 지방 인사가 존경하고 신뢰할 자가 앞서 도·군에 찾아가서, 각 해당 지역에 우선 지학회(支學會)를 조직하고, 그 해당 군 내에 학교 구역을 선정하여 지학회 임원이 그 책임을 도맡도록 하며, 본회 위원은 당도한 각지에서 오늘날 교육의 급선무의 실제 여하와 학교 유지의 방법 여하를 처음부터 설명해야 한다. 그러면 오호, 우리 신성한 동포에게 감각의 사상이 생기 마련이다. 정해둔 각 구역 내에서 한 학교를 유지할 방침은 그곳의 동포가 스스로 맡아야 할 것이다. 이와 같이 된다면 지방 민지가 분명히 크게 열려서 성력(聲力)이 미치는 곳에 중앙 본회의 터전이 견고하고 확실함은 혈력(血力)이 필요하지 않을 뿐 아니라 서울에서 각 도까지 · 각 도에서 각 군까지 · 각 군에서 각 면와 리까지 전부 실제 교육이 완전히 이루어질 것이다. 그러면 이때부터 3천 리 강토에 문명의 풍조가 두루 퍼짐이야 원래 정해진 사실이지 결코 논리적으로 수식하는 유쾌한 이야기가 아니고, 또한 각 학회 대표자들의 가능한 능력이이지 지극히 어렵고 불가능한 능력이 결코 아닐 것이다.

이와 같이 원래 정해진 사실과 가능한 능력을 여러분이 생각하지 않고 다른 것에 너무 급급해 한다면 시일이 점차 다하고 국권을 완전히 잃을 것이니, 모름지기 위인 마치니(Mazzini) 같은 이가 전후좌우에서 수없이 불려 다녀도 신장시킬 수 있는 완력이 미치지 못할 것이다. 시일이여, 시일이여! 잃으면 안 된다. 아아! 여러분의 의견이 어디에 있어서 이와 같이 늦어지는지, 청년의 어리석은 소견으로 엿보기 어렵다. 다만 오직 의지하여 바라는 일념이 내지의 장로 여러분의 시행과 조치 여하에 달려 있기에 외람됨을 피하지 않고 감히 이렇게 말을 길게 늘어놓는다. 그 뜻이 비록 지나치게 당돌하지만, 그 울음 역시 구슬프고 애처롭다. 아아, 각 학회 집무자 여러분이여.

하기(夏期)에 귀국한 유학생 여러분 / 김기주(金基柱)

여러분, 여러분, 이번 귀국에 환영을 받은 여러분! 영광이 어떠하며 기쁨이 어떠한가. 그 수십 년 전에 우리나라에 대한 역사를 고찰하면 열방과 통상을 조약하고 외교를 개시하여 문호 개방의 형식상 관념은 점점 갖췄다고 한다. 하지만 실제로 관찰하면 통상이 무엇인지, 외교가 무엇인지 막연한 농상에 아득하고 쇄국주의를 한결같이 고수하여 국가

사회의 흥망 관계를 알지 못하던 시대였다. 당시 몇몇 유지자들이 먼저 세계의 풍조를 관찰하고 국가의 앞날을 개탄하였다. 이에 국가와 사회가 질시하고 부형과 친척이 애서 배척하는 유학을 굳게 다짐하고 도주하고는, 해외의 이역에서 10년 내지 5년씩 허다한 풍상과 비상한 고난을 모질게 무릅쓰며 법률·정치·군무·실업 등 여러 과학의 학업을 마쳤다. 그러고 나서 마침내 귀국한 날에 공명이 국사범의 차함(借啣)[1]이 되고, 생활이 감옥의 생귀(生鬼)가 된다. 따라서 국내의 동포가 속으로는 환영하고 찬성하지만 그 실제를 발표하지 못한다. 그 까닭은 당시의 풍습과 교화가 유학생의 환영을 고사하고 어지간한 교분으로 상종함이 있더라도, 실수로 성문에 붙은 불이 연못의 물고기에게 미친 것마냥 일반 세상의 물정이 친근함과 소원함을 막론하고 당국 밖의 어류처럼 취급하여 곳곳에서 꺼리고 싫어해서다. 따라서 의탁할 데가 없어서 어떠한 관계가 있거나 친척이나 친구를 만나려는 사사로운 정이 가득하여도 서쪽을 바라보며 눈물 어린 탄식을 면치 못한다. 또한 혹시라도 몰래 귀국하더라도 그 도피와 은닉이 마치 죄인 같고, 낮에 들어가고 밤에 나오는 짓이 마치 박쥐와 같고, 아침에 명을 내려 저녁에 잡는 것이 마치 망명한 죄인과 같다. 만약 그 예전의 풍조가 남아 있다면 지금 환영할 자가 누가 있겠으며 받을 자가 누가 있겠는가? 여러분의 시대의 변천을 축하한다.

또한 국내 동포의 서로의 애정을 시험해보라. 현 시대가 학생을 환영하는 시대로 논하여도 그 시대가 우리나라 일반에 통용되는 사안이지 여러분에게 고유한바 아니며, 학생으로 논하여도 그 명칭이 일반 학생계에 통용되는 명칭이지 여러분이 독점한바 아니다. 그러면 무슨 까닭으로 여러분이라 하고 무슨 일로 여러분이라 하는가. 본인은 유학하던

---

[1] 차함(借啣): 차함(借銜)의 동의어, 유명무실한 직함을 뜻한다.

지난날 당시 기회를 잃어버린 채 도쿄 모 구역 여인숙에서 외로이 반 공기 된장국과 세 쪽 단무지에 온몸을 내던지고 이따금 '했습니다(マシ タ), 입니까(デスカ)'로 찌는 듯한 더위를 보내고 여러분에게 뒤떨어져서 그곳의 상태를 목격할 수 없으나, 풍문이 전하는 바에 오늘은 경성 남 대문 밖 환영이요, 내일은 평양 전차장 환영이라 운운하는 이 말이여. 풍문을 접하여 멀리서 보는데도 제 자신이 이를 당면하는 것 같은데, 그 자리에 당면한 여러분이야 오죽하겠는가. 대개 한 사람의 환영도 빛나는 것인데 일반 동포의 환영이며 한 곳의 환영도 굉장한 것인데 곳곳의 환영인가. 환영, 환영, 저 환영아, 지금까지 한 번도 있어 본 적이 없는 것 아닌가. 열심히 환영하고 경쟁으로 환영하니 애국단체 저 동포며, 유지사회(有志社會) 저 동포여, 서로 사랑하는 정이 분명하 고 환영의 도리가 막중하다. 다시 여러분을 위하여 동포의 무한한 환대 를 축하한다.

곳곳에서 갑자기 떠오른 한결같은 생각에 축하하는 마음이 간데없고 몹시 두려운 마음이 앞에 있다. 여보시오, 여보시오, 학생 여러분, 여보 시오. 등 뒤의 책임 돌아보니 방관자가 한심하다. 갚고자 하면 태산이 요, 갚지 않으면 죄인이다. 속담에 "덕은 덕으로 갚고 은혜는 은혜로 갚는다"고 일렀으니 이를 따라서 추론하면 덕이 있으면 반드시 갚고 은혜가 있으면 반드시 갚음은 천리인정(天理人情)의 자연스런 결과인즉 만약 이에 반하는 자는 덕을 배반하고 은혜를 잊는 자 아닌가. 무릇 개인 간 관계도 물론 이와 같거든 하물며 다수 동포에 대한 여러분의 관계는 어떻겠는가. 보답에 대하여 한마디를 논할 자는 보답을 행할 방면으로 관찰하면 순전한 의무자요, 보답을 받을 방면으로 관찰하면 분명한 권리자다. 소위 권리, 의무가 발생한 이상에는 의무자의 의무를 이행하고 권리자의 권리를 주장함은 '채권법'상 원칙이다. 가령 의무의 이행으로 논하여도 그 경우를 값하여 같지 않은 자가 금전상에 관한 의무를 금전으로 상환하고 세력상에 관한 의무는 세력으로 상환하고 부귀상에 관한 의무는 부귀로 상환하고 구휼상에 관한 의무는 구휼로 상환해야 하나 오늘날 의무는 여기서 나온 것이 아니요, 특히 학생 여러분에 대하여 인격을 준 의무이다. 그와 같은 금전상 의무는 의무자의 의무 불이행으로 대위변제(代位辨濟) 혹은 대물변상(代物辨償)이 있다. 하지만 인격상 의무는 이와 같지 않아서 의무자 된 자신이 불이행하면 그 성질상 대체할 수 없으므로 종신의 의무를 면치 못한다. 이에 대하여 혹 "학생만 인격이 있고 그 이외의 사람은 인격이 없는가?" 하는 비평이 있을지도 모르지만, 여기서 소위 인격이라 함은 사람의 조직상 형체의 구비를 논하는 것이 아니다. 즉 그 사람의 목적과 행위를 관찰하여 보통인이라는 명칭상 특별한 휘호로 인격을 부가한 것이다. 그런 즉 목적은 무엇이며 행위는 무엇인가. 즉 자기의 책임을 다하여 국가에 헌신할 목적이며 동포를 권면하여 문명에 함께 나아갈 행위이다. 마땅히 여러분의 인격이며 엄격히 여러분의 책임이여. 빈틈없는 휘호와 빛 없는 간절한 바람이여. 여러분, 여러분이여.

우리나라 학생 여러분 / 송남생(松南生)

오호, 우리 대한제국 2천만 민족 사회에서 미래의 영웅이 될 학생 여러분이여! 오늘날 전국의 일반 사회 지사들이 여러분을 사랑하는 바가 남다르며 그 존경하는 바가 두드러진다. 금전을 애지중지함은 인지상정이나 여러분을 위해 지사들의 주머니가 하루아침에 탕진되고, 전토와 가옥을 애지중지함은 인지상정이나 여러분을 위하여 지사의 보배〔靑氈〕가 하루아침에 탕진되니, 이는 지사들이 여러분에게 어떠한 보답을 바라며 그러는 것인가. 단지 현재 국가의 비운이 교육의 불완전함에 있다. 때문에 일반 지사들이 성심을 다하여 내외에서 몇몇 학교를 샛별처럼 창건하는 것이다. 이는 열국의 수준에 비하면 한단학보(邯鄲學步)나 다름없지만 지사의 열성이 정점의 최고조에 달하였다고 할 수 있다. 왜 그런가. 대개 다른 나라의 경우 인민의 지식이 일일이 보급되어 학교의 유지가 일반 의무에 얽매여 있다. 따라서 크고 작은 학교의 수가 숲과 바다 같더라도 사람들의 힘이 미치는 곳마다 세력이 굳건하다. 우리나라는 이와 반대로 그렇지 않다. 몇몇 지사들이 먼저 학교의 발기를 주창하면 동의 여부를 논할 필요도 없고, 사면초가의 반대가 구름처럼 일어나서 결국 일개 개인의 사유사업으로 귀결되어 버린다. 그러면 당사자의 고심과 의기가 위인 수백 명의 행위를 추월하더라도 사나운 파도의 외로운 배마냥 효력이 그치고 만다.

그렇다면 청년들은 그 혜안으로 지사의 대우를 이처럼 받고 지사의 주선을 이처럼 목격하며 국가의 참상을 이처럼 조우하니, 마땅히 여러분이 이에 자각하고 분발하여 온갖 학술에 착착 진보하여 몽테스키외(Montesquieu)의 법률, 블룬칠리(Bluntschli)의 정치, 애덤 스미스(Adam Smith)의 실업, 와트(Watt)의 증기학, 그리스인의 철학을 더욱더 소망하고 기대하여 분리된 민심을 단합하는 이도 여러분이요, 사리에 어두운 민지를 문명화하는 이도 여러분이요, 쇠퇴한 국권을 만회하는 이도 여러분이요, 사회의 악습을 바로잡는 이도 여러분이다. 이처럼 무수한 사업을 여러분의 등에 짊어지게 하려고 일반 지사들이 앞서 말한 바와 같이 정성과 노력을 다하고 심혈을 기울인 것이다. 여러분이 이에 화답하기를 생각한다면 두 어깨가 절로 무거워지고 온 몸이 절로 굳어질 것이다. 이른 아침부터 밤 늦도록 깊이 반성하고 두려워하지 않고 용감히 돌진하는 것이 여러분의 유일무이한 책무가 아닌가. 요새 서양의 소식을 듣건대 일반 학생계에서 자유를 오해하는 자가 종종 있다고 한다. 이는 단지 해당 학교의 규칙을 준수하지 않을 뿐 아니라,

교장 이하 임원과 교사의 지휘를 순순히 받지 않고 자신의 뜻과 다소 어긋나면 "오늘날은 민권 자유의 시대"라고 하고, 학교 밖에 나가면 장로와 동료에게 오만방자한 폐해를 드러내는 짓이 참으로 놀랍다 하니 이를 어찌 한단 말인가. 아아, 이 무슨 말이며 이 무슨 말인가. 이는 필시 몇몇 개인의 부정한 행동으로 인하여 학생계 전체를 더럽히고 상하게 한 것이요, 여러분 다수가 이와 같이 하는 것은 아닐 것이다. 하지만 어찌 그리도 석공(石工)을 배우지 않고 눈치나 먼저 배운 나머지 애초에 잘못을 저질러 가망이 없음은 두말할 필요가 없을 것이다.

공자가 말하기를 "주공(周公)과 같은 훌륭한 재능을 가졌어도 교만하고 인색하면 그 나머지는 볼 것도 없다"고 하고, 맹자가 말하기를 "들어가서는 부형을 섬기고 나가서는 윗사람을 섬길 것이니 이들로 하여금 몽둥이를 만들어 진나라와 초나라의 견고한 갑옷과 예리한 병기를 매질하게 할 수 있을 것이다"라고 하였으니, 덕행이 없는 자에게는 하늘에 올라 별을 따는 학술이 있더라도 족히 칭찬할 바 없음은 원래 확정된 옛 교훈이 있지 않은가. 혹시라도 여러분이 구시대의 학문이 다 무용지물이라 공자와 맹자의 언론을 본받기에 부족하다고 여기는가. 만일 그렇다면 이 역시 여러분의 오해이다. 정치와 물리의 발명의 경우 수시로 손익과 진화에 임하는 때가 무궁하다 하겠으나 인륜적 원칙의 경우 영원불변의 항구적 교훈이 있다. 어찌 구학문을 다 경솔히 그르다고 하리오. 또 여러분이 신학문을 강해할 때 어떤 구절에 품행을 가리지 말라는 뜻이 있는가. 학교 시험과목에 우선 품행점수가 두드러지고 보통학과에 윤리학을 명시하며 법률학에 도덕과 법률의 관계로 자연법을 발견하였으니, 고금의 학문을 막론하고 도덕이 종지(宗旨)가 되고 기술이 그다음이 된다. 그런데 여러분 중에 몇몇 견해는 어떤 학문에서 나온 것인가. 설령 자유로이 논하는 것이라도 법률 범위 내의 자유는 자유로 인정하지만 법률 범위 밖의 자유는 부자유로 인정할 것이다. 여러분이 학생으로 학교에 있으면서 교칙을 준수하면 참된 자유가 되고, 교칙을 위반하면 불법 자유가 된다. 미래의 영웅이자 전국의 모범인 여러분이 불법 자유를 선도하여 행한다면 학업이 끝날 때 어디서 행할 수 있겠는가. 이로 인하여 일반 사회의 풍속이 무너지고, 상하 계급의 질서가 혼란해질 것이다. 이와 같다면 그 나라가 부강하고 그 국민이 활동하더라도 폭거와 난리가 나날이 조성되어서 백 명의 비스마르크(Bismark)와 천 명의 워싱턴(Washington)이 정책을 시행하더라도 볼품없는 기대조차 없을 것이다. 참으로 이와 같다면 전혀 배우지 못한 우민이 차라리 나을 것이다. 학계의 파란이 이제 재능을 발현함은 마치 나무에 싹이 나고 샘에 물이 막 솟는 것과 같다. 여러분의 품행과 기술이 국내의 훌륭한 사표가 되어서 일반 동포들이 존경하고 본받고 싶어지고 나서야 교육의 흥성을 기대할 수 있고, 문명의 효과를 얻을 수 있다. 만약 여러분의 탁월한 식견으로 예정한 취지가 고유하다고 하더라도 불완전한 행동거지 한 둘로 인하여 여러분의 명예 전체가 크게 손상될 뿐 아니라 여러분의 명예가 실추되면 전국 장래의 문명의 기초를 바랄 수 없게 되니, 실로 사소한 걱정과 사고가 아니다. 그러므로 여러분에게 아첨하지 않고 불경한 언사로 당돌하게 충고하는 것이다.

오호, 여러분이여! 지금부터 도덕성을 선양하고 기술학을 정밀히 연구한다면 언젠가 문명사회의 주인공이 되어서 여러분의 거동 하나에 이천만 명이 태산북두처럼 우러러 믿고, 여러분의 호령 하나에 이천만 명이 천주(天柱)마냥 바라며 의지할 것이다. 그런즉 오늘날 지사가 정성과 힘을 다한 효과도 여러분이 드러내어 화답한 것이 아닌가. 아첨이 아니라 여러분에게 희망이 남다르고 경애가 각별하므로 일반 세인의 냉정한 평가를 듣고 침묵을 견디지 못하고 감히 이렇게 번거롭게 진술한다. 오호, 여러분이여! 충분히 깊이 살펴야 할 것이다.

사범(師範) 양성의 필요 / 추성자(秋醒子)

대개 고금 천하에 어떠한 학문을 막론하고 사범이 없이 얻을 수 있는 것은 없다. 이러한 까닭에 공자 같은 성인도 예악을 노자와 장홍에게 물었고, 맹자 같은 성인도 업(業)을 자사의 문(門)에게 받았으니 하물며 그 아랫사람은 어떻겠는가. 그러나 학술의 장점이 각기 달라서 농사일은 머슴에게 물어야 하고 베 짜는 일은 계집종에게 물어야 한다. 만약 문사를 향하여 무술을 배우고자 하며 무사를 향하여 문술(文術)을 배우고자 하면 서로 도움 되지 않을 것은 뻔하다. 아아, 우리나라 오늘날 교육계를 대강 살피니 경향 각처에 학교 설립이 가문 하늘과 갈라진 땅에 볏모가 나기 어려움과 같으니 큰 집과 가옥 경영에 공사(工師)가 없고 돛단배가 넘실거리는데 뱃사공을 얻지 못한다. 연못가에서 관망하며 느긋하게 물고기만 부러워하니 이 일에 무슨 이익이 결국 있겠는가.

아아, 동포여! 말을 그치고 생각해야 한다. 오늘날 학술을 어떤 모양의 물건으로 살펴서 알고 있는가. 결코 옛날 실학에 어긋난 것은 아니나 과거 성인의 아직 나타나지 않은 것을 나타내고 또 나타내며 이미 뛰어난 것을 더욱 뛰어나게 하려고 추구하여 태초 수천만 년 이래 처음 있는 세계문명사(世界文明史)를 제조하였으니 혜안이 있는 자는 환영하고 춤출 때다. 왜 그런가. 동포 여러분이 예전부터 외우고 있는 동양 역사를 참고하더라도 나무로 집을 짓고 열매 먹던 시대가 변하여 불에 익힌 음식과 궁실을 만들었고 결승지정(結繩之政)[2]이 변하여 글자를 만들었으며 초의피복(草衣皮服)이 변하여 삼베·명주·비단을 만든즉 대개 인류는 진화·발전의 비상한 동물이다. 이와 같은 천연의 공리를 순순히 취해서 날로 진보하는 자는 그 국가와 민족이 행복을 향유하고

---

2 결승지정(結繩之政): 글자가 없었던 시대에 노끈으로 매듭을 맺어서 기억의 편리를 꾀하고 서로 뜻을 통하던 것을 뜻한다.

이 도리를 반대되게 취해서 날로 퇴보하는 자는 그 국가와 민족이 재앙과 실패를 자초하니 이 까닭에 오늘날 우리나라가 이와 같은 공전절후(空前絶後)의 천겁의 액운을 만남은 진보를 반대하고 퇴보를 시도하여 속히 여기에 스스로 빠진 것을 깨닫지 못하니 명확한 공리에서 벗어나기 어려운 사실이다. 누구를 원망하며 누구를 탓하리오.

지금 그 퇴보의 원인을 바라건대 하나 말하겠다. 고대의 교육제도를 되돌아보면 인생 8세에 소학(小學)에 입문하여 예악사어서수(禮樂射御書數)의 기초를 배우고 15세에 이르면 대학에 들어서서 격물치지(格物致知)・성의정심(誠意正心)・수기치인(修己治人)의 도리를 배우며 마을 좌우에 글방을 설치하여 농사를 권하고 댓조각을 심는 법을 행하며 내규를 저술하고 정리하여 여자의 배움을 권장하며 온갖 장인의 관직을 설치하여 공업을 진흥토록 하였으니 이상 언급한 여러 교육은 인류의 생활에서 일용과 사물의 적당한 학문이니, 단 한두 가지 성글고 범상한 조목이 전혀 없다.

그런데 근고(近古) 이래로 학술이 사라지고 허문(虛文)을 오로지 숭상하여 하루에 퇴보하고 이틀에 퇴보함에 이르러 7・8세 아동에게 가르쳐 "말 위에서 한식을 만났다(馬上逢寒食)"고 하니 소학의 소위 예악사어서수(禮樂射御書數)의 뜻이 과연 어디에 있으며 소고풍(小古風)[3]・대고풍(大古風)[4]을 짓는 것이 작게는 시골 서당의 일등이 되는 재료에 불과하고 크게는 백일장 휘장 장원의 재료에 불과하다. 인생의 일용하는 사물과 어떤 상관이 있으며 대학의 암송에 이르면 구두로만 말하는 격물치지 네 자뿐이요, 격치가 이러이러하다는 것이 아득해져 무슨 일을 할지를 알지 못할 뿐 아니라 전수하는 과정에서 대개 부주의하여 격물치지장(格物致知章) 한 편에도 있어야 할 것이 빠져서 듣지 못하니 오호라,

---

3   소고풍(小古風): 운을 달지 않은 7언 10구의 한시체를 뜻한다.
4   대고풍(大古風): 운을 달지 않은 7언 18구의 한시체를 뜻한다.

그로부터 나오는 배움의 의의를 알 수 있을 것이다. 드디어 성년에 시(詩)라는 것과 부(賦)라는 것을 짓는 것이 최고의 고등 졸업이다. 항상 책상을 치고 무릎을 때리며 "가을 강은 적막하여 물고기도 차고 한 사람이 서쪽 바람이 부는 중선루(仲宣樓)에 있노라"[5] 하고 읊으니 대학의 소위 수기치인의 도가 또한 과연 어디에 있는가. 그 가운데 산림청류(山林淸流)를 자칭하는 자들이 종종 방책(方冊)의 무용한 말로 심(心)이니 성(性)이니 하면서 평생 말로만 거창하게 떠드는 짓을 일삼는다. 소위 고풍시부가(古風詩賦家)에 비하면 종지를 얻었다 할 것이다. 그러나 인류 진화의 원리와 시세 변이의 깊고 묘한 이치를 살피지 않고, 전대 현인들의 누습을 그대로 답습하고 타고난 몽상만을 말할 뿐 동방의 기백을 알지 못하니, 피차 망양(亡羊)[6]의 책임에서 벗어나기 어려울 것이다. 아아! 전국의 교육이 옛날에 비해 진보하더라도 착착 실행하지 않으면 사람이 후에 타락하기 쉽다. 하물며 옛날에 비해 진보가 이렇게 심한데도 인류의 애초의 상도와는 전혀 다른 허문을 숭상함에랴. 그러고서 어찌 국가의 비운과 민족의 참상이 이러한 종말에 이르지 않겠는가.

아아, 우리 동포의 신기하고 빼어난 혜안이 이 이치를 지금 이미 깨달았다. 때문에 오늘날 교육에 진보를 다시 구하고자 하여 참된 정성으로 학교 시설을 계획하니 그 용진활발(勇進活潑)의 사상이 당연히 감복할 만하지만 가르칠 자격이 있는 사범 될 자가 있는가. 전 국내의 예전 피교육자가 허문을 숭상하는 부류와 다름이 아닌즉 만약 이러한 부류로 후진을 가르치려고 한다면 이는 월양일계(月攘一鷄)[7]와 다름없다. 왜 그런가. 오늘날 교육의 처음은 소학교부터인데 수신・산술・지지・역

---

5 가을강은……있노라: 서도지방에서 불리는 영시(詠詩) 또는 시창(詩唱)인 「관산융마(關山戎馬)」의 첫 소절이다.

6 亡羊(망양): 한 가지 일에 전념하지 않고 이것저것 하면 실패하기 쉬움을 뜻한다.

7 월양일계(月攘一鷄): 매달 닭 한 마리를 훔친다는 말로 나쁜 일인 줄 알면서도 이내 바로잡지 않음을 뜻한다.

사・독본・체조 등의 학문이 겉으로 보면 쉬운 것 같다. 평소 한문을
대강 읽은 자가 교사가 될 수 있을 것 같지만 예전에 강론한 바가 전부
맹경(盲經)이다. 또 산술・체조 즉 눈으로 보지 않고 귀로 듣지 않는
자를 설령 억측으로 가르쳐도 정식(程式)이 맞지 않고 이론이 분명하지
않다. 어린이를 깨우치는 일이 이와 같다면 장래 그르칠 결과를 면치
못하기 마련이니 이를 어찌 참을 수 있겠는가. 물리・화학・공학・농
학・상학의 경우 옛사람이 발명하지 못한 바를 발명해야 한즉 실제 공
부가 확실한 후에야 대강의 뜻을 알 수 있다. 졸업한 지 얼마 되지 않은
자로는 후진을 가르치기 어렵다. 아아, 동포 여러분이 즉 미래의 영웅
청년자제로 하여금 부패한 사장(詞章)의 습관을 벗어나지 못하게 하니
이는 여러분의 허물이 아닌가. 그런즉 여러분이 선량한 교사를 구하여
진실한 학술을 가르치고자 하면 오호, 아아! 교사가 갑자기 하늘 위에
서 떨어지며 땅 밑에서 솟아날까. "오이를 심으면 오이가 나고 콩을 심
으면 콩이 난다"고 하니 그 원인이 없고 그 결과를 얻기는 만무하기
마련이다. 반드시 청년자제 중 재주와 식견이 뛰어나고 인격을 구비한
자를 추천하여 뽑아서 외국에 파견하여 유학시켜야 한다.

　하지만 이는 한두 개인의 쉬운 일이 아니니, 혹시 아무 학회・아무
사회・아무 학교・아무 단체에서 온당하게 논의하고 조직적으로 처리
한다면 결코 지극히 어려운 일은 아니다. 요새 관서 지역 인사의 의무
에 의하면 평양의 김제현(金濟鉉) 등이 청년회를 조직하고 의연금을 모
아서 해당 고을의 총명한 청년 김유선(金有善) 씨를 파송하여 일본에
유학시켰고, 박천(博川)의 아무개는 학교 기본금을 분할하여 해당 고을
의 재주가 있는 청년 송욱현(宋旭鉉) 씨를 파송하여 일본에 유학시켰다.
우리 동포 여러분이 공의를 일제히 떨쳐서 모두 이와 같이 한다면 불과
수년 내로 사범의 자격을 갖춘 이를 헤아릴 수 없게 될 것이다. 이를
행하지 않고 "사범이 없다, 인재를 구하기 어렵다, 교육이 흥하지 않는

다"라고 한다면 이는 봄철에 밭 갈기를 반대하고 가을걷이를 기대함과 같지 아니한가. 아아, 동포여! 교육, 교육하는 동포여! 이에 대하여 여러 번 생각해야 할 것이요, 서둘러 실행해야 할 것이다. 지금이 어느 때인가. 무릉도원(武陵桃源) 봄철에 새가 지저귀고 꽃이 떨어진다. 어서 베개를 치우고 벌떡 일어나기를 아주 간절히 빈다.

장로(長老)의 책임 / 관해객(觀海客)

아아, 우리나라의 장로 선진들이여! 여러분은 황발(黃髮)이 희어지고 치아가 빠지도록 국토에 머물러 살면서 그 터럭을 먹고 그 터럭을 입었으니 여러분의 혈육과 골육이 다 당당한 국가 은택을 온몸에 받고 자라난 것이다. 그런즉 비록 사후의 백골이라도 그 은택을 오히려 잊기가 어렵다고 말하거든 하물며 오늘날은 여러분의 호흡이 남아있고 온몸을 아직 잃지 않았으니 혹 머리 꼭대기부터 발꿈치까지 다 닳아 없어지거나 살이 문드러지고 뼈가 가루가 되도록 힘을 다하면 노년에도 거둘 수 있는 희망이 있을 것이다. 그러나 여러분이 이와 같지 않을 뿐 아니라 지금 경쟁의 신세계에 살면서도 부패하고 진부한 이야기를 도리어 옳다고 하며 옛날이 옳고 지금이 그르다고 지껄이니 이는 인류사회에서 일종의 살아 있는 괴물이요, 혹은 더 심할 것이다.

아아, 여러분의 지위가 전국의 장로며 경력이 전국의 숙련이며 성망(聲望)이 전국의 태산북두이다. 이와 같은 지위와 숙련과 성망으로 오늘날 시세의 변화를 파악하여 국내의 일반 청년을 향도한다면 그 소장노유(少長老幼)가 한목소리로 병진하는 능력이 백 배 비상하여 20세기 신무대에서 강구연월(康衢烟月)[8]을 다시 보게 될 것이다. 어찌하여 여러분이

---

8 강구연월(康衢烟月): 태평한 시대의 번화한 거리의 평화스런 모습을 뜻한다.

자중한 소질과 굳센 기백으로 이를 하지 않고 허묘(墟墓)를 일부러 찾고 단잠에 빠져서 반대로 청년사회의 냉평을 자초하는가. 기자가 오늘날 사회의 병통의 일대 근원을 시찰하며 여러분을 더욱 애석하게 여긴다.

대개 장로와 소년은 취지의 감응이 각기 다르다. 그윽한 봄꽃과 휘영청 밝은 가을 달을 노성한 사람은 이미 오랫동안 봐서 그 마음이 태연하여 흔들리는 생각이 드물지만, 소년제자(少年諸子)는 새롭고 신기한 것을 갑자기 보면 눈썹이 날리도록 부러워해 마음을 진정시키지 못하므로 오늘날 소위 신진사회에도 그 활약하는 사상을 존경하고 사모하게 된다. 하지만 동향이 정해지지 않아 자신을 버리고 남을 경배하는 풍조가 보이지 않게 일어나니, 이것이 유지자(有志者)가 개탄하는 바이다. 만약 여러분이 정신을 각성하여 경륜의 대책을 함께 강구하고 도덕적 양심을 고취한다면 상하가 서로를 도와서 완전무결해질 것이다. 이와 같은 것을 여러분이 보면서 어찌 편안히 앉아서 감내할 수 있는가.

혹시 여러분이 늙었다는 핑계를 대면서 조력하기 어렵다고 여기는가. 이 또한 그렇지 않다. 예전에 절름발이·장님·귀머거리가 우정을 나누며 서로 친하였다. 하루는 세 명이 대회를 열어 성대한 연회를 베풀고 악기를 준비하여 장님은 연주하고 귀머거리는 춤추며 절름발이는 노래할 때 그 즐거움이 한이 없어 결점이 하나도 없었다. 이윽고 이웃집이 실수로 불을 내서 불길이 미치려 함에 피난의 대책을 상의할 때 절름발이는 장님에게 걸터앉고 귀머거리는 인도자가 되어 그 위험을 벗어날 수 있었다고 한다. 이 말은 차를 마시는 중이거나 술을 마신 뒤의 이야깃거리에 불과한 것처럼 보인다. 그러나 강자와 약자가 서로 도우며 있는 자와 없는 자가 서로 통하여 그 능력을 각기 다하며 그 일을 함께하는 방향은 꼭 알맞게 준비된 노끈이 될 것이다. 여러분의 근후(謹厚)한 덕행과 침착한 의미로 경비활보(輕飛活步)하는 청년 영웅을 제어하면 무슨 일을 이루지 못하리오. 청컨대, 그 노소의 서로 모자란 점을 있는 그대로 말하여 상보의 도에 이바지하고자 한다.

대개 큰 강이 세차게 흐르매 진흙과 모래가 떠내려감은 그 기운이 웅장하나 모자란 것은 천천히 굽이 흐르는 기세요, 골짜기의 물살 센 여울에 비바람이 몰아치면 그 위세가 솟구치나 모자란 것은 멀리 선회하는 멋이다. 그러나 넓은 사막을 건너고 미려(尾閭)[9]에 물을 부을 때는 그 기세가 반드시 태연할지니 지금 장로 여러분이 즉 넓은 사막을 건너고 미려에 물 붓는 시대다. 어찌 흥분, 진동하지 않고 스스로 핑계대고 물러나겠는가. 청년제자(靑年諸子)는 즉 격류요, 물살이 센 여울이다. 가로둑과 암초를 만나면 앞에서 당기고 뒤에서 밀며 왼쪽에서 무너뜨리고 오른쪽에서 돌진할 자가 여러분이 아니고 누가 있으리오. 여러분이 다행히도 영락숭정시대(永樂崇禎時代)에 태어났다면 옛 미몽으로 베풀어 세우는 바가 혹 있을 것이나, 지금은 융회시대를 조우하여 죽지 않고 또 살아 있다. 어떻게 해서 국권이 이렇게 쇠퇴하고 어떻게 해서 민족이 이렇게 참담하며 예전에는 이렇지 않았는데 지금은 어째서 이러한가 하면서 밤낮으로 강구하고 도모해야 하거늘, 한가함을 스스로 좋게 여기고 불가능한 일을 지지하고 있으니 여러분의 의견을 기자가 대략 이해하기 어렵다.

아, 현재 우리나라 청년제자의 돌비용진(突飛勇進)하고자 하는 사상이 미국 독립군에 못지않다. 장로 여러분이 단에 오른 노장(老將)이 되어서 그 부대를 움직이며 그 청년 무리가 적의 보루를 점탈하고 개가를 부르는 날이라도 그 우승의 광영을 여러분에게 끝내 양보하고 업신여길 수 없을 것이다. 여러분이 나가지 않기를 헤아리고 망설이고 두려워해서 후진(後進)을 돌보지 않으므로 아, 그 후진이 앞에서 이끄는 것이 없고 뒤에서 받아주는 것이 없어서 기로에서 방황의 탄식을 면치 못하니 여러분이 잃는 바가 여기서 매우 많을 것이다. 기자의 올해는

---

9   미려(尾閭): 바다의 깊은 곳에 있어서 물이 끊임없이 새어드는 곳을 뜻한다.

오히려 소장(少壯)에 속한다. 지기(志氣)를 스스로 죽여 연장자를 맹종하고자 함은 아니지만 노련한 인물은 경력이 이미 오래되어 앞길의 쉽고 어려움을 이치로 논하더라도 자연히 분별이 있을 것이다. 또한 여러분에게 엄연히 존재하는 책임을 희망할 따름이니 여러분은 먼저 생각해보아야 한다. 가령 한 가족에게 중시되는 것은 반드시 그 집안일에 유익한 것이요, 한 사회에서 중시되는 것은 반드시 그 모임일에 유익한 것이다. 설령 자기 집에 있어도 종일 누워서 그 집안 살림을 물어도 "나는 모른다"고 한다면 가족이 필시 중시하지 않을 것이요, 설령 사회에 있어도 세속 밖으로 떠돌면 사회가 필시 중시하지 않을 것이다. 여러분의 탁월한 식견으로 이를 헤아리지 못하는가. 태어나 사람으로서 족히 경중할 줄 모르고 죽어서 귀신으로 족히 경중할 줄 모르니, 여러분이 비천한 지위가 되기를 자초함이 어찌 이 지경에 이르렀는가. 그러므로 예부터 재능이 있는 인물이 변란을 만나면 한가함을 달가워하지 않고 방종을 즐기지 않은 것이다. 그리하여 온 힘을 다하여 죽은 뒤에야 그만두는 자도 있고 진충보국(盡忠報國)하다가 결국 감옥에서 죽은 자도 있고 농촌의 필부로서 공화주의를 주창한 자도 있으니, 이들 모두 자신의 책임을 다한 데 불과하다. 만약 그 시세의 겪는 바를 살피지 않으며 책임의 다함을 알지 못한다면 이는 무위무식(無爲無識)의 소인배니, 공자께서 말씀하신 늙어서도 죽지 못하는 저주를 피하기 어렵다.

　기자가 여러분의 숨은 탄식을 대강 생각하건대 오늘의 청년이 그 기세가 크게 오르고 그 칼날이 매우 예리하여 제어하기 어려운 형세라 할 것이다. 과연 그러하다면 여러분의 미혹이 매우 심한 것이다. 준마를 잘 부리는 자는 왕량(王良)·백락(伯樂)이요, 둔마를 부리는 자는 하인과 마부이다. 이처럼 그 사람의 자격에 따라 굽히고 믿고 절제하고 인도한 후에 총괄하고 지휘함이 마땅하다. 하지만 여러분이 침체된 식견과 완고한 사상으로 인해 미래의 영웅을 잘못 인도하려 하므로 노소

를 막론하고 뜻이 막혀 이 지경에 이른 것이다. 본 기자가 여러분에
대한 희망이 특대하고 경애가 특수하므로 간절한 도리의 설명을 이렇
게 거듭하는 것이다. 이제부터는 사회에서 활발히 뛰쳐나와 책임을 함
께 다하여 문명 세계의 주인이 되어야 한다. 그렇지 않으면 일반사회의
구주(口誅)[10]로써 노년의 여생을 눈물로 지낼 것이니, 어찌 슬프고 불쌍
하지 않으리오. 오호라, 장로들이여!

학교의 폐해 / 영흥지회원 계봉우(桂奉瑀)

오늘날 20세기의 세계는 교육주의의 세계다. 국가가 이로써 흥하고
쇠하며 민족이 이로써 지혜롭고 어리석게 되나니 '교육' 두 자에 대하여
머리는 둥글고 발은 모나며 인성이 조금만 있는 자라면 누가 손을 들지
않으며 누가 큰소리로 분별하지 않겠는가마는 교육의 방법을 실질적으
로 입각할 수 없으면 개 꼬리를 3년이나 두어도 황모(黃毛)가 될 수 없
다는 한탄에 빠져서 가장 좋은 문명의 결과를 얻을 희망점이 기약 없어
질 것이다. 한번 개혁한 이후로 우리나라의 역사의 연혁을 고구해 보면
무릉 지역에서 늦봄에 복숭아꽃을 줍고 상락 지역에 금귤을 거는 등
세상 밖 별천지에서[11] 유방과 항우의 승패와 진(秦)나라와 진(晉)나라의
흥망을 전혀 듣지 못하고 알지도 못하였다. 갑오년 대포 소리에 신천지
의 단잠에서 깰 사람은 깨고 잘 사람은 잤다. 을사 신조약에 하품을
하고 기지개를 켜고 겨우 일어나서 문을 열고 보니 도도한 홍수가 하늘
을 덮고 땅을 삼켜서 아, 우리 일반 형제와 부모, 처자가 물고기 뱃속에

---

10 구주(口誅) : 말로 남의 죄악을 폭로하는 것을 뜻한다.
11 무릉……별천지에서: 원공(園公)·하황공(夏黃公)·녹리 선생(甪里先生)·기리
계(綺里季) 이상 네 사람. 이들은 진(秦) 의 난을 피하여 상락(商洛) 깊은 산으로
들어가 은둔 생활을 하였다.

매장물이 이미 되었으니 노아의 방주를 준비하든지 대우(大禹)의 신령한 도끼를 사용해야 실낱같은 생명을 지킬 수 있을 것이다.

이때 나는 자·뛰는 자·가라앉은 자·엎드린 자가 배출되어 일어나서 오늘 어느 도에 학교 하나를 세우고 내일 어느 군에 학교 하나를 세우는데 날마다, 해마다 일어나고 또 일어나서 어느 학교, 어느 의숙의 취지서와 어느 교사, 어느 교장의 열심 두 자가 각 신보 란 내의 반수 이상에 곳곳 게재되어 학계 유지자로 하여금 눈으로 보고 귀로 듣고 매우 기쁘게 춤추고 뛰게 하였다. 그 소매의 길지 않음이 항상 유감이었으나 멀게는 7,8년 전과 가깝게는 2,3년 사이에 참된 졸업자가 몇 명이며, 참된 진급자가 몇 사람인가? 각 도, 각 군에 졸업자, 진급자가 있기 어렵고 없다시피 하여 다소의 수효는 정확히 알 수 없지만 혹시 더러 있더라도 명의(名義)가 맞지 않아서 법률 졸업생이라고, 일어 졸업생이라고 떠들썩하게 칭찬하여 말하는 자가 노안비슬(奴顏婢膝)[12]로 올바른 품행을 돌아보지 않고 뒤쫓기에 급급해서 크게는 아무 부(部)의 주사(主事)와 아무 원(院)의 판사를 하며 작게는 아무 대(隊)의 통역과 아무 서(署)의 순검을 하여 국민 상하의 고통, 질병은 처음부터 무관심하고 만약 내게 이득이 있으면 아무것도 하지 않을 테니 이것이 어찌 사람의 본성인가.

교육자와 피교육자 사이에서 종지가 처음부터 순수하게 아름답지 않아서 소위 학과는 임관을 매개하는 하나의 계기가 되었고 소위 학교는 어그러지고 그릇된 도덕 행위를 조장하는 하나의 요건에 불과하다. 하물며 자유의 이야기가 한번 일어나자 펄펄 나는 젊은 일반 학도가 예사롭게 말로만 거창하게 떠드는 일이 되어 이 일에도 자유라고 말하며 저 일에도 자유라고 말하여 사사건건 모두 다 자유라고, 자유라고 하지 않는 것이 없었다. 그리하여 짧은 머리와 꼭 맞는 옷·굽은 지팡이·구

---

12 노안비슬(奴顏婢膝)ㆍ남자종의 얼굴과 여사종의 무릎이라는 말로 남에게 아첨하는 것을 뜻한다.

두에 눈에는 가느다란 안경을 쓰고 입으로는 횡지(橫紙)로 말은 담배를
피며 일상 출입에 방약무인(旁若無人)하여 윤리상에 불손하고 불경한
단서가 흔하게 있으니 이것이 어찌 학교의 정해진 본의이겠는가. 첫째
는 "교육자의 통솔력이 불만족스럽다"고 하며 허물을 씌울 것이요, 둘
째는 "피교육자가 덕성을 수양하는 데 숙련되지 않았다"고 잘못을 따지
며 꾸짖을 것이다.

　또 설립한 학교의 근본 원인을 대강 논하건대, 기호(畿湖)에는 소위
대감(大監)·영감(令監)이니 시골에는 소위 좌수(座首)[13]·향소(鄉所)[14]
라고 불리는 부패하고 완악한 인물이 무슨 특별한 생각이 있어서인지
풍성학려(風聲鶴唳)[15]로 이따금 논의하여 옛 서당에 대서특필하여 "사립
아무 학교"라고 하고, 교장 및 임원은 평소 촌구석의 불법의 부류가 그
이름을 본뜨고 훔쳐서 재주나 덕도 없으면서 자리만 차지해 평소에도
팔짱을 끼고 아무 일도 하지 않는다. 교육방침은 사리에 어두워 묻지도
않고 사람에게 항상 하는 이야기가 온 세상이 다 말하는 국권 만회,
국권 만회이니 이제 교육하여 어느 겨를에 국권을 만회할까 낙심하고
냉소한다. 그 교사임을 자칭하는 자는 벼슬이 없는 가난한 선비로 평소
자처하던 골부생(骨賦生)[16] 쌀 도둑들로 쇠락한 말년에 다만 배를 채우
기 위한 계획으로 감히 그 임무를 받아 지덕체(智德體) 삼육(三育)이 무
엇인지도 알지 못해 언제나 오랑캐의 법이니 이단의 학문이니 하면서
가장 극단적 반대로 일관하며 미친 소리와 어지러운 이야기를 지껄인

13　좌수(座首): 조선시대 지방자치기구인 향청(鄉廳, 유향소(留鄉所) 또는 향소(鄉
　　所))의 가장 높은 직임이다.
14　향소(鄉所): 조선시대 사림 세력을 기반으로 한 향촌 자치의 핵심 기구이다.
15　풍성학려(風聲鶴唳): 바람 소리와 학의 울음소리라는 말로 겁을 먹은 사람이 하찮은
　　일이나 작은 소리에도 몹시 놀라는 것을 뜻한다.
16　골부생(骨賦生): 골부객(骨賦客)과 같은 말로 부(賦)를 전문적으로 배우는 사람을
　　뜻한다.

다. 매일의 교과는 당송의 여러 운(韻) 및 『사략(史略)』·『통감(痛鑑)』 등과 삼언·오언·칠언의 시부(詩賦) 고투를 전문적으로 실행해 나가도록 하고, 조금이라도 뜻이 맞지 않는 제자가 있으면 회초리로 때리고 볼기 치는 짓을 머리부터 발끝까지 피가 나게 하여 애곡한 후에야 비로소 그친다. 온종일 부(賦)나 짓다가 뜻밖에 아름다운 구절 하나 있으면 개가 짖고 개구리가 우는 소리로 그것을 읊고 노래하여 한 글자 한 글자마다 점을 찍고, 그다음에는 동그라미를 쳐서 장원의 예라고 칭하고, 몇몇 임원들과 함께 취하도록 술 마시고, 먼지 묻은 관을 삐뚤어지게 쓰고 가래침을 사방으로 튀기면서 부패하고 음란한 말로 그 제자를 가르치며 "진인(眞人)이 남해 가운데에서 나오는 날에 백일과(百日科)를 앞으로 반드시 다시 베풀 것이니 너희들은 다독다작(多讀多作)하라"고 한다. 오호라, 이와 같은 학교와 이와 같은 임원이 있고서야 천백 년 교육한들 문명의 보급을 어디에서 얻을 수 있겠는가.

또 어떤 학교의 경우 그 교사, 임원이 수많은 청년의 지식을 계발하기 위하여 열심히 개설한 자가 아니라 그 계(契)와 제(齋)의 공유재산이 다른 학교에 옮겨져 속하게 되는 것을 두려워하고 인색과 시기의 일점업화(一點業火)가 남몰래 극렬하여 수천의 기본금과 수십 명의 생도를 적당히 모집하여 동쪽 마을에 학교 하나 세우고 서쪽 마을에 학교 하나 세운다. 그리하여 교육상의 확장 여부는 말할 필요도 없고 지면의 허튼 이야기로 사립 청인서(請認書)를 각자 제출하여 상부의 인가를 다행히 받으면 학교 본의를 이외에 더 구할 필요가 없는 줄로 망상한다. 그중에 열혈적 지사가 창립한 학교도 여러 곳 없지 않으나 우리나라의 사범 교육이 일찍 신장하지 못해서 고명한 교사는 구하기가 어렵다. 설치한 대중소(大中小) 학과에서 모범이 될 만한 사람이라도 자기의 지식만 한층 더 자라기를 위하든지 그렇지 않으면 인재 채용에 파묻혀 조금의 여유도 없다. 이 양주(楊朱) 씨의 자기만을 위하는 개인주의(單主義)야! 감당할 만한 교사를 혹시

구하더라도 교내 재단이 본래 넉넉하지 않아서 월급 공급이 계획 없이 이루어진다. 그런데 이른바 재산가는 주머니를 묶고 전대에 자물쇠를 채워 보고도 냉담하여 한 번의 의연금을 간곡하게 권하고 강하게 요청하는 것을 꾀를 내서 피하려 한다. 그러다가 이루지 못하고 설령 돈을 내놓더라도 수십 원(元)·수십 량(兩)에 불과하고 또 혹 아주 인색한 자면 언제나 "나는 입학할 아들과 조카가 없으니 교내 경비의 곤궁함 여부가 나와 무슨 상관이 있습니까?"라고 한다. 슬프다, 야박하도다! 이들 악물(惡物)은 사람의 도리가 부족하여 꾸짖어야 할 자이니 다시는 논할 필요가 없다. 그에 더하여 유학자는 높은 관과 넓은 띠를 하고 종일 예를 다해 사양하며 적당한 때를 알지 못하고 의리를 쓸데없이 지껄여 숭정후(崇禎後) 몇 갑자(甲子)만 소유한 줄로 생각하여 알고 광무·융희의 당당한 기원(紀元)을 문자에서 말살하여 사용하지 않으니, 이는 국가의 반역 무리며 인민의 공적이다. 또 얼마 되지 않는 공유재산을 주색잡기에 낭비하여 다 탕진하고 학교 기부를 죽어도 불응하며 그 총명하고 뛰어난 자제를 한문의 노예로 만들고 우리나라 국문을 원수처럼 여겨서 실제적 신서적을 물리칠 준비가 다 되어 있다. 이러한 사면초가(四面楚歌) 속에서 학교의 형편을 어떻게 유지하며 학업을 어떻게 발전시키겠는가.

이 때문에 도마다 군마다 본래 많지 않은 학교가 일어나다가 곧 문을 닫아서 신문 지면의 지나간 문자가 단지 유지자의 한없는 피눈물만 더할 뿐이다. 또 보유한 학교로 논하여도 농업·공업·상업 등 실업의 전문과는 남에게 알려진 바 없고 비록 여러 곳이 생겨났다고 하나 많지 않아서 보잘것없고, 기타 법률·경제·일어, 산술 등의 과목의 학교라면 사방의 학도들이 홍수같이 모여들어 상사(庠舍)가 받아들이지 못하는 개탄이 없는 곳이 없을 것이다. 그런즉 사람들이 모두 법률·경제요, 사람들이 모두 일어·산술 하면 나라가 부강할 수 있고, 국민이 따뜻이 입고 배불리 먹을 수 있겠는가. 농업·공업·상업 등 실업이 마침

내 팽창한 후에야 법률·경제도 시행할 수 있고 일어·산술도 마음대로 다룰 수 있으니 무릇 우리 동포는 속히 반성해야 할 것이다. 비록 몹시 늦은 오늘날이라도 만약 깊이 반성하지 않으면 극히 비참한 광경이 날마다 돌아와서 스스로 깨우쳐 반성하고 싶어도 있을 만한 곳이 없으리니 무릇 우리 동포는 속히 반성해야 할 것이다.

| 강단 |

선각자의 사소한 주의 세 가지 / 성천지회장 박상준(朴相駿)

머리가 둥글고 발이 모남은 동일한 인류이거늘 개중에 어떠한 법인
(法人)을 지정하여 선각자라 특칭하는가? 나이가 많아서 그러함도 아
니요, 지위가 높아서 그러함도 아닌데 이와 같이 존중, 귀대하여 강제
로 가질 수 없는 영예를 "아무 선각, 아무 선진"이라고 말하여 사람들이
함께 인정하고, 추양(推讓)¹⁷함은 과연 무슨 까닭인가?

무릇 선각이라 함은 이상과 능력이 인류사회에서 가장 고상하고 풍
부한 것이다. 기개는 산악처럼 높고 험하고 지조와 절개는 빙설처럼
늠름하여 성현과 호걸의 굉장한 공훈과 기이한 업적을 하지 않을지언
정 하지 못하는 것은 아니므로 선각자라면 사람들이 사모하고 우러르
며 사람들이 숭배하고 신뢰하니 그런즉 선각자의 가치가 과연 어떠하
며 책임이 또한 어떠한가.

또한 동서고금을 막론하고 나라 운명의 진퇴와 민력(民力)의 성쇠가
그 나라 선각자의 배출 여하를 따라서 결과 여하를 드러내지 않음이
없으니 시험하여 보면 40년 전 유신당(維新黨)의 역동적인 뜻이 금일
일본 부강의 어머니가 아니며 수백 년 이어온 상고파(尙古派)의 보수적
인 의견이 오늘날 우리 대한 문약(文弱)의 근원이 아닌가. 존경스럽다,
선각자여! 참으로 국가 성취의 나침반이요, 두렵도다, 방각자(方覺者)
여! 참으로 종족 존망의 인도자라 할 것이다.

아아, 우리 대한의 오늘날 형세가 비유컨대 만간대하(萬間大廈)를 오
랫동안 수리하지 않아 위에서 새고 옆에서 무너지는 것과 같아서 백공
천창(百孔千瘡)¹⁸이 결코 한 그루 나무가 지탱할 수 있는 바 아니요, 반

---

17 추양(推讓) : 남을 추천하고 자기는 사양함을 뜻한다.

드시 묘목과 어린뿌리를 배양하여 크고 작은 재료가 모두 준비된 후에야 화려한 기초에 신선한 가옥을 중건할 수 있는 것은 명료한 사리(事理)니 민지(民智)가 미개하고 시기가 상조한 오늘날에 국력 발흥 등 절대적 사업을 오직 몇몇 선각에게만 책임을 지우는 것은 망상에 불과하다. 더구나 미래 문명을 예비하는 시대에 주력자 된 선각 여러분은 주의(注意)를 게을리하지 말고 하루 세 번 반성할 바 있다.

첫째는 협잡(挾雜)을 함께하는 것이다. 우리 대한의 일반사회가 어떠한 좋은 사업을 경영하든지 시작에 있어서 일 촌 진보를, 끝에 있어서 일 척 퇴보를 면치 못하는 것은 다름이 아니라 이 올가미를 벗어나지 못해서다. 그런즉 흘러내려 온 구습을 제거하고 새로운 풍속을 만들어 낼 선각 여러분은 마땅히 그것 때문에 더럽혀지는 것으로 여겨 근신하고 엄히 경계해야 할 것이다.

둘째는 간접으로 사람의 선악을 인정함이다. 공평한 견해가 없고 사심이 있거나 의지와 취향이 같지 않고 학식이 얕고 짧은 자는 비교적으로 그 친밀함의 멀고 가까움과 계급의 높고 낮음으로 사람의 품격을 논평한다. 그런즉 무수한 개인을 합하여 작은 무리를 만들고 다수한 작은 무리를 이어서 큰 무리를 이루고자 하는 선각 여러분은 항상 갑이 을을 헐뜯으며 병이 정을 기림에 대하여 경솔하게 믿고 소홀히 듣다가 취사(取捨)를 거꾸로 하는 데 이르지 않도록 해야 할 것이다.

셋째는 사치이다. 대개 인생 생활상의 거처와 의식을 정결 또는 화려하게 함은 문명 진보에 자연한 사세(事勢)라 하겠지만 그 폐해가 미치는 바는 천한 자가 귀한 자를 본받고 연소자가 연장자를 흉내냄은 금제하기 어려운 영향이다. 그런즉 선각 여러분은 마땅히 이 문제를 충분히 헤아리고 법도를 세워서 청년사회에 사치 풍속 전염을 오로지 힘써 예

---

18 백공천창(百孔千瘡) : 백 개의 구멍, 천 개의 상처라는 말로 온갖 폐단과 결함으로 엉망이 된 상태를 뜻한다.

방해야 할 것이다.

아아, 이상 진술한 바가 일은 자질구레한 사항에 불과하고 말은 깊이가 얕은 논의에 불과하다. 선각자들께서 심히 만분의 일이라도 고려할 점이 있겠는가마는, 혹시라도 여러분이 원대한 사고를 하다가 사소한 일을 빠트려 천리마의 발을 한 번 넘어지게 하면 우리 후생(後生)의 낙심과 전국사회의 실망이 진정 헤아릴 수 없을 것이다. 왜 그런가. 대개 일국의 선각은 일국인의 표준이요, 모범이라 일거일동(一擧一動)에 수많은 이목이 주시, 집중하여 그 선이 빛나면 무리가 재촉하여 나아가고 그 과녁이 기울면 무리가 헐뜯으며 등질 것이다. 국민의무의 부담 분량은 선각과 후진이 비록 다르지 않으나 사회를 보고 느끼는 관계의 경중은 이미 이렇게 현격한즉 선각자가 지위를 깊이 살펴서 자존자중(自尊自重)해야 할 것이다! 아아, 여러분은 과연 현재의 묘근(苗根)을 가꾸고 심는 기사(技師)며 미래의 영웅을 낳아서 기르는 어진 어머니라고 할 것이다.

우리나라 청년의 위기(속) / 문일평(文一平)

예의(禮義) 풍속의 쇠망

개인에게 특질이 각기 있는 것과 같이 국체(國體)도 역시 그 역사의 사실과 국민의 성격으로 인하여 자연이 일종의 특질이 생긴다. 우리 대한으로 말하자면 우리 조상인 단군이 창건하신 4천 년 역사의 유훈과 그 후손인 부여족 2천만의 윤리적 사상이 화합하여 우리 국체의 특질을 표창한 것이 있으니 바로 예의 풍속이다. 이에 대하여 기왕에 아시아 여러 다른 민족이 예의의 나라, 군자의 나라라 하는 휘호를 우리에게 봉헌하였으나 한갓 이로써 만족한다고 하기는 어렵고 우리가 자진하여 세계에 자랑함이 옳다 하겠다. 왜 그런가. 현대 그 문명한 선진국민은 모두 그 국체의 특질-즉 국수(國粹)-에 대하여 존경의 관념을 가지고 한층 발휘해서 다른 국민에게 소개함을 무상의 영예로 인정하는 까닭이다. 아무 나라는 그 고유한 무사도를 세계에 찬양하며 아무 나라는 고유한 자유풍(自由風)을 천하에 광고한다. 하지만 불행히도 우리는 주권이 땅에 떨어지고 문화가 퇴보한 까닭에 감히 그 반열에 함께 서서 세계 각국에 발포하지는 못하나 어찌 스스로 업신여겨 스스로 밟기를 초개처럼 하겠는가.

요새 저 개명한 우리 청년사회에서 무엇을 하려고만 하면 "완고라, 보수라, 구풍(舊風)이라"고 하며 선혜아정(善惠雅正)은 물론이고 자국에 유전적 특질까지 매장하고자 하니 그 폐해가 독사보다 심하고 그 병통이 맹호보다 크다. 어떤 유식자가 말하기를 우리 민족은 국가의 범위를 이미 벗어났으니 이후에는 제1의 역사를 파괴하고 제2의 역사를 건설할 신시대라 하니 이는 종래의 악습을 파괴하라 함이요, 결코 고유한 특질을 파괴하라 함은 아니다. 만일 특질을 파괴하라 하면 즉 그 천성을 파괴하라 함이니 이렇게 하면 소위 우리라는 물건이 없어질 지경에 이르는데, 우리가 없는 이상 어찌 제2의 건설 여부를 다시 논할까. 대개 이들 생각과 이치를 오해하는 까닭에 일단 해외에 건너갔다가 돌아오면 외국의 제도, 습속을 소화하지 않고 그대로 국내에 실시하려 함에 반대로 동네 노인에게 질타를 받으며 동포 인사에게 배척을 받아서 그 영향이 미치는 국내사회에서 외국 유학생이라 하면 일종의 의심을 품고 서로 알리며 "안하무인(眼下無人)에 무존장아문(無尊丈衙門)[19]이라" 해서 신용이 전혀 없을 뿐 아니라 이로 인하여 수많은 인사의 유학 통로가 점차 막히니 너무 안타깝다. 예전에 아무 씨가 일본 도쿄에 유학차 건너왔는데 국내 선진인사가 씨를 타이르며 "당신은 타인과 같이 교만,

---

19 무존장아문(無尊丈衙門) · 병영에서는 존장도 없다는 말로 어른에게 버릇없이 함부로 구는 자를 뜻한다.

방자하거나 부패, 타락하지 말라"고 하고, 이외에도 이러한 종류의 전하는 말이 내 귓가를 때린 적이 수없이 많으니 오호라, 우리 청년이여! 위대한 목적과 중대한 책임을 마음에 품고 선진의 열렬한 동정을 잃으며 동포의 많은 소망(素望)을 훼손하니 이는 실로 유학생의 앞길을 막는 일대 위기다. 어찌 충분히 주의하지 않으리오. 나는 우리나라의 고유한 특질을 점점 더 발휘함은 옳지만 배척함은 옳지 않으며 존경함은 옳지만 멸시함은 옳지 않다고 생각한다. (완)

가정교육법(속) / 김수철 역술

제1장 지육(知育)

제1절 지육의 방법

첫째, 언어의 연습이다. 언어는 즉 정신 발달의 표징이자 원소이다. 그러므로 유아의 지식을 깨우쳐주고자 하면 먼저 언어의 교수로써 최초의 사업을 삼아야 한다. 대개 유아의 언어는 유전을 통해 나오는 것도 있고 수행을 통해 얻는 것도 있다. 즉 남을 모방할 수 없으며 또한 혼자 발명할 능력이 없는 때에 몸을 흔들거나 발음함이 있음을 일러 유전을 통해 나온 것이라 한다. 또 부모의 언어를 모방하며 혹은 자기 주위에 있는 타인의 조절에 주의하여 의식적으로 담화함에 이르면 이를 수행을 통해 얻은 것이라 한다. 실로 언어의 발달은 이 후자에서 벗어나지 않는다. 이때 가히 교육이 담화를 진보케 함에 어떠한 효력이 있는 지 이해해야 한다.

아동이 담화함에는 바깥 세계의 인상과 이에 응할 생리의 기관을 필요로 하니 즉 한편 기관상으로 후두·혀·입술·치아·귀 등의 위생상에 대한 주의는 물론이거니와 또한 다른 한편으로도 담화의 재료가 될 것을 주지 않으면 안 된다. 대개 담화의 기관과 담화는 서로 기다려서 진보, 발달하나니 만약 기관은 갖춰져 있으나 이를 사용하지 못할 때는 그 발달을 이룰 수 없는 것이 그와 비슷한 기관이 없으면 담화를 할 수 없는 것과 같다. 그러므로 이 두 관계에 대하여 적절한 주의로써 언어를 연습하게 함이 옳다.

유아의 담화 진보의 상태를 관찰하건대 최초 한 6개월 동안은 다만 부르짖는 소리를 낼 뿐이나 둘째로 6개월이 되면 점차 사람을 모방하여 소리를 내며, 1세 또는 2세가 되어 보행을 드디어 익히는 데 이르면 언어의 진보가 전에 비해 신속하며 다시 3세가 되면 일상 비근(卑近)의 언어를 자유롭게 사용함을 익힌다. 그러나 이렇게 키가 자라나는 것을 따라서 언어도 발달하게 되는 것이로되 결코 이를 자연에 방임하여 두는 것은 옳지 않다. 아동이 담화를 시도함에 그릇된 어사(語詞)를 그대로 익혀서 발음 부정·음성 불명에 빠질 때는 이를 교정하기 쉽지 않으니 그러므로 가정에서 생후 6개월부터 특히 언어 교수에 주의하여 생리 기관의 발달을 힘쓰며 흥미가 있고 또 쉬운 재료를 줘서 그 사상을 유도시켜 이를 언어에 표출하게 하되 발음을 바르게 하며 틀린 말을 지적하여서 언어의 목적을 도달하게 해야 한다.

둘째, 완구의 수여이다. 아동이 이미 담화를 능히 하면 완구를 주는 것이 지육상 적당의 처치다. 아동이 생후 6개월에 이르면 겨우 완구를 가지고 노나 아직 정신 발달에는 영향이 조금도 없으니 대개 완구가 그 목적을 이루는 것은 아동의 수족이 자유 운동하여 때때로 용이한 완구는 혼자라도 능히 제작하는 데 이르러 비로소 생길 것이다. 가정에서 아동학문에 가장 적당하고 가장 유익한 재료는 완구로써 첫 번째를 삼을지니 대개 완구는 아동이 좋아하는 것으로써 유쾌한 가운데 그 지식을 부여하는 것이다. 그러나 세상에 흔히 교육상 가치가 없는 완구가 많으므로 이에 특히 종류를 선택하여 교육상 도움이 될 것을 다음과 같이 열거한다.

　첫째, 진보적 완구,

　둘째, 도덕적 완구,

　셋째, 사교적 완구,

　넷째, 심미적 완구,

　다섯째, 체육적 완구,

　여섯째, 직업적 완구,

　(다음 호에 이를 구별 설명함)

　(미완)

아동 물리학 강화 / NYK생

프랭클린(Franklin) 이야기

　오늘날 세계의 문명이 날이 갈수록 발전하여 대강의 사항은 대부분 학술로 해명한다. 그럼에도 불구하고 우리나라 인사들은 아직도 오해하여 미신에 의존한다. 여름날 저녁 하늘에서 소나기를 동반한 우렛소리를 들으면 "뇌공(雷公)이 구름을 타고 큰 북을 친다"고 하고, 낙뢰를 보면 "천벌이라"고 하니 의구심이 너무 심하다. 이는 다름이 아니라 그 실정을 알지 못하기 때문이다.

　이 정체를 발견한 자는 미국인 프랭클린이라는 철학자이다. 그는 학문과 정치의 대가이다. 지금으로부터 190년 전인 서기 기원후 1706년에 당시 영국 식민지 메사추세츠만 주변 보스턴시에서 탄생하여 8세에 소학교에 입학하였으나 가정 사고 때문에 퇴학하고 부친의 생활을 조력하니 부친은 본래 프랭클린 출생 전 24년경에 보스턴에 건너와서 생계가 극빈하므로 양초와 비누 제조를 업으로 삼았다.

　12세가 되었을 때 그 형이 영국으로 가서 활판업(活版業)을 시작하거늘 그 동생으로서 종사하더니 그 형이 활판업을 확장하여 신문을 발행하였다. 일하고 남은 시간에는 논설을 저작하여 여러 번 무명씨의 저작으로 투서하였더니 모두 수용될뿐더러 세인의 호평이 물결쳐서 어렸을 때부터 칭송이 파다하였다. 그러나 그 맏형을 따라 일하는데 재미없는 것이 있으므로 필라델피아로 떠나니 당시 나이가 17세였다. 주머니에 가진 것이 없어서 노숙으로 간신히 도착하여 한 활판소에 고용되었다. 본래 유능한 청년이라 자연히 그 주인의 총애를 받을뿐더러 평생에 서책을 힘써 봄에 지식이 크게 진보하였다.

　얼마 후 자금을 변통하여 혼자 힘으로 활판업을 경영하며 펜실베이니아 신문을 물려받아서 개량해서 처음에는 구독자가 90명에 불과하더니 오래지 않아 2천 명에 달하였다. 동시에 책대여업〔借冊業〕을 창업하니 역시 세인의 신용을 듬뿍 얻을 뿐더러 공공사업에 크고 많은 편리를 제공하여 그 지위, 명망이 점차 멀리 퍼지더니 1736년에 펜실베이니아주 공공의회 서기관으로 피선되었다.

　그 다음해에 유명한 뇌정(雷霆)을 실험하였으니 이것이 특별히 우리가 소개하고자 하는 것이다. 대저 씨가 전부터 번갯불에 주의하여 항상 생각하여 "그 번갯불이 우리가 사용하는 전기와 같은 것이 아닌가"라고 하더니, 지금에 이르러 공사의 각종 사무가 평소와 다르게 분망하건만 실험에 점차 착수하고자 할 때 그 장남과 더불어 2개의 십자형을 비바람에도 파손되지 않도록 제작하고 비단으로 연을 만든 후 그 머리 부분에는 철봉을 세우고 삼실과 같은 긴 꼬리를 붙여서 뇌우가 오기를 고대하였다. 하루는 하늘이 갑자기 어두워져 맹렬한 바람이 일며 뇌우가 쏟아지거늘 이를 기회 삼아 연을 교외에 나가 날릴 때 실의 길이대로 가장 높은 곳까지 날게 하니 연이 공중 높은 곳에서 한 덩어리의 비구름을 통과하되 어떠한 변화도 없었다. 초조하게 있었는데, 구름이 하나 둘 지나간 후에 새까만 비구름이 우렛소리와 번갯불을 몰고 와 연을 삼키더니 잠깐 동안 손에 이상한 느낌이 있어서 이상히 여겨 손가락을 가까이 대본즉 삼실의 가는 털이 손가락의 움직임을 좇아 움직이는 것이었다. 그 후에 축전병(蓄電瓶)을 제조하여 한 곳에 모으는 시험을 한즉 통상 전기와 동일한 작용을 보여서 크게 기뻐하여 자기 명예를 천추에 남기고자 한 친구 편으로 영국의 학사원에 제출하였다. 그러나 소위 유명한 학자가 모두 냉소하고 받아들이지 않아서 어쩔 수 없이 그 친구 혼자 힘으로 증명서적을 출판하였다. 얼마 지나지 않아 프랑스어로 번역되어 세상에 전파되니 프랑스 상하의 학계가 소동하지 않음이 없었다.

런던 학사원도 당시 그 일을 비상하게 여겨 실험록을 간추려 초록하니 일반 학자가 모두 칭찬함에 전에는 냉소하였으나 금후는 학사회 명예회원이 되기를 간청하였다.

그 후에 영불전쟁 때문에 영국 재정이 평소와 달리 곤란함에 식민지의 세금 부담이 점점 높아져서 아메리카인의 생활이 극히 고생스러워졌다. 씨가 영국에 건너가서 안전책을 백반 강구하되 도저히 완벽하게 해결할 수 없었다. 그래서 필라델피아에 돌아와서 13주를 동맹·연합하고 그 다음해 7월 4일에 미국의 독립을 세계에 선언하고 공사로 프랑스에 주재하며 프랑스의 구원을 요청하여 얻었다. 그 후에 미영전쟁이 끝나 감을 알릴 때 독립회의에 담판위원이 되어서 역시나 유명한 성공을 얻었더니 나이 84세에 서거하였다. 미국 국회가 그 공적을 사모하여 2년상을 치렀다. 아아, 씨는 겨우 소학교를 마치고도 자구자독(自究自讀)으로 유명한 철학자가 되었으니 어찌 우리가 존경하고 본받지 않을 수 있는가.

그가 실험한 것을 보건대 천둥과 번갯불이 무엇인지를 알 수 있거니와 그 후로 전기등과 가스등이 발명되어 세계 각국에 사용하지 않는 곳이 없으니 세계 학술의 진보가 그 근원이 있는 것을 알 수 있다. 이 외에 상세한 전기이야기는 다른 날에 진술하고자 한다.

뇌와 신경의 건강법 / 연구생

제1장 뇌는 어떠한가

고대에는 의식과 관념과 사상 등의 현상을 총칭하여 마음의 동작이라 하고, 그 중추는 심장을 으뜸으로 삼았다. 이는 동양 정신학사상 유명한 학설에서 유래한 것이다. 그러므로 우리가 수긍하지 않음이 없어 다 훌륭하다고 하여 그것이 그러함을 시인하였다. 그런데 근래에 해부학·생리학·심리학 등의 연구가 점차 발전하여 옛날의 잘못된 믿음을 하루아침에 물리쳤다. 뇌가 중추임을 온 세상에 공포할 때 "뇌에는 대뇌와 소뇌가 있고 기타 부속된 신경계통 등이 있어서 피부·오감기관·내장기관 등에 있는 모든 신경을 서로 연결지어 지휘하고 분배한다"고 주장하였다. 비유컨대 뇌는 전화의 교환국과 같고, 신경은 전기와 같은 것이다. 대뇌의 피질은 의식과 관념을 주관하는 곳이니, 예컨대 집비둘기 한 마리를 잡아서 그 대뇌만 제거한 뒤에 두고 그 꼬리를 끌어당기면 앞쪽으로 뛰어가는데 눈앞에 어떤 먹음직한 먹이가 있어도 먹이인 줄 의식하지 못할 뿐 아니라 애당초 주워 먹던 생각을 감히 내지 못하여 마침내 굶어 죽는 지경에 이르지만 운동의 기능이 완전히 쇠락하지 않는다. 만일 소뇌만 제거하면 사실에 대한 의식은 보통 상태이지만 신체의 운동이 올바르지 못하여 비행과 보행을 전혀 할 수 없으니, 뇌는 근육의 운동 조절을 주관하는 것이다. 교감신경은 신체의 영양을 주관하는 것이니, '재지(才智)가 머무는 곳은 대뇌의 피질에 있다'는 뭉크의 말이 확실하다. 다음과 같이 그 사실을 증명한다.

(1) 대뇌엽을 제거하면 동물은 기면 상태와 임타성(任他性)이 되어 외부의 해로움이 없으면 갑자기 운동하지 않는다.
(2) 뇌가 우연히 외상이나 압박을 당하든지 뇌병이 있을 때는 소위 정

　　신기관 기능의 예민한 기미가 크게 감소한다.

(3) 출생 중 불확실한 원인으로 다량의 액체가 축적돼서 뇌수의 발육을
　　방해할 때는 정신작용이 이상한 장애를 입는다.

　　신경은 크게 세 가지가 있다. 첫째는 원심성 신경으로 중추의 흥분을
말초에 전하는 것이다. 둘째는 구심성 신경으로 말초에서 받은 흥분을
중추에 전해서 감각을 일으키거나 그 흥분을 다른 신경기관에 보내서
운동을 일으키는 것이다. 셋째는 중추 간의 신경으로 신경과 중추 사이
를 서로 연합하고 흥분의 전도와 이전의 작용을 일으키는 것이다. 이러
한 신경은 대부분 연수와 척수에서 나오는데 척수신경의 앞뿌리는 운
동성이 있고 뒤뿌리는 지각성이 되었으며 중추에서 일어나는 감각은
자극성질의 여하를 막론하고 항상 동일한 것인데 단지 자극을 받는 신
경을 따라 사소한 차이가 있을 뿐이다. 예컨대 지각신경이 어떤 자극을
받든지 항상 동통(疼痛)의 감각을 만들고 시신경이 어떤 자극을 받든지
항상 광채의 감각만 만드니 이로써 보건대 쉽게 측정할 것이다. 우리가
통산 기억력이라 하는 것은 귀나 눈 등이 자극을 받을 때 뇌에 전달하면
일종의 주름이 뇌에 생기니 이것이 즉 기억이다. 그러므로 그 주름이
심하면 심할수록 기억력이 풍부한 것이다. 그런즉 어떻게 해야 주름을
우리 뇌 속에 깊이 새길 수 있는지 다음 장에서 차례대로 진술하고자
한다.

제2장 뇌와 신경의 양생법

제1절 뇌와 신경 사용법

제1항 사용의 때

　　뇌와 신경은 적당히 사용될 때도 있고 부적당히 사용될 때도 있다.
대개 오전에는 전일의 피로를 하룻저녁의 수면으로 회복하니 뇌신경을

적당히 사용해야 한다. 그러므로 하루 중 조석 후(오전 8시경) 여러 시간이 지나서는 기억력이 가장 좋고 1년 중 봄과 가을의 춥지도 덥지도 않은 3월, 8월경에 독서의 기억이 지극히 어렵고 겨울철이 도리어 적당하다가 겨울철 극한의 시기가 되면 뇌와 신경이 한고(寒苦)를 이기지 못해 기억력이 감소한다. 이는 우리가 실험을 통해 충분히 알 수 있다.

또한 공부시간을 제한하는 것이 적절하다. 비록 독서의 취미가 넘치고 싫증나지 않는 서적이라도 오래 계속하면 자연히 권태감을 느껴 기억력이 저하된다. 그러므로 대개 독서의 시간을 정하고 그 시간이 다하면 즉시 집 밖에 나가서 운동하거나, 혹은 정원을 관람한 후에 다시 독서를 시작해야 한다. 이와 같이 1시간 독서 후에 10분 내지 20분 정도 휴식하고 그다음 1시간 후에 다른 종류의 서적을 읽어서 점차 바꿔 읽는다면 계속 읽어도 권태감이 없을 것이다. 이는 다름이 아니라 대개 다른 종류의 서적을 바꿔 읽을 때 정신이 상쾌해져 기억하기 쉽지만, 책 하나를 오래 계속 읽으면 정신이 피로해져 기억하기 어렵기 때문이다.

또 뇌를 불규칙하게 과용하면 뇌의 흥분이 일시에 정점에 달했다가 즉시 피로를 면치 못하므로 시간표를 정해서 정확히 지켜야 한다. 가령 아침 8시부터 9시까지는 지리, 9시부터 10시까지는 역사, 10시부터 11시까지는 어학 등으로, 하루의 시간표를 제정하고 매일 같은 시간에 같은 학과를 시행해 나간다. 그러면 사상(思想)에서 일종의 습관이 되어 매일 그 시간에는 그 학과의 관념이 재현되니, 이는 정오에 점심식사를 생각하는 것과 같다. 혹시 그렇게 하지 않고 하루 내지 2・3일이 지나거나 한 4・5일 후에 한 번 정도 간격을 두어 규칙을 세우지 못한다면 예전의 공부도 허사가 되니 매번 새로 생각하면 기억의 곤란이 여간 아닐 것이다. 만일 복잡한 사항을 기억하고자 한다면 그 요지를 간단히 적고 분류표를 만들어 항상 잠자기 전 눈에 띄는 곳이나 벽이나 책상 주변에 붙여서 부지불식간에 기억되도록 하는 것이 좋다.

| 학원 |

닭병 간이치료법 / 학해주인(學海主人)

간장병(肝張病)……발인(發麟)……뇌졸중(腦卒中)……자궁병(子宮病)……
노료(勞療)……비란(秘卵)……연란(軟卵)……류마티스(僂痲質斯)……탈
모(脫毛)……각린(脚麟)……도관(倒冠)

간장병(肝張病)

간장병의 주요 원인은 평소 자양분이 풍부한 먹이를 과식한 결과 발
생하니, 자연히 비옥한 닭이 가장 많이 걸리는 병이다. 이 병에 걸린
닭은 간장 뿐 아니라 상부의 위장까지 질병이 미치니 그 해가 적지 않
다. 그 치료법은 병든 닭은 따뜻하고 건조한 방에 옮겨두고 부드럽고
담백한 사료를 뿌려주는 것이다. 또는 곡식 가루를 우유에 섞어서 주는
것도 좋다.

발인병(發麟病)

이 병에 걸린 닭은 혀 위에 모난 비늘 모양의 종기가 생겨서 그 부리
가 황색으로 변하고 날개를 아래로 내려뜨려 매우 활발하지 못하여 점
차 식욕이 줄어들고 갈증이 심해진다. 이와 같은 경우 버터에 후춧가루
를 적당하게 넣어서 한 번에 3회씩 주어야 하고, 또는 피마자기름을
한 숟가락쯤 내복용으로 마시게 하면 대개 치료된다.

뇌졸중(腦卒中)

이 병에 걸린 닭은 평소 활발하고 이상 없이 건강해도 갑자기 졸도하
여 지각력과 운동력을 완전히 잃으니 흔히 갑자기 일어나 순식간에 죽

는 것이다. 치료술을 시행할 겨를이 없을 뿐 아니라 완쾌될 희망도 없다. 외과 요법에 따라 경정맥에 사혈법(瀉血法)을 시행해야 한다. 그 치료법은 날카로운 작은 칼로 병든 닭 날개 아래에 가로놓인 대정맥을 세로로 자르고 그 후에 손가락 끝으로 그 자른 부분 주변을 잘 눌러서 충분히 피를 뽑는다. 병든 닭의 지각이 회복하기를 고대하여 출혈이 멈추고 점차 회복되면 조용한 닭장에 집어넣고 될 수 있는 대로 담백한 사료를 줘야 편안히 잘 것이다.

자궁병(子宮病)

이 병은 이상하게 큰 알을 계속 낳거나 또는 발정이 지나친 수탉과 교미한 암탉에게 발생하는 것이다. 그 증세는 음부에 선홍빛 살점이 아래로 늘어져서 교미를 꺼리는 것이다. 그 치료법은 닭을 별실에 두고 그 늘어진 살점을 손가락으로써 항문 안으로 밀어 넣어 제자리에서 회복되기를 기다려 조용하고 인적 없는 곳에 두어야 한다. 대개 2·3번 다시 행하면 완치할 수 있다.

노료병(勞療病)

이는 전염병의 일종이다. 닭장의 어둠침침함과 불결함, 먹이의 조악함 혹은 불량한 기후로 인해 종종 생긴다. 그 가운데 혹은 전염·유전으로 발생하기도 하고 혹은 폐병 환자의 가래침을 먹거나 죽은 짐승의 고기를 섭취하여 발생하기도 한다. 그 증상은 낯빛이 초췌하고 생김새가 파리하며 깃털이 점점 탈색하여 광택을 잃고 호흡이 절박하며 식욕이 감퇴하고 기침이 계속 나오는 것이다. 이를 치료하는 방법은 병든 닭은 깨끗하고 따뜻한 곳에 옮겨두고 보릿가루에 간유를 적당히 넣어서 먹이는 것이다. 한번 이 병에 걸린 닭은 도저히 폐기물이 됨을 면하지 못한다. 왜 그런가 하면 설령 요행히 치료되더라도 전염의 우려가 있으므로 번식용으로 부적절하기 때문이다.

비란증(祕卵症)

이 병증의 발생 원인은 크게 두 가지가 있다. 하나는 영계가 지나치게 교미하거나 작은 종의 암탉에 큰 종의 수탉을 교미하는 데 있고, 하나는 둔부가 협소한 암탉에 있다. 그 증상은 암탉의 둔부가 커지고 꼬리털이 아래로 처져서 자주 산란의 상태를 이루어 괴로운 지경에 빠지는 것이다. 그 치료법은 깃털의 가장 자리에 종유(들기름)를 발라서 알 나오는 통로에 삽입하거나, 또는 꼬리털 하나를 취하여 그 가장 자리만 조금 남기고 나머지는 제거하여 올리브기름에 충분히 담근 뒤 알 나오는 통로에 삽입하여 알집까지 이르게 하면 쉽게 산란한다. 만일 한 번에 효과가 없으면 여러 번 시도해야 한다. 그러면 대개 치료될 것이다.

연란증(軟卵症)

이 질병의 원인은 적지 않지만 흔히 석회질의 먹이를 먹지 않아서 생기는 경우가 많다. 그 치료법은 석회·굴 등의 분말을 항상 주는 것이다. 이러한 분말은 난각(卵殼)을 형성하는 필수 원소이다. 먹이는 삶아서 부드러워진 보리의 조분(粗粉)을 주어야 한다. 먹이는 물에 항상 소량의 석회를 섞어 준다.

류마티스[僂麻質斯]

이 병증의 발생 원인은 기후가 순조롭지 못하여 추위와 더위가 일정하지 못한 상태거나 닭장이 춥고 습하며 사방이 막힌 나머지 공기가 통하지 않는 상태에 의해 일어난다. 그 절기로 말하면 여름이다. 그 증상은 보행이 곤란하며 사지가 절로 피로하며 호흡이 고르지 않고 부리가 커져서 가래 끓는 소리가 끊이지 않는 것이다. 그 치료법은 병든 닭을 따뜻하고 건조한 곳으로 옮기고 양분이 다소 많은 먹이를 주는 것이다.

탈모병(脫毛病)

이 병은 피부병의 일종으로 전염성이 있다. 그 원인은 큰 병을 앓고 난 후에 생기기도 하고 우연히 생기기도 한다. 그 증상은 체구의 깃털이 자연히 부드러워져 점차 빠지고 전부 다 빠져서 양 날개만 남는 것이다. 그 치료법은 깃털이 먼저 빠진 부분에 부드러운 비누를 바르고 12시간 내지 24시간이 지난 후에 그 바른 비누를 씻어내고 미지근한 물로 다시 씻은 뒤 병든 털의 남은 털을 모두 뽑고 50배 석탄산수로 잘 세척하는 것이다. 그러면 병세가 점차 가라앉는데 매일 2·3회씩 씻어주면 좋고, 가능하면 세척한 후 테레핀유 사용하는 것이 가장 좋다.

각린증(脚鱗症)

이는 자연적으로 발생하는 것이니 소위 노쇠병의 일종이다. 또는 흙탕물에 그 다리가 항상 더러워지거나 눈 속에서 울타리 밖으로 나갈 때 그 다리에 이슬을 맞으면 이 병이 생긴다. 그 치료법은 미지근한 비눗물로 닭의 두 다리를 씻기고 대략 10분 후에 단단한 쇄자-솔-로 각린이 벗겨져 떨어지도록 비빈 후에 기름에 유황가루를 이겨 바르는 것이다. 그와 동시에 유황화(硫黃華)를 소량 내복시켜 항상 건조지에 방사시키고 양분이 많은 먹이를 주는 것이다.

도관증(倒冠症)

이 질병의 주요 원인은 신체가 쇠약하여 기력이 감퇴한 후에 혈액의 순환이 불순하면 종종 일어난다. 그 증상은 안면이 창백하고 혈색이 없는 것이다. 그 치료법은 신체의 건강을 회복시킴이 마땅하다. 따라서 동물성 영양분의 먹이와 파를 많이 주고 곡물로 나미-찹쌀-를 준다.

배나무재배 설 (24호 속) / 김지간(金志侃)

삽목법(插木法)

삽목법은 봄철에 배나무 싹이 장차 돋아나려는 시기에 시행하는 것이다. 배나무 가지 중 작년에 활발히 자난 가지와 가을철 가지치기 때 잘라둔 가지와 봄철 접목 때 잘라낸 접본(砧木)의 몸통과 아접하여 잘라낸 가지·휘추리 등을 삽목용으로 활용한다. 꽂을 땅은 먼저 햇빛이 잘 비치며 흡기가 적은 양지를 택하여 잘게 갈고 고랑을 2척씩 정해서 이랑 위에 꽂되 개당 8촌씩 거리를 띄우고 삽목의 촌수는 5촌 가량으로 정한 후에 그 주위를 잘 밟아주고 새싹이 돈은 후에 2·3회 가량 비료를 주어 생장을 왕성히 하고 그 이듬해 대본용으로 사용한다.

접목법(接木法)

절접(切接)

절접이라 함은 접본의 뿌리 근처로부터 4·5촌 이하쯤 평평하고 매끈하게 자르고 그 측면의 평순한 곳을 택해서 그 껍질과 살 사이에 발생층이라 하는 곳을 상부로부터 1촌쯤 평평하고 매끄럽게 잘라내되 잘라낸 껍질은 그대로 두고 접수(接穗)는 싹이 한두 개 있는 것을 택해서 그 하단의 싹 아래에 경사지게 절삭하되 이삭의 수부(髓部)에 닿지 않게 하여 접본의 잘라낸 발생층 사이에 삽입하고 부드러운 볏짚으로 묶되 너무 단단하게 묶지는 말아야 한다. 그다음에는 정원의 흙덩이를 부스러뜨려서 고운 흙으로 접수목(接穗木)을 묻되 접수가 지상에 보이지 않게 해야 한다. 묻은 지 2주일 내지 3주일이면 수선(穗先)이 발아할 터인데 그 동시에 접본으로도 또한 발아하면 접본의 싹은 제거하고 수선의 싹만 보호하고 싹이 2・3촌쯤 자라나면 묶어두었던 볏짚은 풀어버린 후에 하루 동안 바람에 말리고 곧 비료를 주되 부패한 깻묵이나 말린 생선가루를 사용하며 이 두 비료가 없으면 인분도 무방하다.

접목시기는 양력 3월 중순으로부터 4월 중순까지 행하는데 만일 추운 지방이면 4월 하순도 좋다. 접한 후 1척쯤 자라나서 풍해(風害)가 있으면 지주를 좌우에 세워서 보호할 것이다.

아접법(芽接法)

아접이라 함은 양력 8월 중순부터 9월 상순까지 배나무의 발생이 왕성하여 그 껍질 부분이 쉽게 분리할 시기에 접수(接穗)할 싹을 그 주위의 껍질과 함께 깎아내 접본의 껍질 아래에 삽입하는 것인데 삽입하는 껍질 면을 정(丁)자형으로 절개하고 수아(穗芽)를 삽입한 후에 볏짚 또는 삼실로 얽어매는 것이 좋고 접하는 때는 아침저녁이나 흐리고 바람이 없는 날에 접본의 뿌리 근처로부터 지상 3・4촌쯤 그 이쪽 면의 평평하고 매끈한 부분에 행하는데 이는 햇빛이 바로 비치는 것을 피하는 것이다. 접한 지 1주일 후에 보면 활착(活着)한 것은 싹이 푸른 빛을 띠고 활착하지 못한 것은 고사하는데 그 고사한 가지에는 다시 다른 나무에 아접을 행하는 것도 무방하고 활착한 나무는 그 얽어맨 것을 풀어버려 두었다가 다음 해 봄 발아 전에 접아한 부분으로부터 3, 4촌 이하에 절단하고 그 새로 접한 싹이 발육, 생장이 왕성할 때에는 다시 아접한 바로 윗부분을 잘라낸다.

배나무 종류 선택

배나무는 다년생 식물이라 벼 같은 곡류와 마찬가지로 1년 만에 그

성적의 여하를 알 수 없다. 그러므로 배밭을 만들 때 먼저 배나무의
종류를 선택하는 것이 가장 필요하다. 그 필요한 사항은 나무 성질의
강함과 결실의 풍부한 산출과 과실의 형상 및 광택의 고움과 풍미의
좋음과 병해충의 저항과 성숙기의 이름과 늦음과 용도의 여하 등 제반
사항을 주의하며 도회 근처에는 생식용의 조숙종(早熟種)을 택하고 도
회가 멀리 떨어져서 교통이 불편한 땅에는 저장용의 만숙종(晩熟種)과
양조용(釀造用)과 건과용(乾果用)을 선택한다.

일본 배 종류 구별표

종류명	열매 크기	형상	광택	풍미	과육	성숙기	적요
토용 (土用)	소의 대	수원 (隋圓)	황갈색	단맛, 신맛 조금	백색	조생(早生)의 조(早)	수성(樹性) 강함, 줄기가 가늘고 작음
의통희 (衣通姬)	중	원	황적색	단맛	백색, 치밀	조생만 (早生晩)	유추종 (有蕣種)
조생태평 (早生太平)	대	원과 편원 (扁圓)	녹갈색	단맛, 다즙	백색, 치밀	조생	수성이 강한 양종
금촌조생 (今村早生)	중	원	황갈색	단맛 및 다즙, 또 향이 좋음	백색, 유연	조생	유종, 유망 추량종
독지 (獨乙)	중의 대	편원	황갈색	단맛, 다즙	조조 (粗慥)	조생	가뭄에 불리
적수 (赤穗)	중의 대	원형과 편원	황갈색	단맛, 다즙	백색, 유연	중생(中生)의 조	수성 강함
중곡 (中谷)	중의 대	편원	담적갈색	단맛, 다즙	백색, 조금 유연	중생(中生)의 조	풍산
진유 (眞鍮)	중	편원	황적색	단맛, 다즙	백색, 조금 유연	중생(中生)의 조	수세(樹勢) 강건하고 풍산
역미 (力彌)	대의 소	원 또는 편원	황청색	다즙, 아름다운 향	백색, 조치(粗緻)의 중	중생	수세 강건
세계일 (世界一)	대	편원	녹황질에 적색이다	매우 단맛, 다즙	백색, 유연	중생의 만(晩)	최양종

명월 (明月)	조금 큼	장원 (長圓) 또는 타원	담황갈색	단맛, 다즙	순백색	중생	우등종
대곡 (大谷)	중	원 또는 타원	담적갈색	단맛, 다즙	백색	중생만	수성 강건
담설 (淡雪)	중의 대	편원	청황색	단맛, 다즙	담적색	중생	
태평 (太平)	매우 큼	편원	황적색	단맛, 다즙	푸른색을 띠는 백색	만생(晚生) 의 조	풍산
장십랑 (長十郞)	중의 대	타원 또는 장원	청색에 황색을 띰	단맛, 다즙	백색, 치밀	만생의 조	풍산이요, 해충이 적다
중차랑 (重次朗)	대	편원	차갈흑색	단맛, 다즙	백색	만생의 조	수세 강건
태백리 (太白梨)	중	원 또는 타원	대녹황색	단맛	백색, 치밀	만생의 조	바람에 대한 저항력이 있음
조생적 (早生赤)	대의 소	원 또는 편원	적황색	단맛, 다즙	백색	만생의 조	저장종
행장 (幸藏)	중	편원	담황색	매우 단맛	백색, 치밀	만생의 조	양종
적룡 (赤龍)	대	원 또는 편원	청황색	딴 후에 저장하면 달아짐	백색	만생의 중(中)	저장의 양종
조일 (朝日)	대	타원	적미색	저장 후에 단맛	백색	만생의 중	저장의 양종
만삼길 (晚三吉)	거대	부정타원	암갈색	단맛과 뛰어난 향	백색, 유연	만생	유추(有蒔) 양종
토좌조 (土佐條)	중의 대	편원 사람 심장형	농갈색	단맛, 다즙	다육	만생	수세 강건하고 풍산이다
관서일 (關西一)	거대	원	갈흑색	단맛, 다즙	백색	만생	장래 유망종
태고하 (太古河)	거대	타원	적갈흑색	매우 신맛	백색	만생	수성 강건하고 수확 많음
초상 (初霜)	거대	원추형	적갈색	단맛, 다즙	백색	만생	수세가 강건한 것
조생추 (早生秋)	대	장타원	농차갈색	단맛, 다즙	유연	만생	유추종

| 문예 |

• 광고

본 태극학보 대금 수납의 편의를 위하여 경성(京城)과 평안북도(平安北道)에 위탁수금소를 설치하였으니 경성에서 본 태극학보를 구독하시는 분은 대금을 경성 북서(北署) 원동(苑洞) 이갑(李甲) 씨 댁에 거처하는 김기옥(金基玉) 씨에게 보내주시고 평안북도에서 구독하시는 분은 평안북도 정주(定州) 남문(南門) 내 홍성린(洪成鱗) 씨에게 보내주시기 바랍니다.

태극학회 알림

정익로(鄭益魯) 씨의 귀국을 전송하다 / 송남자

최근 우리나라 교육자들이 걸핏하면 입을 열어 말하기를 "교육의 확장은 학교의 증설·사범(師範)의 양성·교과서의 역간(譯刊)·자본금의 모금·국문(國文)의 연구에 달려 있다."고 하여 수많은 사람들이 다투어 떠들면서 두 귀를 다 시끄럽게 하더니 정작 실행하는 자는 드물다. 우리 국내에도 이를 실행한 자가 다소 있다는 소식을 들었다. 영민하고 뛰어난 청년으로서 학교의 시설에 몹시 힘써 사비를 다 쓰고도 그칠 줄을 모르는 자는 이종호(李鍾浩)가 바로 그 사람이요, 고금의 역사서를 찾아 모으고 국내외의 서적을 번역·전파하여 백발에도 일편단심으로 부지런히 힘써 마지않는 자는 현채(玄采) 씨가 바로 그 사람이요, 자기 한 몸을 학계에 바쳐 서울과 지방 도처에 입술과 입이 마르고 닳도록 설명해도 그치지 않으며 수천 수만의 험난함도 피하지 않고서 처음으로 우리나라의 새벽종을 친 자는 이동휘(李東暉) 씨가 바로 그 사람이요,

대대로 가업으로 전해온 청전(靑氈)²⁰을 하루아침에 분할하여 각 도(道)의 학회에 보조하여 격려하고 고무시킨 자는 이희직(李熙直) 씨가 바로 그 사람이다. 이 네 군자의 의용(義勇)과 혈성(血誠)이 본말이 되어 필시 다가올 앞날의 선과(善果)로 나타날 것이다. 그러나 하나의 가지만 있는 나무는 큰 집을 지탱하기가 어렵고 한 잔의 물은 수레에 가득 실은 땔나무의 불을 끄기 어렵다. 다만 국가의 비운(悲運)이 이처럼 비쾌(否卦)가 다한 상황이라 이 같은 몇몇 의사(義士)의 수완으로는 하늘을 떠받칠 방법이 없으니 이것이 진정으로 기인지우(奇人之憂)인 것이다.

무릇 하늘이 한 시대의 인재를 낳아 스스로 한 시대의 일을 충분히 완수할 수 있도록 하는 것은 그 이치가 분명하다. 불녕(不佞)한 내가 우연히 이번 여름에 도쿄 시바구(芝區) 여관에 머물렀다. 하루는 평양〔箕城〕의 신사 정익로 씨가 임시로 거처하는 곳을 방문했는데 안부 인사를 막 마치자마자 한 책자를 보여주면서 말하기를 "이것은 새롭게 증거를 찾아 만든 옥편인데 착수한지 지금 4년이 지나도록 아직 끝맺지를 못했소. 지금 막 인쇄 작업에 들어가 교정(校正)하고 있는 중이니 청컨대 봐주십시오."라고 하였다. 불녕한 내가 드디어 두 손으로 받들어 펼쳐보니 글자마다 뜻과 음의 풀이가 모두 국문의 주가 달려 있어 비록 부녀자와 아이들이라도 이 책 한 권만 보면 한자로 명명한 것이 훤해지지 않음이 없을 것이니 학계의 일대 지남(指南)이라 할 만하다.

대체로 우리나라의 옛날 옥편을 보면 모두 한자로 뜻을 풀이하여 대부분 알기 어렵다. 이를테면 '유(有)'자를 풀이하여 '무(無)'의 상대라 하고 '무(無)'자를 풀이하여 '유(有)'의 상대라고 한 석의(釋義)가 종종 있었으니 이것으로 저것을 고찰함에 무엇을 근거로 증빙을 했는가. 어떤 글자를 어떤 음이라 하고 어떤 글자를 어떤 뜻이라 하는 것이 참된 이치

---

20 청전(靑氈) : 집안 대대로 전해 내려온 구물(舊物)을 뜻한다.

와 문헌 증빙을 말미암지 않고 단지 말로 하거나 베껴 써서 서로 간에 와전하면서 음과 뜻이 일치하지 않아 한 나라 안에서 글자는 같은데 해석이 다르며 글자는 같은데 음이 달라 각기 방언(方言)이 여기저기 시끄럽기만 할 뿐 하나도 정해진 명칭이 없는 상황에 이르렀으니 그 본말을 거슬러 탐구해보면 교육 부진이 참으로 이 때문이다. 어째서 그러한가.

대저 오늘날 교과서가 비록 국문으로 편찬되어 있다고 해도 그 골자는 모조리 한자에서 나온 것이다. 당초 한자의 의미를 제대로 깨우치지 못하면 그 학술의 요령을 꿰뚫어 알 수 없으니 이 어찌 사실이 아니겠는가. 지금 정익로 씨가 이러한 본말을 살펴서 이 책을 번역해 기술한 것은 여러 교과서의 지남(指南)으로서 전국 교육계에 반드시 큰 영향과 큰 효과를 줄 것이라고 평가할 만하다. 그러하니 그 실제 공덕은 이미 위에서 언급한 네 군자와 서로 앞서거니 뒤서거니 할 것이다. 아, 정익로 씨의 위대한 업적이여! 정익로 씨가 지금 간행을 이미 마치고 본국에 돌아가려 할 때에 말을 다시 청하노니 돌아가는 날에 전국의 우리 장로들을 대하여 사회와 교육상 공익사업에 나란히 함께 정진하기를 신신 권고해주시고, 여러 사람의 힘을 합쳐서 위기를 바꾸어 안정이 되게 하고 불운을 구제하여 행운이 되게 하여 문명의 광선 안에 태평복락을 함께 누릴 수 있도록 하기를 바라고 또 바라노라. 아, 정익로 씨여! 잘 행할지어다.

곽용순(郭龍舜) 군의 귀국을 전송하다 / 모란산인(牧丹山人)

대저 사람이란 사·농·공·상 사업(四業)을 막론하고 그 견문의 넓고 좁음에 따라서 곧 그 사업의 선발전(善發展)과 미발전(未發展)이 일어난다. 우리나라의 민간사업의 미발전한 원인을 생각해볼 수 있다. 이전에는 우리나라와 이웃나라를 막론하고 다 폐관시대(閉關時代)였다. 이웃나라가 서로 관망하며 인민이 늙어 죽도록 거의 왕래하지 않는 것은 곧 우연히 조성된 법이었다. 더 말할 것도 없이 오늘날은 우주와 해륙이 사방의 문호를 활짝 열어 어지러이 오고 가는 시대다. 피차의 견문을 서로 구하며 지식을 서로 교환하여 19세기로부터 오늘날 20세기까지 절대한 교통의 무대이다.

그럼에도 아아, 우리나라는 19·20세기 시대에도 천황(天皇)씨가 목덕(木德)으로 왕 노릇한 지 1만 8년이 된 줄 알아서[21] 문을 닫고 오랜 잠을 잔 상황이 장관이다. 아버지가 그 아들을 가르칠 때 멀리 가지 않는 것이 효자(孝子)라 하며 향리가 그 친구들을 권할 때 가정을 안락하게 함이 대경(大慶)이라 하니, 간혹 한 사람이 먼 곳을 가면 그 가정과 향리가 몹시 괴이한 일로 안다. 뿐만 아니라 그 떠나는 자도 이 읍에서 저 읍에 가고 이 도에서 저 도에 가는 데 불과하여 마려고적(磨驢故跡)[22]과 거의 같을 뿐 아니라, 애당초 가서 유람하는 주의가 볼거리를 구하여 식견을 넓히고자 함이 아니라 일시적인 소년의 가벼운 기분에 가서 동에 번쩍 서에 번쩍하며 아침에는 술이요 저녁에는 노래를 일삼다가 다시 그 향리에 돌아오니 어느 날인들 무슨 소득이 있겠는가. 일반 민지(民智)가 이와 같다. 내외 박통(博通)의 식견을 어찌 얻겠는가. 이러므로 선비를 자칭하는 자가 학술이 몽매하여 살고 있는 지구의 형체 여하도 알지 못하며 공상(工商)으로 이름하는 자가 내외 수출입을 알지 못하며 유무(有無)를 바꾸어 옮기는 자가 이 땅의 토산에 불과하니 외지의 이목이 매우 밝은 자가 이를 이용하여 전국의 이익을 빼앗아 간다. 이는

---

21 천황씨……알아서:『십팔사략(十八史略)』의 첫 구절이다.
22 마려고적(磨驢故跡) : 연자매를 끌어 돌리는 당나귀가 밟았던 발자국을 다시 밟는다는 말로 같은 일을 자꾸 되풀이하거나 앞으로 나아가지 못함을 뜻한다.

일반 교육이 통용되지 못한 까닭에 이러한 비관(悲觀)에 이른 것이다.

근년 이래로 대세를 깨닫고 파악하는 자가 종종 있어서 혹 학업으로 외국에 유학하는 자도 있고 유람으로 외국에 나가는 자도 있다. 하지만 통상계(通商界)에 있어서는 외국무역을 시도하는 자가 전혀 없었다. 이에 평양의 청년 곽용순 씨가 몇 년 전부터 교육의 부진함을 개탄하여 내외국의 신서적을 구매하여 학계에 다수 전파하더니 이번 가을에 이르러 외국 문명의 실제와 교과서의 좋고 나쁨을 시찰하기 위하여 일본에 건너왔다. 음력 초열흘부터 보름까지 머물러서 그 시찰을 실제로 다한 후에 지금 우리나라에 적합한 교과서와 학교 용품을 다수 구매하여 일반 학계의 편리를 제공하고자 하니 군의 그 큰 뜻은 경하할 만하다.

오호, 우리나라 인사여! 하루아침의 유람이 그 흉금에 유쾌하니 수십 년 책상의 독서를 이길 것이다. 우리나라의 소위 부상대고(富商大賈)가 이 군을 모방하여 무역상에 외인으로 매개를 삼지 말고 직접 수입하여 이윤만 취할 뿐 아니라 나의 견문을 넓게 하여 다른 날 수출을 계획하고 도모함이 양호한 일이 아닌가. 더구나 오늘날의 경우 설령 멀리 떨어진 지역을 왕래하더라도 예전에 마을을 왕래하는 것보다 더 편하다. 동서양의 수만 수천 리를 편안히 앉아서 왕래할 수 있으니, 어떤 어려움이 있어서 하지 않는가. 아아, 군이여! 귀국하는 날에 지금 이 견문을 일반 동포에게 알려줘서 내외 통상의 실제가 어떠한지 알 수 있게 하고 물산 제조의 호황을 귀에 대고 설명하여 분발 흥기시킨다면 군은 상업계의 선도자가 될 수 있을 것이다. 아아, 군의 행위여!

| 기서 |

독립은 반드시 단결에 있다 / 박일찬(朴日燦)

대저 국가는 만민의 종가(宗家)요 임금은 만민의 부모이다. 국민의 종가를 국민이 보호하지 않는다면 누가 보호하겠으며, 국민의 부모를 국민이 사랑하지 않는다면 누가 사랑하겠는가. 종가에 대한 안보가 곧 부모에 대한 충애인데, 이는 반드시 독립부터 우선 도모해야 한다. 독립의 근본은 단결에 있고, 단결의 근본은 인민 사회에 있다. 그러나 사회가 활발해야 사람의 정신이 활발해지고 사람이 활발해야 단결이 견고해지며 단결이 견고해야 국가의 독립이 공고해짐은 공리상 당연하다. 그러므로 한 개인이 단결하고 두 개인이 단결하여 이천만 인이 결합하여 단체를 이룬 후에야 국민의 의무를 말할 수 있다. 그러니 의무, 의무여, 이것을 버리라고 누가 말했는가. 무릇 덕성 배양도 의무의 한 부분에 있음이요, 재지 계발도 의무의 한 부분에 있음이요, 혁신의 방침도 의무의 한 부분에 있음이니 의무가 뇌수에 관철한 후에야 국민의 목적을 말할 수 있다. 그러니 목적, 목적이여 얼마나 중대한 것인가. 독립의 문도 목적지에 있음이요, 자유의 길도 목적지에 있음이요, 문명의 기초도 목적지에 있음이니 그런즉 개인이 삼가 의무를 지켜서 목적지에 도달하면 단결도 어렵지 않으며 독립도 어렵지 않을 것이다.

옛날 주(周)나라 무왕(武王)은 난신(亂臣) 10인만 가지고 주나라 왕실을 일으켜 8백 제후를 복종시켰으며, 워싱턴은 그 소국만 가지고 굴레를 벗어버리고 열강의 틈에서 독립하였으니, 이 어찌 단체의 효과가 아니겠는가. 이러므로 흩어지면 많아도 필시 약해지고 합치면 적어도 필시 강해진다. 홍흑(紅黑) 열등한 종이 많지마는 영미의 노예 됨을 감수하여 열강의 아래에서 신속한 멸망을 취하였고, 흰 얼굴의 우등한 종이 적지마는 독립의 부강을 최고로 삼아 6대주를 호시탐탐 노리고 있다. 아, 우리 동포여! 귀가 있거든 들어라, 백인종의 우승한 위엄을. 눈이 있거든 보아라, 흑인종의 열패한 상황을. 어떻게 해서 강해지고 어떻게 해서 약해졌는가. 단체와 독립의 견고한 여부에 달려 있다. 그러니 과거의 일을 깊이 연구하며 현재의 일을 자세히 살핀다면 어찌 분발하고 쇄신하지 않겠는가.

우리 대한이 비록 위축되었지만 4천 년 예의의 나라요 강토의 경계가 비록 궁벽하지만 삼천리 금수강산이요, 동포가 비록 적지만 이천만 신성 민족이다. 이로써 어찌 문명을 쇄신하지 않고 오히려 도원의 봄을 꿈꾸겠는가. 춘몽에서 깨지 않는다면 세상에 몽매하고 완악한 습관을 고수해서 일변함을 깨닫지 못하게 된다. 비유컨대 기러기발을 붙여 놓고 거문고를 두드리는 것과 같아서 조국의 정신을 전혀 분발하지 못할 것이다. 그러니 살필지어다, 동포 여러분! 국가는 타인의 나라가 아니며 동포는 타국의 인민이 아니니, 살아도 나라에 있으며 죽어도 나라에 있을 것이다. 뛰어난 큰 덕과 한없이 큰 은혜를 그 만분의 일이라도 갚기를 바랄진대, 충성된 마음과 의로운 용기로 심장을 토해내고 피를 쏟음에 애국의 사상을 분발하여 자고 깨는 사이에 월나라 구천(句踐)의 와신상담을 마음에 품고 옛것을 버리고 새것에 나아가 단결을 견고히 유지하고 독립을 굳건히 사수함이 오늘날 우리 동포가 부담한 바이다. 살필지어다, 동포 여러분! 하물며 20세기 신무대가 분명하게 크게 열려 문명의 꽃과 경쟁의 풍조를 따라서 점점 그 찬란한 빛깔을 드러내며 점점 그 번성의 빛을 자랑하는 이 시대에 우리 대한이 열강과 더불어 어찌 나란히 멍에를 매겠는가. 재외 학생 동포여! 일깨워줌을 더하여 몽매한 국민을 일깨워서 고무하고 격발토록 하여 서로 도움이 되고 서로 단결하여 소매를 잡고 함께 행동하여 함께 문명의 경지에 올라서 지사의 피눈물과 영웅의 큰 뜻을 분발하고 배양한다면 국가의 경사에 만민이 축하할 것이요 국가의 난리에 만민이 분발할 것이다. 그러니 오직 애국의 실제에 종사하고 시급히 반성하여 서둘러 연구해야 한다.

무릇 나라를 이롭게 하는 일이라면 설령 자가가 파산되고 분골로 쇄신하더라도 피하지 않고 더욱 맹렬한 불처럼 나라를 보호하고 종족을 보호하는 일념이 단결의 내외가 되어서 국내에 가득하고 세계에 흘러넘쳐 헌신적 사상과 절대적 사상으로 특고한 태극기를 그 문풍(文風)에 따르도록 하여 동서양에 빛내는 것이 바로 우리 국민의 의무이다. 아아, 단결할지어다 동포여! 독립할지어다 동포여!

우리 동포들에게 고하다 / 서병현(徐炳玹)

아! 눈을 갖춘 자가 눈을 들어 보니 태평양의 드넓은 형세에 여러 인종을 가득 실은 배가 몹시 혼잡하게 다투어 다니고, 귀를 갖춘 자가 귀 기울여 들어 보니 동방과 서방 이웃의 문 여는 소리와 갑국과 을국 사이에 총포를 쏘는 소리가 펑 하고 크게 울리고 있다. 두렵도다! 저 키 크고 얼굴 흰 자가 호랑이나 매한가지라 자주자(自主者)를 온전히 보호하되 의뢰자(依賴者)를 필시 집어 삼킨다. 그러니 우리는 결코 의뢰를 가까이해서는 안 된다. 비참하도다! 포탄이 비처럼 쏟아지는 이 날에 빙탄처럼 상반된지라 우강자(優强者)가 도약하되 열약자(劣弱者)가 필시 패망한다. 그러니 우리는 결코 열약을 가까이해서는 안 된다.

묻노니 한국이 과연 자주자이며 우강자인가. 대답하노니, 아니다. 의뢰자이며 열약자로다. 그러나 의뢰와 자주는 모친과 자식 사이 같은 관계가 있고 열약과 우강은 저녁과 아침 사이 같은 관계가 있으니 어째서 그러한가. 어머니가 있어야 자식이 있고 의뢰가 있어야 자주가 있으니 이는 모친과 자식 사이가 아닌가. 저녁이 있어야 아침이 있고 열약이 있어야 우강이 있으니 이는 저녁과 아침 사이가 아닌가. 그러므로 나는 과거의 의뢰와 열약의 한국을 축하하고 미래의 자주와 우강의 한국을 기뻐하는 것이다. 아! 백두대간이 3천 리요, 단군과 기자 자손이 2천만이다. 그렇다면 생활의 거처를 마련한 곳은 우리 백두산이 아니며, 국가를 창립하여 한(韓)이라 명명한 것은 우리 단군과 기자의 은혜가 아닌가. 오랜 세월 선조들이 남겨준 강토를 보전하고 굴레에 얽매인 동포를 보호하고자 한다면, 각자 분발하고 떨쳐 일어나서 죽어도 같이 죽고 살아도 같이 살며 각자 깃발을 꽂지 말고 너와 내가 경쟁하지 말아야 한다. 이러하기를 피를 나눠 마셔 산에서 맹세하고 고기를 베어 먹어 바다에 서약한다면 저들이 우리를 집어 삼키려 해도 저 푸른 하늘이 위에 있고 신령한 땅이 아래에 있을 것이다.

천지의 이치는 순환하니, 옛날과 지금은 다르다. 지금 시대는 옛날 두문불출의 시대나 육해불통의 시대와는 달리 사자가 떨쳐 일어나고 범이 울부짖는 시대이다. 실학(實學)을 연구하지 않고 신진 기계를 습득하지 않으면서 시(詩)라 하고 부(賦)라 하는 따위나 암송하고 자구와 문장의 선집이나 읽는다면, 이집트·베트남의 재앙과 폴란드·흑인의 불행을 겪지 않으려 하더라도 면할 수 없을 것이다. 산에게 묻기를 "옛것만 지키고 새로운 틀로 바꾸지 않으며 묵묵히 앉아만 있고 분발하지 않는 것이 오늘날 우리 국민의 의무에 알맞은가."라고 한다면 산이 비록 산이라도 돌연 화를 낼 것이다. 냇물에게 묻기를 "나만 알고 국가를 모르며 서로 맞버텨 서서 친목하지 않는 것이 이 시대 우리 학생의 본뜻에 부합하는가."라고 한다면 냇물이 비록 냇물이라도 벌컥 화를 낼 것이다. 고서에 이르기를 "예부터 물든 더러운 습속을 모조리 다 새롭게 하겠다."고 하고, 서양의 속담에 "완고함을 바로잡는 처방은 '변(變)'자 하나뿐이라"고 하니, 아, 금수나 목석이 아니라 인격을 갖춘 자임에랴 말해 무엇하겠는가. 귀가 먹지 않았다면 이 두 격언을 들어라. 참으로 우리 한국에서 유일무이(唯一無二)한 격언으로 대신하게 할 만하다. 지금 모든 것을 새롭게 하는 시대에 새롭게 하지 않는다면 이치에 어긋나는 것이니, 이치에 어긋나면 재앙을 입지 않겠는가. 반드시 재앙을 입을 것이다. 천 명이 변화를 권하는 시대에 변화하지 않는다면 의무를 저버리는 것이니, 의무를 저버리면 토지와 가옥이 나의 물건인가. 반드시 내 물건이 아니게 될 것이다. 그렇다면 재앙을 입기를 바라는 자가 누구이며 내 물건을 잃기를 바라는 자는 누구인가. 10명에게 물으면 10명이 다 답하기를 “원하지 않는다.”고 할 것이며 100명에게 물으면 100명이 다 답하기를 “원하지 않는다.”고 할 것이다. 그러니 '신(新)'자와 '변(變)'자는 그 가치를 헤아릴 수 없으며 무겁고 커서 갚을 수 없는 것이다.

위대하도다. 세상을 깨우는 자 된 국내외의 학생 동포여! 험준한 벼랑과 끊어진 벽면을 기어오르고 위태로운 지역과 무서운 함정을 지나면서도 손을 맞잡고 함께 맹세하여 함께 오르고 옷깃을 이어 함께 서약하여 함께 건너며 자신이 서고자 함에 남도 서게 하고 자신이 통달하고자 함에 남도 통달하게 하여 그 목적지에 도달하는 날에 북 치며 기뻐하고 노래 부르며 춤추는 자가 우리 학생들이 아닌가. 국민정신을 고무시키고 애국사상을 환기시키니, 한 명이 죽어도 만 명이 슬퍼하고 한 명이 살아도 만 명이 기뻐하며 국가가 억만 년 태평성세의 복락이 있는 지역에 존속시키고 인민이 천만 년 자주 독행하는 경지에 오르도록 하여, 미국의 워싱턴처럼 되고 이탈리아의 마치니처럼 될 자가 우리 학생들이 아닌가. 토지 소유권을 얻어 금은을 캐고 삼림에 묘목을 심으며 통상(通商) 조약 체결권을 얻어 유난히 좋은 물품을 외국에 수출하고 거액을 입수하여 천하에서 가장 부유하게 하는 것이 우리 학생들 덕이 아닌가. 크도다! 도르레의 줄이여. 학생 여러분이여. 우리 동족 형제가 각기 헌신적 사상과 국민적 의무로 그 충의(忠義)를 다하고 그 취지를 통달하여 우리 한국을 지구상의 한국이 되게 하며 우리 동포를 반석 위의 동포가 되게 한다면, 나는 비록 저녁에 죽어도 아쉬움이 없고 아쉬움이 없을 것이다. 아! 동포여. 뜻을 함께 할 자 있는가. 큰 집이 불타려 할 때 주인과 노복의 뜻이 '우리 집이 다 타버리면 우리는 의지할 곳이 없다'고 한다면 설령 10명이라 하더라도 한 사람의 뜻처럼 귀결될 것이요, 큰 배가 부서지려 할 때 방향을 잃고 헤매는 동족과 호월(胡越)[23]의 뜻이 '하늘이 우리를 보우하니 우리 배가 부서지지 않을 것이다'고 한다면 설령 100명이라 하더라도 한 사람의 뜻처럼 귀결될 것이니, 이는 뜻이 같기 때문이다. 아! 힘쓸지어다. 뜻을 함께 하면 단단한 쇠도 자를 수 있고 마음을 곧게 하면 바위도 뚫을 수 있다.

공함(公函)

삼가 아뢰오. 모이면 지혜로워지되 모이지 않으면 어리석어지고, 모이면 강해지되 모이지 않으면 약해지고, 모이면 합쳐지되 모이지 않으면 흩어지는 것은 동서 고금에 정해진 이치라오. 아, 우리 형제는 우매한 까닭에 자유를 포기하고 잔약한 까닭에 권리가 타락하였고 해산한 까닭에 생명이 기울고 있으니, 이와 같이 비관적 상황에 처하여 정수리를 대한의 하늘에 두고 발꿈치를 대한의 땅에 둔 자로서 누군들 지식을 연구하지 않겠으며 누군들 강한 힘을 기르지 않겠으며 누군들 단합을 익히지 않겠는가마는 이를 어찌 처리한단 말이오. 아, 우리 형제는 어리석음을 자초하고 잔약함을 자초하고 해산됨을 자초한 나머지 도리어 희황(羲皇)의 침소에서 기나긴 밤 단꿈에 빠졌소. 일반 유지가를 큰 소리로 다급히 부르는 오늘의 시대라, 귀회(貴會) 동포가 해양만리(海洋萬

---

23 호월(胡越) : 중국 북방 지역의 호(胡)와 남방 지역의 월(越)을 뜻하는 말로, 서로 멀리 떨어진 것을 비유하는 말로 쓰인다.

里)에 고국을 떠나고 고향을 떠난 홀홀단신으로 험난함을 무릅쓰고 열심히 연구하여 무한한 열혈과 무궁한 뜨거운 눈물로 무리를 이루어 잡지를 발행하여 국민의 지식을 계발하고자 하니, 오늘부터 시작하여 우리 내지 동포의 어리석음을 지혜로움으로 바꾸고 약함을 강함으로 바꾸고 흩어짐을 합쳐짐으로 바꾸는 것은 머지 않아 기대할 수 있겠소. 이러한 까닭에 유해한 모임에서 노래하고 읊으며 축하하고 경배함을 스스로 억누를 수 없으니, 이것이 군자가 설령 방안에 있어도 그 말이 선하다면 천 리 밖의 사람들이 응한다고 하는 것이오. 오호라, 좋은 시작과 좋은 끝은 우리가 늘 경계하여 삼가는 바이니, 굳건히 참고 마음을 잃지 않아서 실제 정신을 부합하고 잘 수양하시기를 천만 바라오. 기체후(氣體候) 각별히 균안(均安)하소서.

융희 2년 10월 18일

대한협회 영홍지회 회장 장기흡(張箕洽)

태극학회 여러분께 올리다 / 박재선(朴載善)

삼가 아뢰오. 저는 품성이 변변치 못하고 지기(志氣)가 나약한 나머지 지내온 자취가 문밖으로 한 걸음도 나서지 못하고 명성이 경내(境內)의 지척도 이르지 못하여 천지 사이의 일개 미물에 불과하지만, 하늘이 나에게 부여하신 이목은 다른 이와 같습니다. 동포 여러분이 이역만리에서 온갖 고난을 겪으며 오랫동안 여러 과학을 연구하신다는 소식과 『태극학보』가 현재 신보계(新報界)의 붉은 깃발이 되었다는 이야기를 전해 들어 잘 알고 있으니, 저 멀리 우러르는 마음은 동풍을 거슬려 지극하지 않은 적이 없습니다. 다만 외진 지역이 험준하고 구름과 진흙처럼 형세가 다른 나머지 궁벽한 지역이라 소식도 끊겼고 형세도 천양지차여서 글을 드리는 것만으로 위로를 삼는 것도 한결같이 못하였습니다. 그런데 별안간 뜻밖에 귀 학회 월보 제22호가 적막한 외딴 시골에 당도하여 공손히 절한 후 받들어 얼굴을 씻고 읽으니 게재된 일부의 구구절절이 누묵혈필(淚墨血筆)로 간절한 말을 다 펴시어 다 함께 나아가는 첩경을 지시하시는 후의였습니다. 하지만 슬프게도 우리 동포는 이를 듣고 업신여기니, 취생몽사가 깊어서 구밀복검(口蜜腹劍)[24]으로 제 살가죽을 벗겨도 깨달을 줄 모르고 밧줄과 차꼬로 제 사지를 묶어도 성낼 줄 모릅니다. 비참하고 가증스러운 우리 동포여!

무릇 인류란 동일하지만, 다른 민족은 자유 능력을 분발하여 문명과 영락을 누리는데 우리 민족은 아득한 지옥에 떨어져 압제와 참상을 자초하여 초목금수마냥 생명과 재산을 남의 손에 내맡기니, 남이 죽이면 죽고 남이 살리면 삽니다. 더구나 초목금수의 생명조차 사람이 애호(愛護)하고 긍휼함이 있거늘 우리 동포의 무고한 죽임을 비참히 여길 자 누가 있으며, 뜻을 지니고 분발함을 다행히 여길 자 누가 있습니까.

아아, 4천여 년의 문명과 예의의 민족으로 초목금수만 못하니 열방의 손가락질은 고사하고 자신을 부끄러워하는 마음도 유독 없는지요. 통곡하고 눈물 흘릴 이 일보다 심할 것이 무엇이 있겠습니까. 하지만 옛사람이 "다하면 반드시 변하고 혼란이 극심하면 다스림을 생각한다"고 하고, 또 "지극한 정성이 이르면 금강석이라도 뚫을 수 있다"고 하였습니다. 우리 대한의 지금 상태를 살펴건대 난리와 국민의 가난이 극도에 이르렀다고 할 수 있습니다. 다스림을 생각하고 타파할 날이 반드시 있을 것입니다. 다행히도 여러분이 이천만 동포의 대표 된 의무를 허락하여 짊어지니, 국내의 동포가 여러분의 말을 따르지 않음을 노여워하

---

24 구밀복검(口蜜腹劍) : 입에는 꿀이 있고 배 속에는 칼이 있다는 의미로 말로는 친한 듯하나 속으로는 해칠 생각이 있음을 뜻한다.

여 함께 할 수 없다고 노여워 마시고 더욱더 시종일관 애호(愛護)하셔서 이해와 화복의 이치로 거듭 설명하시고 다시 훈계하소서. 그러면 사람이 아니라 목석이라도 끝내 그 마음이 필시 깨달아서 크게 분발하고 크게 사업할 영웅이 일제히 소리 지르며 함께 일어나서 나라의 운명과 국민의 힘을 이끌며 전진할 것입니다. 그리하여 빼어나고 탁월하게 세계 문명 제1위를 점거하며 천하 부강의 최고급에 도달한다면, 태극기가 그 특색을 만방에 높이 드러내고 태극학회가 그 영예를 후대에 널리 빛낼 것이니, 이 어찌 세상에 드물고 위대한 공적이 아니겠습니까. 동포 여러분의 열렬한 정성과 웅대한 계획으로 이 범인의 하찮은 충고를 기다리지 않고 가슴속 계획이 무르익었음은 사실 자세히 알고 있습니다. 하지만 분수에 맞지 않는 근심을 자제할 수 없어서 감히 주제넘고 망령되이 구차한 잔소리로 좌우에 말씀드리오니 용서하여 주시기 바랍니다.

융희 2년 8월 27일

함남 문천군 박재선

태극학보 주필 김원극(金源極) 좌하께 삼가 드리다

지난달에 귀보(貴報)가 본교에 도착하였다. 겉봉을 잘라내고 푸른 표지의 책자를 드러내니 표면에 태극기 한 쌍이 기운차게 교차하였고 그 아래에 『태극학보』 네 자가 아울러 제목으로 표기되어 있었다. 그 무렵 동남(東南) 지역의 친우들이 오랜만에 본교에서 한데 모이고는 모두 말하였다. "김원극 씨가 지금 만 리 밖에서 본국 동포의 취생몽사(醉生夢死)를 깨우기 위해 피눈물을 흘리며 이 잡지를 멀리서 여기로 보내니, 그의 애국적 의혈과 애족의 자비는 진실로 일성처럼 찬란하다. 청컨대 이곳에 모인 분들은 다른 일을 잠시 멈추고 이 잡지를 함께 어서 읽자."

당시 그 책자를 책상 하나에 올려두고 둘러앉아서 다 보이도록 가운데 펴놓고는 그 문사를 눈을 비벼가며 자세히 읽었다. 그러자 마치 그 장중한 자의(字意)와 그 아무개들의 얼굴을 대하는 것 같을 뿐 아니라 그 일편단심이 만리경 같아서 그 사물에 따라 호응하는 것이 마치 먼 곳도 가까운 곳이 되게 하는 것 같았다. 아아, 대개 가정의 재미와 온포(溫飽)[25]의 즐거움은 인지상정이다. 지금 그인들 가정과 온포를 어찌 누리고 싶지 않은가마는 그가 특히 일시적인 즐거움을 즐거움으로 보지 않고 오직 장부의 결심으로 만리고도(萬里孤島)의 무한한 고난과 무수한 곤란을 무릅쓰고 겪으며 굶주림이 심하여도 굶주림을 참고 추위가 심하여도 추위를 견디며 낮잠이 유혹해도 허벅지를 찌르고 두견새가 울어도 돌아가기를 잊은 까닭은 바로 무엇을 위함인가. 이는 그가 자신을 위함도 아니고 자신의 집안을 위함도 아니다. 단순히 그 주의를 헤아려보건대 단지 국권의 만회에 있다고 단언할 것이다.

아아! 저러한 주의를 이룰 수 있어야 가정의 재미도 나의 재미가 되며 온포의 즐거움도 나의 즐거움이 되지만, 저러한 주의를 이룰 수 없는 경우라면 가정도 나의 가정이 아니며 온포도 나의 온포가 아니며 재미도 나의 재미가 아니며 즐거움도 나의 즐거움이 아니게 됨은 그가 예견한 효상(爻象)이다. 어찌 다만 그의 주의만 그러하겠는가. 그와 함께 유학하는 사람들의 주의도 자연히 같을 것이다. 그러나 저들의 저러한 주의를 어디서 보겠는가. 불과 귀보에 풍성히 수록될 것이라 하겠다.

다행이다. 귀보가 이처럼 널리 알려짐이여! 귀보가 이렇게 널리 알려지는 날은 곧 우리나라 국권 만회의 날이며, 국권 만회의 날은 곧

---

25 온포(溫飽) : 따뜻하게 입고 배부르게 먹는다는 뜻으로 옷과 밥이 넉넉함을 뜻한다.

우리 일반 동포의 가정을 보호하는 날이며, 가정을 보호하는 날은 곧
우리 일반 동포의 온포를 누리는 날일 것이다. 오호라, 김원극 씨여!
그의 잡지를 읽는다면 누구라도 분발하지 않겠는가. 오호라, 여러분!

융희 2년 8월 17일

함남 영흥군 동명학교(東明學校) 감독 이달현(李達鉉), 강염백(姜念伯)

교사 홍재헌(洪在憲)

| 설원 |

혈루(血淚)

: 그리스인 스파르타쿠스(Spartacus)의 연설 / 이보경(李寶鏡)

그대들이 나를 가리켜 도수자(屠獸者)의 수령이라 한다. 그렇다, 나는 진실로 도수자의 수령이자 도인자(屠人者)의 수령이다. 나는 맹수 혹은 동포와 더불어 격투한 지 이미 수십여 회에 이르렀지만 일찍이 한 번도 패한 적이 없으니 싸우면 반드시 이기고 공략하면 반드시 점령하였다. 그러니 내가 이 명성을 얻음이 어찌 우연이리오.

나는 태어나서 지금껏 이처럼 포악하고 냉혹한 놈일까.

아니다. 나의 부친은 실로 존경할 가치가 있는 인물이다.

내가 고향에 있을 때 화려한 산기슭, 윤기 나고 아름다운 들판, 얕고 맑은 강가에서 수십 마리의 양을 보호할 때 잠시도 저 가련한 짐승의 한서기갈(寒暑飢渴)에 주의하지 않은 적이 없고 마음을 졸이며 그것을 사랑하기를 내 생명처럼 하던 나이다. 또 나의 이웃집에 나와 비슷한 아이가 있어서 항상 같은 그릇에 먹으며 같은 베개에 잠자며 같은 들에서 양을 먹여서 일종의 신비한 애정이 두 아이 간에 있었다.

하루는 평소와 같이 양을 치다가 태양이 서산에 지매 양을 우리에 가두고 집에 돌아와 한 가족이 단란한 저녁식사를 마친 후에 내 숙부의 용전분투(勇戰奮鬪)하던 옛 이야기에 빠졌다가 밤이 이미 깊어져 침대에 들어가 눈을 감고 있었다. 그때 나의 인자한 어머니가 속히 오셔서 따뜻한 손으로 머리를 어루만지고 이슥히 계시다가 "잘 자거라"는 한마디와 뜨거운 사랑이 사무친 키스를 주시고 물러가시는 것이다. 나는 즐겁고 기꺼운 마음으로 잠이 들어서 들판에서 노니는 장면을 꿈꾸었다. 그러다가 문득 말발굽 소리에 깨어보니 불빛이 창에 비치고 왕래하는 말발굽 소리와 남녀노소의 애곡 소리가 귀에 떠들썩하였다. 황급히 일어나니…….

슬프다. 어젯밤에 고요하고 평온하던 이 농촌은 오늘 새벽에 자욱한 화염에 싸인 참담한 수라장으로 변하였다. 어젯밤 내게 아리따운 키스를 주신 인자한 어머니는 말발굽에 짓밟혔고 온유하신 부친은 창에 상하여 선혈이 홍건하였다. 이때 내 가슴속에는 비애가 충만하여 뜨거운 눈물로 바뀌어서 두 볼에 흐를 따름이었다. 이때 갑자기 한 기병이 돌입하여 나를 잡아채 갔다.

슬프다, 나의 부모는 어디서 나를 위해 우시는가. 어디서 나를 위해 기도하시는가. 천국인가, 인간인가, 지옥인가. 당시 조용하고 평온하던 농촌을 수라장으로 바꾼 자가 누구며 나의 인자한 어머니를 짓밟은 자가 누구며 나의 엄한 아버지를 상하게 한 자가 누구며 나로 하여금 부모를 이별하게 한 자가 누구며 나의 권리를 박탈한 자가 누구며 나의 자유를 구속한 자가 누구며 나를 악마가 되게 한 자가 누구냐!

나는 오늘 또 한 사람을 죽였다. 그는 나의 창에 상하여 졸도하였는데 그 얼굴을 보니 슬프다, 어찌 알았겠는가. 내가 애지중지하던 친구인지를. 그도 내가 나인 줄 안듯 흙빛이 된 얼굴로 반가운 미소를 띠니 그 미소는 옛날 화려한 산기슭, 윤기 나고 아름다운 들판, 얕고 맑은 강가에서 양을 칠 때의 그것과 전혀 차이가 없었다. 그게 다였다. 그의 피가 굳고 살이 차가워지자 나는 그를 후히 장례하기 위해 그의 해골을 청구하였더니 사악한 냉혈마(冷血魔)들은 "짐승 같은 시체다. 후한 장례가 무슨 소용 있겠는가. 사자의 먹이로나 주어야 겠다."는 말에 냉혹한 조소를 더하여 이 청구를 거절했다.

동포여! 용사여! 그리스인이여! 우리는 짐승인가!? 그의 살은 이미 사자의 배를 배부르게 했을 것이며 그의 뼈는 이미 사자의 이빨에 부서졌을 것이다. 동포여, 우리도 내일 이처럼 될 줄을 모르느냐!? 동포여,

저 포효하는 사자의 소리를 듣지 못하느냐!? 그것들은 2, 3일 주린 것들로 우리의 살을 탐하는 것을 알지 못하느냐!? 우리도 성품을 하늘로부터 받았으니 당당한 권리와 귀중한 자유가 있는 자 아닌가!?

동포여! 여러분이 짐승과 같다면 마땅하지마는 만일 사람의 성품을 가졌거든 우리의 생명을 위하여 우리의 권리를 위하여 우리의 자유를 위하여 일어나지 않으면 안 된다!

그러다가 얻으면 우리 스파르타를 다시 볼 것이요, 얻지 못하면 우리의 살점은 영원히 썩지 않을 보석이 될 것이요, 우리의 선혈은 영원히 썩지 않을 역사를 빛나게 할 것이다.

용사여!

의사(義士)여!

그리스 동포여!

만일 우리가 굳이 싸워야 한다면 우리를 위하여 싸울지어다.

만일 우리가 굳이 도살해야 한다면 우리를 압박하는 자를 도살할지어다.

만일 우리가 굳이 죽어야 한다면 자유의 하늘 아래 아름다운 강가에서 용감한 독립전쟁으로 죽을지어다.

역자(譯者)는 말한다. "로마는 서기 기원 1세기경 그 전성기에 이르러 향하는 곳마다 적이 없어서 각지의 문명이 뒤섞였다. 이에 로마 고유의 순수한 미풍이 점차 사라지고 외국의 부패한 풍습이 국내에 만연하여, 인민의 두뇌에 고상한 이상은 없고 잔인한 오락을 좋아하여 공개적인 관람장에서 사자를 싸우게 하거나 포로와 노예로 하여금 무기를 들고 싸우게 하거나 굶주린 맹수와 싸우게 하는 광경을 부인조차 보고 즐기는 지경에 이르니, 때는 서기 기원 2·3세기경이다. 이 스파르타쿠스도 당시 로마의 포로가 되었는데, 완력이 남보다 뛰어나므로 백전

백승하여 로마인의 갈채를 받았다. 그러다가 하루는 자기의 사랑스런 친구를 죽이고 비애하던 와중에 어린 시절의 생활을 떠올리며 장래의 운명과 동포의 정상(情狀)을 생각하고 우연히 한 줌의 피눈물로 동포를 갑자기 깨우치게 하여 마침내 글래디에이터 전쟁을 일으킨 자이다. 그의 심성은 연설을 읽으셔서 짐작하시려니와 성품과 눈물을 가진 인류라면 동정의 눈물을 흘리지 않을 자가 그 누가 있으리오. 초목금수(草木禽獸)도 슬퍼할 것이다.

| 사조 |

『태극학회』 좌하들께 삼가 드리다 漢

뜻있는 여러분이 바다 건너 동쪽에 오니,	有志諸君渡海東
천년 지나 다시 문명의 날을 보는구나.	千秋復覩文明日
단결하여 이룬 한 모임은 시종여일하니,	團成一會始如終
만 리에서 절의의 풍모가 특히 높네.	萬里特高節義風
신학문이 민족의 지혜를 열어 주리라.	新學開來民族智
지금 비록 객지에서 몸은 고되겠지만.	今雖客地身勞苦
열성으로 국가에 충성을 다 쏟으니,	熱誠輸盡國家忠
훗날 독립의 공로를 다투어 칭송히리라.	爭頌他時獨立功

고원군(高原郡) 김하섭(金夏燮) 삼가 적다 謹稿

부쳐준 시에 차운하다 漢 / 호암(湖庵) 최제극(崔齊極)

저녁 강성에 눈은 시름겹고 비는 찬데	愁雪寒雨暮江城
바다 동쪽 월보에 시 한 수 울리노라.	月報海東詩以鳴
과거 역사에만 빠져서 인권이 추락했으니,	徒耽古史人權墜
장차 서쪽 바람 맞아 독립을 완성해야지.	將向西風獨立成
절륜한 문장 붓 끝에 영웅은 눈물 흘리고,	絶倫筆下英雄泪
태곳적 꿈속에 꽃밭의 새들은 지저귀네.	太古夢中花鳥聲
이 늙은이는 감정을 드러내지 않으니,	顧此老夫情不表
세상의 몇 무상한 삶 민망하게도 알아서라네.	閔知世界幾浮生

화답하다 漢 / 송남(松南) 김원극(金源極)

연하 끼고 석양 비치는 패중 성에서	烟霞暮景沛中城
백발의 영웅이 시를 읊조리노라.	白首英雄詩以鳴
덕망 높은 고론은 시대와도 부합하고,	德重高論時亦合
학식 짧은 촌필로는 효과를 이루기 어렵지.	學疎寸筆效難成
큰 도량으로 포용하니 바닷물 한량없는 듯	包容大度海無量
오묘한 이치를 왕복하니 우레 소리 들리네.	往復玄機雷有聲
관북의 문명은 누가 주창하는가?	關北文明誰所唱
서쪽 구름 만 리 너머로 선생을 우러러본다.	西雲萬里仰先生

시나가와에서

시즈오카로 가는 여행 漢 / 모란산인 추성자(秋醒子)

가랑비 언뜻 개었다가 해는 이미 저무니,	微雨乍晴日已曛
사나가와의 수레가 그대를 맞이하러 나왔네.	品川車輵出迎君
등잔불꽃이 달빛 비치는 온세상에 가득하고	燈花撲地千門月
바닷물은 만 리 구름 낀 하늘에 닿아있네.	海水連天萬里雲
이번 여행에 장관이 많음을 알고 있으니,	也識今行多壯觀
아마 좌객에게 기이한 이야기 들려줄 수 있으리.	徜令坐者得奇聞
묵은 책들 백독한들 무슨 소용 있으리?	陳篇百讀有何益
눈에 가득한 경치가 다 글공부라오.	滿目風烟皆學文

한동초(韓東初) 생일을 위로한 시에 차운하다 漢 / 송남자(松南子)

생일[26]이 다시 돌아와 스물넷이 되었으니,　　　　弧節重回廿四秋
부상은 이날 밤 구름 걷히기를 점치노라.　　　　扶桑是夜占雲收
바다 하늘에 막혔어도 부평초는 아니요,　　　　海天雖阻非萍水
동료 벗들이 서로 친해 술집에 함께 있네.　　　　僚友相親共酒樓
홀로 우뚝 선 위인들이 오늘 나왔으니,　　　　獨立偉人今日出
경영하는 바 실상은 언제 다 찾을까?　　　　所營實地幾年求
「육아」편[27]은 그대를 위해 지어진 것이니,　　　　蓼莪一句爲君記
멀리서 부모 그리워하는 마음 알고말고.　　　　也識庭闈思遠遊

---

26 생일 : 원문의 '弧節'은 남자의 생일을 뜻한다. 옛날에 아들을 낳으면 문에 상목(桑木)으로 만든 활[弧]을 걸어둔 데에서 유래한다.

27 육아 편 : 『시경』「소아(小雅)」의 편명이다. 이 시는 부모가 돌아가신 후 자식이 그 은혜에 감사하며 효도를 다하지 못했음을 슬퍼하는 내용이다.

| 가조 |

희망가 / 애국생(愛國生)

(1) 독립할 좋은 희망
    기뻐하게 하도다
    사천여 년 오랜 나라
    더욱더욱 새로워
    동포들아 충의로써
    국권 배양 어서 하자
    하리로다 하리로다
    우리나라 독립

(2) 우리나라 문명함은
    바랄 바 있도다
    품질 좋은 단군 자손
    더욱더욱 새로워
    동포들아 열심으로
    교육 발달 어서 하자
    하리로다 하리로다
    우리나라 문명

(3) 물산 풍족 살진 땅에
    농토까지 좋구나
    금수산하 좋은 강토
    더욱더욱 새로워

동포들아 열심으로
식산 사업 어서 하자
하리로다 하리로다
우리나라 부요

(4) 해륙군이 없다 하고
무기까지 없다만
국민들아 자강 정신
더욱더욱 새로워
동포들아 혈성으로
무의 정신 활도하자
하리로다 하리로다
우리나라 웅강

(5) 우리여 희망 있어
항상 기뻐하도다
우리여 진취기상
더욱더욱 새로워
동포들아 즐겁구나
한 곡조로 노래하세
하리로다 하리로다
우리 소원 성취

학생가(學生歌) / 교육자(教育子)

(1)　나를 사랑하고 기르시는 이는
　　　우리 부모 선생밖에 없구나
　　　교육하는 은혜 깊이 생각하니
　　　학문 닦을 마음 자연 생기네

(후렴)　동서 대지에 현능준걸(賢能俊傑)이
　　　모두 학문으로 좇아 나오고
　　　상하 천 년에 국가 성쇠가
　　　전혀 교육상에 관계있도다

(2)　한 학교에 들어 동학하는 친구
　　　서로 사랑함이 형제 같도다
　　　모이는 곳마다 학문 토론하고
　　　유익함으로써 서로 권하세

(3)　난의포식(暖衣飽食)하는 청년자제들아
　　　때를 잃지 말고 배울지어다
　　　우리 인류 만일 학식 없고 보면
　　　초목금수(草木禽獸)에 견주지도 못하리라

(4)　생존경쟁하는 이 시대에 나서
　　　힘쓸 것이 오직 교육뿐이니
　　　우리 학생 된 자 한층 분발해
　　　밝고 빛난 길로 먼저 나가세

(5) 어화 우리 인생 늙어 백수되면
     혼자 한탄하나 무익하리니
     천금 같은 시간 허송하지 말고
     항상 열심히 배움에 힘쓰세

| 잡록 |

평양(平壤) 외성(外城) 인민대표 김우용(金禹鏞) 씨가 해당 지역 정거장 부지 건으로 일본에 건너가 이토(伊藤) 통감에게 보낸 장문의 편지. 전문(全文)은 다음과 같다. 漢

　온 천하 사람 중에 필부라도 제자리를 얻지 못하는 일이 있으면 마치 자기가 밀어서 도랑에 빠트린 것처럼 여기는 것이 고금의 인인군자(仁人君子)의 차마 하지 못하는 마음[28]입니다. 지금 본인 등이 제자리를 얻지 못한 것은 필부필부에 비할 바가 아니니, 인인군자가 가엾게 여기는 것이 당연합니다. 하지만 통감께서 소만 보고 양을 보지 못하셨다면[29] 차마 하지 못하는 마음이 더러 본 바에만 감발하였을 것입니다. 이러한 까닭에 본인 등이 제자리를 얻지 못한 정상을 각하께 큰 소리로 우러러 외치나니, 특별히 가엾게 여겨서 살펴 받아들여 주소서.

　본인 등은 대대로 평양의 외성 부근에서 지내면서 의식(衣食)과 생활을 오로지 이 토산물에 의지할 뿐이었습니다. 그런데 지난 메이지 37년 7월경 귀국의 공병(工兵) 사관(士官)이 해당 토지에 와서는 밭 11,314무(畝)와 가옥 113호(戶)의 토지를 군용정거장(軍用停車場)으로 확정 명시하고 해당 지역 밖으로 잠시 이전토록 지시하였습니다. 그런즉 수천 명 인민이 장마철을 맞아 울부짖으며 이전하니 그 정상의 참혹함은 군이 말하지 않아도 상상할 수 있을 것입니다. 뿐만 아니라 다시 이듬해 3월경에 이르러 잠시 이전한 지역 내의 밭 25,604무와 가옥 206호

28　차마……마음[不忍之心] : 차마 남을 해치지 못하는 마음, 즉 인(仁)을 가리킨다. 맹자(孟子)가 주장한 사단(四端)의 하나이다.

29　소는……터이니 : 김우용이 자신의 정상이 이토에게 알려지지 않은 상황을 비유한 말이다. 『맹자(孟子)』「양혜왕 상((梁惠王上)」에서 양혜왕이 희생 제물로 끌려가며 벌벌 떠는 소를 차마 그냥 볼 수 없어 양으로 바꾸도록 명령한 일을 두고 맹자가 인정(仁政)을 행하는 발단이라고 설파한 비유를 인용하였다.

의 토지를 도리어 추가 점유하고, 다시 같은 해 5월경에 이르러 밭 6,583무 가옥 8호의 토지를 차례로 추가 점유하고는 강제로 이전을 지시하였습니다. 이러한 까닭에 본인 등은 형세상 부득이하여 다시 해당 지역 밖으로 이전하였습니다. 그러나 전토(田土)와 가옥을 모조리 다 잃었으니 장래의 생활은 영원히 가망이 사라져 버렸습니다. 메이지 39년 겨울에 군용지조사위원(軍用地調査委員) 박의병(朴義秉) 씨가 이상의 토지 손해금의 반급(頒給)차 해당 지역에 와서는 내부 훈령(內部訓令)과 도본(圖本) 하나를 보여주었는데, 그 내용은 '해당 도면 중에 홍색선 이내는 군용지에 속하고, 다갈색 선 이내는 철도관리국(鐵道管理局)에 속한다. 이밖에는 개방지(開放地)이니 일반 인민이 자유로이 거주하여 생활하라.…'는 것이었습니다.

다만 이 외성의 한 면이 다 홍색과 다갈색 선 이내에 들어가고, 나머지 지역은 가장자리 약간에 불과합니다. 애처롭게도 이 외성의 인민은 전후로 쫓겨난 지 이미 네 차례나 되어서 편안히 머물 곳이 없다는 것 외에는 달리 할 말이 없습니다. 그러나 형세가 이미 이 지경에 이르니, 애처로이 부르짖어도 소용이 없습니다. 임시 손해금을 명령에 따라 받는다면 당장 숟가락 하나 정도의 밑천은 되겠습니다만, 지금껏 괴롭다고 외친 바는 참으로 5월에 서리가 내리고 6월에 비 내리지 않은 원한에 견줄만 합니다. 그럼에도 그저 바라는 것은 이제라도 생활을 안정시키는 것이었습니다. 그런데 뜻밖에 작년 봄 2월경에 이르러 이른바 관리국 기수인(技手人)이 다시 개방지 내 밭 1,600무와 가옥 30호의 토지에 표지하고 추가 점유하였습니다. 이러한 까닭에 그때 해당 토지의 인민이 이유를 캐물으니 이러한저런 핑계를 대다가 간악한 정상이 탄로 나서 마침내 도중에 저지되었습니다. 그리고 올해 봄 2월경에 이르러 다시 해당 토지에 표지하고 이전을 독촉하였습니다. 아아! 외성의 인민이 유독 무슨 죄인지요. 이것이 이른바 목석도 접하기 어려운 것입니다.

그리고 다시 생각건대 정거장 터가 이미 이토록 광활한데 굳이 추가 점유할 리가 없습니다. 이는 필시 농간하는 무리가 작년에 이루지 못한 계책을 이제 다시 시도하려는 것이라 부득불 한 번 하소연하지 않을 수 없었습니다. 그리하여 행장을 챙겨 서울로 찾아와서 내부(內部)에 하소연한 지 열흘이 지났지만 어떠한 회답도 전혀 없었고, 다시 부통감(副統監) 각하께 드렸지만 어떠한 회답도 전혀 없었습니다. 이러한 까닭에 서울에 체류하며 귀향을 지연해도 다시 하소연할 데가 없습니다. 그저 지극히 인자한 각하께 한 번 하소연이나 하고 그만두고 싶어서, 만리길 머나먼 바닷길 여정을 무릅쓰고 건너왔습니다. 그 궁벽한 벽촌의 민정이 극도로 원통하지 않았더라면 어떻게 여기에 이르렀겠습니까.

그리하여 불과 닷새 전에 비로소 대문 아래에 당도하여 명함을 드리며 뵈려고 하니 서기관(書記官)이 말하기를 '내일 다시 오시오' 하기에, 이튿날 기약대로 달려가니 그 서기관이 구두로 전하기를 "각하께서 이렇게 명령하셨소. '멀리서 온 정상이 참으로 가엾다. 단 해당 소관의 관리국에 언급할 터이니 굳이 만날 필요는 없다. 돌아가서 지시를 기다리는 편이 좋을 것이다.……'" 하였습니다. 명령이 이와 같으니 그 황감함을 어찌 말하겠습니까. 하지만 다시 스스로 생각건대 여기서 그만두고 귀국한다면 만리길 머나먼 여정이 바위 위로 개가 지나 것〔巖上狗行〕과 같을 것입니다. 다만 대단히 송구함을 무릅쓰고 우러러 아뢰고자 하는 까닭은 실로 다른 것이 없습니다. 올해 봄에 추가 점유한 해당 지역은 정녕 군용지(軍用地) 용도인지요. 중간에 사리나 취하는 무리의 협잡이 아닌지요. 가부 간의 사실을 각하께서 상세히 찾고자 하시더라도 이부자리 담론에 불과합니다. 하나를 가리켜 명하셔도 다시 정녕 군용지 용도라면 본인 등이 잃은 토지의 가격을 기준가에 따라 지급해 주시어 당장의 어려움을 모면토록 하여 주십시오. 본인은 이 통한을 품고서 만리길 머나먼 여정을 건너온즉 각하의 어떠한 한 마디 말이라도 듣고 돌아가기 바랍니다. 만약 그렇지 못한다면 설령 환국하더라도 생활할 곳이 없으니 돌아가더라도 무슨 소용이겠습니까. 차라리 도쿄의 귀신이 되어도 그만입니다. 삼가 백 번 절하며 공수하며 명을 기다립니다.

○ **관서의 인물**: 평양에 대성중학교가 설립됨은 우리 일반인사가 동정, 찬성하는 바이거니와 최근에 들은즉 평양 신사(紳士) 김진후(金鎭厚) 씨가 3천 원으로, 철산 신사 오희원(吳熙源) 씨는 5천 원으로, 선천 신사 오치은(吳致殷) 씨는 2천 원으로 의연하였다니 이러한 사람들은 "전국 의사(義士)의 모범"이라고 이르며 내외의 칭송이 자자하다.

○ **함남 대운동**: 함남 1구는 최근 이래로 신문명 풍화에 알려지지 않아서 일반 학계에서 개탄하던 바인데 이번 가을 연합대운동회 소식을 들은즉 모인 학생이 5천여 명에 달하고 관광한 인사가 3만여 명에 이르렀는데 그 용진활발(勇進活潑)한 기상과 운동의 의식이 일대 성황을 이루었다. 이에 옛 도읍지 풍패(豊沛) 풍속의 여운의 재흥을 다시 본다고 내외의 칭송이 자자하다.

○ **기호(畿湖)의 문풍** : 기호학회는 우리나라의 뛰어난 재상과 이름난 유학자의 흥학기관이다. 요새 많은 의연금을 모집하여 학교를 유지할 바람이 점차 끝맺으니 울지 않으면 그만이지만 울면 장차 사람을 놀래킬 것이라고 내외의 칭송이 자자하다.

• **학회휘보**

○ 지난번 보도와 마찬가지로 지난달 18일 타바타(田端) 시라우메엔(白梅園)에서 본회와 대한학회가 도쿄유학생 연합운동회를 거행하였다. 이 날 날씨가 좋아서 모인 인원이 많았다. 오전 9시에 운동장을 열고 대한

학회 대표 이창환(李昌煥) 씨가 개회사를 설명하고 본회 대표 김수철(金壽哲) 씨가 축사를 진술한 뒤 운동 절차를 거행하였다. 제1회 2백 야드 경주 우등에는 최호(崔㦿), 제2회 제타(提打) 경쟁 우등에는 백규복(白圭復), 제3회 대낭(戴囊) 경주의 송병용(宋秉用), 제4회 2인3각 우등에는 옥종경(玉宗景), 노성학(盧聖鶴), 제5회 기취(旗取) 경주 우등에는 김치련(金致鍊), 제6회 계산 경쟁 우등에는 조정진(趙鼎鎭), 제8회 맹아(盲啞) 경주 우등에는 김성렬(金聖烈), 김흥근(金興根), 제9회 높이뛰기 우등에는 최명환(崔鳴煥), 제10회 눈감고 돌 줍기 우등에는 최호(崔㦿), 제11회 장해물 경주 우등에는 최충호(崔忠昊), 제12회 씨름 경쟁 우등에는 백성봉(白成鳳) 등이었다. 운동장에서 볼만한 활발하고 용맹한 기상을 드러내고는 그 후에 상품을 1·2·3등에게 차례대로 나누어 주었고, 여러 연극을 여흥으로 준비하였다. 일반 학생계가 객지에서 품은 적막한 회포를 풀 때 각자 잘하는 것으로 열국의 노래를 합창하며 춤을 아주 흥겹게 추었다. 그 후에 운동가와 애국가를 다 함께 제창하고 제국 만세와 유학생 만세를 삼창하였다. 이후 날이 저물어 폐회하였다.

○ 지난달 황태자 전하 경절일에 도쿄유학생 일동이 휴학하고 경축예식을 각자 거행하였다. 그중 청년학원(靑年學院) 학도 10여 명이 해당 학원에 모여 경축예식을 마친 뒤 김하구(金河球)·김유선(金有善) 등이 황태자 행궁에 가서 만세 삼창하기로 동의하였다. 교사 아무개 씨가 무슨 생각인지 방해하기에 김하구 등이 격렬히 문제 삼고는 해당 학원 뜰에서 일제히 만세 삼창하는 소리에 산해(山海)가 떨며 놀랐다고 한다.

○ **말을 재치있게 잘함:** 우리나라 학생이 와세대대학(早稻田大學)에 통학하는 자 25명에 달하였다. 각기 학과상 실제를 언론하기 위해 이윤찬(李允燦) 등이 토론웅변회를 조직하여 매월 두 차례씩 개회하여 연설과 토론을 진행한다고 한다.

○ **지칠 줄 모르는 교육:** 지난번 보도와 마찬가지로 신입학생의 어학

준비를 위하여 메이지학원(明治學院)에 어학과를 특별히 설립하였다. 우리나라 학생 이보경(李寶鏡) 씨가 총명하고 뛰어난 청년이기에 자신의 학과의 여가에 일어와 영어 교수를 담당시켜 이행토록 하였다. 그런데 간절히 설명하는 것이 나이 많은 선생의 풍채와 같으므로 통학생들이 아주 기쁘게 여겼다고 한다. 그리고 산술 교사 김홍량(金鴻亮) 씨와 일어 교사 사쿠 기리(佐久切), 아라이 무지로(新井無二郎) 등도 다 열심히 교수하므로 일취월장의 희망이 있다고 한다.

○ **상업계의 모범**: 지난번 보도와 마찬가지로 도쿄유학생 문상우(文尚宇) 등이 상업계 잡지를 발행하였다. 현재 만국 통상의 규칙과 재원 양성의 법문을 처음으로 주창하였다. 이리하여 내지 동포가 이를 지남으로 삼아 실업으로 용감히 전진하고 또 그 보도를 다수 구독하기 희망하였다.

• 회사요록

용의지회(龍義支會)에서 이번 달 1일에 새 임원을 조직함이 다음과 같다.

회　장	백진규(白鎭珪), 부회장 김경념(金敬念)
총무원	임영준(林英峻)
평의원	장문화(張文化), 장기현(張起弦), 정진주(鄭鎭周), 정제원(鄭濟原), 최인정(崔仁廷), 정상묵(鄭尙默), 이세훈(李世勳), 장춘재(張春梓), 백이갑(白李甲), 차득환(車得煥)
사무원	정상익(鄭尙益), 백종철(白宗哲), 최석관(崔錫瓘), 백운호(白雲昊), 고승환(高承瓛), 백정규(白廷珪)
회계원	임영준(林英峻), 한도욱(韓道郁)
서기원	김경념(金敬念), 김용선(金龍善)

사찰원   임창준(林昌峻), 정제승(鄭濟乘), 정성해(鄭成海)

영유지회(永柔支會)에서 새 임원을 조직함이 다음과 같다.

회　장   김선규(金善奎), 부회장 이치로(李治魯)

총무원   김이태(金利泰)

평의원   김정기(金廷琪), 김지정(金志侹), 이인승(李寅昇),
　　　　김명준(金命峻), 이병도(李炳道), 정치열(鄭致烈),
　　　　박재선(朴在善), 나의곤(羅義坤), 이규찬(李圭燦),
　　　　김예선(金預善)

사무원   한승현(韓承賢), 김이태(金利泰), 김종국(金鍾國)

회계원   김정기(金廷琪), 김명준(金命峻)

서기원   김종국(金鍾國), 김지정(金志侹)

사찰원   한승현(韓承賢), 이규찬(李圭燦), 김원옥(金元玉)

영흥지회(永興支會)의 제1회 임원은 다음과 같다.

회　장   고응호(高膺瑚), 부회장 최제경(崔齊京)

총무원   계봉우(桂奉瑀)

평의원   양군익(梁君翊), 양창석(梁昌錫), 이표(李杓),
　　　　강봉원(姜鳳源), 김계룡(金啓龍), 허선(許善),
　　　　윤승련(尹承鍊), 문승렬(文承烈), 조봉철(趙鳳喆),
　　　　고응현(高膺現)

사무원   변영석(邊永錫), 최현국(崔鉉國), 양승렬(梁承烈), 정진섭(鄭軫
　　　　變), 방진성(方眞成) 김정우(金鼎禹)

서기원   허선(許善), 양원상(梁元常)

회계원   강봉원(姜鳳源)

사찰원   최정석(崔貞錫), 장봉인(張鳳仁), 김우정(金禹鼎)

• 신입회원

임병일(林柄日), 임종한(林宗漢), 김영환(金永煥), 조원준(趙元濬), 장문한(張文翰), 황성종(黃星鐘), 조기풍(趙基豊), 유덕준(劉德俊), 현순관(玄淳琯) 등은 이번에 본회에 입회했다.

• 성천지회(成川支會) 신입회원

정원명(鄭元明), 김영엽(金永燁), 김용즙(金用濈), 연창수(連昌洙), 황봉□(黃鳳□), 김영□(金永琦), 이천규(李天奎), 신양선(申養善), 김정성(金貞聲), 한창은(韓昌殷) 등이다.

• 용의지회(龍義支會) 신입회원

이석구(李錫龜), 정인탁(鄭仁鐸), 독고백(獨孤柏) 등이다.

• 영흥지회(永興支會) 신입회원

양군익(梁君翊), 김계룡(金啓龍), 김우정(金禹鼎), 김창진(金昌振), 한상철(韓相哲), 김정우(金鼎禹), 정진섭(鄭軫燮), 유성문(劉聖文), 독고열(獨孤烈), 이세원(李世元), 조봉철(趙鳳喆), 이표(李杓), 정형규(鄭亨奎), 주창원(朱昌源) 제씨.

• 영유지회(永柔支會) 신입회원

한종낙(韓鍾洛), 박만일(朴萬一), 박만억(朴萬億), 이상주(李尙柱), 이봉준(李鳳俊), 김완기(金完基), 김성룡(金性龍), 정찬필(鄭贊弼), 최열(崔

烈), 나용승(羅用承), 한형식(韓瀅植), 노국찬(魯國贊), 이윤근(李允根),
김상진(金相鎭), 이윤봉(李允鳳), 함세적(咸世績), 김태선(金泰善), 오봉
길(吳鳳吉), 함용일(咸龍一), 김봉성(金鳳成), 김한기(金漢基), 서상보(徐
相保) 제씨.

• 회원소식

○ 회원 성정수(成楨洙) 씨는 메이지대학(明治大學) 법률과에 입학하였다.
○ 유세탁(柳世鐸) 씨는 와세다대학(早稻田大學) 정치과에 입학하였다.

• 지회지회(支會支會)

　영홍군 지회 제1회 보고에 의하면, 평의장 양군익(梁君翊) 씨 의안에
본 지회의 단체의 결성과 지식의 계발을 위해 각 학교 임원 및 유지인사
를 만나서 권고하여 본 학보를 다수 구독하게 하며 지회 설립을 힘써
도모하자고 하고, 평의원 양창석(梁昌錫) 씨 의안에 월보 지사를 특설하
자고 하니, 그 지회의 의무는 모범으로 삼을 만하다.

• 태극학보 의연금 출연자 명단

이명순(李明淳)	2원	박인상(朴仁祥)	5원
함처일(咸處一)	5원	한문호(韓文鎬)	5원
성낙영(成樂英)	5원	곽용순(郭龍舜)	5원
노중현(盧重鉉)	2원		

광무 10년 8월 24일 창간
융희 2년 11월 20일 인쇄
융희 2년 11월 24일 발행
메이지 41년 11월 20일 인쇄
메이지 41년 11월 24일 발행

•대금과 우편료 모두 신화(新貨) 12전

일본 도쿄시 시바구(芝區) 시로카네산코쵸(白金三光町) 273번지
편집 겸 발행인   김낙영(金洛泳)

일본 도쿄시 시바구 시로카네산코쵸 273번지
인 쇄 인   김지간(金志侃)

일본 도쿄시 시바구 시로카네산코쵸 273번지
발 행 소   태극학회 사무소

일본 도쿄시 우시고메구(牛込區) 벤텐쵸(辨天町) 26번지
인 쇄 소   명문사(明文舍)

태극학보 제26호	
광무 10년 9월 24일	제3종 우편물 인가
메이지 39년 9월 24일	
융희 2년 11월 20일	발행-매월 1회 발행
메이지 41년 11월 24일	

역자소개

손성준孫成俊

성균관대학교 동아시아학술원 연구교수. 동아시아 비교문학 전공. 근대 동아시아의 번역과 지식의 변용에 대해 연구해왔으며, 최근에는 한국 근대문학사와 번역의 연관성에 주목하고 있다. 주요 논저로는 『투르게네프, 동아시아를 횡단하다』(2017), 『번역과 횡단─한국 번역문학의 형성과 주체』(2017), 『근대문학의 역학들─번역 주체·동아시아·식민지 제도』(2019) 등이 있다.

신재식申在湜

부산대 점필재연구소 연구원. 한국경학 전공. 조선에서의 명말청초 경학자 고염무 학설의 수용 사례를 연구하였고, 최근에는 다양한 명말청초 학설의 수용 사례로 연구 영역을 넓혀가고 있다. 주요 논저로 「정조조(正祖朝) 경학(經學)의 고염무(顧炎武) 경설(經說) 수용 양상」(2017), 「조선후기 지식인의 이광지 수용과 비판」(2017), 「조선후기 고증학과 염약거」(2019), 「조선후기 『대학(大學)』 연구와 육농기의 영향」(2020) 등이 있다.

유석환柳石桓

전남대학교 BK21 FOUR 교육연구단 학술연구교수. 한국 현대문학 전공. 문학시장을 키워드 삼아 식민지시기의 문학과 인쇄매체와의 관계를 연구하고 있다. 주요 논저로 「문학시장의 형성과 인쇄매체의 역할」(2012), 「문학 범주 형성의 제도사적 이해를 위한 시론」(2015), 「식민지시기 문학시장 변동 양상의 분석을 위한 기초연구」(2016), 「식민지시기 책시장 분석을 위한 기초연구」(2017) 등이 있다.

이영준李泳俊

성신여대 고전연구소 선임연구원. 한국한문학 전공. 주로 조선 후기 경학과 예설을 연구하고 있다. 주요 논저로 「정조 상서론 연구」(2013), 「매산 예설에 대한 일고찰」(2017), 「정조 경학의 청대 학설 수용 양상에 대한 일고찰」(2019), 『예기보주1·2·3(공역)』(2017), 『신역 정조실록8(공역)』(2019), 『신역 정조실록9』(2019) 등이 있다.

대한제국기번역총서

완역 태극학보 5

2020년 11월 10일 초판 1쇄 펴냄

역　자 손성준·신재식·유석환·이영준
발행인 김흥국
발행처 보고사

책임편집 이경민
표지디자인 손정자

등록 1990년 12월 13일 제6-0429호
주소 경기도 파주시 회동길 337-15 보고사 2층
전화 031-955-9797(대표)
　　　02-922-5120~1(편집), 02-922-2246(영업)
팩스 02-922-6990
메일 kanapub3@naver.com / bogosabooks@naver.com
http://www.bogosabooks.co.kr

ISBN 979-11-6587-097-3　94910
　　　979-11-6587-092-8　(세트)
ⓒ 손성준·신재식·유석환·이영준, 2020

정가 33,000원
사전 동의 없는 무단 전재 및 복제를 금합니다.
잘못 만들어진 책은 바꾸어 드립니다.

┌───┐
│ 이 저서는 2017년 대한민국 교육부와 한국학중앙연구원(한국학진흥사업단)의 │
│ 한국학분야 토대연구지원사업의 지원을 받아 수행된 연구임(AKS-2017-KFR-1230013) │
└───┘